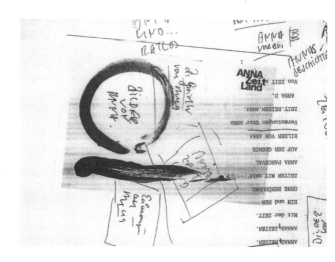

herausgegeben von der Dokumentarfilminitiative
im Filmbüro NW

Christoph Hübner, Gabriele Voss
Film/Arbeit
Texte, Dokumente, Arbeitsnotizen

herausgegeben von Bert Rebhandl

Vorwerk 8

Texte zum Dokumentarfilm 16
herausgegeben von der Dokumentarfilminitiative im Filmbüro NW
Redaktion: Petra L. Schmitz

gefördert von:

Ministerium für Familie, Kinder,
Jugend, Kultur und Sport
des Landes Nordrhein-Westfalen

Bibliografische Information der Deutschen Nationalbibliothek
Die Deutsche Nationalbibliothek verzeichnet diese Publikation
in der Deutschen Nationalbibliografie; detaillierte bibliografische Daten sind im Internet unter http://dnd.d-nb.de abrufbar.

© 2014 | vorwerk 8 | berlin
www.vorwerk8.de
layout | veruschka götz T616
satz | vanessa böhme | vorwerk 8 | berlin
druck | weiterverarbeitung | interpress | budapest

isbn | 978-3-940384-56-0

INHALT

Gemeinsam ins Offene

Der Bahnhof von Hagen in Westfalen ist kein schlechter Ort, um Bekanntschaft mit dem Ruhrgebiet zu machen. Eine mächtige, heute altertümlich wirkende Dachkonstruktion zeugt davon, dass hier früher einmal viel los gewesen sein muss. Mehrfach bin ich im Frühjahr und Sommer 2013 in Hagen umgestiegen, um zehn Minuten später in Witten anzukommen, der Stadt, in der Christoph Hübner und Gabriele Voss seit 1978 leben. Sie sind so etwas wie die Chronisten dieser Region geworden, an deren Veränderungen sich nicht nur die enormen Transformationen ablesen lassen, denen Deutschland in seiner wechselvollen Geschichte unterlag, sondern auch die epochalen Umbrüche in den Arbeitsgesellschaften. Es passt hervorragend, dass Hübner und Voss die Ruhr direkt vor der Haustür haben, und dass dahinter halb im Wald versteckt eines der letzten in Privatbesitz befindlichen Stahlwerke der Region liegt. Natur, Kultur, Industrie, Freizeit, das sind nur ein paar Stichworte, die einem hier sofort einfallen, wo am Wochenende die Fahrradfahrer ausschwärmen, und wenn man ein paar Schritte nach hinten zu einem Schleusenwirt geht, dann kann man in der Ferne die Blöcke der Ruhr-Universität-Bochum ausnehmen, Monumente einer Wissensgesellschaft, zu der die modernen Ökonomien ja zunehmend werden sollen.
Der Dokumentarfilm ist in dieser Gesellschaft ein besonders kostbares Gut, denn es ist eine Gattung, die geradezu als Schule in Komplexität dienen kann. Christoph Hübner und Gabriele Voss haben einander in ihren frühen Studententagen in Heidelberg kennengelernt, sie haben danach in München und Hamburg studiert, gelehrt, gearbeitet; aber es war im Ruhrgebiet, wo sie ihre prägenden Erfahrungen in der Begegnung mit Arbeitern gemacht haben, wo sie eine Filmpraxis entwickelt haben, die sie nach Anfängen, die eher zum Spielfilm zu rechnen sind, zu geduldigen, solidarischen, ermächtigenden Beobachtern von Arbeit und Alltag werden ließ. Für Gabriele Voss, die in Hagen geboren wurde, war es beinahe eine Rückkehr, als sie beschlossen, auch ihren eigenen Lebensmittelpunkt in die Region zu verlagern, in der sie den Zusammenhang von Leben und Arbeit nicht nur dokumentieren, sondern auch teilen konnten. In der Zeche Prosper und der dazugehörigen Siedlung Ebel, südlich von Bottrop, nördlich von Essen, begannen sie mit einer Langzeitbeobachtung, der sie viele Jahre später mit den EMSCHERSKIZZEN eine andere, auch in vielerlei Hinsicht anders formatierte folgen ließen. Und auch die 1998 begonnene Begleitung verschiedener Fußballtalente über einen längeren Zeitraum gehört, da sie doch von Borussia Dortmund, einem der großen Vereine der Region ausgeht, in diesen Zusammenhang. Es war in Zusammenhang mit DIE CHAMPIONS und der Fortsetzung HALBZEIT, dass ich auf die Arbeit von Hübner / Voss aufmerksam wurde. Und beinahe zur gleichen Zeit tauchte auch noch ein Film auf, der einem

ganz anderen Zusammenhang entstammt: In WANDERSPLITTER spricht mehr oder weniger durchgehend nur eine Person, nämlich Thomas Harlan, Sohn des Filmemachers Veit Harlan, der mit JUD SÜSS einen der erfolgreichsten und wirkmächtigsten nationalsozialistischen Propagandafilme gedreht hatte. Auch diese Form des Porträts, der Selbstauskunft vor der Kamera, hatten Hübner / Voss davor schon einmal ausprobiert, als sie nämlich die LEBENS-GESCHICHTE DES BERGARBEITERS ALPHONS S. zu Protokoll nahmen – ein Geschichtszeugnis von erstem Rang, das viel von dem vorwegnahm, was seither über Film als zeithistorische Quelle diskutiert wird.

Ich kam also, wie das häufig so ist, zuerst mit dem späteren, aktuelleren Werk von Christoph Hübner und Gabriele Voss in Kontakt, und ich hatte nur einen ungefähren Begriff davon, was da noch alles zu erwarten war, als wir darüber zu sprechen begannen, ob ich nicht an der Herausgabe dieses Buches mitarbeiten könnte.

Wenn zwei Künstler ins Archiv gehen, ist es immer von Vorteil, wenn eine dritte Person beteiligt ist – als erster Leser, als Vertreter des Publikums, aber auch, wie es in so einer Zusammenarbeit naheliegt und daraus entsteht, als kritischer Freund. Im Lauf der Jahre hatten Christoph Hübner und Gabriele Voss zahlreiche Texte geschrieben, meist aus konkreten Anlässen, häufig aber auch zur reflektierenden Begleitung ihrer Arbeit. Schon dabei kommen die unterschiedlichen Temperamente und Talente der beiden Filmemacher, die privat und beruflich seit über vierzig Jahren ein Paar sind, gut zum Ausdruck. Christoph Hübner, der Regisseur, der Kameramann, der Jazz liebt und beim Schreiben häufig die kürzeren Formen; und Gabriele Voss, die schreibt und montiert, die promoviert hat, die unterrichtet und die neben der Organisation der häufig großen Mengen filmischen Materials immer wieder auch größere Publikationen verantwortet und verfasst hat. Es gibt nicht oft Paare, die als Team so wunderbar komplementär und gleichwertig erscheinen wie Christoph Hübner und Gabriele Voss, die seit längerer Zeit auch ihre Filme in diesem Sinn gemeinsam signieren. Regie führte lange Zeit nominell Hübner, doch zeigt sich hier sehr schön ein wichtiges Element der Arbeitsteilung beim Filmemachen; einer Arbeitsteilung, die vor allem bei den früheren Projekten immer wieder auch mit den Leuten geteilt wurde, die »dokumentiert« werden sollten.

Manche der Texte, die nun in diesem Buch versammelt sind und für die Buchausgabe nicht neu bearbeitet wurden, sondern in ihrer manchmal durchaus zeitgebundenen Gestalt dokumentiert werden, entstammen Zusammenhängen, die aus der unausweichlichen Selbst- und Arbeitsorganisation von engagierten Dokumentarfilmern hervorgingen: das RuhrFilmZentrum spielt eine entscheidende Rolle, die Dokumentarfilmwoche Duisburg, und schließlich verdankt sich auch dieses Buch einer dieser Institutionen: es ist mit Unterstützung der Dokumentarfilminitiative NW entstanden. Organisationen wären aber leer, würden sie nicht durch ein Netz von Freunden geprägt und ergänzt, die sich immer wieder in die Arbeit einbringen. So ist dies auch ein Buch geworden, das reich an Begegnungen ist: Klaus Wildenhahn, Peter Nestler, Johan van der Keuken, um nur einige zu nennen.

Neben den abgeschlossenen Texten findet sich in diesem Buch aber noch ein anderes Schreiben, ein kontinuierliches, das wir in Ausschnitten präsentieren. Aus den Notizen und Journalen, die Christoph Hübner und Gabriele Voss führen, finden sich thematisch und nach Werkphasen gegliedert lange Passagen, die weit in die Details der filmischen Arbeit und Selbstreflexion führen. Mit diesen Texten lernen wir Christoph Hübner und Gabriele Voss als Intellektuelle kennen, als aufmerksame Beobachter ihrer selbst und ihres Feldes. Sie sind das auch mit ihren Filmen immer schon gewesen, aber in einer Kultur und Öffentlichkeit, die mit den Bildmedien inzwischen mehr denn je eher die Wortspende, das kurze Statement, verbindet. Während der ausgearbeitete Gedanke der Textform bedarf, ist dieses Buch ein starkes Zeugnis dafür, dass gerade der Dokumentarfilm auch eine eminent intellektuelle Form ist.

In den vierzig Jahren Praxis haben sich die Rahmenbedingungen für ihre Arbeit, nicht zuletzt das Verhältnis zwischen Kino und Fernsehen, stark verändert. Das hat dazu geführt, dass Hübner / Voss mit ihren jüngsten Arbeiten MANDALA und TRANSMITTING (zwei Beobachtungen von künstlerisch-kulturellen Prozessen) wieder zu »unabhängigen« Filmemachern geworden sind, wie schon damals bei ihrem Interview-Film LEBENS-GE-SCHICHTE DES BERGARBEITERS ALPHONS S., den sie auf eigene Faust begannen und für den sie schließlich mit einem Grimme-Preis ausgezeichnet wurden. Die Spannung zwischen Eigeninitiative und Auftragsarbeit, zwischen Improvisation und Organisation, zwischen Kontinuität und Überraschung (gern sprechen sie von einem »Kino der Momente«) bildet insgesamt eine wichtige Spur durch dieses Buch.

Für mich persönlich war die Arbeit in vielerlei Hinsicht bereichernd. Ich habe durch die eine oder andere CD, die Christoph Hübner mir zwischendurch in die Hand gedrückt hat, neue Facetten des Jazz kennengelernt, ich habe durch die Lektüre der Notizen von Gabriele Voss Robert Musil wiederentdeckt, der bei ihr häufig auftaucht; ich habe ein filmisches Gesamtwerk erschlossen bekommen, das von beeindruckender Vielfalt und Kontinuität ist. Vor allem aber habe ich in dem kleinen Städtedreieck zwischen Hagen, Bochum und Witten auch diese Landschaft kennengelernt, die ihrem Werk eine Mitte gibt: das Ruhrgebiet zwischen Tradition und Moderne. Ich hoffe, wir bekommen auch über dieses Buch hinaus noch viele Skizzen, Notizen, Beobachtungen und Filme von Christoph Hübner und Gabriele Voss.

Bert Rebhandl, Berlin, im November 2013

AUFBRÜCHE (1973–1978)

Arbeitsnotizen zum Film HUCKINGER MÄRZ*

Erste Recherchefahrt nach Duisburg. Wir sprechen mit sehr vielen Menschen, fragen, bekommen Antworten, entwickeln neue Fragen aus den Berichten und Erzählungen, bekommen differenziertere Antworten. Unser Verständnis wächst, unsere Köpfe sind angefüllt mit vielerlei Fakten und Einschätzungen. Wir fahren zurück nach München.

Das Material ordnen, Lücken finden, neue Fragen ...

Wir machen eine zweite Recherchefahrt nach Duisburg. Wir haben viele Fragen, fragen sie aber nicht einfach ab.

Die Nützlichkeit unserer Naivität. Fragen, ohne schon vorher ein Urteil zu haben. Immer wieder Fragen, wie die Dinge konkret abgelaufen sind. Mit den Fragen den Befragten das Gefühl geben, dass sie uns etwas voraus haben, das unbedingt erzählenswert ist. Nicht so fragen, dass die Antwort nur bestätigt, was man ohnehin schon weiß.

Wir lernen, Fragen zu stellen, die dem Anderen die Möglichkeit geben, sich in den Antworten selbst zu entfalten, und nicht nur zu sagen, was er meint, das wir von ihm hören wollen. Unser Bild vom Streik konkretisiert sich weiter. Wir fahren wieder zurück.

Ein erstes Exposé entsteht in München. Mit diesem kehren wir nochmal an den Schauplatz der Ereignisse zurück. Diesmal mit der Frage an die Beteiligten, ob der Ablauf ihres Streiks so darstellbar wäre. Wir fragen auch, wo man sich ganz anders verhalten hätte als von uns entworfen. Und wir sprechen über dramaturgische Erfordernisse, dass wir nicht alles zeigen können, was es an Details in diesem Streik gab, dass wir die Geschichte überschaubar halten müssen, was wir also ausklammern können, ohne dass die Geschichte ihren dokumentarischen Charakter verliert. Vorschläge zu den dramaturgischen Fragen fallen den Kollegen nicht leicht. Für sie sind wir die Spezialisten der Gestaltung und Darstellung. Wenn wir zum Beispiel fragen, *wie* man eine bestimmte Szene darstellen könnte, sind sie ziemlich hilflos. Wenn wir aber Vorschläge zur szenischen Umsetzung machen, kommen Reaktionen, wie es auf keinen Fall geht.

Beispiel: für die Kollegen ist die Entscheidung, den Rollgang zu besetzen, auf dem sonst die heißen Brammen hin- und herlaufen, weniger dramatisch gewesen, als sie im Film gezeigt werden soll. Wie das so geht – alle standen da, keiner wollte zuerst gehen, und irgendwann sind dann doch alle gegangen. Dem gingen aber keine langen Diskussionen über Für und Wider voraus, wie sie im Drehbuch stehen. Für die Erzählung im Film werden solche Dialoge aber vielleicht gebraucht.

Ein ganz anderes Problem taucht noch auf: Können wir proben? Und dabei noch Alternativen entwickeln? Die Szenen mit der Videokamera

* Diese und die folgenden Notizen zum HUCKINGER MÄRZ stammen aus protokollierten Gesprächen von 1974 / 75 zwischen Christoph Hübner und Gabriele Voss. Sie wurden nach der Fertig-

Im März 1973 streiken spontan etwa 350 Arbeiter des Profilwalzwerkes bei Mannesmann in Duisburg-Huckingen. Sie verlangen höhere Lohneinstufung und bessere Arbeitsbedin-

Film den Verlauf de Streiks bis zu seinem Er folg. Der Film entstand ir Zusammenarbeit mit der am Streik selbst beteilig ten Kollegen von Mannes mann, ihren Frauen. Be

Grafik: Georg Temme (© RFZ)

aufnehmen und anschließend vorführen? Wir sehr hat Joris Ivens Recht, der davor warnt, Laien Bilder von sich selbst vorzuführen, bevor der ganze Prozess der Aufnahmen abgeschlossen ist, weil sie, wenn sie sich sehen – meistens gefällt man sich dann gar nicht –, noch mehr schauspielern.

Wie lösen wir die zeitlichen Probleme? Die Kollegen arbeiten in Wechselschichten. Haben Familie.

stellung des Films geführt und maschinenschriftlich und ohne Namensangabe festgehalten.

Entstehung des Drehbuchs

Wichtig: in dem Moment, wo man beginnt, aus der Stoffsammlung auszuwählen, bekommen Situationen und Figuren ganz eigene Anforderungen, die sozusagen über die Wirklichkeit hinausgehen. Man muss fragen, wie bestimmte Szenen durch andere vorbereitet sind; man muss nach der Logik der Personen, nach der inneren Logik des Ganzen als künstlichem Produkt fragen. Resultat: zunächst einmal ein ganz klarer, aber formaler Aufbau des Drehbuchs: Rahmenhandlung, alle vier Hauptfiguren haben ein Statement, alle Personen geben nur einen bestimmten Entwicklungsstand wieder außer den Frauen. Deren Entwicklung muss aber auch einsehbar durchgehalten werden. Formale Übergänge, die einander entsprechen sollten. Wie verträgt sich das alles mit dem dokumentarischen Charakter des Ganzen?

Wie gestalten wir das Verhältnis von Realzeit und fiktiver Zeit im Film? Wird etwas als lang empfunden im Film, wenn der Zuschauer schneller ist mit seinen Antizipationen als die Entwicklung im Film, sodass er den Film schon im Schauen überholt?

Haben wir uns von der Wirklichkeit überrumpeln lassen? Noch immer zu viele Details und mit ihnen den Film zu voll gemacht.

Wir sollten uns bevor in Dialogen geredet wird im Film auch immer fragen, ob es nicht Möglichkeiten gibt, die Dinge im Bild zu zeigen. Sinnfällig machen!

Unser Problem besteht auch darin, immer drei Anfänge und drei Schlüsse zu machen. Anfang und Ende sollten für den Zuschauer deutlich sein, alles andere muss in die Geschichte.

Arbeit an den Dialogen. Wir teilen zu dritt auf, jeder entwickelt einige Sequenzen. Dann Besprechung. Am Ende schreibt einer die letzte Fassung, die dann noch mal von allen besprochen wird. Wie verhindern wir, dass die Sätze später auswendig gelernt klingen, obwohl es doch die eigene Sprache der Leute sein soll? Versuchen, beim Drehen die Dialoge frei zu sprechen.

Das Drehbuch ist eine Vorlage, kein Gesetzbuch. Wir sollten es verstehen als Angabe von Vorschlägen und Leitlinien, die bei den Dreharbeiten ausgeführt, verändert und ergänzt werden.

Klar machen, was wir zeigen wollen, und dann wieder spontan werden.

Arbeit mit Laien und / oder Schauspielern

Welche Legitimation gibt es, jemanden, der eigentlich woanders arbeitet, als Schauspieler einzusetzen?

Geht es um szenische Darstellung nach einem vorgegebenen Buch und sind mehrere Proben und Wiederholungen der Inszenierung erforderlich, so heißt das eigentlich, dass man mit Schauspielern arbeitet. Mit Schauspielern kann man eine Szene ganz anders formen. Das haben sie gelernt. Eine formende Arbeit ist mit Laien schwer. Da kann formen nur heißen: sie zurückbringen auf ihre Natürlichkeit. Und das heißt, dass sie einen authentischen Ausdruck finden, der das Gespielte nicht zu verbergen braucht.

Laien können auch kaum etwas spielen, das sie nicht aus eigener Erfahrung kennen. Und wie sehr können Laien die Gefühle ausdrücken, die mit ihrer Rolle verbunden sind? Ist das für Laien nicht viel schwerer als für Schauspieler? Wahrscheinlich geht das mit Laien nur, wenn man eine sehr tiefe Vertrauensbasis herstellen kann.

Auf jeden Fall sollten wir Laien nicht bloß als die schlechteren Schauspieler sehen. Vielleicht sollten wir auch gar nicht von Laien sprechen, die spielen. Es spielen Arbeiter, Hausfrauen, ein Betriebsrat, ein evangelischer Pastor usf. Und diese Personen spielen auch nicht so sehr, sie sind das im Film, was sie im Alltag auch sind. Sie sind Experten ihrer Arbeit, ihres Alltags, eben ihrer gesamten eigenen Erfahrungen. Und können aus diesem Reichtum schöpfen.

Der authentische Ausdruck hat auch Vorteile. Eben dass man das Gefühl hat, wirkliche Personen zu sehen. Gestik und Mimik kommen aus der Person, die wir sehen. Wohingegen beim Schauspieler so oft sichtbar bleibt, dass Gesten und Mimik bemüht gespielt werden. Was sind zum Beispiel authentische Gesten der Protagonisten in unserem Film? Zum Beispiel: Schwere des Ganges (Stahlwerker), Schroffheit der Sprache, die auch Poesie hat. Klarheit im Ausdruck durch Praxisnähe.

Eine ganz andere Frage: wie spielt man episch, so, dass das Vorgeführte auch als Vorgeführtes deutlich wird? Ist die Deutlichkeit des Vorgeführten in einer Großaufnahme noch möglich? Was bedeutet eine epische Zeigeweise für die Kameraarbeit? Und auch für die Montage?

Im Ganzen: die Dreharbeiten der Realität annähern, Platz für Pausen und Gespräche lassen. Brecht sprach von Zuständen der Überkonzentration. Er las dann zum Beispiel einen Kriminalroman. Eine bestimmte Form von Lässigkeit ist sicher ganz wichtig. Trotzdem konzentriert arbeiten.

Versuchen, so chronologisch wie möglich zu drehen, das macht es leichter für die Kollegen, eine Vorstellung vom Film zu bekommen. Nicht zu viele ermüdende Wiederholungen. Aufgabe der Regie: statt einer ängstlichen Atmosphäre, dass man nicht spielen kann, eine vertrauensvolle Atmosphäre in die eigenen Fähigkeiten schaffen.

Offen die Frage, ob es sinnvoll ist, mit Video oder häufigen Mustervorführungen Ergebnisse mitten in der Arbeit zu veröffentlichen. Die einzige derartige Vorführung, die wir hatten mit Recherchen-Material, wirkte eher verunsichernd.

Beweglich bleiben

Wie können wir beim Drehen auf die konkreten Produktionsbedingungen eines jeden neuen Tages eingehen? Die technischen Bedingungen, die Planung und die Bedingungen der Darsteller täglich neu miteinander ins Verhältnis setzen. Drehpläne, die nicht dem Ablauf der Handlung folgen, verwirren die Darsteller. Bereit sein, Szenen zu ändern. Wir haben ja schon viele Vorschläge bekommen, die die Szenen lebendiger machen. Die Kollegen haben Spaß, die Sache in ihrem Sinne zu verbessern. Das kann ja auch beim Drehen nochmal so sein.

Die Kamera

Die Realität wird nicht für die Kamera arrangiert, sondern die Kamera muss sich Wege suchen, die Realität zu sehen. Nicht: mit der Kamera dabei! Sondern: die Kamera führt vor! Den technischen Apparat so klein wie möglich halten. Was ist mit der Klappe? Verschreckt sie? Schafft sie Konzentration? Auf ein deutliches Zeichen zum Beginn und Ende einer Aufnahme werden wir nicht verzichten können.

Die Räume / Ausstattung

Der Naturalismus des Milieus in manchen sozialkritischen Filmen dient häufig, wenn nicht der geschmäcklerischen Denunzierung, so doch der plumpen Versicherung von Realismus und Authentizität. Mit Ausstattung und Dekor sollte so sparsam wie möglich umgegangen werden. Keinesfalls soll der Versuch unternommen werden, die handelnden Personen durch ihre Wohnung oder ihre Kleidung zu definieren.

Schnitt / Montage

Fragen des Rhythmus, der Schnelligkeit, der Ausführlichkeit von Details wie Gängen, Einführung von Örtlichkeiten etc. In der Montage gibt es zu wenig radikale Lösungen, weil wir noch nicht wussten, wie viel Zeit in der Filmerzählung ausgelassen werden kann, weil der Zuschauer sich bestimmte Dinge schon selbst vorstellt. Andererseits: manche Details können wie ein Heraustreten aus der Handlung sein, wie Einbrüche der Realität in die Fiktion.
Bildrhythmus und Tonrhythmus. Ein Sträuben dagegen, die Bilder im Rhythmus der Dialoge zu schneiden, den Bildern noch etwas darüber hinaus lassen, einen Anschauungsraum ...
Bei der Länge der Einstellungen sind wir immer wieder der Faszination erlegen, lange in einzelnen Bildern herumschauen zu können. Man muss unterscheiden: manche Bilder verlieren schneller an Interesse, andere kann man ohne weiteres länger anschauen. Zum Beispiel das menschliche Gesicht. Das wird eigentlich nie langweilig.

Rohschnittvorführung

Vorführung vor den Kollegen aus Duisburg, die am Film mitgearbeitet haben. Gegen die Kürzung der langen Einstellungen wird immer wieder geltend gemacht, wie wichtig die einzelnen Informationen sind. Wenn etwas lange Zeit zur Erläuterung braucht, dann sollte es auch entsprechend lange gezeigt werden. Einwände gibt es nur da, wo etwas als zu formal empfunden wird.

Die Kollegen unterscheiden sehr genau zwischen Filmen, die sie brauchen können, und solchen, die die Zeit vertreiben.

1974/75

Dokumentar-Spiele[*]
Christoph Hübner

Warum missfallen mir Dokumentarspiele im Fernsehen? Weil so getan wird, als wäre die vorgespielte Wirklichkeit so gewesen wie dargestellt, als wäre ein Schauspieler, der den Napoleon spielt und deshalb einen Hut aufgesetzt hat, in dem Moment Napoleon. Als wäre eine Studiobühne des ZDF wirklich der Reichstag, obwohl dieser längst abgebrannt und neu aufgebaut ist. Enttäuscht bin ich auch, wenn die dargestellten Ereignisse und Personen auf ein einziges Bild reduziert werden, obwohl schon in ihrer Zeit viele Bilder über sie existierten, woraus eben ein komplexes Bild entsteht, eine Montage aus vielen einzelnen Bildern. Könnte der Schauspieler von Napoleon nicht deutlich machen, dass er den schon vorhandenen Bildern nur ein weiteres hinzufügt? Dann müsste er den Charakter des Vorspielens viel mehr hervorheben. Vielleicht könnte man auf eine Darstellung von Napoleon auch ganz verzichten und ihn stattdessen über Annäherungen beschreiben. Historische Personen existieren für uns doch vor allem über Bilder, Notizen, Skizzen, die andere Menschen von ihnen gemacht haben.

1977

* Aus Arbeitsnotizen.

Für einen faktografischen Film*
Christoph Hübner, Gabriele Voss

Annäherungen an einen veränderten Begriff von Filmarbeit
Faktografie: in den zwanziger Jahren von der »Linken Front der Künste« (LEF) in der Sowjetunion in die Diskussion gebrachtes Verfahren, künstlerische, vor allem literarische Tätigkeit auf die gesellschaftlichen Tatsachen zu verpflichten. Wichtigste Vertreter: Sergej Tretjakov, Dziga Vertov, Esfir Shub

Zwei Tendenzen
Einerseits: Realität mittlerweile so brüchig, hinterhältig und komplex geworden, dass der Brechtsche Hinweis, eine einfache Reproduktion der Tatsachen gebe kaum mehr etwas über diese heraus, heute mehr zutrifft denn je.
Andrerseits: das Defizit an materieller Repräsentation unserer Alltagsrealität, an ›dokumentarischer Selbstverständigung‹ der Gesellschaft gegenwärtig noch so groß, dass dokumentarischer Arbeit nach wie vor zentrale Bedeutung zukommt.
Es geht also um das Erhalten und Verstärken der dokumentarischen Tendenz unter Verwendung neuer eingreifender Verfahren, die dem Abbild der Realität auch jene Vorgänge »hinter den Vorgängen« entreißen. Hier setzt der faktografische Film an.
Der faktografische Film vereinigt in sich dabei zwei Tendenzen: Fundierung des Spielfilms auf die gesellschaftlichen Tatsachen und Öffnung des Dokumentarfilms gegenüber synthetischen Verfahren. Der Rekurs auf Tatsachen bietet dem Spielfilm denjenigen Widerstand, den er gerade gegenwärtig braucht gegen Formalismus, gegen geglättete Dramaturgie, gegen den Rückzug ins Private. Für den Dokumentarfilm bedeutet die Ausdehnung seiner Grenzen, sich umfassender auf Wirklichkeit einlassen zu können, zu der neben den sichtbaren Vorgängen auch die unsichtbaren gehören, die verborgenen Zusammenhänge, die nicht-öffentlichen Bereiche unsrer Realität.
Dem faktografischen Film ist die Trennung zwischen Dokumentar- und Spielfilm keine prinzipielle mehr, sie wird zu einer Frage des Stoffs und der Funktion. Gegenwärtig allerdings auch die Zugänglichkeit der jeweiligen Lebens- und Arbeitsvorgänge ein Kriterium für die Entscheidung zwischen beobachtetem und inszeniertem Tatsachenmaterial. Entscheidend aber weniger die Wahl der Methode als die Haltung gegenüber der vorgeführten Realität.

Wir brauchen ein Kino, das zum Denken zwingt, das Denkanstöße liefert. Und dazu reicht die Fiktion nicht aus. In ihren traditionellen

* Aus einem nicht veröffentlichten Manuskript.

Strukturen begrenzt sie die Information. Dabei geht es nicht um die Integrierung zweier Genres (Dokumentarfilm und Fiktion), sondern um die Herstellung eines größeren Gleichgewichts zwischen den Elementen, zwischen reflexiver und emotionaler Fähigkeit.

(der kubanische Filmemacher J. G. Espinosa)

Einführung des historischen Blicks

Statt Fundierung auf gesellschaftliche Tatsachen könnte man auch sagen: Fundierung des Films auf Geschichtsschreibung; wobei es nicht nur geht um die Einführung historischer Stoffe und Tatsachen, sondern vor allem um die Einführung eines historischen Blicks – auf Gegenwart als sich verändernde und veränderbare.

Der faktografische Film muss es verstehen, Distanz zu schaffen zwischen den vorgeführten Tatsachen und dem Betrachter – damit Eingriff möglich wird, Eingriff der Gedanken. Der enge Begriff des Dokumentarischen als einfache Abbildung der Realität birgt die Gefahr, dass das Vorhandene durch distanzlose Wiedergabe befestigt statt infrage gestellt wird.

Viele »sozialkritische« Filme verpflichten unsre Gefühle eher auf das Schlechte, als dass sie ihm abhelfen. Ein Film etwa, der bloß den Zustand der Arbeitslosigkeit zeigt, kann so noch tiefer in das Elend drücken, statt Widerhaken zu setzen in unsere Hirne, die nach Wegen suchen lassen, aus dem Elend herauszufinden.

Das Interesse des faktografischen Films gilt nicht den Fakten an sich – eher dem, was zwischen ihnen steht. Seine Fakten sind Vorgänge und Prozesse, wenn man so will »historische Hypothesen aus strikter Berücksichtigung der Ausgangsgrößen«.

Fernsehen und Kino

»Auf dem Schauplatz der hemmungslosen Erniedrigung des Wortes, der Zeitung, bereitet sich die Rettung der Literatur vor.« Ist diese Notiz von Majakovski 1927 auch gültig für den Film heute? Etwa im Verhältnis zu Fernsehen oder Video, gegenwärtig den Schauplätzen der hemmungslosen Erniedrigung der Bilder?

Das Fernsehen ist heute eine einzige – allerdings ganz und gar blinde – Montage von Tatsachen. In ihr verschwinden die Unterschiede zwischen synthetisch und dokumentarisch. Der amerikanische Krimi wird neben der Tagesschau zur Realität wie der Dokumentarfilm neben Wim Thoelke zum Spielzeugland wird.

Entgegen seinem Anschein entwöhnt das Fernsehen dabei vom Faktischen, von der Auseinandersetzung mit Realität. Die Überfülle, Kurzlebigkeit, synthetische Ausgewogenheit seiner »Tatsachenberichte« erzeugt schnell das Bedürfnis nach Einfacherem, nach Unterhaltung. Gleichzeitig aber verdrängt das Fernsehen den letzten Rest von Doku-

mentarischem aus dem Kino, weil es ja – scheinbar – all dessen Aufgaben
übernommen hat. Das Kino seinerseits glaubt gegenwärtig nur durch ge-
steigertes Spektakel das Fernsehen übertreffen zu können.

Das Publikum und der Hunger nach Sinn

Der Zwiespalt, mit dem wir gegenwärtig leben: der Kinofilm, der sein Publikum ablenkt von sich selbst, hat jenes Publikum, das dem Dokumentarfilm, der es hinlenken will, fehlt.

Wenn es zutrifft, was Kluge sagt: »das Kino folgt nicht der Dramaturgie
der Schulstunde, sondern der Schulpause«, müssen wir dann nicht –
als Gegenmaßnahme – Elemente der Schulpause, des »Ausgelassenen«
in unsere Filme aufnehmen?

Denn auch das gehört zur Erweiterung des faktografischen Films: dass
er nach dem Vergnügen fragt!

Kümmert sich der Zuschauer um Authentizität, um die Garantie des ›Nicht-
Gestellten‹? Oder richten sich seine Sinne nicht vielmehr auf Spannung,
Anteilnahme, Identifikation? Gegenwärtig müssen wir sagen: die Aus-
richtung auf Attraktion herrscht vor. Dahinter verborgen allerdings: der
Hunger nach Sinn.

Solcher »Hunger nach Sinn« wächst parallel mit der Ohnmacht des Einzelnen, seiner Überfütterung mit Teilinformationen und Tatsachenver-
schnitten. Der faktografische Film versucht, dem entgegenzuwirken, indem er Zusammenhänge herstellt, Zusammenhänge auf der Ebene der
Alltagsrealität. Das traditionelle Kino hingegen nährt diesen Hunger auf
der Ebene der Träume und der Realitätsflucht. Seine Leitfiguren beantworten die Frage nach dem Sinn, indem sie aus der Realität ausbrechen
(Gangster, heile Welt, Katastrophen, Okkultes und Überirdisches), kaum
aber Antwort geben, wie und in welche Realität denn einzubrechen sei.
Dort auch die Grenzen der kommerziellen Ausrichtung spürbar

Allerdings – auch Phantasie ist Realität. Sie gehört wie die verdeckte
Tendenz, die alltägliche Utopie, das nicht geäußerte Bedürfnis zu der
Welt der Tatsachen. Gerade auf diesen, für unser alltägliches Verhalten
oft entscheidenden Wunsch-Tatsachen, Traum-Tatsachen hat der faktografische Film gegen die enge Auslegung des Dokumentarischen zu bestehen.

Beim Umgang mit dieser Sorte Tatsachen allerdings zu beachten: dass
sie der Wirklichkeit entstammen, nicht der Willkür unsrer Autorenhirne.
»Der Gedanke muss nicht nur zur Wirklichkeit drängen, die Wirklichkeit
muss auch zum Gedanken drängen!« (Marx) Das heißt aus den Tatsachen heraus erfinden, nicht über sie hinweg.

Vielleicht muss der faktografische Film aber auch wegkommen von der
Fixierung auf das große Publikum. Dessen unübersichtliche, unverbind-
liche Zusammensetzung lässt die Stoffe immer allgemeiner, die Formen
immer unspezifischer werden. Es muss eben ›für jeden etwas dabei sein‹.

Der faktografische Film hingegen sucht, auf spezifische Fragen spezifische Antworten zu geben. Er zielt auf ein Publikum von Interessenten.

Autor und Chronist

> Die besten Spielfilme nähern sich dem Dokumentarischen, die besten Dokumentarfilme der Fiktion.
> (Jean-Luc Godard)

Zum Beispiel Kluge – ein Vorkämpfer des faktografischen Films. Seine Geschichten sind in die Realität gesetzt, brauchen deren Widerborstigkeit nicht zu fürchten. Als »Chroniken der gegenwärtigen Zustände« werden sie die nächsten fünfzig Jahre vielleicht eher überleben als mancher andere »junge deutsche Film«.

Dem faktografischen Film allerdings entgegengesetzt, wiewohl als Schutzmaßnahme gegen ideologische Gängelung verständlich: das Autorenfilmkonzept. Ihm gegenüber fordert der faktografische Film, zunächst die Spezifik des Gegenstandes aufzudecken, bevor man sich der Spezifik der Haltung des Autors ihm gegenüber zuwendet.

Auch ist der nur dem Kopf entstammende Spielfilm, ohne den Einbruch handfester (dokumentarischer) Realität, ständig in Gefahr, die realen Gesetzmäßigkeiten, deren Dialektik und Brüchigkeit zu harmonisieren, einem glatten dramaturgischen Konzept oder aber einem propagandistischen Gestus zu opfern. Solchem Formalismus kann er durch den Widerstand authentischen Ausgangsmaterials entgehen.

Authentisches Ausgangsmaterial kann in der Form umgesetzter Recherchen, in Form authentischer, nachträglich in Szene gesetzter Vorgänge, in der Arbeit mit Laien, aber auch in der direkten Integrierung dokumentarischen Materials in die fiktive Form eingehen. Beispielhaft hierfür die frühe Theaterarbeit Piscators, der dokumentarische Filmstreifen in seine Revuen einmontierte.

Form und Experiment

Wie der Spielfilm sich abzuarbeiten hat am Widerstand realen authentischen Ausgangsmaterials, so muss der Dokumentarfilm sich neu erproben an den Gesetzen der Formgebung, der Not des Sinnfällig-Machens. Faktografischer Film heißt in beiden Richtungen also: Entdecken, Entwickeln neuer Darstellungs- und Abbildungsmethoden.

Von wenigen Ausnahmen abgesehen wird kaum noch experimentiert. Speziell der Dokumentarfilm trocknet aus. Die schärfer werdende Frontstellung zum ›Experimentalfilm‹ weist dies aus. Tatsächlich brauchen wir dringend formale Experimente, allen Einsatz formaler Fantasie, um den politisch nützlichen Film auch wieder zum lebendigen, genussvollen, in einem umfassenden Sinne fortschrittlichen Film zu machen. Dazu muss der Kanon unserer filmischen und formalen Mittel erheblich erweitert werden – etwa in der Montage, der Arbeit mit Titel und Trick, dem Lied, der Musik.

Bekämpfer des Formalismus wettern oft gegen neue und reizvolle Formen wie gewisse reizlose Hausfrauen, die Schönheit und die Bemühung um Schönheit ohne weiteres als Hurenhaftigkeit und Kennzeichen der Syphilis denunzieren. (B. Brecht)

Dem faktografischen Film geht es in seiner Bemühung um Fundierung auf Faktisches nicht um die Beseitigung der ästhetischen Funktion. Eher um deren Neuaufbau von bestimmten materiellen Grundlagen her. Zu diesen materiellen Grundlagen gehört das Bedürfnis nach Sinn und nach Sinnlichkeit.

Abbildung und Eingriff

Wildenhahns These, dass das Herstellen von Dokumentarfilmen dort Vorrang habe, wo »die gesellschaftliche Perspektive unklar« sei, geht möglicherweise zu sehr vom Film als Form der Selbstverständigung aus.

Muss aber nicht gerade in unklaren Zeiten Geschichte »gegen den Strich gebürstet« werden? Das dokumentarische also zum faktografischen Arbeiten werden, um den Tatsachen Sinn und Perspektiven des Überlebens zu entlocken?

Im Übrigen: als bloß abbildender Film würde sich der Dokumentarfilm in unsicheren Zeiten zusätzlich von seinem Publikum entfernen, das gerade dann nach Perspektiven und »Vereinfachungen« sucht.

Wie dringend die Erweiterung gerade der dokumentarischen Mittel geworden ist, zeigt auch das Thema Rationalisierung. Um Auswirkung dort zu zeigen, wo Ausbeutung weitgehend vom Physisch-Sichtbaren ins Psychische verlagert ist, kommen wir mit der bloßen Abbildung des Vor-sich-Gehenden nicht aus.

Tatsächlich bedarf es der Einbeziehung synthetischer Verfahren oder aber der ungeheuren Intensivierung und zeitlichen Ausdehnung des dokumentarischen Beobachtungsprozesses: unsichtbare Vorgänge kommen langsam und zufällig an die Oberfläche.

Zum Beispiel EMDEN GEHT NACH USA von Wildenhahn / Tuchtenhagen. Die Filme bleiben so lange und intensiv beobachtend an einem Schauplatz der Realität, dass allmählich dessen Strukturen und Hintergründe hervortreten.

Eine andere Methode: JOHN HEARTFIELD – FOTOMONTEUR von Helmut Herbst. Sich an die Methode Heartfields selbst anlehnend, greift er ein in sein Material, führt Modelle eingreifender Bearbeitung von Wirklichkeit vor.

Dem faktografischen Film geht es um die Verwandlung von Tatsachen in Argumente, um die bewusste Organisation bzw. Konstruktion von Wirklichkeitsmaterial auf ein Ziel hin, das die bloße Wiedergabe gelebten Lebens übersteigt. Nicht nur Kenntnis, sondern Erkenntnis und Handlungsbefähigung.

Der veränderte Kontakt zur Wirklichkeit

> Für den Künstler ist nichts einfacher als das Thema zu wechseln; die Methode zu wechseln würde für ihn bedeuten, ein anderer Mensch zu werden.
>
> (S.Tretjakov)

Der faktografische Film ist keine neue Film-Form, sondern ein verändertes Arbeitsprinzip. Hinausgehend über das bloße Vertauschen von Studiodekoration mit realer Kulisse begreift er die Wirklichkeit als sein eigentliches Betätigungsfeld. Nicht mehr in erster Linie Kino und Fernsehen sind sein Ziel, sondern »der wirkliche Umgang mit wirklichen Menschen«.

Dazu bedarf der faktografische Film veränderter Arbeitsbedingungen, eines veränderten Kontakts zur Wirklichkeit. Statt der Anbindung an Redakteursschreibtische, Filmförderungsgremien, Kinolobby braucht er die Einbindung in alltägliche Lebenszusammenhänge, den ständigen produktiven Kontakt mit jenen gesellschaftlichen Tatsachen, die aufzunehmen, zu bearbeiten und zurückzuspielen er sich vorgenommen hat.

> Der Weg für die Entwicklung des revolutionären Films ist gefunden: weg von den Märchenszenarien, den literarischen Skeletten hin zur vieldramatischen, vieldetektivischen Wirklichkeit!
>
> (D. Vertov)

1977

Filmen im Ruhrgebiet*
Gabriele Voss

> Diejenigen, die Blumen pflücken wollen und nichts als
> Blumen, finden die Erde schmutzig. Blumen und Räume
> dürfen die Erde jedoch nicht vergessen machen, die ihr
> Leben, ihren verborgenen Reichtum besitzt.
>
> (Henri Lefèbvre)

Drei Filme haben wir inzwischen in der »schmutzigen Erde«, im Ruhrgebiet gemacht. HUCKINGER MÄRZ, der erste, ist vor vier Jahren entstanden. Hintergrund dieser Arbeit war die Ausbildung an der Filmhochschule
in München sowie die filmpolitische Situation der frühen 70er Jahre.
»Die Kamera in die Fabrik«, »le cinéma s'insurge«, »basta con la televi-
sione dei padroni«, diese und ähnliche Forderungen und Parolen beschäftigen uns. Konfrontiert mit der französischen Diskussion um so
unterschiedliche Filme zum Thema Arbeitskampf wie COUP POUR COUP
von Karmitz und TOUT VA BIEN von Godard, vor Augen die ersten neuen,
deutschen Arbeitsweltfilme, filmgeschichtlich orientiert am amerikanischen Kino, so fuhren wir ins Ruhrgebiet, um den Streik der Mannes-
mann-Arbeiter im März 1973 noch im Nachhinein zu dokumentieren.
Dieser Streik schien uns beispielhaft, nicht als Ereignis, sondern in seinem Ablauf. Zeigen wollten wir nicht, *dass,* sondern *wie* ein Kampf
gewonnen wird. Erst mit dem Film und vor allem durch die Zusammenarbeit mit den Kollegen entstand für uns eine Konzeption von Filmarbeit, die sich bestimmter auf das Ruhrgebiet bezieht.
Welche Erfahrungen haben wir gemacht? Zunächst die Begegnung mit
den Menschen, Arbeitern, die diese Region prägen und durch sie geprägt worden sind. Direkte, offene Begegnungen, die in ihrer Herzlich-
keit erinnern an die, die der Fremde vom Berliner kennt. »Nicht von ungefähr«, sagt dazu Alphons Stiller, ehemals Bergmann, Landarbeiter auf
den mecklenburgischen Gütern und ›Hauptdarsteller‹ in unserem jüngsten Filmversuch: »Die Menschen, die heute im Ruhrgebiet leben, kommen ja aus den verschiedensten Gegenden und mussten aufeinander
zugehen.«
Dann ist es die unvoreingenommene, wenn auch nicht bedingungslose
Bereitschaft zu solidarischer Unterstützung und Zusammenarbeit. Sie
bezieht sich auf den gemeinsamen Weg, der vor einem liegt, nicht auf
politisches Bekennertum und programmatisch formuliertes Endziel.
Überzeugen vom eigenen Standpunkt kann man unterwegs immer
noch. Für den Anfang genügt, dass wir den Film zusammen mit den Kollegen entwickeln, nicht über sie hinweg, ihre Erfahrungen nur als Roh-

* Zuerst erschienen in: *Das Ruhrgebiet im Film,* Bd. 2, Oberhausen 1978.

stoff benutzend. Dieses Einverständnis muss sich im Laufe der Arbeit allerdings immer wieder herstellen, es gilt nicht ein für allemal.

Mit jedem neuen Abschnitt der Arbeiten – Recherche, Szenenentwürfe, Drehbuch, Dreharbeiten, Umsetzung und Schnitt – sind wir von den Kollegen gefordert als Spezialisten, die ihr Handwerk beherrschen, die auf ihrem Gebiet nicht unqualifizierter als die Kollegen als Hüttenarbeiter und Profilwalzwerker sind. So wie umgekehrt die Kollegen immer wieder ihr Engagement und Interesse beweisen, nicht nur darin, dass sie für lange Gespräche, minutiöse Detailfragen zu einzelnen Situationen und schließlich für die darstellerische Umsetzung des Drehbuchs neben der aufreibenden Wechselschicht Zeit aufbringen – über mehr als 4 Monate hinweg. In allem Organisatorischen und Technischen, das wir als Ortsfremde und mit dem wenigen Geld, das zur Verfügung steht, allein nicht bewältigen, setzen sie sich mit praktischer Hilfe ein. Anschlüsse für die Beleuchtung legt uns ein Elektriker von Mannesmann morgens früh um 7, nach seiner Nachtschicht. Die Eltern eines anderen Kollegen siedeln bei gutem Wetter drei Tage lang in ihren Garten aus und bewirten dort das ganze Team, während wir ihre Wohnräume mit dem Apparat verstellen, um die Szenen mit Herrn Köhler und seiner Frau zu drehen.

»Wir spielten unsere Ängste und Zweifel, die wir damals hatten«, schreibt ein Kollege 1974 im *Expreß*, »wir stellten aber auch unsere solidarische Kraft dar, die uns schließlich den Sieg brachte. Es lag zwar ein Drehbuch vor – das gehört ja wohl zu jedem Film –, aber wir sprechen nicht einfach den Text herunter. Verschiedentlich protestieren wir dagegen: »So war es nicht, so spricht kein Arbeiter.« Wir veränderten so das Drehbuch merklich. Eine andere Schwierigkeit war, immer genügend Kollegen zusammenzubekommen. Es mussten ja immer ungefähr die gleichen Leute sein, aber das Schichtsystem auf der Hütte bedingt einmal, dass ein Teil frei, ein anderer Teil Früh-, Spät- oder Nachtschicht hat. Die nächste Schwierigkeit war, Räumlichkeit zu finden. Im Werk durfte ja nicht gefilmt werden. »Das Profilwalzwerk wird umgebaut«, hatte der Pressesprecher den Filmemachern erklärt. Er wusste sicherlich, dass er log. Wir dagegen wussten, warum er log. Aber auch diese Schwierigkeiten wurden überwunden.

Dabei reicht der Arm des Konzerns sehr weit. So sollte die Szene der Versammlung, in der wir den Streik beschlossen, in einer Kantine eines Hüttenheimer Sportvereins gedreht werden. Der Vereinsvorstand hatte uns zugesagt. Als wir ankamen, um zu drehen, erfuhren wir, dass die Zusage zurückgenommen worden war. Wir mussten ausweichen an einen anderen Ort ...

Als wir dann einige Monate später den Film in einem Rohschnitt vorgeführt bekamen, waren alle Beteiligten gespannt. Was wir sahen, fanden wir gut. Trotzdem gab es noch viele Kritiken, die in der Endfassung dann berücksichtigt waren.

HUCKINGER MÄRZ wurde unser Film. Der Film der Profilwalzwerker.« Er entstand mit und trotz großer Schwierigkeiten. Hans Köhler sagt am Schluss des HUCKINGER MÄRZ zu den Streikerfahrungen: »Wir sind an uns selbst gewachsen.« Dasselbe lässt sich ebenso gut sagen für die gemeinsame Art am Film.

Schließlich war wichtig zu erfahren, was für die Kollegen an dieser Arbeit nützlich ist. Es gab keine Diskussion um die Form an sich, wie sie Fernsehleute so häufig führen und auch gegen uns ins Feld führten. Der HUCKINGER MÄRZ sei zu langatmig, die Einstellungen seien zu lang und die Dramaturgie bewege sich zu zähflüssig. Dagegen die Kollegen: »Endlich wird einmal gezeigt, wie die Dinge wirklich vor sich gehen und welche Zeit sie brauchen.«

So lernten wir: die Fragen der Form, der Ästhetik, der Spannung und auch der Unterhaltung sind Fragen, die ganz eng mit der geschilderten Wirklichkeit und der des Gebrauchswerts verbunden sind.

Die Abarbeitung des Films an der Wirklichkeit, fruchtbare Bindung und Abstand, den er durch die Umsetzung gewinnt, ohne sich zu verselbständigen, bilden das Spannungsfeld, in dem sich die Filmarbeit mit den Kollegen im Ruhrgebiet bewegt. In diesem Spannungsfeld Lösungen zu finden, gemeinsam mit den Betroffenen und nicht nur in Autorenhirnen, das hat uns begeistert.

Aber: erreichen solche Filme ihr Publikum? Will man nach acht Stunden Maloche Probleme der Arbeitswelt nochmals auf dem Bildschirm sehen? Gebe es mehr Filme wie den HUCKINGER MÄRZ im abendlichen Fernsehprogramm, die Kollegen würden das ansehen, sagen sie selbst. Zugestanden – Unterhaltung muss auch sein. Aber es gibt auch eine Unterhaltung, die von der Lösung der Probleme kommt.

Mit einem Jahr Abstand 1975, aus Anlass der Fernsehausstrahlung des HUCKINGER MÄRZ im WDR III, trafen wir uns mit den Kollegen in einer Huckinger Kneipe, sahen gemeinsam den Film und hielten Rückschau, was inzwischen aus den Erfahrungen des Kampfes im Jahre 73 geworden ist. Dabei wird sichtbar: was der Streik und später der Film an Erfahrung und Verarbeitung schufen, ist allmählich versickert, irgendwo. Die Kollegen, die mitmachten, sind auseinandergerissen, umbesetzt, entlassen, manche arbeitslos. Die Erinnerung macht deutlich: Lernen aus der Praxis bedarf des kontinuierlichen Zusammenhangs, der gemeinsamen Verarbeitung und immer neuen Reflexion. Für uns speziell: die Aufgaben und Verantwortlichkeiten des Filmens sind nicht erschöpft mit der gut gemeinten Unterstützung aktueller oder gar sensationeller Ereignisse. Nach den Erfahrungen mit HUCKINGER MÄRZ, einem Film über einen Streik, eine Ausnahmesituation also, gehen wir davon aus: Alltag wird in der Filmarbeit zu wenig thematisiert; Alltag, der wie das Trägheitsgesetz in der Geschichte wirkt. Wir machen einen neuen Film – VOM ALLTAG EINER KRISE – ebenfalls im Ruhrgebiet.

Fünf Arbeiter und Arbeiterinnen, die von Arbeitslosigkeit bedroht oder betroffen sind, schildern darin ihre Situation. In der Erfahrung mit diesem Film werden wir allerdings auf die Ausgangsfrage zurückgeworfen: warum bleibt Alltag ausgespart, warum kann er Bewusstsein und Handeln so sehr beherrschen und ist doch ein Verdrängtes, heimliche Institution, deren bewusste Wahrnehmung auch in der aktuellen Konfrontation mit der Krise noch immer gemieden wird. Und es wird erfahrbar mit diesem Film, der zu sehr dem einfachen Alltag verhaftet bleibt: ohne produktive Aspekte der Alltäglichkeit ist keine Konzeption des Umgangs mit dem Alltagsleben aufzubauen. Einer dieser Aspekte, in Filmen immer wieder aufgegriffen, sind die punktuell aufbrechenden Kämpfe; ein anderer, immer vernachlässigt, ist die Geschichte, in der sich langfristig die Perspektiven des Alltags kristallisieren.

So entsteht unser jüngster Film (noch in Arbeit): LEBENS-GESCHICHTE DES BERGARBEITERS ALPHONS S., ein Versuch, Geschichte ›von unten‹, Geschichte am Beispiel einer betroffenen Biographie darzustellen.

Mit der Weiterarbeit vertiefen sich die gefundenen Ansätze. Eine wesentliche Erfahrung ist dabei noch gewachsen: Es gelingt umso mehr, die Filmarbeit wirklich in das Interesse derer zu stellen, die man filmt und mit denen man filmt, je weniger man von außen kommt, hinzugereist, als »Filmtourist«. Ohne Kenntnis, eigene Erfahrungen und Wissen kann man nichts zeigen, »wie soll man da wissen, was wissenswert ist« (Brecht)? Das gilt erst recht, wenn man über das Dokumentieren hinaus Perspektiven des Handels sichtbar machen will.

Gegenwart ist nur *ein* Moment von Geschichte. In ihr leben, bewusst und unbewusst, die vergangenen Epochen, ihre Trägheit, Irrtümer und Hoffnungen, die gegebene Situationen schufen und an sie binden. Selbst wenn sie heute Entwicklungen hemmen, sie sind nicht mit Appellen, gutem Willen und richtigen Analysen zu übergehen.

Aus diesen und anderen Erfahrungen in den vergangenen Jahren entsteht für uns die Konzeption der RuhrFilmFabrik. Sie will Verankerung vor Ort, eine kontinuierliche, geschichtsbildende Filmarbeit in der Region und für die Region unter aktiver Beteiligung der Bevölkerung. Geschichtsschreibung meint dabei nicht so sehr: das Vergangene zurückzuholen, als vielmehr, Gegenwart zu dokumentieren, wie sie sich im Laufe der Zeit zu historischen Entwicklungen kristallisiert und Perspektiven in die Zukunft sichtbar werden lässt.

Mit der Bevölkerung des Ruhrgebiets gemeinsam filmische Chroniken und Geschichten zu erzählen, unter dem Gesichtspunkt konkreter Nützlichkeit; d. h. aus der Zusammenfassung eigener und der Erfahrung anderer für eigenes Handeln zu lernen und mit der Zeit den Blick für den eigenen geschichtlichen Standort wiederzugewinnen.

1978

LEBENS-GESCHICHTE I (1978–1980)

Eine außergewöhnliche Art, zu einem Film zu kommen*
Gabriele Voss

Einen Menschen vorstellen, ein Leben aufzeichnen. Keine Vorstellung von filmischer Form und dem, wie das Werk am Ende aussehen soll. Eine unabhängig begonnene Produktion. Entstanden aus dem Prozess heraus. Zuerst nacktes Material, kein Gedanke an Beigaben, nur die Kamera, die sich allmählich näher herantraut an den Menschen, den wir im Zuhören noch einmal kennenlernen.

Im Material ist die spätere Form des Films mitgegeben. Von der Fülle der geläufigen Möglichkeiten, Vergangenes lebendig zu machen, bleibt am Schluss wenig zur Wahl, wenn das Zeugnis dieses Lebens in seiner Authentizität und Einzigartigkeit nicht zerstört werden soll. Wir haben bewusst verzichtet auf all das, was die formale Lebendigkeit durch weitläufigere Bebilderung, Befragung weiterer Zeitgenossen und schnelle Kombination und Montage ihrer angesammelten Meinungen steigern könnte. Wir haben kein sogenanntes ›objektives‹ Bild der Geschichte schaffen wollen. Solche Bilder sind immer zusammengesetzt und von Interessen bestimmt. Hier wird Geschichte und Lebensgeschichte erzählt aus der Interessenslage eines Arbeiters. Darüber täuscht nichts hinweg.

Dies alles ist nicht ohne Absicht und Vorbereitung zustande gekommen. Neben der Anregung durch den Schriftsteller Sergej Tretjakov[1] (Zeitgeschichte in Lebensgeschichte darzustellen) sind ausgiebige Überlegungen zur Darstellung von Geschichte im Film der konkreten Arbeit vorausgegangen. Darin ging es z. B. um die Authentizität des zu überliefernden Materials, die wir in jedem Falle sichern wollten. Es ging auch um die Möglichkeiten, wie subjektive und objektive Geschichte zu verbinden sind.

Damals haben wir uns mit den Regisseuren des sowjetischen Films in den 20er Jahren beschäftigt, die in ihren Filmen, meistens Spielfilmen, oft umfassende Themen aus der Geschichte Russlands behandelten. In unseren Gesprächen darüber, die wir protokollierten, hielten wir für uns wichtige Hinweise fest. Zur Herangehensweise finde ich da unter anderem: das Wesentliche in der Geschichte und Tätigkeit des Protagonisten herausbekommen, seine Stärke, seine Leidenschaftlichkeit, das, was ihr historische Bedeutung verleiht. Sergej Jutkewitsch[2], der dies empfiehlt, tut das für die Darstellung von Geschichte im Spielfilm, aber der Hinweis war für unseren Ansatz ebenso behilflich. Allerdings: eine einheitliche und geschlossene Fabelstruktur, wie im Spielfilm, widersprach

---

* Geschrieben für das *Textbuch zum Film LEBENS-GESCHICHTE DES BERGARBEITERS ALPHONS S.*, hrsg. von Jaimi Stüber, Bremen 1980.
1 Sergej Tretjakov: *Den Shi Chua*, Darmstadt / Neuwied 1974.
2 Sergej Jutkewitsch: *Kontrapunkt der Regie*, Berlin, 1965.

Lebens-Geschichte des Bergarbeiters Alfons S.

„Heute, rückblickend, kann man nur feststellen, wie wenig eigentlich doch die Menschen selbst sich mit dem Geschehen oder mit dem Phänomen Faschismus auseinandergesetzt haben. Vergangenheitsbewältigung und so was, nicht. Es ist doch tatsächlich so, später eigentlich lachhaft: diejenigen, die von den Faschisten am ärgsten bekämpft wurden, wurden ja auch bald nach dem Krieg wieder am ärgsten bekämpft. Man erwartet, daß von den Menschen selber irgendwie Aktionen kommen, die sich in einer Richtung entwickeln können, daß beispielsweise solche Entwicklungen wie der Faschismus ja eigentlich unmöglich sein mußten, daß die Menschen nur ein ganz klein wenig aus den Erfahrungen der Geschichte lernen würden und sich zu nutze machen würden, diese Erfahrungen. Und damit kommt man ja wiederum dazu, wenn die Massen so massiv beeinflußt werden, dann tut sich eben nichts anderes und dann kann auch nichts anderes zum Ausdruck kommen. Wenn da nicht starke Kräfte in der Entwicklung ihren Einfluß ausüben können, ist das nicht verwunderlich. Man sieht es doch heute, was für eine eigentlich menschenunwürdige Haltung, wenn man Dingen einen so hohen Wert beimißt wie beispielsweise all den Klamotten. Der Mensch, der ja das Wesen ist mit den vielen geistigen Möglichkeiten und das, was dann im Endeffekt dabei rauskommt, nicht, ist ja auch nicht gerade so, daß wir auf uns selber stolz sein können."

Filme aus dem RUHRGEBIET

Eine außergewöhnliche Art, zu einem Film zu kommen

33

Grafik: Georg Temme (© RFZ)

dem biographischen Film, wie wir ihn vorhatten, denn er musste Geschichte erzählen über Jahrzehnte am Beispiel eines einzigen Lebens. Was gab ihm eine Linie? Wie konnten wir vermeiden, wovor Walter Benjamin[3] warnt, dass uns die Abfolge der Begebenheiten wie ein Ro-

3 Walter Benjamin: *Illuminationen*, hrsg. von Siegfried Unseld, Frankfurt / M. 1977.

senkranz durch die Finger läuft? Eine Möglichkeit: das Wachsen und die Herausbildung der Person darstellen (chronologisches Vorgehen), eine andere: an den Umschlagspunkten der Entwicklung in der aktiven Kollision mit der Epoche ansetzen. Wir dachten dabei z. B. an den Zeitraum 1918 bis 1920, in dem Alphons Stiller die Schule verlässt und in den Bergbau geht. Wir stellten uns vor, dass die bewegten Ereignisse nach dem Ersten Weltkrieg sein Leben sicher beeindruckt haben. Aber Alphons Stiller war damals ein Junge von 14 Jahren. Er interessierte sich für anderes und er verschweigt nicht, dass er gerade aus dieser für die Geschichte so wichtigen Zeit nicht sehr viel weiß. Also eine Mischform aus Chronologie und thematischem Nachfragen finden.

Jutkewitsch vergleicht den Aufbau des biographischen Films mit einem Kompositionsverfahren in der Musik, genauer mit dem Wechsel von Hauptthema (die Person in der Geschichte) und Leitmotiven (das, was geschichtlich beeinflusst hat). Auch dieser Gedanke hat unsere Haltung im Fragen mitbestimmt. Eine Lebensgeschichte chronologisch erzählen und darin reflektieren auf das, was uns, den Nachgeborenen, als Geschichte überliefert ist.

Wie das Leben unseres Protagonisten verlaufen ist, welche Stationen und Wendepunkte es durchmachte, wie es beeinflusst war, konnten wir nicht vorher sagen. Das musste Alphons Stiller uns berichten. Wir haben an seiner Vorgabe fragend angeknüpft, zunächst einfach als die Jüngeren, die ihr Unwissen zu erkennen geben und Berichte über Dinge fordern, die dem Erzähler allzu selbstverständlich sind. Das betraf vor allem Fragen nach konkreten Vorgängen im Alltagsleben. Auf dieser Basis, so nehmen wir an, muss der Versuch, die Entwicklung der Geschichte und gegenwärtigen Lebensverhältnisse zu verstehen, besser gelingen. Also haben wir in der Chronologie auch immer wieder eingehalten und unsere Fragen gestellt: Wie konnte der Faschismus so stark werden, wieso hat der Widerstand im Innern keine Wende gebracht und anderes mehr. Alphons Stiller, und darin zeichnete er sich für uns vor anderen aus, hat über das ›Warum‹ in der Geschichte unseres Jahrhunderts so ausführlich und mit so viel Menschenkenntnis nachgedacht, dass wir ihm, einem Lehrer, der nicht schulmeisterlich war, mit Genuss und Nutzen zuhörten. Diese Erfahrung wollten wir in ihrer ursprünglichen Form erhalten und weitergeben.

So haben wir dem Film weitgehend die Nacktheit des rohen Materials gelassen. Wir sehen dies als Ausdrucksform eines äußerlich einfachen, innerlich reichen Lebens, das nie ein anderes Mittel seiner Darstellung als die Sprache besessen hat. Alphons Stiller hat die Form des Films durch sein Ausdrucksvermögen mit geschaffen. Sie ist nicht von seiner Person zu trennen.

1980

Acht Bemerkungen über menschliche Filmarbeit*
Christoph Hübner

Dass Filmarbeit, selbst in ihren aufklärerischsten Produkten, auch gleich in sich selbst menschlich sei, wird niemand, der in diesem Gewerbe tätig ist, behaupten. Im Gegenteil: oft ist die Grenze zwischen ehrlicher Parteinahme (oft gar nicht so plakativ) und schlichter Ausbeutung, im Verhältnis zu den sogenannten ›Betroffenen‹, nur schwer auszumachen. Schon die Bezeichnung ›Betroffene‹ ist so eine Erfindung von Medienmenschen, die sich die Wirklichkeit als eine einfache Aneinanderreihung sozialkritischer ›Themen‹ vorstellen, mit denen sie als Menschen in Wirklichkeit gar nichts zu tun haben und in denen die einzelnen Menschen auch gar keine Rolle spielen.

Man wird sagen, dies ist die Tradition des Gewerbes: Was interessiert die Öffentlichkeit ein einzelner Mensch, wenn er nicht gerade öffentliche Person ist? Und selbst, wenn man versuchen wollte, die Menschen ernst zu nehmen, sind da immer noch – im Film zumindest – die Produktionsbedingungen. Wie kann ich mich wirklich auf die Menschen einlassen, bei diesen schmalen Etats, den kurzen Drehzeiten, dem ganzen Funktionieren der vorhandenen oder nicht vorhandenen Märkte für dokumentarische Filmarbeit? Dies ist aber nur ein Teil der Wahrheit.

Der andere ist, dass viele Filmemacher die Menschen, über die oder mit denen sie ihre Filme machen, gar nicht ernst nehmen können, weil sie schon vorher ihre Konzepte haben und genau wissen, was sie von den ›Betroffenen‹ wollen. Sie wollen ihre bestimmten Aussagen und ihr Demonstrationsmaterial für diese Aussagen. Und dazu werden die Menschen passend gemacht. Als Arbeitslose, als Arbeiter, als Rentner, als Anarchisten usw.

Die Qualität von Menschen ist aber gerade, dass sie nicht passend sind. Die Menschen jedenfalls, auf die es uns ankommt. Und wenn es etwas Spannendes am Dokumentarfilm gibt, dann sind es gerade diese Überschüsse, Widersprüche und Ungereimtheiten in den Menschen, das ›Unpassende‹ an ihnen. Um aber dieses Unpassende wahrzunehmen und zeigen zu können, müssen wir einen Menschen rundherum ernstnehmen. Und dazu braucht es – im Dokumentarfilm – Zeit und Liebe.

In der LEBENS-GESCHICHTE DES BERGARBEITERS ALPHONS S. haben wir dies versucht: einen Menschen rundherum ernst zu nehmen, mit seiner ganzen Lebensgeschichte, in seiner ganzen Art zu denken, zu sprechen, sich zu äußern. Die Zeit dazu haben wir uns genommen, die Liebe haben wir gelernt.

---

* Aus: *Textbuch zum Film LEBENSGESCHICHTE DES BERGARBEITERS ALPHONS S.*, hrsg. von Jaimi Stüber, Bremen 1980.

(1) Alphons Stiller (er ist am 16. 10. 1979 gestorben) war ein ganz und gar schmächtiger Mensch. Zum Schluss wog er noch knappe fünfzig Kilo. Beim ersten Anblick glaubte man ihm seine Bergarbeitervergangenheit gar nicht. In Wirklichkeit hatte die Arbeit übermäßig an ihm gezehrt. Auf dem schmächtigen Körper aber: ein großer und lebendiger Kopf. Ein Auge blind, durch einen Jugendstreich und ärztliche Nachlässigkeit verloren. Ab und an stützte Alphons mit der rechten Hand seinen Kopf und schob seine Brille schief, um sein Auge zu entlasten.

Fast immer, wenn wir Alphons und Gertrud (seine zweite Frau) besuchten, saß Alphons auf dem Sofa, entweder mit einem Buch auf dem Schoß oder mit einem Puzzle vor sich. Die Puzzle ließ er sich aus der DDR schicken. Die Bücher von Freunden ausgeliehen oder aus der Stadtbücherei. Von dort allerdings nur noch, wenn neue Bücher da waren. Die alten kannte Alphons schon. Er las alles, was ihm in die Finger kam. Im dritten und vierten Film erzählt er, wie er dazu kam: Kochbücher, Geografie-Bücher, Romane. Und er hat das alles im Kopf miteinander verbunden. Wenn er einen Abenteuerroman las, so erzählte er uns einmal, dann hatte er daneben immer einen Geografie-Atlas liegen, um sich zu vergewissern, ob die Orte und Entfernungen ihre Richtigkeit hatten. Auch wenn es abgedroschen klingt: ein universaler Geist. Wir haben unter den alten Arbeitern und Rentnern keinen gefunden wie ihn. Bis heute nicht.

(2) Wir haben Alphons schon länger gekannt. Wir sind nicht gleich mit Apparaten zu ihm gegangen, sondern haben vorher lange Nachmittage und Abende miteinander verbracht, haben Kaffee getrunken und miteinander philosophiert! Und Alphons hat vieles aus seiner Erfahrung bezogen. Er hatte für diese Erfahrungen ein ungeheuer präzises Gedächtnis. Und seine Erzählungen reizten zum Zuhören. Ein wichtiger Teil von Alphons' ungewöhnlichem Gedächtnis: er war immer ehrlich. Ehrlich sich selbst gegenüber und ehrlich gegenüber seinen Erfahrungen. Er hatte kaum etwas zugeschüttet. Oder zuschütten müssen. Wie sonst so häufig in der historischen Arbeiterbewegung.

(3) Bei der Aufzeichnung haben wir Alphons und uns Zeit gelassen. Wir sind zehn Tage lang jeden Nachmittag um drei Uhr zu ihm gegangen. Er hat für uns Kaffee gemacht, dann hat er eineinhalb Stunden erzählt, noch einmal Kaffee, dann weiter bis ungefähr sieben Uhr. Über Nacht und am nächsten Morgen hat er und haben wir uns alles nochmal durch den Kopf gehen lassen und am nächsten Nachmittag mit den Ergänzungen des letzten Tages weitergemacht.

(4) Alphons hat es uns dabei durchaus leicht gemacht. Er erzählte das meiste von sich aus. Wir konnten uns mit unseren Fragen auf das Notwendigste beschränken. Allerdings gab es viele Umwege in seinen Er-

zählungen. Da wir mit Video drehten und nicht dauernd an die Kosten des teuren Filmmaterials denken mussten, war es nicht schwer, diesen Umwegen auch Raum zu lassen, ihnen im Film zu folgen. Und tatsächlich ergaben sich gerade aus diesen Umwegen oft die schönsten und wichtigsten Teile seiner Erzählungen. Nach denen wir selbst gar nicht hätten fragen können. So wurde das Ganze nicht nur für uns zu einer spannenden Entdeckungsreise, vor allem Alphons selbst konnte seinen eigenen Weisen zu assoziieren und zu denken folgen, seinen eigenen Rhythmus im Erzählen entwickeln.

(5) Die Umwege, Brüche und Pausen haben wir auch versucht, in der späteren Bearbeitung des Materials zu belassen. So wenig wie möglich zu glätten, zu beschneiden. Auch das hieß, den Menschen, der da erzählt, ernst zu nehmen. Heute führe ich einen großen Teil der Erfahrung, dass die Zuschauer sich schließlich eine, oft zwei, manchmal bis zu vier Stunden auf diese ungewöhnliche Art Film einlassen, gerade auf diese Entscheidung zurück. So konnte ein Rhythmus nicht nur des Erzählens, sondern auch des Zuhörens entstehen. Den Zuschauer / Zuhörer interessiert nicht nur das Was, sondern ebenso das Wie einer Erzählung.

(6) Während der Bearbeitung des Materials haben wir Alphons immer wieder angerufen und ihm die Teilnahme bzw. Kontrolle über den Fortgang der Schnittarbeiten angeboten. Seine Antwort immer wieder: Das ist eure Sache, das macht ihr schon. Vertrauen und Arbeitsteilung. Bei der ersten Aufführung des Films in einer Kneipe vor Freunden lag Alphons schon im Krankenhaus. Danach haben wir ihm von jeder Vorführung des Films / der Filme, von der wir wussten, oder an der wir selbst teilnehmen konnten, berichtet, ihm jede öffentliche Kritik und Besprechung fotokopiert und zugeschickt. Alphons hat sich über diese meist positiven Reaktionen, die von der Wirkung und Qualität seiner Erzählungen berichteten, sehr gefreut. Obwohl er das selten direkt zeigte.
Nach der Fertigstellung und Veröffentlichung der Filme, nach dem eigentlich ›unser Werk‹ getan war, ließ die Freundschaft zu Alphons nicht nach, im Gegenteil, sie wurde noch intensiver. So oft wir konnten, besuchten wir ihn im Krankenhaus oder zu Hause und hatten auch umgekehrt das Gefühl, dass unsere Besuche für ihn wichtig waren. Nicht nur des gegenseitigen Austausches wegen.

(7) Inzwischen haben den Film / die Filme wohl an die 10 000 Menschen gesehen und im August dieses Jahre wurde er vom Westdeutschen Fernsehen ausgestrahlt. Über Alphons wurden Zeitungsartikel verfasst. Für seine Heimatstadt Castrop-Rauxel wurde er ein bekannter Mann. Alphons selbst hat sich davon nicht übermäßig beeindrucken lassen, aber dass sein Leben nun Folgen hatte, das hat ihn doch befriedigt. Am

meisten hat ihn wohl die Erfahrung gefreut, dass seine Erzählungen auch in der Schule bei der Jugend ankamen, denn das wäre er von allem am liebsten geworden: Lehrer.

(8) Eine wichtige Nebenwirkung des Films auch: dass viele mit den Filmen die Erfahrung machten, wie viel und wie viel Wichtiges uns Menschen wie Alphons S. zu sagen haben. Wie sehr auf der anderen Seite diesen Menschen ihre Sprache und die öffentliche Mitteilung vorenthalten wird. In den Zuschauerbriefen nach der Fernsehausstrahlung waren nicht wenige, die nun selbst die Gelegenheit nahmen und von ihren Erfahrungen erzählten, oft ein unzweideutiger Hinweis, sie auch einmal zu befragen, sie auch einmal sprechen zu lassen.

1980

Annähernde Verwirklichung einer kleinen Utopie*
Christoph Hübner

Für einen regionalen Film
Ein gutes Jahr arbeitet jetzt das RuhrFilmZentrum. Es ging alles sehr schnell und doch auch wieder viel zu langsam. Am Anfang stand nicht nur eine Idee sondern auch die Einsicht in eine Notwendigkeit: in die Notwendigkeit, hierzulande dokumentarische Filmarbeit von den Zufälligkeiten und Modeerscheinungen des Kino- und Fernsehmarktes unabhängig zu machen. Diese Filmarbeit stattdessen langfristig einzubinden in Lebenszusammenhänge. In unserem Falle in die Lebenszusammenhänge einer Region, in der wir bis dahin drei Filme gemacht hatten und die wir durch unsere Filmarbeit mit ihren Menschen kennen- und achten gelernt haben: das Ruhrgebiet
Diese Filme drehten wir – wie üblich – aus einer Situation als Zugereiste. Aus den Zentren der Filmlabors in die Provinz, ins Ruhrgebiet einfallend. Die Einsicht in die Notwendigkeit, unsere filmische Arbeit einzubinden und verantwortlich in den Lebenszusammenhang dieser Region zu stellen, hieß für uns zugleich, die Zentren Hamburg, München, Berlin zu verlassen und dorthin zu gehen, wo wir langfristig unsere Filme machen wollten. Nicht nur für kurze Besuche (die Drehzeit eines Films), sondern fest und ganz. Hier erst einmal leben.
Im Februar 1978 sind wir dann endgültig ins Ruhrgebiet gezogen. In eine alte Kornbrennerei an der Stadtgrenze zwischen Bochum und Witten. Direkt an der Ruhr. Gegenüber liegt ein altes, kleines Edelstahlwerk, eines der letzten in Privatbesitz, eines der ältesten hier im Ruhrgebiet. Dahinter die Ruhrberge, das Muttental. Wie man hier sagt: Die Wiege des Kohlebergbaus. Der Ursprung des Ruhrgebietes.

Annäherung an eine Region
Leute, die hierher kommen, sagen: »So schön haben wir uns das Ruhrgebiet nicht vorgestellt.« Die Schönheit des Ruhrgebietes: seine Ehrlichkeit. Hier wird nichts vertuscht, hier liegt alles an der Oberfläche. Die Industrie ist nicht schamhaft an den Stadtrand, in die Vorstädte gedrängt. Sie liegt mitten in den Städten, völlig offen, keine großen Mauern. Das Wohnen ist hier eine Funktion des Arbeitens. Zuerst waren die Zechen da. Um die Zechen herum baute man Kolonien, Siedlungen mit großen Gärten, um die nötigen Arbeitskräfte aus den fernen Provinzen des damaligen Reiches anzuwerben.
Wenn man über das Ruhrgebiet fliegt, dann sieht man, wie wenig sich hier ein normales Stadtbild hat durchsetzen können. Tatsächlich besteht das Ruhrgebiet aus vielen kleinen Siedlungen, Vororten. Meist um eine Zeche, um einen größeren Industriebetrieb herum.

* Erschienen in: *Jahrbuch Film*, München / Wien 1979.

Das Wichtigste hier: die Menschen. Da sie meist selbst aus der Fremde ins Ruhrgebiet kamen, angeworben in Polen, Bayern, Schlesien (heute aus der Türkei), sind sie offen, ohne Ablehnung gegenüber Fremden. Gesprächsbereit und herzlich. Und selbstbewusst. Sie wissen, dass sie diese Region geprägt und aufgebaut haben. Sicher, solche Menschen gibt es unter Arbeitern überall, nicht nur hier und in Deutschland. Aber hier gibt es sie in der Hauptsache.

Man kann sich nicht abkapseln in der eigenen Schicht. Auch als Mittelschichtler hat man hier immer mit Arbeitern, mit »normalen Menschen« zu tun, ob man will oder nicht. Leben und Arbeiten gehen hier in eins. Für einen Filmemacher, der mit der Wirklichkeit zu tun haben will, eine wichtige Voraussetzung. Zumal für den Dokumentaristen.

Filmen im Ruhrgebiet

Mit dem Kontakt zum Ruhrgebiet haben sich unsere Filme immer mehr von den synthetischen Formen des amerikanischen Kinos, das uns an der Münchner Filmhochschule interessierte, wegentwickelt, hin zu dokumentarischen, forschenden Formen der Filmarbeit. Unser erster Film im Ruhrgebiet, HUCKINGER MÄRZ (...) war noch nach klassischem Spielfilmmuster entstanden, mit Drehbuch, aber auch schon mit den Leuten von Mannesmann, den damals am Streik Beteiligten.

Unser nächster Film dann ein dokumentarischer Episodenfilm über Menschen in verschiedenen Städten des Ruhrgebietes, die von der Arbeitslosigkeit bedroht oder betroffen sind. Konzipiert als Versuch einer Gegenwochenschau.

Unser dritter Film hier, mit dem wir uns endgültig auf das Ruhrgebiet eingelassen haben: Ein achtteiliges Filminterview mit einem alten Bergarbeiter (Tippelbruder, Landarbeiter). Der Versuch, über die genaue Befragung einer einzelnen Biographie die Geschichte eines Landes, einer Region zu erzählen. Inoffizielle Geschichte, Geschichte von unten. (Gleichzeitig unser erster Versuch einer Kombination der Medien Film und Video. Auf Video aufgenommen, auf Film montiert.)

In der Arbeit an diesen Filmen, die sich insgesamt über vier Jahre erstreckte und in den vielen Vorführungen, die wir mit diesen Filmen haben, machen wir wichtige Erfahrungen:

1. Durch die intensive Filmarbeit mit den Menschen entstehen Beziehungen und Bedürfnisse nach Weiterarbeit, nach Kontinuität: Ein Jahr nach Fertigstellung des HUCKINGER MÄRZ führten die Arbeiter einen weiteren Arbeitskampf, den sie uns zu dokumentieren baten. Sie hatten durch den ersten Film Vertrauen zu uns gefasst. Wir aber waren inzwischen weit weg und steckten in anderen Projekten. Daraus auch für uns das Bedürfnis nach einer Kontinuität in den Orten und mit den Menschen.

2. Das enge Zusammensein mit den Menschen während der Herstellung eines Films bringt einen wichtigen Austausch zustande: Wir lernen von

ihnen, ihrer Arbeit, ihrer Geschichte, ihrem Umgang miteinander. Sie lernen von uns die Bedingungen und Möglichkeiten der Filmarbeit und werden selbst zu Spezialisten. Das geweckte Interesse hat Folgen, zum Beispiel: Öffentlichkeit selbst in die Hand zu nehmen.

3. Ähnlich viel wie bei der Herstellung der Filme lernen wir bei ihrer Vorführung – vor allem vor Arbeitern, vor allem im Ruhrgebiet. Wir werden unzufrieden mit der herrschenden Arbeitsteilung zwischen Filmherstellung und Verleih.

4. In der Filmarbeit stellt sich heraus, dass der gerade im Dokumentarfilm hierzulande feststellbare Hang zum Journalismus, zum Einengen der Filme auf das herausragende Ereignis, die Aktion, den Streik, am Leben der Menschen vorbeigeht. Dann vorbeigeht, wenn in den Filmen nicht gleichzeitig der Alltag, der Lebens- und Arbeitsalltag der Menschen zum Zuge kommt. Dieser Alltag aber lässt sich – jedenfalls im Dokumentarfilm – nur in langfristiger und kontinuierlicher Anwesenheit vor Ort erfassen.

5. Gleiches gilt für die Geschichte. Der übliche Filmjournalismus ist wie der bloße Ereignisfilm in der Regel geschichtslos. Wir verstehen wenig, wenn wir das einzelne Ereignis nicht in den Zusammenhang, in die Kontinuität seiner Geschichte stellen. Auch dies aber erfordert langfristige Arbeit am gleichen Ort: »filmische Geschichtsschreibung«.

Diese Erfahrungen und zugleich das Beispiel der damals entstehenden Videozentren bringen uns zur Konzeption einer RuhrFilmFabrik, dem Modell einer festen Einrichtung, die Möglichkeiten schafft, kontinuierlich in einer Region dokumentarische Filmarbeit und deren Rückkoppelung zu betreiben. Die Initiative zu einem solchen regionalen Filmzentrum verstehen wir zugleich als einen Versuch, dem allgemeinen (berechtigten) Klagelied fortschrittlicher Filmemacher und ehemaliger Filmstudenten über die schlechten Produktionsbedingungen für dokumentarische Filme eine konstruktive Alternative entgegenzustellen. Wir meinen, in diesem Lande sind noch nicht alle Möglichkeiten ausgeschöpft. Es wird noch immer zu wenig Phantasie in das Entwickeln von Alternativen gesteckt.

Das Modell eines regionalen Filmzentrums

In die Konzeption dieses regionalen Filmzentrums bringen wir die aus der Erfahrung unserer bisherigen Filmarbeit stammenden Utopien ein:

– Die Möglichkeit einer kontinuierlichen, langfristig abgesicherten dokumentarischen Arbeit vor Ort und in einer bestimmten Region. Langfristige Annäherung an diese Region, ihren Alltag, ihre Geschichte. Wirkliches Kennenlernen.

– Möglichst weitgehende Einbeziehung der Menschen, mit denen wir Filme machen. In die Arbeit. Möglichst weitgehende Integration der Filmemacher und der Filmarbeit in die Lebenszusammenhänge dieser Region.

– Schaffung einer Einheit von Produktion und Vorführung, von Filmherstellung und Verleih.

– Aufbau eines »lebendigen« Filmarchivs zur Geschichte und Gegenwart der Region. Dafür die Herstellung nicht nur fertiger Filmprodukte, sondern auch einfacher, filmischer Beobachtung, Porträts, Filmprotokolle etc.: zukünftiges Montagematerial.

– Nebengedanken aus der Beschäftigung mit der Geschichte der dokumentarischen Filmarbeit: in diesem Lande absolut fehlend ein kontinuierlicher, auf Filmpraxis bezogener, von Konkurrenz befreiter Austausch unter den Filmemachern, auch den Dokumentaristen. Ein regionales Filmzentrum (mehrere regionale Filmzentren) langfristig auch als eine Art »Schule« und Diskussionsstätte für authentische und dokumentarische Filmarbeit. (Die Fruchtbarkeit solcher Schulen wird sichtbar an den historischen Beispielen der englischen oder sowjetischen Dokumentarfilmbewegung.)

– Schließlich für all dies eine langfristige, öffentliche Finanzierung, die dieser Arbeit ihre materielle Basis gibt, ohne sie bürokratisch zu vereinnahmen und einzuengen.

Das also war unsere Utopie, die wir in einer zehnseitigen Konzeption zu Papier brachten und mit der wir hausieren gingen. Wir gingen davon aus: Für die Subventionierung der bundesdeutschen Theaterkultur werden jedes Jahr Millionenbeträge ausgegeben, für eine solche Einrichtung einer regionalen (dokumentarischen) Filmkultur sollten dann die – erheblich bescheideneren – Mittel nicht fehlen.

Modell und Realität

Tatsächlich wurde unserem Vorschlag viel (theoretisches) Wohlwollen entgegengebracht, zumal auch andere Filmemacher wie Kluge, Wildenhahn etc. ihre Unterstützung in entsprechenden Schreiben dokumentierten. Immer wieder wurde uns auf die Schulter geklopft und gesagt: » ... großartig, Ihre Idee, lassen Sie doch wieder von sich hören, wenn Sie etwas weiter sind ... « Aber praktisch folgte kaum etwas – außer dass wir beim Reisen Leute kennenlernten, die von sich aus und durch ihre Arbeit eine solche Initiative mittragen wollten.

Nachdem nach einem Jahr trotz etlicher Anläufe und Versprechungen noch immer nichts Verbindliches in Form finanzieller Zusagen vorlag, hatten wir erst einmal die Nase voll vom Klinkenputzen, zumal es uns von unserer Filmarbeit und dem damit verbundenen notwendigen Geldverdienen zunehmend abhielt. Wir machten ein halbes Jahr Pause und brachten erst einmal unsere bereits begonnene Filmserie LEBENS-GESCHICHTE DES BERGARBEITERS ALPHONS S. zu Ende. Nach dem halben Jahr schließlich beschlossen wir, nun das Ganze mit befreundeten Filmemachern und Leuten, die wir inzwischen im Ruhrgebiet kennengelernt hatten oder schon länger kannten, selbst und ohne sichere Finanzierung in die Hände zu nehmen. Nachdem wir Anfang 1978 endgültig ins Ruhrgebiet übergesiedelt waren, wurde im Mai 1978 von den Beteiligten ein Verein gegründet, dem nach einem halben Jahr die Gemeinnützigkeit zuerkannt wurde und der als formaler Träger der ganzen Unternehmung fungiert.

Pilotprojekt

Zugleich begannen wir die Arbeit an einer Art »Pilotprojekt«, einem längeren dokumentarischen Filmprojekt über die Region, das modellhaft die filmische Arbeit des geplanten regionalen Filmzentrums vorstellen sollte. Dieses Projekt (ein Filmzyklus, in dem wir über ein Jahr den Alltag und die Geschichte einer Zeche und ihrer Kolonie dokumentieren wollen) wird vor allem von den Fernsehanstalten finanziert und ist zur Zeit in Arbeit. Es wird voraussichtlich Mitte 1980 fertig sein.[1] Auf diese Weise ist wenigstens für ein paar Leute die kontinuierliche Mitarbeit im Rahmen des RuhrFilmZentrums finanziert.

Verleih, Vorführungen

Zugleich beantragten wir beim Kuratorium junger deutscher Film, das uns in einem Brief seine Bereitschaft zur Unterstützung angekündigt hatte, Zuschüsse für den Aufbau eines regionalen Filmverleihs. Sie wurden uns in erfreulich unbürokratischer Weise genehmigt. In diesem Filmverleih, der im Moment entsteht, bringen nicht nur wir unsere Filme ein, auch andere befreundete Filmemacher, die Filme in oder über das Ruhrgebiet gedreht haben, stellen ihre Filme zur Verfügung: Reinald Schnell, Peter Nestler, Günter Hörmann, Klaus Helle u.a. Den Verleih verstehen wir dabei weniger als einen dritten oder vierten nichtkommerziellen Verleih. Er soll vor allem die Aufgabe verfolgen: die Filme zu den Menschen in der Region zu bringen, mit den Filmen in die Vororte des Ruhrgebietes zu gehen, in Kneipen, Gemeindehäuser, Volkshochschulen, und dort mit den Filmen Veranstaltungen zu organisieren. Produktion und Filmverleih funktionieren beide auf gemeinnütziger Basis, d.h. alle eventuellen Überschüsse werden wieder in die Arbeit und den Aufbau des RuhrFilmZentrums gesteckt.

Exkurs: Film / Video

In der Produktion und im Verleih experimentieren wir nebenher mit der Kombination zweier Medien: Film und Video. Video hat gegenüber Film den großen Vorteil der unbeschränkten Wiederverwendbarkeit, d.h. alle Originale bleiben erhalten und können immer wieder neu bearbeitet und geschnitten werden. Godard hat weiter darauf hingewiesen, dass Video die Abhängigkeit vom Kopierwerk, von den ganzen komplizierten Kopier-, Umspiel-, und Negativschnittvorgängen aufhebt und Schnittrekorder und Mischpult eine Art eigenes Kopierwerk sind. Schließlich ist Video in der Produktion erheblich billiger, was für eine Arbeit, die ohne Drehbuch, ohne endgültige Produktionsvorstellung und oft auch ohne Vorfinanzie-

1 Vergl. die Arbeitsnotizen zum Filzyklus PROSPER / EBEL, in diesem Band S 48 ff.

rung entsteht, von einiger Bedeutung ist. Video hat gegenüber Film den Nachteil der Kleinheit des Bildes und des unflexibleren Schnitts. Wir versuchen nun die Vorteile der beiden Medien miteinander zu kombinieren, indem wir mit Video als Aufnahme- und Dokumentationsmedium und mit 16-mm-Film als Wiedergabe- und Publikationsmedium arbeiten. Auf einer gewissen Stufe im Arbeitsprozess übertragen wir das Videomaterial mit Hilfe einer speziellen Abtasteinrichtung auf Film. Mit dieser Kombination haben wir bei unserem letzten Film, LEBENS-GESCHICHTE DES BERGARBEITERS ALPHONS S., gute Erfahrungen gemacht. Einen weiteren wesentlichen Vorteil bietet die Videotechnik mit ihrer Möglichkeit der sofortigen Rückspielung des aufgenommenen Materials. Auf diese Weise können wir die Menschen am Aufnahme- und Bearbeitungsprozess in einer ganz anderen Weise als bei der umständlichen 16-mm-Technik beteiligen.

Anregungen zu dokumentarischer Amateurfilmarbeit in der Region
Nebenher entwarfen wir gemeinsam mit den Ruhrfestspielen Veranstaltungen, die eine Art dokumentarischer Amateurfilmarbeit in der Region begründen bzw. beleben soll. Dies sind kleine Festivals, die jeweils über bestimmte Themen dokumentarische Super-8- und Video-Filme von Amateuren aus der Region zusammentragen und öffentlich vorstellen. Der Gedanke, eine solche Arbeit zu initiieren, geht zum Teil auf das Beispiel der 20er Jahre zurück, in denen es eine verbreitete Laienfilm- und Fotokorrespondentenbewegung gab. Am bekanntesten davon wurde die Vereinigung der Arbeiterfotografen.

Schule dokumentarischen Arbeitens
Auch die von uns geplante Funktion des RuhrFilmZentrums als eine Schul- und Diskussionsstätte für dokumentarisches Arbeiten wurde modellhaft in zwei Veranstaltungen durchgespielt. Gemeinsam mit einem Kino und der Volkshochschule der Stadt Bochum (die das Geld gaben) organisierten wir zwei Veranstaltungen mit Filmemachern und Dokumentarfilmgruppen aus Frankreich (René Vautier / UPCB) und England (*Cinema Action*), die jeweils an Wochenenden ihre Filme zeigten und mit uns über ihre Arbeit und unsere Arbeit diskutierten. Zu diesen Veranstaltungen kamen neben interessierten Filmemachern und Kinoleuten aus der Region auch Filmemacher aus Frankfurt, Hamburg, Köln und Berlin ins Ruhrgebiet. Ein Zeichen, dass außerhalb der Filmhochschulen oder Kommunalen Kinos wenig Auseinandersetzung mit der eigenen oder fremden Filmpraxis stattfindet.

Auf eigene Faust
Wie sich zeigt, versuchen wir auf diese Weise auch *ohne* kontinuierliche öffentliche Finanzierung zumindest Teile der von uns konzipierten Ar-

beit eines regionalen Filmzentrums in Angriff zu nehmen. Allerdings, und das wollen wir hier nicht verschweigen: unter erheblichem Einsatz eigener finanzieller Mittel und vor allem eigener Zeit und Arbeitskraft, und das in einem Umfang, den wir vorher so nicht eingeschätzt hatten. Tatsächlich mussten wir die Erfahrung machen, dass gerade der Aufbau alternativer, im Grunde beispielloser Einrichtungen sehr viel unabwägbare Arbeit, Irrwege bedeutet und einen langen Atem benötigt.

Vor allem aber, und das ist wichtig, haben wir erfahren und erfahren es ständig: es besteht ein Bedürfnis nach dieser Arbeit. Das konnten wir bereits in dem einen Jahr des Bestehens des RuhrFilmZentrums feststellen. Inzwischen ist es so, dass wir trotz einer bisher sehr zurückhaltenden Öffentlichkeitsarbeit (wir wollten nicht wie andere Initiativen uns durch eine vorzeitige öffentliche Publikation selbst unter Druck setzen lassen, sondern erst einmal in Ruhe arbeiten und die notwendigen Wege finden) den vielen Anforderungen und organisatorischen Aufgaben kaum mehr nachkommen können und Leute brauchen, die sich – bezahlt – den ganzen Tag dem Aufbau dieses RuhrFilmZentrums widmen. Tatsächlich haben wir uns zur Richtschnur gesetzt, dass diejenigen, die im RuhrFilmZentrum arbeiten, möglichst auch davon leben sollten, damit die Arbeit sorgfältig und frei von ständiger existentieller Bedrohung gemacht werden kann. Dies gilt insbesondere für die notwendige Kontinuität dokumentarischer Arbeit, die nicht nach Feierabend oder nur in Zwischenzeiten geleistet werden kann.

Mittlerweile arbeiten im RuhrFilmZentrum auf diese Weise vier Leute fest und etwa zehn weitere, die neben ihren Hauptberufen die Arbeit des RuhrFilmZentrums unterstützen. Zu den einzelnen Vorhaben gibt es jeweils feste oder offene Projektgruppen, die, wo es sich ergibt, mit anderen Gruppen in der Region kooperieren. Die Finanzierung der vier festen Leute ist dabei nur für die Dauer des Pilotprojektes gesichert. Wie es danach weitergeht, ist ungewiss.

Perspektiven

Insgesamt haben die zwei Jahre Aufbauarbeit des RuhrFilmZentrums – wenn auch unter Schwierigkeiten – gezeigt, dass mit einem genügend langen Atem und dem festen Hintergrund einer Gruppe der Aufbau eines solchen Zentrums zumindest in Angriff genommen werden kann. Ich sage das, weil wir meinen, dass derartige Zentren durchaus auch in anderen Regionen / Städten entstehen sollen. Erst dann wäre von einer wirksamen Verlagerung der (dokumentarischen) Filmarbeit von den Zentren in die Regionen, in Kleinstädte, oder wie es abschätzig heißt: in die Provinz, zu sprechen.

Tatsächlich treten sich in den großen Zentren des Films hierzulande – in Berlin, München, Hamburg – die Filmemacher gegenseitig auf die Füße. Zum hundertsten Male wird dann ein Film in Schwabing oder Kreuzberg gedreht, aber ganze Landstriche und Regionen in diesem Land bleiben weiter ohne Bilder. Dieser Hinweis gilt besonders auch für die beiden Filmakademien / Hochschulen in Berlin und München, die Jahr für Jahr neue ausgebildete arbeitslose Filmemacher produzieren, die dann stur an ihrem einmal gewählten Ort bleiben. Ich bin mir bewusst, dass dies auch der Ort privater Beziehungen ist und dass hier vor allem die potentiellen Auftraggeber sitzen. Insofern muss sich diese Forderung einer Dezentralisierung der Arbeit auch an die Fernsehanstalten, Filmkopierwerke, Filmproduzenten etc. richten. Wenn wir überhaupt von der Belebung einer authentischen, nationalen Filmkultur (deren eine Basis ja der dokumentarische Film ist) sprechen, dann muss dies vor allem auch die Provinzen, die Regionen, die Vororte in diesem Lande betreffen. Sonst läuft gar nichts.

Und wir beharren weiter darauf, dass die Ermöglichung dieser Art von langfristiger, dokumentarischer Filmarbeit in den Regionen und Vorstädten, und deren ständige Rückkoppelung zu den dort wohnenden und arbeitenden Menschen eine gesellschaftliche Aufgabe ist. Als nichtkommerzialisierbare Arbeit benötigt sie großzügige öffentliche Förderung. Auch das RuhrFilmZentrum wird seine hier beschriebenen Aktivitäten langfristig ohne ausreichende öffentliche Subventionierung nicht weiterführen können. Es kann seine umfassende Arbeit auf Dauer nicht abhängig machen von den Zufälligkeiten eines Fernsehauftrages oder dem Verkauf eines fertigen Filmes. Und auch dann wäre die geplante Beteiligung der Menschen an der Filmarbeit sowie die ständige Rückkoppelung ihrer Produkte noch nicht gewährleistet.

Auf der Habenseite stünde für die Öffentlichkeit dieses Landes die Vorstellung einer umfassenden filmischen Dokumentation seiner Regionen und Vorstädte, seiner alltäglichen Geschichte und Gegenwart. Die Möglichkeit einer lebendigen »Unterhaltung« über die Lebensbedingungen in diesem Land, allgemein die Möglichkeit des Wachsens einer neuen, lebensbezogenen Filmkultur.

1927 schrieb die Dokumentaristin Esther Schub: »Man muss unbedingt begreifen, dass jedes heute gedrehte Stück Chronik als Dokument für die Zukunft angesehen werden muss. Dieses Bewusstsein muss den Sinn und Inhalt der zu drehenden Ereignisse und Begebenheiten bestimmen, die Form, die Einstellungen, die Montage und die Datierung der Stücke. Ohne das Material aus unseren Tagen wird die zukünftige Zeit ihre Gegenwart nicht richtig verstehen und begreifen können!«

1980[2]

---

2 Aus dem Pilotprojekt wurde später der Filmzyklus PROSPER / EBEL. Daneben wurde eine Reihe kleinerer Filme realisiert. Der Verleih wurde aufgebaut mit ca. 35 Filmen. Das RuhrFilmZentrum arbeitete bis in die zweite Hälfte der achtziger Jahre aktiv auf den verschiedenen Feldern. Danach wurden Verleih und Filmstock von der Kinemathek im Ruhrgebiet übernommen.

DAS EIGENE UND DAS FREMDE (1979–1983)

Arbeitsnotizen zum Filmzyklus PROSPER / EBEL – CHRONIK EINER ZECHE UND IHRER SIEDLUNG
Gabriele Voss*

Ausgangspunkte
Die Chronik der Zeche Prosper und ihrer Siedlung Ebel. Die Konzeption für dieses außergewöhnliche Dokumentarfilmprojekt entwickelte sich vor dem Hintergrund einer Reihe von Filmen, die ich, gemeinsam mit Christoph Hübner, im Ruhrgebiet gemacht habe. ... Durch die Erzählungen von Alphons Stiller entstand Interesse, den Blick zu weiten und die »Biographie« einer Zeche kennenzulernen. Diese Ausweitung des Blickfeldes auf einen ganzen Lebenszusammenhang, der durch einen großen Industriebetrieb geprägt wurde, bedeutete für uns auch, nach der Beziehung der Elemente zu fragen, die bisher getrennt in unseren Filmen vorkamen – nach der Beziehung von Alltag, Kämpfen und Geschichte. Dazu kam, dass der Bergbau für das Ruhrgebiet, in dem wir nun langfristig arbeiten wollten, neben der Stahlindustrie der prägende Industriezweig war. Die Grundideen für die filmische Chronik einer Zeche aus der Sicht der Menschen, die dort arbeiten, waren damit gegeben.

Das Projekt
Ende 1978 begann das zähe Verhandeln um die Finanzierung. Das Exposé stieß auf viel Interesse, aber auf niemanden, der es als Ganzes hätte finanzieren wollen oder können. Immer wieder stattdessen die Empfehlung, den interessierten Institutionen einzelne Themen zur Finanzierung vorzuschlagen. Wir nannten das: den Kuchen aufteilen, bevor er gebacken ist. Unser Gedanke war ursprünglich: am Ort sein, Alltag und Geschichte dort kennenlernen, aufnehmen was wichtig erscheint und erst am Schluss die Einteilung des Materials in verschiedene Filme vornehmen. ...
Mit Widerwillen, weil die Arbeitskonzeption auf anderes hinaus lief, aber doch genötigt, um mit der Arbeit überhaupt beginnen zu können, ließen wir uns auf die Vorschläge der möglichen Geldgeber ein. Es folgte eine weitere, intensive Vorbereitungsphase mit dem Ergebnis des Vorschlags von drei Einzelfilmen: über die Arbeit untertage, über die Geschichte der Einwanderer und über die Jugendlichen, die heute auf der Zeche anfangen. Diese thematisch orientierten Einzelfilme fanden dann auch Geldgeber: die Landeszentrale für politische Bildung in Nordrhein-Westfalen, das Zweite Deutsche Fernsehen (Redaktion Kleines Fernsehspiel) und das Westdeutsche Fernsehen (Redaktion Schau-

* Zusammengestellt aus dem Buch von Gabriele Voss: *Der zweite Blick*, Berlin 1983. Die Auswahl der Notizen bezieht sich vor allem auf den bis heute ungewöhnlichen Ansatz, die Protagonisten im Dialog an der Entstehung der Filme zu beteiligen. Die Auswahl mag vermitteln, welches Konfliktpotential, aber auch welchen Erkenntnisgewinn ein solcher Ansatz in sich birgt.

Die **vierte** Generation • von Christoph Hübner, Gabriele Voss, Werner Ružička, Thomas Janßen, Christa Donner und den Bewohnern von Bottrop-Ebel •

• Inmitten von Deutschland • Die Einwanderer • Matte Wetter • Frauen-Leben • Die

Eine Reise ins Innere des **Landes**

CHRONIK EINER PROSPER · EBEL ZECHE UND IHRER SIEDLUNG

5 Filme des RuhrFilmZentrums 1979 - 1982

Grafik: Wieland Schmid (© RFZ)

platz). Sie alle setzten unterschiedliche Bedingungen für die Arbeit, wovon die schwierigste für uns wohl die war, dass der erste Film (über die Jugendlichen) schon nach fünf Monaten fertiggestellt und Im WDR gesendet werden sollte. Ein vierter Einzelfilm mit dem Thema Frauenleben (ebenfalls WDR) kam nach Beginn der Dreharbeiten dazu

Trotz dieser Ausgangsbedingungen ließen wir uns nicht entmutigen, an der ursprünglichen Konzeption festzuhalten und Dinge zu drehen, die wichtig waren über die vorgeschlagenen Themen hinaus. Wir hofften, eventuell noch einen fünften Film machen zu können, der mehr unseren ursprünglichen Vorstellungen entsprach. So entstand zum Schluss der Film INMITTEN VON DEUTSCHLAND mit finanzieller Unterstützung des Kuratoriums junger deutscher Film und des Landes Nordrhein-Westfalen. ... Für die Realisierung aller Filme standen die üblichen Produktionsgelder zur Verfügung, die bei 45 Minuten in der Regel auf vier Wochen Drehzeit und vier Wochen Schnitt kalkuliert sind. Es braucht nicht betont zu werden, dass diese Finanzierung für eine Arbeit, wie wir sie vorhatten, unter Beteiligung der Menschen am Ort, kaum ausreichte. ...

Zur ursprünglichen Konzeption des Projekts gehörte neben den Filmen die Erarbeitung einer Ausstellung, die die Beteiligung der Menschen am Ort fördern und die spätere Vorführung der Filme begleiten sollte. Für diesen Teil der Arbeit haben wir am Anfang keine Finanzierung finden können. Etwa in der Mitte des Projekts, nachdem eine Fülle von Material schon vorlag (Fotos, Interviews, Dokumente), erklärte sich der Kommunalverband Ruhrgebiet bereit, die Aufarbeitung dieses Materials zu einer Ausstellung zu finanzieren.

Im Frühjahr 1979 waren die ersten drei Verträge abgeschlossen. Wir suchten eine Wohnung in Ebel, richteten dort Wohn- und Arbeitsräume ein, um die Menschen und das Leben am Ort kennenzulernen, in dem wir selbst dort lebten, zumindest zeitweilig; wir brachten die Aufnahmegeräte und den Schneidetisch dorthin, um eine Beteiligung der Menschen an der Filmarbeit zu ermöglichen. Wir wollten für sie erreichbar sein und in jeder Phase der Arbeit mit ihnen im Gespräch bleiben.

Die Dokumentation
Mit dem Filmzyklus PROSPER / EBEL haben wir ein Konzept dokumentarischer Filmarbeit erprobt, das damals, als wir mit der Arbeit begannen, viele theoretisch forderten. Die Stichworte hießen: Dokumentation aus der Nähe heraus, Beteiligung der Betroffenen an der Entstehung des Bildes, das von ihrem Leben entworfen wird. Im Laufe der praktischen Arbeit vor Ort haben wir dann Erfahrungen gemacht, die unseren Blick auf die Dinge und in der Folge die Filme veränderten.

Heute erleben wir in der Zuschauerreaktion manchmal Schwierigkeiten, bestimmte Blicke, die wir zeigen, zu akzeptieren, weil sie den eigenen Erwartungen, dem, wie man die Welt der Bergleute oder der Ruhrgebietsarbeiter gerne sähe, widersprechen. Wir selbst haben uns mit dem Auseinanderfallen von eigenen Erwartungen und dem, was wir vor Ort vorfanden, über die Dauer des ganzen Projekts auseinandergesetzt, haben unsere mitgebrachten Entwürfe von der Wirklichkeit an vielen Stellen korrigiert. Auch wenn wir manchmal das Gefühl hatten, Gefangene der eigenen Konzeption zu sein, zu lernen, was zu lernen wir nicht vorhatten, bedaure ich dieses Lernen im Nachhinein nicht. Wenn ich meine Erfahrungen jetzt weitergebe, hoffe ich vielmehr, vermitteln zu können, was die Auseinandersetzung mit der filmischen Dokumentation des Lebens in Ebel bei uns bewirkte: vor allem anderen die eigenen Erfahrungen und das eigene Weltbild kritischer zu sehen, sich eine Offenheit zu bewahren für Erfahrungen, die allen bisher im Leben gemachten Erfahrungen widersprechen.

Denn das war es, was die Arbeit für mich fruchtbar machte: aufgefordert zu sein, nicht nach der Bestätigung meines Weltbildes zu suchen, nicht auszublenden, was da nicht hineinpasste. Stattdessen offen zu werden für Unterschiede in Lebensentwürfen und Weltbildern, die letzten Endes nicht nur die schmerzliche Erfahrung einer Nicht-Identität vermittelten, sondern auch zur Bereicherung des eigenen Lebens geworden sind.

Drei Jahre waren wir vor Ort. Über die ganze Zeit führte ich ein Tagebuch, manchmal täglich, manchmal in größeren Abständen. ... Die Beschreibung der Entstehung dieser filmischen Chronik zeigt, dass der Blick der Dokumentaristen ausschnitthaft und persönlich blieb, selbst noch nach drei Jahren. Er ist von den Interessen und Erwartungen, den Hoffnungen und Enttäuschungen aller am dokumentarischen Prozess Beteiligten geprägt.

Zum Film DIE VIERTE GENERATION

Beteiligung
Vorführung des ersten fertigen Films vor den Familien der Jugendlichen, die am Film beteiligt sind. Die türkische Familie ist nicht dabei. Für uns ist das eine Art Abnahme, bevor der Film an die Öffentlichkeit geht. Es gibt keine Kritik, der Film könne so bleiben, er zeige die Realität, manche Szenen wie beim Fische Räuchern im Garten, beim Fußballspiel, findet man besonders schön. Die Jugendlichen haben sich die Aufnahmen schon mehrfach angesehen, bevor die Eltern mitkamen. Hauptsächlich mit dem Interesse, wie sie darin wirken. Sehr viel weiter ging die Beteiligung nicht. Gespräche über die Konzeption des Films oder über das, was sie mitteilenswert finden von ihrer Situation, waren nicht möglich bisher. Wie sollte es auch, fehlte doch die Zeit, um so eine Beteiligung zu entwickeln. Für die Jugendlichen ist solche Filmarbeit ganz neu. Klar, dass wir nicht auf entwickelte Vorstellungen zurück greifen können, wie der Film aussehen soll, so als hätte man nur darauf gewartet, dass Filmleute kommen und diese Vorstellungen abrufen. Schließlich gehen alle diese Ansprüche von uns aus. Der frühe Sendetermin des ersten Films ließ kaum eine Chance zu erproben, ob die Realisierung dieser Ansprüche überhaupt möglich ist.

(10.01.1980)

Selbstbild und Öffentlichkeit

Am 22.01.1980 lief der erste Film unter dem Titel DIE EINFÜHRUNG im Fernsehen. Die Einschaltquote war, wie wir später erfuhren, ausgesprochen hoch. Die Kritiken in der Presse waren interessiert dem ganzen Projekt gegenüber und bezogen auf den ersten Film durchweg gut. In Ebel erfuhren wir zunächst nur unspezifische Reaktionen auf die Fernsehausstrahlung, außer: dass der ganze Ort den Film gesehen habe, die Straßen leer waren, und dass es in Bottrop-Innenstadt nicht anders war.

Während Christa Donner und ich im Januar mit einigen älteren Frauen an biografischen Interviews arbeiteten, wurde es im Stadtteil uns gegenüber merkwürdig ruhig – ruhig wie die Stille vor einem Sturm. Der brach dann auch, etwa vierzehn Tage nach der Fernsehausstrahlung, in einer Welle der Entrüstung los. Zwei Wochen hatte man gebraucht, um sich außerhalb von Ebel in Reaktionen der Kollegen auf dem Pütt, in den Geschäften, bei den Mitschülern in der Schule, bei den Mitfahrern im Bus zu vergewissern: Ebel steht durch den Film noch schlechter da als zuvor. Was das überhaupt für Filmleute sind, die solche Filme machen? Sie haben nur die alten Häuser gezeigt, in Ebel gibt es aber auch neue; warum Schwarzweiß statt Farbe; und die Jugendlichen im Film sprechen so schlecht, verwechseln mir und mich, solche nimmt man doch nicht oder man bringt ihnen das Sprechen bei. Die Filmleute sollten doch wissen, wie man richtig spricht, oder was haben sie für Vorstellungen von der Unterstützung der Leute? Und andere Fragen mehr.

Ich fühlte mich vor die Alternative gestellt: ein retouchiertes Bild von Ebel zu produzieren, was einige Ebeler gerne hätten, was wir aber nicht wollten. Umgekehrt: ein direktes, ungeschminktes Bild, das wollten die Ebeler nicht.

Mag sein, dass sich hinter den ablehnenden Reaktionen auch Schwierigkeiten verbargen, speziell der Frauen, mit denen wir den nächsten Film machen wollten. Zunächst verschlossen sich die Türen, wo Christa und ich mit der Kamera hinkamen. Die Filmarbeit schien eine Zeit lang ernsthaft in Frage gestellt.

»Sie müssen mehr kommentieren, das wäre für uns besser!«

Geschirrspülen in der Küche des Jugendheims, Weiberfastnacht. Eine Frau: »Unsere dreckige Küche wollt ihr knipsen hier?« Eine andere: »Unsere Küche ist nicht dreckig.« Und noch eine andere: »Nur die müssen besser kommentieren, der Kommentar war nicht gut.« »Ebel wurde von der ganz dunklen Seite gezeigt, als ob hier niemand richtig sprechen kann.« Einwand von den Filmerinnen: »Aber andere Leute in Bottrop, die sprechen doch auch so, die verwechseln doch auch ›mir‹ und ›mich‹ und sagen ›dat‹ und ›wat‹.« »Ja, aber nicht sooo!« Wir: »Aber in den nächsten Filmen können andere Ebeler doch auch sagen, was ihrer

G. Voss, erster Drehtag in der Lehrwerkstatt (© RFZ)

C. Hübner, erster Drehtag in der Kaue (© RFZ)

Meinung nach richtiger ist.« Wieder die eine Frau: »Ich finde, dass Sie kommentieren sollten, das wäre besser!« Wir: »Im Fernsehen kommen so wenig normale einfache Menschen vor, immer nur Politiker und Menschen, die das Sprechen gewohnt sind. Wir wollen gerade das Leben der normalen Menschen zeigen, so natürlich, wie es ist.« »Ja, ja, aber, meine Tochter kam in die Schule, was denken Sie, was da los war, was die dann sagen: ›Wie? So sprecht ihr? Da könnt ihr mal sehen, wo ihr herkommt und so‹. Der Klassenunterschied ist ja da.« Wir wenden ein, dass wir nicht wollen, dass immer weiter gesagt wird, Fernsehleute wie wir oder andere könnten eben besser reden. »Ja, das war aber teilweise auch ganz ohne Kommentar, und wer die Bilder nicht versteht zu deuten, und das tut der einfache Arbeiter nicht, der kann das nicht verstehen. Sie wissen, in welcher Weise Sie filmen, für uns war das Durcheinander. Wir wussten überhaupt nicht mehr, was los war. Sie haben auf dieser Basis gedreht, das weiß einer, der keine Ahnung davon hat, aber nicht.« Wir: »Aber die Reaktionen draußen, außerhalb von Bottrop und in der Zeitung, die haben die Sache doch gut gefunden.« »Ja, das sagen aber die, die was davon verstehen.« ... Wir schließlich: dass wir uns wünschen, ... dass die Ebeler und auch die Frauen zu uns kommen und sagen, wie sie sich die Filme vorstellen, dass wir dafür ja die Wohnung vor Ort genommen haben. »Ja, ich sag Ihnen ja, was ich mir vorstellen kann, Sie müssen kommentieren, das wäre für uns besser.«

Was sich immer auf unangenehme Weise mischt: Unser wirkliches, menschliches Interesse und unsere wirkliche Liebe mit einer Sympathie, Freundlichkeit und Offenheit, die aus beruflicher Taktik kommt. Was bedeutet das für uns, für unser Gegenüber?
Können wir diesem Zwiespalt im dokumentarischen Arbeiten überhaupt entgehen? Ist in der Ablehnung, die wir erfahren, nicht auch ein intuitives Gespür der Menschen, die uns gegenüber sind, für diesen Konflikt? Dafür, dass an unserem Interesse etwas nicht ganz stimmig ist? Dass es nämlich immer auch auf Verwertung sinnen muss, nicht uneigennützig kommt, auch wenn es sich so gibt?

(16.03.1980)

Pionierarbeit
Wer hat dieses Experiment der Beteiligung der Menschen an der Entstehung der Bilder, die über sie gemacht werden, schon einmal so weit getrieben? Wer hat diesen Anspruch der Beteiligung verbunden mit dem, mehr auf den Alltag der Menschen einzugehen über mehrere Filme hinweg und an einem Ort, schon mal durchgeführt? Allenfalls Klaus Wildenhahn mit seinem Filmprojekt EMDEN GEHT NACH USA.[1] Wer hat dem Anspruch einer »Demokratisierung der Öffentlichkeit«, die in so vieler Leute Munde ist, im Sinne solcher Beteiligung in der Filmarbeit schon einmal genüge getan? Und dabei alle Schwierigkeiten zugelassen, die aus diesem Anspruch hervorgehen?
Vielleicht ist der Film, um all dies zu probieren, auch zu kostspielig. Andererseits sind durch ihn bestimmte Erfahrungen mit der Öffentlichkeit erst möglich geworden.

(20.12.1980)

1 Vierteiliger Dokumentarfilm, der den Kampf der VW-Arbeiter in Emden beschreibt, deren Werk in die USA verlegt werden soll.

Zum Film FRAUENLEBEN

Existenz und Wesen /Fremdheit und Authentisches
Beschäftigung mit der Ethnographie und dem ethnographischen Film.
Ich entdecke viele Bezüge zu unserer Arbeit. Lese heute in der *Kritik der
Zivilisation* von Stanley Diamond. Finde dort: Bei den sogenannten ›primitiven Völkern‹ liege die Betonung auf der Existenz, nicht auf dem Wesen. Ich verstehe das für mich so: Die Existenz ist alles umfassend. Die
Frage nach dem Wesen sortiert aus, verursacht schlechte Gefühle gegenüber den Teilen des Lebens, die, als unwesentlich definiert, doch immer
mit vorkommen.
Die guten und die schlechten Tage. Tage, die ich am liebsten aus dem
Leben streichen würde. Durch die ich hindurch muss, denn es ist undenkbar, dass sie genauso gut nicht da sein könnten. Sie gehören zum
Leben dazu. Diese, das Leben in gute und schlechte, in wichtige und unwichtige Teile sortierende Haltung finde ich in Ebel so nicht. Ein Bei
spiel:
Gestern Abend, nach dem Turnen, nehmen Christa und ich, wie abgesprochen, ein Gespräch mit den Frauen aus der Gymnastikgruppe auf.
Wir stellen den Frauen immer wieder die Frage nach dem »Wichtigsten«
in ihrem Leben. Sie zählen daraufhin, eines nach dem anderen, die Elemente ihres Alltags auf. Alles, was da vorkommt. Setzen es gleichgewichtig nebeneinander, heben nichts hervor. Statt dass wir ihre Antworten verstehen im Sinne der oben getroffenen Unterscheidung, dass
nämlich die Betonung ganz auf der Existenz liegt, fragen wir beharrlich
weiter nach dem Wesentlichen. Wir fragen an den Frauen vorbei. Das
Gespräch scheitert, und die Frauen spüren das sehr genau. Sie sagen,
traurig und gar nicht feindlich, dass sie ihre Gedanken und Gefühle gar
nicht ausdrücken können, dass ihnen die Worte dazu fehlen. Dass zwar
viele Worte zwischen ihnen fallen, dass sie dabei aber eigentlich nicht
miteinander sprechen. Wir, betroffen von diesem Gespür für das Schiefgehen und mehr noch davon, dass sie das nicht mit einer Fülle von
Worten zudecken, betroffen und auch hilflos, dass sie die Ursachen für
das Scheitern ausschließlich bei sich selbst suchen, statt uns zu kritisieren, die wir falsche Fragen stellen. Die Frauen stehen da, ganz traurig, dass sie uns enttäuscht haben. Dass sie nicht diese kernigen Sätze
gesagt haben. Wir sprechen lange darüber. Versuchen unsererseits, ihnen das Gefühl zu nehmen, dass alle Unfähigkeit bei ihnen liegt. Sagen,
dass wir, fälschlicherweise vielleicht, immer auf das Ausgesprochene
hoffen und dass es für sie darauf möglicherweise gar nicht so ankommt. Es gibt für sie diesen Unterschied von Wesentlichem und Unwesentlichem in der Existenz vielleicht nicht. Wenn sie von ihrem Leben
sprechen, gehört dazu alles, eins nach dem anderen, so wie es sich im
Alltag reiht.

Ich muss in Anbetracht dieser Ereignisse meine Fremdheit erkennen. Und die geheimen Wertungen, die ich in der Suche nach Äußerungen vornehme, die die Dinge auf den Punkt bringen. Ihren Kern herausstellen. Das ist möglicherweise gar nicht die Form, in der die Anderen das Gefühl von ihrem Leben zum Ausdruck bringen, in der sie uns zeigen, wie sie ihr Leben sehen. Mit meiner Fremdheit und der Prägung meines Blicks aus der eigenen Geschichte und Umgebung kann ich die Existenzempfindung anderer zunächst vielleicht nicht wahrnehmen. Ich sehe, wie sie auf mich wirken. Und das zeige ich auch. Ich glaube, diese Entdeckung ist verallgemeinerbar. Der Dokumentarfilm zeigt vielleicht Alltag und Geschichte, er zeigt aber nicht ohne weiteres, wie die Menschen ihren Alltag und ihre Geschichte sehen. Denn es ist sehr schwer und manchmal vielleicht auch unmöglich, als Außenstehender, Fremder, die Geschichte und den Alltag aus der Sicht derer zu sehen, die sie leben. Ich glaube immer weniger an eine Authentizität und Geschichtsschreibung von unten, die die Bilder der ›Betroffenen‹ nur durch Unmittelbarkeit und Spontaneität zum Vorschein bringen will. Viel Authentisches finden wir in vermittelten Formen, in Kunstformen, in Ebel zum Beispiel in den Liedern, die gesungen werden. Das Lied »Ebel, du Insel der Träume« ist ein Beispiel dafür. Es ist eine Form, wie die Ebeler ihren Gefühlen Ausdruck verleihen. Die Art, wie die Frauen uns geantwortet haben, ist auch eine Form, in der etwas sichtbar wird: diese Gleichgewichtigkeit der Ereignisse in ihrem Leben. Vielleicht ist es erst im Alter, im Rückblick auf das Leben möglich, zu trennen, was wichtig und was unwichtig war. Kann man sagen: solange dieser Unterschied nicht formulierbar ist, hat er auch nicht die Bedeutung, die wir mit unseren Fragen unterstellen?

(10.04.1980)

Improvisiert /nicht improvisiert
(Anregungen durch ein Interview mit Johan van der Keuken[2])
Für van der Keuken zählt nicht so sehr der Unterschied zwischen Dokumentar- und Spielfilm als der zwischen improvisierten und nicht improvisierten Teilen im Film.
Improvisiert sind demnach Bilder, deren Sinn bei der Aufnahme noch nicht feststeht; nicht improvisiert sind Bilder, deren Sinn durch den Standpunkt der Kamera in der Aufnahme fixiert wird. Van der Keukens Filme enthalten beide Elemente. ...
Mit der genannten Unterscheidung hängt eine zweite zusammen – der Unterschied von zweierlei Einstellungen: auf der einen Seite die, die einen Rahmen haben, kadriert sind (nicht improvisiert), auf der anderen Seite die der freien Kamera.

---

2 Johan van der Keuken, niederländischer Dokumentarfilmer, 1938–2001.

Van der Keuken sagt: »Der Kader ist ein Raum, ein hypothetischer Raum und das andere ist ein Zeitablauf, kein Raum, aber die Expression eines Raums, in dem man ist.«

Für uns: am Anfang unserer Arbeit standen mehr Bilder der zweiten Art: Erfahrungsbilder, die in der Zeit der Erfahrung den Raum erschlossen – allmählich.

Nach dem Schock des ersten Films haben die Ebeler diese Erfahrungsmöglichkeit eingeschränkt, haben uns Räume zugewiesen, ... in denen die Grenzen dessen, was sich ereignen kann viel enger gezogen sind. In der Folge: mehr kadrierte Einstellungen. Bei diesen Einstellungen ist das Bild der Raum, in dem sich alles abspielt. ...

Van der Keuken sagt auch: »Film kann keine Propaganda sein, sofern der Mensch drin steckt, der filmt.«

Ich: Er kann auch keine Propaganda sein, sofern die Menschen drin stecken, die er zeigt.

Zum Film DIE EINWANDERER

Kampf um Bewilligung der Bilder

Bekanntschaft und Arbeit mit Hassan, einem Türken, der gut Deutsch spricht, sich uns offen und interessiert zuwendet. Keiner hat bisher so viel zurückgefragt wie er. Wir versuchen mit ihm ein biografisches Interview. Als wir mit den Geräten zu ihm kommen, ist die Frau außer Haus, sie gehe spazieren, und die Töchter zurückgezogen in die oberen Räume. Leise ihr Lachen und Sprechen beim Spiel.

Hassan erzählt. Ab und zu kommt die ältere Tochter in die Küche, holt sich Wasser, verschwindet sofort wieder. »Angst vor der Kamera«, sagt Hassan. Nach zwei Stunden bekommen wir Unwillen der Kinder zu spüren. Sie kommen öfter runter, werfen fragende Blicke, ob wir noch immer nicht fertig sind. ...

Am nächsten Tag wollen wir mit Hassan seinen Großeinkauf drehen. Zu abgemachter Zeit sind wir bei ihm. Niemand ist da. Nachmittags dann die Kinder: »Mutter mit Vater schimpfen«, sagt die Tochter, »jetzt Papa weg.« Den ganzen Tag ist er weg und auch den nächsten. Wir sind niedergeschlagen. Was lösen wir durch unsere Arbeit bei den Menschen aus? ... Wir unternehmen nichts.

(07.11.1980)

Die Sprache des Herzens

Unserem Versprechen getreu, den Film vor der Veröffentlichung den Beteiligten zu zeigen, führen wir Hassan auf seinen Wunsch, unvorbereitet und mitten in der Arbeit, die Teile des Films vor, die ihn betreffen. Die Vorführung endet, noch bevor wir alles gesehen haben. Hassan gerät außer sich. Von den Fotos aus der Türkei, die er zur Verfügung stellte, haben wir eine Montage gemacht, die ihm gar nicht gefällt. Wenn das so bleibt, zieht er lieber alles zurück, das heißt, will aus dem Film gestrichen sein. Seine Kritik fällt auf ein Bild von seinem Haus in der Türkei, das wir zeigen, als es sich noch im Bau befindet. Wir hätten das fertige Haus zeigen sollen. Auch davon gibt es eine Fotografie. Nur dass auf dem Bild, das wir auswählten, Menschen zu sehen sind, während vor dem fertigen Haus nur protzig sein Auto steht. Hassan versteht nicht, dass es uns so wichtig war, auf dem Foto Menschen zu sehen. Es gibt noch viele andere Bilder, wo das Auto ebenso in den Blick gerückt ist. In den Bildern, die wir außer dem Haus gewählt haben, sieht man nach Hassans Ansicht das Auto sowieso nicht oft genug. Alles in allem haben wir nur die schlechtesten Bilder ausgesucht. Hassan wird laut und tobt herum. Er habe sich in uns getäuscht, wir machen einen ganz schlechten Film, der nicht die Sprache des Herzens spricht. Aber wir zeigen doch die Szenen vor der Veröffentlichung, gerade jetzt, wir haben unser Versprechen doch nicht verletzt. Vergeblich versuchen wir, Hassan die Gründe für die Auswahl der Fotos zu nennen, ihre Vielfalt, und vor allem, dass Menschen auf den Bildern zu sehen sind. Das alles zählt für Hassan nicht. Er lässt in seinen Unmutsbekundungen kaum eine Pause, in der wir zu Wort kommen können. Am liebsten würde ich diesen »Betroffenen« in diesem Augenblick rauswerfen, ihm sagen, dass er sich so nicht zu benehmen hat. Gegen die Lautstärke und Aggressivität des Mannes komme ich aber nicht an. Der Auftritt kostet einen ganzen Nachmittag der Verarbeitung.

(14.02.1981)

Einigung
Wir einigen uns mit Hassan über die Verwendung seiner Fotos im Film. Wir zeigen sein Haus in der Türkei, wie es fertig ist, mit dem Auto davor. Dafür bleiben in der Montage auch Bilder von seinem Elternhaus und von dem Dorf, in dem sie leben. Hassan hat genau wie wir über die Auseinandersetzung noch einmal nachgedacht. Es leuchtet ihm jetzt ein, dass es für die deutschen Zuschauer wohl wichtiger ist, ein paar Bilder von seiner Heimat zu sehen statt fünf mal dasselbe Auto im Bild.

(20.02.1981)

Dokumentarfilm und die Folgen
Ich habe Hassan lange nicht mehr gesehen. Unmittelbar nach dem Film kam er öfter vorbei. Heute erfahre ich von einem Ausbilder auf der Zeche, dass er nach der Ausstrahlung im Fernsehen ganz schön unter Druck geraten sein soll. Durch die Arbeit am Film waren sogar Kontakte zwischen Hassan und der IGBE-Ortsgruppe entstanden. Man hoffte, ihn für eine Mitarbeit gewinnen zu können, und es sah zunächst danach aus, als ob es gelänge. Aber plötzlich war Hassan wie vom Erdboden

verschwunden, nicht mehr erreichbar, nicht mehr ansprechbar. Damit hängt wohl auch zusammen, dass er zu uns nicht mehr kam. Wenn wir uns sahen, dann nur ganz kurz: dass er schnell weg muss, weil er so viel Arbeit hat. Taxi fuhr er inzwischen auch nebenbei. Der Ausbilder von der Zeche meint, dass seine türkischen Kollegen von der Zeche ihn zurückgepfiffen haben wegen der Äußerungen, die er zu der Zukunft seiner Töchter macht: »Heutzutage, Mädchen auch brauchen Beruf. Ohne Beruf heutzutage ist das ganz schwer. Weil Deutschland viel überlastet, hoch technisierte Wirtschaft und alles. Wenn man keinen Beruf hat, dann ist es schwer. Einmal da arbeiten, paar Mal da, dann steht man auf der Straße – arbeitslos. Ich möchte nicht meine Töchter auf der Straße stehen lassen.«

Hassan hat es bei seinen türkischen Landsleuten, so wie er sich im Film darstellt, nicht leicht. Die einen finden ihn zu fortschrittlich, die anderen finden ihn zu sehr dem traditionellen Denken des Islam verhaftet. Auch finden sie ihn untypisch: dass er so gut Deutsch kann, dass er Elektriker ist untertage. Viele Türken arbeiten bei uns nicht als Facharbeiter. Obwohl sie gelernte Leute sind. Man hätte einen typischen Türken wählen sollen. Oder einen vorbildhaften in seiner Fortschrittlichkeit. ...

Was man selten bedenkt bei diesem Thema: Dass die Ausländer in der Fremde doppelt unter Druck stehen. Auf der einen Seite: es den eigenen Landsleuten recht zu machen; auf der anderen Seite: den Erwartungen des Gastgeberlandes zu entsprechen. Und dazwischen noch man selbst zu bleiben. Mir wird erst jetzt richtig klar, wie mutig es von Hassan war, sich im Film öffentlich zu äußern. Und wie ungerecht und hart die Kritik oft ist, die er dafür einstecken muss.

(20.03.1982)

Fremdheit in der eigenen Kultur

»Wir wünschen die Nähe in unserer Kultur und suchen sie in der anderen; wir hätten gern den angstlosen Bezug zu den Objekten in dem, was uns Alltag ist, und kaschieren unsere Angst in der Reiselust, sind auch im Fremden zuhause, weil uns dort kein Kontakt unsere Vergangenheit so lebensnah vor Augen führt, dass wir uns gezwungen sähen, daran zuarbeiten.«[3]

Wir, die wir nicht reisen, um in fremden Ländern unsere Filme zu drehen, gezwungen, mit dem Fremden in der eigenen Kultur (und der Bergbau ist uns zunächst einmal sehr fremd) auch die Auseinandersetzung zu führen mit der Vergangenheit, die uns, verborgen im Gegenwärtigen, vor Augen tritt.

(14.04.1981)

3 Hans-Jürgen Heinrichs im Vorwort zu Michel Leiris: *Die eigene und die fremde Kultur,* Frankfurt/ M. 1977.

Zum Film MATTE WETTER

Wie zu einer Polarexpedition
Drehen untertage. Wie zu einer Polarexpedition ausgerüstet, machen wir uns auf den Weg. Alle Geräte, die wir mitnehmen, sind funkengeschützt, das macht sie schwer. Wären sie es nicht, bestünde Gefahr, dass durch elektrische Funken eine Explosion untertage ausgelöst wird. Für lange Einstellungen müssen wir zudem mit einer mit Pressluft betriebenen Kamera drehen, entsprechend Pressluftflaschen in ausreichender Zahl mitschleppen. Außerdem Lampen und Akkus, die so schwer sind, dass man kaum mehr als zwei davon tragen kann. Auch müssen es relativ viele Lampen sein, nicht um die Räume untertage wie eine Bahnhofshalle auszuleuchten, so wie es in manchen Bergbaufilmen zu sehen ist; sondern ganz einfach deshalb, weil die Lampen eine kurze Brenndauer haben. Mit Geräten sind wir also bepackt, brauchen allein vier Leute zum Tragen neben dem Team, das aus Kameramann, Tonfrau, zwei Beleuchtern und den beiden Autoren besteht.
Nach langen Wegen vor Ort angekommen, muss das Drehen selbst ziemlich schnell gehen. In zwei Tagen soll alles abgedreht sein, der Produktionsausfall, der durch die Dreharbeiten entsteht, wird sonst für die Zeche zu hoch. Wir müssen schnell sein, Hand in Hand arbeiten, das ist nicht einfach. Durch den Pressluftbetrieb ist die Kamera so laut, dass sie alle anderen Geräusche übertönt. Wir müssen Bild und Ton also getrennt aufnehmen, was auch bedeutet, dass sie später am Schneidetisch in mühseliger Kleinarbeit wieder zusammen zu bringen sind. Auch verschmutzt die Kamera durch den Staub untertage so schnell, dass wir sie zwischendurch immer wieder reinigen müssen. Das hält natürlich auf. Von den Leuten untertage helfen alle, so gut sie können. Elektriker richten das Licht, andere helfen schleppen, viele strengen ihre Phantasie an, um zunächst unmöglich Erscheinendes möglich zu machen. Nur bei Schichtende lässt die Bereitschaft zu helfen merklich nach. Wer will schon länger dort unten bleiben als er muss? Nur heißt das für uns, dass auch wir fertig werden müssen. Es gibt kein Ende offen bei diesem Dreh.
(05.05.1980)

»Die Sonne nimmst du nicht mit runter!«
Die Muster der Untertageaufnahmen sind zurück. Die genaue Vorbereitung der Dreharbeiten hat sich bezahlt gemacht, besonders in der Arbeit der Kamera. Es sind Bilder von der Arbeit untertage entstanden, wie wir sie in keinem der Filme, die wir vorher gesichtet haben, sahen. In langen Einstellungen, manchmal über mehrere Minuten hinweg, sieht man die verschiedenen Arbeitsvorgänge vor Ort. In der Strecke und im Streb. Zwischen Gerüsten vom Ausbau und Maschinen bewegen sich die Menschen im Staub von Kohle und Stein. Kein sauberer Arbeitsplatz

Dreharbeiten untertage (© RFZ)

das. Männerarbeit. Wie sie vor sich geht, wird ganz gut sichtbar. Auch wie schwer sie ist und wie mühsam. Was die Kamera nicht zeigen kann, ist die Hitze untertage. Auf 1000 Meter Tiefe sind es manchmal an die dreißig Grad. Und was auch nicht sichtbar werden kann: wie die Bergleute untertage ihre Arbeit empfinden, sie, die oft zwanzig, dreißig Jahre lang einfahren. Diese Dimensionen der Arbeit müssen später sprachlich vermittelt werden. Beim Betrachten der stummen Bilder komme ich ins Spekulieren, wie die Bergleute sich wohl mit dem dunklen Innern der Erde arrangieren.

(19.06.1980)

Ein Bilderlexikon
Die Beteiligung der Bergleute an diesem Film. Sie wollen alles erklären. Indem sie das wollen bis in einzelne Details, wird spürbar, wie wichtig ihnen die Technik und ihr Funktionieren untertage ist. Sie wollen fast so etwas wie ein Bilderlexikon. Die Bilder und die dazu gehörigen Worte aus der Sprache der Bergleute. Wie in Kinderbüchern, wo neben dem Bild der Dinge das Wortbild erscheint, der Name, der zu den Dingen gehört. Das macht es auch schwer, gemeinsam mit den Kumpels einen Kommentar zum Film zu machen. Sie schlagen sehr viel Text vor. Wir versuchen, deutlich zu machen, dass die Fülle der Erklärungen und Fremdworte Außenstehende eher erschlagen wird, als dass sie ihnen hilft.

(10.02.1981)

Zum Film INMITTEN VON DEUTSCHLAND

Tabus
Treffen von einigen Dokumentaristen in Bremen. Fragen an die Arbeit von allen. Bei vielen die Erfahrung: mit dem Versuch, Alltag zu dokumentieren, stoßen wir auf Tabus von politischer Dimension (Sexualität, Ehe und Familie, Lage der Frauen und Kinder, Existenzängste etc.). Die gemeinsame Frage: Sollen wir als Dokumentaristen diese Tabus respektieren, sie nicht anrühren? Ist es nicht nötig, wenn wir schon Alltag thematisieren, gerade von diesen Tabus zu sprechen? Und zu versuchen, sie zu brechen, wenn auch nur in kleinen Schritten? Ist das Bedingung dafür, dass die dokumentarische Alltagsbeobachtung mehr zur Kenntnis genommen wird? Woher kommt es sonst, dass diese Richtung der dokumentarischen Arbeit abfällig mit dem ethnographischen Film verglichen wird? Dass sie andere und auch uns selbst oft unbefriedigt lässt?
Wenn der beobachtende Dokumentarfilm nur mit größten Schwierigkeiten die Tabus des privaten Lebens aufgreifen kann (Weigerung der Protagonisten, in der Öffentlichkeit dafür Beispiel zu sein), sollten wir dann nicht zumindest das Vorhandensein dieser Tabus für die Zuschauer deutlicher machen? Also nicht so tun, als wäre alles in Ordnung, als gäbe es diese Tabus gar nicht, indem wir die Grenzen, die durch sie gesetzt sind, verschweigen? Haben wir dafür Formen der Darstellung entwickelt? ...
Mir wird klar, dass der Vorwurf der Kritiker an die Dokumentaristen, sie seien zu vorsichtig und zu ängstlich im Umgang mit der Realität, nur einen Teil der Sache sieht. Zu kritisieren ist auch der Zustand von Öffentlichkeit, der es nicht zulässt, die Tabuthemen so zu behandeln, dass diejenigen, die sich dabei persönlich preisgeben, nicht dem Gelächter und der Besserwisserei derer ausgesetzt sind, die es selbst nicht besser machen, die von sich aber nichts öffentlich ausstellen. Von dem Unvermögen anderer zu sprechen ist immer leicht, wenn man selbst die

Ebeler Bürger und das Filmteam, 1982 (© RFZ)

Aufgabe nicht lösen muss. Und nicht einmal die Aufgaben haben die Herren Kritiker erkannt: Sie fordern mit ihrer Kritik, die Tabus des Alltags zu brechen mit dokumentarischen Mitteln und in einer Öffentlichkeit, die den Einzelnen mit seiner Offenbarung einem anonymen Gegenüber ausliefert. Sich so auszuliefern, dazu gehört einige Stärke. Ob die Herren Kritiker diese Stärke hätten, wenn es um sie selbst ginge? Ich, für mich, ich hätte sie wohl nicht.

Die Schönheit des Rohstoffs
Der Dokumentarfilm – seine ungehobelte Ästhetik, auch chaotische Ästhetik. Der ungehobelte Rohstoff des Lebens, den ich liebe, ein Grund, weshalb ich selbst Dokumentarfilme mag. Dokumentarfilm – auch die Kunst des Inoffiziellen.
Eine Gedankenkette: Naturalismus = geglättete Natur; es gibt auch eine andere Natur, die schroff ist und unfügsam; Dokumentarfilme, die unwahr und leblos erscheinen, sind meistens zu glatt.

(18.05.1982)

Der Nachbar
sagt über uns zu einer Fremden:
Die jungen Leute mit den langen Haaren,
die unendliche Mengen Kaffee trinken,
niemals ihre Mäntel in die Garderobe hängen,
die unglaublich rauchen
und hinter dieser ganzen äußeren Fassade
so geduldig zuhören.
Ganz allmählich entdeckt er

Arbeitsnotizen zum Filmzyklus PROSPER / EBEL

hinter den langen Haaren
und dem vernachlässigten Äußeren
sympathische junge Leute.
Er sagt nicht zu dem fremden Besuch:
»Am Anfang hatte ich Vorurteile.«
Er sagt: »Am Anfang wusste ich nicht,
wie ich mich verhalten sollte.«
Er sagt auch nicht: »Ich habe meine
Vorurteile verloren.«
Er sagt: »Jetzt kenne ich sie.«

Was bleibt?[4]

Das Projekt ist abgeschlossen, die Arbeitszusammenhänge in Ebel sind aufgelöst. Wir leben nicht mehr dort. Die Kontakte zu einzelnen Menschen sind geblieben, ein paar Freundschaften.

Wir stehen vor neuen Fragen. Nicht mehr nur: Wie war eine solche Arbeit möglich, wie ging sie vor sich, was waren die Ergebnisse? Jetzt auch: Was hat die Arbeit an Erfahrungen gebracht? Wie wird die Filmarbeit weitergehen? Von Zuschauern bei Vorführungen wurden diese Fragen immer wieder gestellt.

Im Gedanken an diese Fragen stellt sich ein Widerstand ein, zusammenzufassen und Ergebnisse zu formulieren. ... Das Bild, das ... über den Ort und unsere Arbeit entworfen wird, hat nicht den Charakter einer Photographie. Es hat auch nicht den Charakter eines realistisch gehaltenen Sittengemäldes in Öl. Eher sieht es aus wie eine Zeichnung von George Grosz, die Straßenszene 1916. Da geht alles kreuz und quer, untereinander undübereinander. Häuser überlagern Straßen, Straßen durchqueren Menschen, der Mond hängt zweimal am Himmel, die Sonne, ein dunkles Rund aus schwarzen Strichen, Sonne und Mond zugleich, Tag und Nacht in einem; Menschen erscheinen in Umrissen, Halbfiguren, wie nicht fertig gezeichnet, manchmal die Gesichter ausgeführt, manchmal wichtiger die Gestalten, die Figurationen; eine nicht zu Ende gezeichnete Kirche, große und kleine Hochhäuser, alles in Bewegung und sich überlagernd von verschiedenen Ebenen aus. Dem gleicht nicht in der Feinheit der Zeichnung, wohl aber in der Überlagerung der Elemente und Perspektiven, das hier entworfene Bild vom Ort. Alltagsszenen 1979–1982. Der Charakter des Vorläufigen, Unfertigen. Das ist es, was möglich war. Dieses Bild soll nicht übermalt werden, etwa in dem Sinne, dass nun geordnet wird. ...

Man findet im Bild Vertrautes. Zugleich überrascht es mit Unerwartetem. Bei längerer Beschäftigung wird deutlich, dass im Vertraut-Geglaubten auch Befremdendes enthalten ist. Und dies wird bei der Herstellung des

4 Aus dem Nachwort zum Buch *Der zweite Blick*, Berlin 1983.

Bildes zu einer tiefgreifenden Erfahrung: zu der Erfahrung von Fremdheit im eigenen Land trotz gleicher Sprache und gleichem Kulturkreis. Zu sehen, wie fremd andere Lebensbereiche sein können, die dem eigenen eng benachbart sind, hieß: die Grenzen der eigenen Wahrnehmung und des eigenen Verständnisses für anderes Leben zu erkennen. Es hieß: in der Darstellung des fremden Lebens immer wieder die Gefahr der Übertragung eigener kultureller Normen zu verspüren, deshalb Zurückhaltung zu lernen, mitgebrachte Ansichten zu korrigieren, vorsichtiger zu werden mit dem Interpretieren und Urteilen. ...

Diese Erfahrung läuft entgegengesetzt zu der Erwartung, dass die Urteile sicherer würden, je näher man einer Sache ist und je länger man sie kennt. Die Erfahrung zeigt das Gegenteil: Je weniger man eine Sache kennt, desto leichter fallen die Urteile, desto größer scheinen die Möglichkeiten der Verallgemeinerung, ohne das Gefühl zu bekommen, dass sie ungerecht werden. Diese Erfahrung hat nicht nur uns beim Herstellen des Bildes überrascht. Sie überrascht auch manchen Zuschauer, und nicht immer trafen wir auf die Bereitschaft, diese Erfahrung zu akzeptieren. Es hieß dann: »Aber wieso? Ihr werdet doch nach drei Jahren einen Eindruck von diesem Ort gewonnen haben, den ihr allgemeiner formulieren könnt.«

Gewiss, es ließe sich ein allgemeiner Eindruck formulieren. Etwa der: der Alltag, den wir zeigten, ist durchschnittlicher Alltag in diesem Land. Dazu gehören der Zusammenhalt der Nachbarn, aber auch die Streitigkeiten und Klatsch und Tratsch, das Gemeinschaftsleben, aber auch die Enge des Inseldaseins, die von größeren Zusammenhängen abtrennt, oder auch: das Bewahren überlieferter Traditionen und das Konservative, das darin mitschwingt.

Aber all diese Kategorien sind nicht ausreichend für die Beschreibung unserer Erfahrungen. Sie stimmen im Allgemeinen. Und doch stimmen sie auch wieder nicht. Da wir das Leben nicht aus der Position des Überblicks beschreiben, sondern aus der Kenntnis der Details, scheinen uns diese Urteile immer auch ungerecht und der dokumentarischen Beschreibung der Realität nicht angemessen, die sich viel differenzierter und im Einzelnen davon abweichend darstellt. ...

Nachdem der letzte Film und die Ausstellung im Oktober 1982 fertig gestellt waren, gab es eine Rundreise mit den Ergebnissen des ganzen Projekts durch fünf große Städte des Ruhrgebiets. Essen, Bochum, Oberhausen, Dortmund, Duisburg, von Oktober 1982 bis Dezember 1982. Jeweils zehn Tage in einer Stadt mit einer bis zwei Vorführungen pro Tag. Nicht nur in kommunalen Kinos, auch in Kneipen, in Schulen, in Gemeindehäusern, einmal sogar für eine Woche auf einer großen Schachtanlage in Dortmund. Das Publikum: von Bergleuten, ihren Frauen und Kindern, die die Arbeit der Väter noch nie so hautnah gesehen hatten, über Gewerkschafter und Kollegen aus anderen Betrieben, bis hin zu

Lehrern, Schülern und Studenten, die mit dem Bergbau nichts zu tun haben. Auch Filminteressierte und Dokumentarfilmkollegen.
Das Vorführen der Filme in Begleitung der Filmemacher und der Ebeler war für uns Bestandteil des Projekts. … Manchmal gab es, nicht vorwurfsvoll und verurteilend, eine solidarische Kritik an den Ebelern, dass man gern noch mehr von ihrem Leben und Denken erfahren hätte, dass sie mutiger hätten sein sollen in dem, was sie von sich offenbaren. Dass man mit kontroverseren und außergewöhnlicheren Meinungen durchaus hätte umgehen können; dass das eher noch zur Bereicherung für den Austausch über das gezeigte Leben und die Erfahrungen beigetragen hätte. Allerdings, angesichts der Dimensionen von Fernsehöffentlichkeit verstanden viele dieser Zuschauer die Zurückhaltung der Ebeler in dem, was sie von ihrem Leben preisgaben. …
Was produktiv wurde durch unsere Arbeit, entstand im Gegenüber von Fremdem, von Andersartigkeit. Durch das Aufbrechen von Selbstverständlichem. Es entstand aus einem komplizierten Verhältnis von Nähe und Distanz, die durch die räumliche Nähe nicht aufgehoben wird. Aus einer anderen Geschichte kommend, aus anderen Lebensverhältnissen kommend, mit anderen Wünschen und Träumen kommend, andere Bedürfnisse und Ansprüche an das Leben mitbringend. Das heißt, der Alltag, den wir antrafen am Ort, war für uns, die wir von außen kamen, nichts Selbstverständliches. Wir haben ihn betrachtet mit fremden Augen. Im Laufe der drei Jahre ist der Alltag vertrauter geworden. Die Irritation hat nachgelassen. Manches rückte schon bedenklich in die Nähe des Selbstverständlichen. Es fiel nicht mehr auf. Es wurde nicht mehr mit der anfänglichen Aufmerksamkeit gesehen.
Deshalb: es mag sein, dass die Grenzen einer solchen Arbeit und ihrer Produktivität erreicht sind, wenn sich die Fremdheit auflöst. Wenn die Irritation des Gegenübers nachlässt. Wenn die Dinge des Alltags wieder übergehen ins Selbstverständliche. Wenn es mehr Erwartetes als Überraschung gibt. Wenn man Leben zu genau kennt.
Deshalb: Fremdheit, Distanz und Andersartigkeit sind auch Produktivkräfte! Anfangs ist man bemüht, sie aufzuheben, um das fremde Leben besser zu verstehen. An einem bestimmten Punkt angelangt, begreift man dann, dass man sie braucht, um deutlich zu sehen. Und man spürt, dass es einen Moment geben wird, da man die Nähe wieder verlassen muss, um die Produktivität des fremden Blicks nicht zu verlieren. Auch, um vielleicht einmal zurückzukehren, aus wiedergewonnener Distanz, und um das Leben und seine Entwicklung nochmals neu zu sehen.

Am Ende der Dreharbeiten in Ebel, 1982 (© RFZ)

Die Öffentlichkeit zu Gast – Überlegungen zu einer Erweiterung des dokumentarischen Blicks[*]

Gabriele Voss

Die Diskussion um die Dokumentarfilmarbeit hierzulande kommt endlich in Gang, provoziert nicht zuletzt durch die Hartnäckigkeit Wildenhahns, der mit seinem Nachtrag zur Duisburger Filmwoche '79 noch einmal die Auseinandersetzung herausfordert. Seine Charakterisierung der Situation: »Industrielandschaft mit Einzelhändlern«.[1] Ich – eine sogenannte unabhängige Filmemacherin, tätig in einer regional arbeitenden Gruppe von Filmleuten und allen Gefahren und Freiheiten dieses Metiers ausgesetzt – ich fühle mich durch die Streitschrift Wildenhahns angesprochen, habe Einwände, Ergänzungen.

Ich werde die Methode und das Anliegen Wildenhahns nicht kritisieren, etwa in dem Sinne, dass an ihrer Stelle etwas ganz anderes nötig wäre und folglich von allen meinen Kollegen zu tun. Ich komme in meinen Überlegungen zu keiner neuen, kategorischen Forderung, auch zu keiner Verschärfung der bisher versuchten Abgrenzungen, was die Aufgabe des Dokumentarfilms in diesem Land betrifft. Im Gegenteil. Wenn ich mich in die aktuelle Auseinandersetzung einschalte, dann nicht nur, um die Verbesserung von Arbeitsweisen, Formen und Methoden zu diskutieren. Es geht mir auch um eine Verbesserung der Diskussion. Dazu müssen wir von unserer Arbeit anders sprechen. Offener und radikaler sind ihre Probleme zu benennen. Auch solidarischer. Das schließt die Frage nach dem Umgang mit der eigenen Subjektivität ein.

Mein Beitrag beruht vor allem auf den Erfahrungen der zurückliegenden eineinhalb Jahre. Das ist dokumentarische Filmarbeit an einem Ort, Beobachtung und Kennenlernen deutschen Alltags dort. Wir haben diesen Ort nicht danach ausgewählt, ob seine Protagonisten besonders Zukunftsweisendes vorzutragen haben. Es ist ein Ort wie jeder andere, der, indem wir uns filmisch und dokumentarisch auf ihn einlassen, Grenzen und Schwierigkeiten der geduldigen, aufzeichnenden Beobachtung im Alltag deutlich werden lässt.[2] Radikal formuliert heißen die Erfahrungen:

1. Die Wahrheit des Films ist zunächst die Wahrheit der Kamera oder derjenigen, die dahinter stehen.

2. Vor der dokumentarischen Arbeit liegt eine Reihe von synthetischen Entscheidungen (um bei Wildenhahnschen Begriffen zu bleiben), die nicht unproblematisch sind und das Ergebnis der dokumentarischen Arbeit mit bestimmen.

* Erschienen in *Bilder aus der Wirklichkeit. Aufsätze zum dokumentarischen Film, Dokumentation 4. Duisburger Filmwoche.*

1 Klaus Wildenhahns Text »Industrielandschaft mit Einzelhändlern. Nachtrag zu den Duisburger Debatten um den Dokumentarfilm«, in: *Filmfaust* 20/1980.

2 Es geht um das Projekt PROSPER / EBEL – CHRONIK EINER ZECHE UND IHRER SIEDLUNG.

3. Der Dokumentarfilm verweist nicht nur auf die Wirklichkeit, die er abbildet. Er verweist immer auch auf das, was ich, Autor / Produzent, in einem gegebenen Augenblick von der Wirklichkeit, die mich interessiert, verarbeiten und aushalten kann. Insofern ist der Dokumentarfilm nicht nur eine Aussage über die Gefilmten und ihre Wirklichkeit, er ist auch eine Aussage über den, der filmt.

Die Subjektivität des Filmemachers kommt nicht irgendwann dazu. Sie ist immer schon im filmischen Prozess enthalten.

Jean Rouch, Ethnograph und Filmemacher, formuliert sehr extrem: »Der Film ist das einzige Mittel, dem anderen zu zeigen, wie ich ihn sehe.« Dieser Satz ist nützlich, weil er radikal ausspricht, was viele Filme und Diskussionen über Filme noch immer verbergen: Dass sie Wirklichkeit nämlich nicht schlechthin zeigen, sondern eine Sichtweise auf sie. Die Aufgaben des Dokumentarfilms sind für mich allerdings umfassender: es ist die Arbeit an der Verständigung verschiedener subjektiver Sichtweisen auf eine sie gemeinsam interessierende bzw. betreffende Wirklichkeit. Gelingt diese Verständigung, dann zeigt der Film nicht nur den Blick aus einer Richtung, sondern Verlaufsform und Ergebnis eines Dialogs. Es ist der Dialog, der zwischen den am Film Beteiligten geführt werden muss um das Bild, das von einer Sache entsteht.

Wir müssen uns nun darüber unterhalten, welche Anstrengung wir im Dokumentarfilm unternehmen. Ob wir unser Bild einer uns fremden Situation zeigen, also den Menschen, wie wir sie sehen? Oder ob wir versuchen, das Bild zu erarbeiten, das sich die Menschen von sich selber machen.

Dazu ist der Ansatz Wildenhahns zunächst einmal hilfreich, denn er verbietet die schnellen Zwischenfragen und voreilige Einmischung. Dennoch geben »aufzeichnende Beobachtung«, dabei Behutsamkeit, Zurückhaltung, Disziplin und Methode, keine Garantie, dass die Menschen sich in den so gemachten Bildern repräsentiert fühlen.

Möglicherweise kommen bei diesem Verfahren auch Bilder oder Selbstbilder der Menschen zum Vorschein, zu denen sie und wir im Widerspruch stehen.

Ich wage die These, dass in der Mehrzahl der Fälle ernsthafter dokumentarischer Arbeit die Bilder von den Menschen und unsere Bilder zunächst auseinander fallen. Die Erfahrung von diesem Auseinanderfallen wird häufig erst gemacht, wenn die Filme fertig sind und in die Öffentlichkeit kommen bzw. im Fernsehen ausgestrahlt werden. Die Filmemacher bekommen die Konflikte, die sich aus den unterschiedlichen Bildern ergeben, nicht oder nur am Rande mit, bei ihren nachträglichen Besuchen am Ort. Dann besteht meistens keine Gelegenheit mehr, die aufgetretenen Differenzen in einem weiteren Film zu bearbeiten.

Jeder Dokumentarist wird diese Erfahrung in seiner Praxis mehr oder weniger stark gemacht haben. Dazu gehören im Übrigen auch Erfahrungen mit Filmen von Klaus Wildenhahn. Wir wissen um die sehr erregten Reaktionen auf die Emden-Filme in Ostfriesland. Bezeichnenderweise gehen diese Reaktionen häufig von Szenen aus, die für Kritiker und Filmemacher Ausdruck der Nähe und der vertrauten Beziehung zu den Menschen sind. Eine Szene im Unterhemd in FLÖZ DICKEBANK, eine Küchenszene zwischen Mutter und Sohn im ersten Film unseres Projekts wurden ebenso Gegenstand der heftigsten Diskussion. Das lässt nicht nur auf unterschiedliche Bilder schließen, sondern auch auf ein anderes Verhältnis zur Öffentlichkeit.

Eine Debatte um die Frage, wer die Dinge richtig sieht, würde sicher in die Irre führen. Die Frage stellt sich anders: Wie gehen wir mit diesen Widersprüchen in unseren Filmen um?

So oft ist die Rede von der »Beteiligung der Betroffenen« am Prozess der Darstellung. Was heißt das im Falle eines Konflikts? Sich selbst zurücknehmen? Das ist einfach gesagt, denn es bedeutet: einen Konflikt aushalten, Widersprüche ertragen, nicht ausweichen und ausblenden, nicht die Welt nach dem eigenen Bild zurecht machen; auch nicht: Verschwinden im geduldigen Unterworfen-Sein unter die Realität; statt dessen: Die Auseinandersetzung eingehen, auch um politisch unterschiedliche Sichtweisen. Das haben die Wenigsten von uns gelernt.

Nicht-identische Bilder von Filmemachern und Gefilmten stehen sich gegenüber. Man könnte sagen, hier höre die Möglichkeit von dokumentarischer Filmarbeit auf.

Damit würde aber auch der größere Teil des bundesdeutschen Alltags für den Dokumentarfilm ausgegrenzt; auch die Lebensverhältnisse von Arbeitern und Angestellten, mit denen wir uns solidarisieren, bei denen wir aber nicht weniger mit Widersprüchen konfrontiert werden.

Wir müssen zunächst offenlegen, dass wir Realitätsausschnitte, die wir zeigen, wenn auch oft unbewusst, nach dem Grad der Identität mit dem eigenen Standpunkt auswählen; dass wir bei dem, was uns interessiert, so weit gehen, wie wir es im Augenblick verarbeiten und aushalten können. Das hat durchaus Subjektives, ist synthetische Vorentscheidung, die unser Bild von der Wirklichkeit prägt. Wenn wir Dokumentarfilme der letzten Zeit betrachten, so könnte zum Beispiel der Eindruck eines aufgeweckteren, fortschrittlicheren Landes entstehen, wobei wir alle wissen, dass dieser Eindruck nicht zutreffend ist. Aber das Nicht-Identische auszuhalten, haben wir nicht gelernt; nicht nur in der bürgerlichen Sozialisation, auch in der Geschichte unserer Politisierung hat das gefehlt. In der Arbeit, nicht so sehr in der Konfrontation mit einem Gegner, als vielmehr bei auftretenden Widersprüchen auf der eigenen Seite, für die wir Partei nehmen, haben wir heute Schwierigkeiten, mit unterschiedlichen Sichtweisen umzugehen.

Ein Beispiel, das wir alle kennen: die widersprüchlichen Äußerungen der Menschen über die Wirklichkeit im Nationalsozialismus, die Mischungen von Ablehnung und punktueller Verteidigung. Diese Mischungen kommen in unseren Filmen selten vor. Da treten Gegner und Befürworter auf, und man kann sich leicht auf die richtige Seite schlagen. Damit fordern wir aber nicht heraus, was nötig wäre, dass wir uns nämlich zu den tatsächlich vorhandenen Widersprüchen verhalten lernen. (Zum Beispiel dazu, dass ein Teil der deutschen Arbeiterschaft nationalsozialistisch gewählt haben muss und warum.)

Hier fehlt noch die Sensibilität der Wahrnehmung, die Geduld des Nach-Denkens, die Fähigkeit, nicht unsere Fragen zu stellen, sondern die der Menschen uns gegenüber. Hier fehlen auch Formen und Methoden der Darstellung, die nicht diffamieren und an falscher Stelle anklagen. Auch sind wir unsicher, ob wir diese unangenehmen Realitäten auf der eigenen Seite überhaupt dokumentieren dürfen. Da kommt Gelerntes in Erinnerung: Film sei Propaganda, und schlechte Realität durfe man nicht propagieren. Das müssen wir in Frage stellen, wenn wir die Aufgaben des Dokumentarfilms ernst nehmen, dass er nämlich Wirklichkeit in diesem Land zur Diskussion stellt, »ungeschminkt«, authentisch und nicht vorsortiert, um eben einen besseren Umgang mit ihr in der Praxis zu ermöglichen.

Nebenbei: der Film kann keine Propaganda sein, sofern Menschen als Menschen vorkommen und nicht als Träger von Ideen. Propaganda beruht immer auf Reduktion. Mit solchen Reduktionen täuschen wir ebenso gut über den Stand der Geschichte und Realität hinweg, wie wir ihn dokumentieren.

In unseren Ängsten, Wirklichkeit im Dokumentarfilm in ihrer ganzen Widersprüchlichkeit zuzumuten, klingt trotzdem auch Richtiges mit. Denn was berechtigt uns eigentlich, das im Bild identifizierte und ausgesetzte Leben bestimmter Menschen, wenn nicht der eigenen Interpretation, dann der der Öffentlichkeit zur Verfügung zu stellen?

Wenn wir von »aufzeichnender Beobachtung«, »Behutsamkeit« und anderem sprechen, dann sollten wir nicht darüber hinweg täuschen, dass die Menschen vor der Kamera Subjekte sind, die nicht willenlos Gegenstand unserer Beobachtung sein sollen. Wenn wir ernsthaft mit ihnen arbeiten, werden sie in diesem Prozess feststellen, dass die Öffentlichkeit, die hergestellt wird, etwas anderes ist als ihr Alltag: dass sie sich im dokumentarischen Bild, zumal wenn es über den Äther geht, mit Haut und Haaren einer anonymen Öffentlichkeit preisgeben. Sie werden angreifbar und sie werden angegriffen.

Nebenbemerkung zur Veröffentlichung von Dokumentarfilmen im Fernsehen – dieser Erziehungsstube der Nation, deren Vor-Bilder einen spezifischen Präsentationsdruck auf alles Nachkommende ausüben: ›Jedermann‹ kann in die dokumentierte Wohnstube hineinsehen, die den Vergleich mit dem Vor-Bild aushalten muss. In der Reaktion fällt das meistens auf die Menschen zurück, nicht auf das Fernsehen. Man kann zu Recht einwenden, dass der Dokumentarfilm gerade gegen diesen Präsentationsdruck arbeitet. Nur dass das die Menschen vor ihm nicht schützt. Insofern könnte man die Dokumentarfilmarbeit auch beschreiben als einen Prozess, der nicht beendet werden darf, bevor nicht der Mut gefestigt ist, zu sich selbst zu stehen und die Stärke erarbeitet, die später in der Öffentlichkeit benötigt wird, um das Bild von sich selbst zu verteidigen. Insofern müssen wir nicht nur uns, sondern auch unserem Gegenüber die Behutsamkeit und Zurückhaltung im Umgang mit sich selbst und in der Konfrontation mit Öffentlichkeit zugestehen. Wenn die Gefilmten nicht dazu kommen, bewusst das Bild von ihrer Wirklichkeit für die Öffentlichkeit mit zu gestalten, und diese Bewusstwerdung ist Element der fortgeschrittenen, dokumentarischen Arbeit, dann werden wieder wir es tun an ihrer Stelle. Es werden wieder unsere Bilder sein, durch die Montage von uns synthetisierte Eindrücke, Bilder, wie wir die Verhältnisse sehen, nur dass wir dafür nicht unser eigenes Leben, das eigene Gesicht, die eigenen Schwächen und Nöte preisgeben müssen. Ich komme hier noch einmal auf Ethnographen / Künstler zurück: Sie teilen eine Fülle von Fragen und Problemen mit uns, schaffen ja auch Dokumente von menschlichem Leben und der Wirklichkeit fremder Völker und diskutieren entsprechend die Probleme ihres Verhaltens im Prozess der Beobachtung und Aufzeichnung fremden Lebens, im Gegenüber von eigener und fremder Kultur, in der Vermittlung von nicht identischen Sichtweisen und Wertungen.

Michel Leiris, Ethnograph und Schriftsteller, beschreibt seine Aufgabe so: Die vom Ethnographen Beobachteten sind so auszubilden, dass sie sich selbst beobachten können, sich selbst auch dokumentieren und damit Zeugnis ablegen von ihrer Wirklichkeit aus ihrer Sicht. Vielleicht finden die in der letzten Zeit verstärkten Bemühungen, den sogenannten ›Laien-‹ oder ›Amateurfilm‹ mit in die Diskussion zu bringen, hier ihre Parallele. Wobei Leiris zu bedenken gibt, dass die angebotenen Methoden und Formen der Beobachtung noch immer von den Ethnographen kommen und vielleicht gar nicht die sind, die die Menschen von sich auswählen würden, in denen sie sich angemessen dargestellt sehen. Dies könnte auch auf den Dokumentarfilm zutreffen, der große Schwierigkeiten hat, anerkannt und geliebt zu werden. Vielleicht, weil die Menschen einen Teil ihrer Wirklichkeit darin nicht wiederfinden? Sich andere Formen der Präsentation wünschen? Ich komme darauf zurück.

Leiris gibt auch zu bedenken, dass die vom Ethnographen der Beobachtung unterzogenen Völker ihrerseits gar nicht auf die Idee kommen, etwa uns so unter die Lupe zu nehmen.

Der Ethnograph sollte sich deshalb auch Rechenschaft darüber geben, weshalb er das Leben fremder Völker erforscht und wem diese Beobachtung eigentlich dient. Auch das gilt für den Dokumentarfilmer analog. Der Film ist eine Chance, öffentlich zu werden. Diese Öffentlichkeit ist etwas anderes, als der Alltag – dafür entwickeln die Menschen ein feines Gespür. Inzwischen frage ich mich, warum ich dieses Gespür nicht in die Arbeit aufnehme? Nur weil bei dem bewussten Bezug auf das Bildermachen vielleicht auch gestellt und beschönigt wird, Träume beigemischt werden und Wunschbilder herauskommen? Mag sein, dass für eine solche Öffnung bisherige Definitionen des Dokumentarischen gesprengt werden müssen. Bei der Arbeit am zweiten Film unseres Projekts fragen Frauen zurück: »Warum sollen wir es nicht schön machen, wenn ihr mit der Kamera kommt? Für Gäste tun wir das doch auch. Mit euch ist die Öffentlichkeit unser Gast.«

Zurück zu Wildenhahns Streitschrift. Dort gibt es den Vorwurf der Realitätsflucht und Einführung von Poesie auf Seiten der Filmemacher/ Kritiker. Das wird beschrieben als Tendenz und wohl typische Reaktionsweise des bürgerlich sozialisierten Individuums gerade an der Stelle, wo vorfindliche Realität nicht mehr aushaltbar ist. Der Dokumentarist und Filmemacher werde zum Romantiker. Gegenfrage übrigens: ist nicht auch die Ausgrenzung des Nicht-Identischen Flucht vor einem Teil der Wirklichkeit? Die Menschen haben sich die Poesie erfunden, die Musik, die Träume, die Ironie – und dies nicht nur das Bürgertum. Es gibt Formen der Realitätsflucht, des Eigensinns und des individuellen Rückzugs überall, nur dass sie auf sehr verschiedene Weisen zum Ausdruck kommen.

Ein Bergarbeiter sagt zu uns: »Die schwere Arbeit vergisst du schnell. Wenn du nach der Arbeit noch stur ankommst, missgelaunt und dann unbeliebt bist, das hältst du nicht aus. Wir haben uns dafür den Humor bewahrt, den machen wir uns selbst.«

Ein anderer Arbeiter, heute Rentner, der in den zwanziger Jahren Texte für politisches Kabarett geschrieben hat, das er mit Kollegen machte, hat diese Texte nicht aufbewahrt. Sie waren für den Tagesbedarf geschrieben, und wenn neue gebraucht wurden, hat er neue gemacht.

Dies scheint mir ein wesentlicher Unterschied zur bürgerlichen Klasse, die es schon immer verstanden hat, sich selbst das Denkmal zu setzen. Dabei hat sie sicher auch verstanden, dass sich mit Dokumenten eine offizielle, dauerhafte und unveränderliche Version von Ereignissen festschreiben lässt. Die Mehrheit der Völker ist in diesem Sinne traditionell stumm geblieben.

Und die Personen, die des Schreibens mächtig waren, die Schreiber und die Priester – heute die Reporter, Chefredakteure und Programmverantwortlichen –, waren selten geneigt, die Einstellung derer festzuhalten, die sie besteuerten, unterwarfen, in ihren Produktionsstätten beschäftigten. Das heißt aber nicht, dass die anderen, die Unterdrückten, Unterprivilegierten, nicht ihre Version der Geschichte hätten, nur dass diese eher im gelebten Leben, im Tagesgebrauch der Dinge, im unentwegten Neuerfinden der Beschreibung ihrer Wirklichkeit in mündlicher Überlieferung zum Ausdruck kommt. Dabei sind diese Äußerungen und Lebensweisen aber nicht weniger poetisch, assoziativ, »realitätsflüchtig« und fiktiv, wo Realität nur schwer auszuhalten ist.

Man könnte die Aufgabe des Dokumentarfilms auch so beschreiben, dass er den offiziellen Festschreibungen von Wirklichkeit und Geschichte das Lebendige, Gelebte entgegen hält, das bisher keinen Anlass sah, sich selbst zu dokumentieren. Es gibt eine äußere Realität, die sich abbilden lässt, aber das ist nur ein Teil der menschlichen Wirklichkeit. Es gibt einen anderen Teil, die Vorstellungswelt der Menschen, ihre innere Realität, die Verzerrungen aufweist, scheinbar willkürliche Kombinationen von Realitätssegmenten, Vermischungen mit Träumen und Wünschen, nicht Geradliniges und Logisches. Diese Realität lässt sich nicht eben so einfach abbilden.

(Mit der Kategorie Abbild – Wildenhahn spricht von der Abbildfunktion der Kunst – habe ich sowieso meine Schwierigkeiten, denn jedes Bild, auch das photographische, ist niemals nur Bild von etwas, Ab-Bild, abgenommenes Bild, es ist immer auch hergestelltes Bild, Vorstellungsbild, durch die Erfahrungen eines Menschen hindurchgegangen und geformt.)

Ist das Nicht-Abbildbare die Grenze für den dokumentarischen Film? Zumindest lässt sich sagen, dass für die Darstellung dieser Realität im Dokumentarfilm Formen fehlen, oft auch Gespür und Ausdauer, sie erst einmal zu entdecken. Eher setzt wieder voreiliger Zugriff ein, wie nicht geträumt werden soll. Die Realitätsflucht wird lieber wegzensiert. Dabei sind die ›kleinen Fluchten‹ aus dem Alltag und die Poesie, mit der er vielerorts gelebt wird, oft beglückend, hoffnungsvoll und ermutigend. Sie könnten auch Perspektiven sein – gerade als Gegenbild zu einer schlechten Realität.

Der Dokumentarfilm muss Formen entwickeln, die auch das Bedürfnis nach Opposition zur Realität und zum Realismus in sich aufnehmen.

Viele Bemühungen um neue Wege und Ausdrucksformen im Dokumentarfilm, auch Grenzüberschreitungen und Experimente, sind von diesem Anliegen getragen. Da sind nicht nur Subjektivisten und Romantiker am Werk.

1980

Filmarbeit vor Ort*
Christoph Hübner

> Komm ins Offene, Freund ...
> (Anfangszeile eines von Hanns Eisler
> vertonten Gedichtes von Hölderlin)

Worüber schreiben?

Schreiben über die Liebe zu einer Region, über den Versuch, dieser Region, dem Ruhrgebiet seine Bilder zu geben, sie aufzunehmen und zurückzuspielen. Zu einer ›Unterhaltung‹ in dieser Region beizutragen. Über den Versuch, eine Region für den Film zu gewinnen, nicht nur als sie selbst. Sie ernstnehmen, ihre Geschichte, ihre Kämpfe, ihren Alltag, vor allem aber: ihre Menschen. Sie ausreden lassen, genau hinhören, genau hinsehen, von ihrer Arbeit sprechen, nach ihrer Geschichte fragen, nicht der allgemeinen, sondern der ihren, konkreten, der Geschichte vor Ort. Versuchen, den Blick der Menschen aufzunehmen, einen Blick, der von Arbeit geprägt ist, von der Mühe, sich angemessenen Lebensunterhalt zu verschaffen, von dem Bedürfnis und der Lust, zu leben.

Schreiben über den Versuch, unsere Filme zusammen mit den Menschen hier zu machen oder bescheidener: nicht ohne sie, nicht unter ihrem Ausschluss. Schreiben darüber, dass dies nicht mit *einem* Jahr getan ist, mit *einem* Film, dass es dazu viele Jahre, viele Filme braucht. ...

Worüber schreiben?

Schreiben von der notwendigen Einheit von Filme-Machen und Filme-Zeigen. Was nützen Filme, die diejenigen, für die sie gemacht werden, nicht erreichen. Was nützen unsere Filme, wenn sie in Nachtzeiten für ein auserwähltes Publikum in den Kulturnischen des Fernsehens laufen oder in den wenigen Kommunalen Kinos oder auf den Festivals. Die, die wir vor allem meinen, gehen da nicht hin oder haben den Fernseher schon ausgeschaltet. Wenn die Menschen nicht zu den Filmen kommen, müssen wir mit den Filmen zu den Menschen gehen. Regionale Filmarbeit bedeutet auch und gerade, unsere Filme dorthin zu bringen, wo sie normalerweise nicht hinkommen: in die Vororte, in die Siedlungen, in die Kneipen, Jugendzentren, Bürgerhäuser, Aufsuchende, lebendige Verleiharbeit. Das gerade im Ruhrgebiet, das nicht aus wenigen großen, sondern aus vielen kleinen Zentren besteht. Aus Vororten. Regionale Filmarbeit muss nicht nur das System Filmproduktion für sich verändern, auch das System der Distribution muss vom Kopf auf die Füße gestellt werden. Das bedeutet Arbeit, Initiative. Ohne das läuft nichts.

* Erschienen in: *Bergarbeiter im Spielfilm*, Oberhausen 1982.

Der Dank dafür: viele wichtige Erfahrungen, Begegnungen, Hinweise, Anregungen für die weitere Filmarbeit. Rückkopplung für die Filme und die weitere Filmproduktion. Annäherung an die Utopie eines funktionierenden Kreislaufes: Produktion und Verleih. ...

Worüber schreiben?

Schreiben über den Bergbau. Mit ihm ist diese Region großgeworden, er hat ihre Menschen geprägt, ihre Sprache und ihre Geografie. Im Süden, wo die Kohle zu Tage trat, hat es begonnen, heute wird die Kohle 50 km weiter nördlich abgebaut. 1000 Meter tiefer. Der Bergbau. Mit ihm ist ein ganzer Mythos verbunden, es gibt unzählige Gedichte und Lieder, Bilder, Geschichten. Sie zu kennen ist unerlässlich, aber sie zu kennen allein genügt nicht. Im Bergbau hat sich viel geändert. Er ist nüchterner geworden, mechanisiert, automatisiert. Durchrationalisierte Industrie. Wie anderswo. Aber immer noch: 1000 Meter unter der Erde. Immer noch: unter Tage. Keine Sonne. Immer noch: Schlechte Luft, Enge, Staub, Hitze, Lärm. Immer noch: Kampf mit der Natur.

Um den Bergbau näher kennenzulernen, die richtigen ›Einstellungen‹ zu finden für unsere Aufnahmen von der Untertage-Arbeit, gehen wir für drei Wochen auf die Zeche, ohne Kamera, fahren an, begleiten die Betriebsräte bei ihren ›Befahrungen‹ (Kontrollgängen) der verschiedenen Reviere, packen selbst mit an, kriechen durch die Strebe, gucken beim Ausbau der Strecken zu. Vor Schichtbeginn und nach Schichtende sitzen wir im Betriebsratszimmer, hören uns die Beschwerden, Fragen, Klagen der ein- und ausfahrenden Bergleute an. Heute denke ich: ohne die drei Wochen ›vor Ort‹, ohne die drei Wochen ›Teilnahme am Leben des Stoffes‹ hätten unsere Bilder nicht gestimmt, hätten sie nicht die bei den bisherigen Vorführungen immer wieder hervorgehobene Genauigkeit und Qualität, würden sie sich nicht viel unterscheiden von den oberflächlichen, effekt-heischenden Bildern der Industrie- und Werbefilme.

Worüber schreiben?

Schreiben über die Erfahrungen von drei Jahren Filmarbeit vor Ort, Filmarbeit gemeinsam mit den Bergleuten und ihren Familien. Schreiben über den Versuch der filmischen Alltagsgeschichtsschreibung einer Region. Das heißt aber auch: Schreiben über die vielen Gräben, die man zuschütten muss, die vielen Verletzungen, die man heilen muss, die vielen Beleidigungen aus flüchtigem Blick oder besserwisserischem Vorurteil, die man dem Ruhrgebiet, seinen Menschen angetan hat. Mit deren Erinnerung wird jeder, der hier arbeitet, anders arbeiten will, konfrontiert. Allein die Versprechung, alles anders zu machen, nützt gar nichts. Die Gewöhnung, in der Öffentlichkeit nicht vorzukommen oder nur als Objekt, als Kulisse, sitzt tief. Lieber will man in Ruhe gelassen werden.

Es ist deutlich: Wenn man hier nicht lebt und nicht offen ist und genau, wird man wenig begreifen von dem, was die Menschen meinen, was die Menschen hier lieben, warum die Menschen hier bleiben, was sie verbindet. Wird man wenig begreifen von dem, was die Arbeit hier bedeutet, die Zeche, die gemeinsame Geschichte. Und was für das genaue Studium der Arbeit gilt, bevor man dieses im Film dokumentiert, wie viel mehr muss das dann für die Menschen, für menschliche Verhältnisse, für menschliche Geschichte gelten: dass man nichts sieht ohne Geduld, ohne genaues Hinsehen, ohne Anteilnahme. Wird man schon für die Darstellung einer Arbeit nicht die richtigen Standpunkte finden, die Dauer der Einstellungen nicht richtig berechnen, die Schwere nicht darstellen können, wenn man nicht weiß, wie eine Arbeit funktioniert, welche innere Logik sie hat, – wie sehr läuft man dann Gefahr, ein Leben, einen Menschen, einen Ort, eine Region falsch, zumindest ungenau darzustellen, wenn man sich nur für die Dauer einer Filmaufnahme Zeit nimmt, nur für das erhaschte Bild am Orte ist. Man wird nichts wissen und das Nichtwissen wird sich in den Bildern zeigen.

Wovon schreiben?
Schreiben von der allmählichen Annäherung der Bilder und Blicke. Nach einem Jahr hatten wir das Gefühl, jetzt können wir anfangen, zu drehen (da mussten wir für das Fernsehen schon zwei Filme abgeliefert haben, – nicht die Schuld der Redaktionen, die uns unterstützten); nach zwei Jahren spürten wir, allmählich nähern sich die Bilder unseren Vorstellungen und der Wirklichkeit dieser Region an (vier Filme), nach drei Jahren (und fünf Filmen) wissen wir, wir haben in unseren sieben Stunden Film immer noch nur einen Teil, einen von uns gesetzten Ausschnitt dieser Wirklichkeit gezeigt. Je mehr wir uns auf die Wirklichkeit, die Menschen, die Geschichte dieses Ortes einlassen, um so mehr entstehen unterschiedliche Geschichten, Blicke, Ausschnitte – und alle für sich sind wichtig und von Interesse. Wir lernen in diesen drei Jahren viel über die Willkür unsres Handwerks, über das gar nicht ›Objektive‹ des Dokumentarischen. So könnte in Ebel jeder unsrer Nachbarn einen anderen Film über sein Leben, seine Arbeit, seinen Ort drehen und alle zusammen wären wieder anders als die unseren und alle hätten sie recht. Und dennoch: Gerade diese Erfahrung, dass alles immer noch einen Grad komplizierter, widersprüchlicher, zusammengesetzter ist als man annimmt, wächst in unseren Filmen, die sich damit von den einfachen Bildern unserer Öffentlichkeit entfernen und selbst offener, montierter, auch sperriger werden. Und damit auch so paradox das klingen mag: menschlicher, realistischer.

Wir sind wieder bei der Geduld: Dokumentarische Arbeit braucht ihre Zeit. Es ist nicht nur das Kennenlernen der Menschen, es ist das Kennenlernen einer (noch) ungeschriebenen Geschichte, das Kennenlernen eines Lebensgefühls, einer Heimat und wie diese von den Menschen erkämpft und gestaltet wurde.

Es ist das Kennenlernen einer Arbeit und das Kennenlernen, was die Erinnerung ständiger Benachteiligung, Ausbeutung, materieller Not bedeutet.

Es ist aber auch das Kennenlernen und Wahrhaben-Können der Veränderungen, des Einbruchs der Moderne. Wie mit der materiellen Besserung auch die private Vereinzelung, der Neid, die Wortlosigkeit, oft die Abstumpfung Einzug gehalten haben. Immer noch gibt es die Nachbarschaft, das Gespräch über den Zaun, die Öffentlichkeit der Straße, aber zwischen vielen ist Streit, viele ziehen es vor, ganz für sich zu bleiben. Und für unsere eigene Arbeit wichtig: das Kennenlernen eines bestimmten Blicks auf die Wirklichkeit und die Geschichte. Eines Blicks, der geschärft und misstrauisch wurde im täglichen Kampf um die eigenen Lebensinteressen, die Sorge um die eigene Unversehrtheit.

All das entdeckt sich dem Blick erst mit der Zeit. Wir selbst sind misstrauisch geworden gegen erste Blicke, zu frühe Bilder. Ähnliches gilt auch für das Verständnis von Geschichte: Was zunächst zählt, sind nicht die Jahreszahlen, ist nicht das politische Ereignis. Was erst einmal zählt, ist: Wie ging es mit dem Lohn, wie ging es meiner Familie, in welchem Revier habe ich gearbeitet, wie kam da die Kohle? Und was war in meiner Nachbarschaft los, in meiner Straße? Erst dahinter kommt, wenn man lange genug zuhört, die allgemeine Geschichte wieder zum Vorschein – und die Politik. Durchaus zögernd und zurückhaltend, denn meist kam von da nichts Gutes, allzu oft hat man sich getäuscht. Wir haben gelernt: Es gibt keine einfache Übersetzung vom Geschichtsbild der Schulbücher auf die Geschichte vor Ort. Beides läuft nur selten synchron.

Worüber schreiben?

Schreiben von der Notwendigkeit neuer Formen und Montagen. All das hier Beschriebene wahrzunehmen und zu dokumentieren, erfordert nicht nur Zeit und Ausdauer und Anwesenheit vor Ort – darüber ist geschrieben worden –, es erfordert für unsere Arbeit, für die Darstellung im Film auch ganz neue Formen. Die bisherige Tradition des Dokumentarfilms, von wenigen Ausnahmen abgesehen, stellt uns da wenig zur Verfügung, gibt uns wenig Anhaltspunkte, wo es darum geht, diesen Blick des Alltags und der Menschen aufzunehmen. So ist es sicher einfacher, einen Kampf, einen Streik, ein Ereignis, das einen Anfang, eine Mitte und ein Ende hat, im Film darzustellen als den Lebensalltag und die asynchrone Geschichte dieses Alltags, der eher ein Zustand ist, eine Aneinanderreihung von Zuständen, als ein linearer Vorgang. Dafür gibt es kaum entwickelte Formen, keinen Kanon im Dokumentarfilm, von dem wir ausgehen könnten. Was bleibt, sind tastende Versuche, Montagen, sicher auch Irrwege darunter. Das einfache Beobachten – vielleicht die erste und vorsichtige Form, den Blick der Menschen auf- zunehmen, steht am Anfang. Mit der Zeit aber wird der Blick gerichte- ter, artikulierter, in gewisser Weise ›interessierter‹. Er bleibt mehr bei einer Sache, schwenkt, verfolgt nicht so viel, beschränkt sich. In gleichem Maße gewinnt die Montage an Bedeutung, die eigentliche ›Kunst‹ im Dokumentarfilm. In unseren Filmen ist da eine deutliche Entwicklung spürbar. Schreiben also auch über die Anstrengungen einer angemes- senen Form. Über Formen und Möglichkeiten, im Dokumentarfilm das Unspektakuläre, den einfachen Alltag, das Nicht-Lineare, die Nicht-Chro- nologie darzustellen. Über den Versuch und den Zwang zugleich, Neues zu schaffen, Unsicheres zu probieren.

Worüber schreiben?
Schreiben über das Unruhe-Stiftende unsrer Arbeit. Schwer ist diese Suche nach neuen Formen, der Versuch eines neuen ›alltäglichen Blicks‹ noch zusätzlich dadurch, dass der Alltag von sich aus nicht an die Öf- fentlichkeit drängt. Dass er im Gegenteil, jahrelang unterdrückt, ver- drängt, verschwiegen, sich jetzt eingerichtet hat im Privaten, hinter ver- schlossenen Türen, im Unbekannten. Zu oft wurde ihm Unerheblichkeit, Ignoranz, ›Eigensinnigkeit‹ vorgehalten. Heute vor allem der Wunsch, in Ruhe gelassen zu werden. Es hat genug Mühe gekostet, sich anzupas- sen, sich einzurichten in den Verhältnissen, es besser zu haben als noch die Eltern, als noch vor 30 Jahren. Außerdem: Alles, wovon dieser Blick berichtet, ist konkret – es sind die Nachbarn, über die man erzählt, es ist die Zeche, die einem Arbeit gibt, es ist das konkrete eigene Leben. Wir lernen, dass dieser Blick auf das Alltägliche sehr viel Unruhe stiften kann. Auf beiden Seiten. Auch dort, wo nicht beabsichtigt. Außerdem ist der Blick nicht eindeutig: Er ist vermischt mit Interessen. Es gibt nicht nur ›die‹ Bergarbeiter und ihre Familien in Ebel, es gibt die Gewerk- schaften, die Kirche, die Parteien, die Vereine, es gibt die besseren und die schlechteren Straßen, es gibt die Angestellten und die Arbeiter, die Alten und die Jungen. Wieder: Je mehr wir uns einer Sache nähern, desto mehr differenziert sie sich, desto mehr verschwimmt das einfache, aus der Distanz wahrgenommene Bild, desto mehr wird es eine Ansamm- lung verschiedener Haltungen, Interessen, Geschichten. Oft schwer ge- nug, dahinter das Gemeinsame wieder zu entdecken: die Abhängigkeit von der Zeche, die gemeinsame Geschichte, die Zusammengehörigkeit.

Worüber schreiben?
Schreiben über die Filmarbeit als Dialog. Über das Lernen voneinander. Schreiben über regionale Filmarbeit vor Ort. Nicht nur unsere Filme än-

dern sich in den drei Jahren, auch bei den Gefilmten ändert sich was. Die Menschen fassen Mut, Mut, zu sich selbst, auch vor der Kamera. Nicht nur zu fragen, was denken die anderen, sondern: Was denken wir? Was wollen wir sagen? Was ist unser Interesse?

Unsere Filme entstehen vor ihren Augen, sie entscheiden mit, werden allmählich zu ›Fachleuten‹. Sie helfen praktisch bei der Filmarbeit, greifen aber auch ein, kritisieren, machen Vorschläge. Die Filmarbeit ist auf einmal kein Geheimnis mehr. Die Aufmerksamkeit und die Wachsamkeit sind gewachsen. Nicht nur unseren, sondern auch anderen Filmen gegenüber, die sie im Fernsehen oder im Kino sehen.

Mit der Durchschaubarkeit unserer Arbeit wächst das Vertrauen und die Offenheit. Auf beiden Seiten. In den Filmen ist das spürbar. Die Filme werden zu Dialogen, die Filmarbeit zu einem gegenseitigen Lernprozess. ›Unterhaltung‹ entsteht. Unterhaltung über die Wirklichkeit. Darin für mich auch das Spannende und die ›Belohnung‹ dieser Arbeit: eine Wirklichkeit von innen heraus begreifen und darstellen zu lernen, die Wirklichkeit eines Landes, einer Region, ihrer Menschen.

Und wenn wir wollen, dass in Zukunft weniger Distanz herrscht zwischen den realen Erfahrungen der Menschen und der Filme, die von ihnen handeln, dann muss ein Großteil dieser Filme – Dokumentarfilme wie Spielfilme – aus den geschlossenen Kreisläufen der Filmproduktion, aus den Studios und großen Verwaltungsgebäuden zurück ins ›Offene‹, in die Regionen und Vororte, dorthin, wo die Menschen leben und arbeiten.

1982

DAS DOKUMENTARISCHE ALS HALTUNG I (1983–1992)

Always for pleasure –
Besuch beim amerikanischen Dokumentaristen Les Blank*
Christoph Hübner

Einer der ersten schönen, warmen Tage in diesem Frühjahr in San Francisco. Bisher hatte es fast nur geregnet, soviel, wie in keinem Jahr zuvor, sagten die Leute. Andere meinten: das würden die Leute jedes Jahr sagen, demnach müsste es eigentlich jedes Jahr mehr Regen geben. Wie gesagt: der erste schöne Tag.

Ich war an diesem Tag mit dem Filmemacher Les Blank verabredet, der in der Nähe von San Francisco, in El Cerrito seine Produktionsräume hat. Im Rahmen einer vierwöchigen Tournee durch die USA mit Dokumentarfilmen aus der BRD, die ich auf Einladung des Goethe-Institutes begleitete, und die mich mit einer ganzen Reihe amerikanischer Filmemacher zusammen brachte, war auch ein Treffen mit ihm vereinbart.

Ich kannte einen Großteil seiner Filme aus dem Fernsehen (der WDR hat vor einiger Zeit eine ganze Reihe von Les Blank Filmen ausgestrahlt). Besonders mochte ich seine Filme über den Knoblauch (GARLIC IS AS GOOD AS TEN MOTHERS) und seine Filme über den schwarzen Blues (THE BLUES ACCORDIN' TO LIGHTNIN' HOPKINS, A WELL SPENT LIFE, SPEND IT ALL u. a.). El Cerrito ist ein kleiner Vorort im Norden von Berkeley an der San Francisco Bay. Breite Ausfallstraßen, verwelkte Palmen, Häuser, die zur Straßenfront nach mehr aussehen als sie von hinten halten. In solch einem Haus hat auch Les Blank seine Produktion. Unten im Parterre ist ein Plattenladen und internationaler Plattenvertrieb mit dem Namen *Arhoolie-Records*. Sein Gründer und Eigentümer, Chris Strachwitz, ist ein Freund von Les Blank. Er hat dessen erste Filme über Musik mitfinanziert und zuweilen Kontakte zu den Musikern geschaffen. Er ist übrigens deutscher Einwanderer und spricht gut Deutsch. Am Abend werde ich ihn beim gemeinsamen Essen kennenlernen. *Arhoolie-Records* ist neben *Folkways* eines der bedeutendsten Labels für ethnische und Folkmusik, vor allem aber für den authentischen Blues. Platten von *Arhoolie-Records* werden auch in den besseren Plattenläden hierzulande geführt. Chris Strachwitz sagt mir später: der Blues ist tot und es gibt keinen legitimen Nachfolger.

Die Firma von Les Blank heißt *Flower-Films*. In seinem Büro, begraben unter Papieren, ein Schreibtisch, ein wackliger Schreibtischstuhl, die Wände voll von Postkarten, Abzeichen, T-Shirts, Knoblauchzehen, Speisekarten, Bildern aus den Filmen, Fotos, Programmheften – Spuren der bisherigen Filmarbeit. In einem großen Regal an der anderen Wand die Filmkopien. Den Verleih seiner Filme besorgt wohl überwiegend seine Frau. In einem anderen Regal T-Shirts jeder Größe und Farbe mit den Em-

* Erschienen in: *epd Film* 9/1983.

C. Hübner mit Les Blank, 1983 (© CHF)

blemen seiner Filme. Er verkauft sie für sieben Dollar das Stück, genug, um vom Verkauf noch ein wenig in die Produktion zu stecken.

Überhaupt scheint der Vertrieb der Filme nicht schlecht zu klappen. Wo ich auch hinkomme auf meiner Tournee durch die USA, wenn überhaupt einmal ein Dokumentarfilm im Kino läuft, dann ist es meist ein Film von Les Blank. Sein letzter Film, BURDEN OF DREAMS, über die Dreharbeiten Werner Herzogs an dem Film FITZCARRALDO, soll in den USA an manchen Orten besser gegangen sein als FITZCARRALDO selbst.

Les Blank selbst macht ganz und gar nicht den Eindruck eines geschäftstüchtigen Filmemachers. Er spricht nur das Notwendigste, hat ein großes, bärtiges, auf den ersten Blick etwas müde wirkendes Gesicht, die Vorliebe für gutes Essen sieht man ihm an. Er begrüßt mich freundlich, räumt aus all dem Chaos in seinem Büro einen Stuhl her, ein Bein des Stuhls ist nicht mehr ganz standfest, sodass ich während unserer Unterhaltung nicht sehr sicher sitze.

Wir sprechen über die Vorführung, die ich am Tag zuvor im Pacific Film Archive hatte, übrigens eine der wichtigsten und renommiertesten Spielstätten für nichtkommerzielle Filme in den USA, vor allem für Experimentalfilme, unabhängige amerikanische Produktionen, aber auch für neue ausländische Filme (der »New German Film« soll hier für Amerika entdeckt worden sein). Dokumentarfilme zu zeigen hatte hier bislang keine besondere Tradition (der Experimentalfilm hat an der Westküste mehr Bedeutung), aber Edith Kramer, die Leiterin des Pacific Film Archive, meint, dass das auch anders werden könne, wenn es mehr solche Veranstaltungen und Filme wie die unseren gebe. Les Blank zeigt am PFA übrigens zuweilen auch Rohschnitte seiner Filme.

Always for pleasure

83

Ich versuche, zu beschreiben, was ich an seinem Filmen so schätze: dass die Menschen leben in seinen Filmen, dass sie Platz haben für sich, dass sie nicht zum Objekt gemacht werden für schnelle Verallgemeinerungen, für Thesen, auch nicht für Sozialkritik (was ihm oft vorgeworfen wird). Vielmehr: dass sie bei sich bleiben, ihre Musik spielen, Geschichten erzählen, ihr Essen zubereiten – eben: ihr Leben leben. Les Blank sagt: an nichts anderem wäre er interessiert. Er würde auch häufig verwickelt in ästhetische Diskussionen: warum dieser Zoom, warum jene Kamerabewegung, warum jener Schnitt. Das alles würde ihn nicht sehr interessieren. Ihn interessieren die Menschen, ihr Leben, ihre Kultur (in seinen Filmen übrigens oft: verschwindende Kulturen).

Les Blank macht in den meisten seiner Filme selbst die Kamera, seit vier oder fünf Jahren arbeitet er zusammen mit Maureen Gosling, die den Ton und in den letzten Filmen auch den Schnitt macht. Sie ist von Anfang an an den Projekten beteiligt und wohl die Person, mit der er – in letzter Zeit – am engsten zusammenarbeitet. Ich lerne sie später kennen bei der Vorführung des Rohschnitts seines letzten Films über polnische Polkas in den USA (IN HEAVEN THERE IS NO BEER).

Les Blank erzählt über seine Anfänge bei einer Fernsehstation, vor allem mit »commercials«. Dann, mit finanzieller Hilfe von Chris Strachwitz, der gerade begann, mit seinen Aufnahmen von schwarzer Bluesmusik Erfolg zu haben, sein erster Musikfilm in New Orleans, wo er zu dieser Zeit auch lebte. Die alte Geschichte: Niemand wollte die Filme am Anfang sehen, erst nach und nach mit der Kontinuität der Arbeit begannen sie auch kommerziellen Erfolg zu haben und sich durchzusetzen. (Chris Strachwitz übrigens habe an seinen Filmen nie einen Cent verdient.)

Heute produziert Les Blank seine Filme alle selbst – meistens mit Hilfe von »grants« (Zuschüssen) von öffentlichen Stiftungen, zuweilen auch mit dem »public tv«, die kommerziellen Kanäle in den USA geben nur in Ausnahmefällen Geld für Dokumentarfilme. Les Bank ist einer der wenigen Dokumentarfilmer, auch der bekannteren in den USA, die kontinuierlich ihre Filme machen können und davon leben. Viele andere verdienen ihr Geld an Universitäten als Filmdozenten oder in gänzlich fremden Jobs. (»Einen langen Dokumentarfilm in den USA zu machen, dauert fünf Jahre, und vier Jahre davon brauchst du, um das Geld dafür aufzutreiben«, sagte mir ein anderer Dokumentarist in Chicago). Vor allem die jüngeren Filmemacher beginnen – mehr oder weniger freiwillig – auf Video zu arbeiten, weil sie da wenigstens mit einem Film beginnen können, ohne vorher das ganze Geld zusammenzuhaben. Das Fernsehen sendet in den USA übrigens auch die normalen, wie man hier sagen würde, »nicht-professionellen« Videostandards, sodass auch die Investition in Geräte keine Riesensummen braucht.

Ich erzähle über die unterschiedlichen Bedingungen in der BRD, über das Fernsehen, über die verschiedenen Formen der Filmförderung. Ich komme mir ganz eigenartig vor, wenn ich zugleich über die Fragezeichen und Unzufriedenheiten spreche, die wir sowohl mit dem Fernsehen als auch mit den Ergebnissen der Filmförderung hierzulange verbinden; für die unabhängigen Filmemacher in den USA müssen diese Bedingungen paradiesisch anmuten. Wir reden in dem Zusammenhang noch einmal über unseren Versuch, längerfristig in einer Region und für eine Region Filme zu machen. Les Blank weiß nichts von einer vergleichbaren Arbeit in den USA, meint aber, dass seine Filme von ähnlichem Interesse getragen seien.

Vom Ruhrgebiet und den starken polnischen Traditionen dort kommen wir auf seinen jüngsten Film zu sprechen, an dem er gerade arbeitet. Ein Film über »polish polkas«, die Tradition des Polka-Tanzens in den Vorstädten von Chicago. Jedes Jahr gibt es dort ein großes Polka-Festival, wo sich die Nachfahren oder auch die neu eingewanderten Polen einmal im Jahr treffen und nach der Musik verschiedener Kapellen tanzen, Wettbewerbe durchführen und miteinander feiern. Ein Teil des Films ist in roher Form geschnitten, wir gehen rüber in den Schneideraum, wo Maureen Gosling an dem Film gerade arbeitet und sehen uns diesen Teil an. Im Unterschied zu den anderen Musikfilmen von Les Blank sind dies für mich sehr vertraute Klänge, auch eine deutsche Kapelle mit Lederhosen und Sauerkraut-Lied kommt vor. Die Musik unterscheidet sich nicht sehr von der, die wir hier auf Schützenfesten u. ä. hören können. In den USA scheinen all diese Traditionen, die die Einwanderer aus ihrer Heimat mit in die Fremde gebracht haben, wie unter Luftabschluss gepflegt und konserviert. Nicht nur in der BRD, auch in Polen wären derartige Festivals zur Pflege des Polka-Tanzens kaum denkbar. In der Fremde werden sie veranstaltet, um die Beziehung zur heimischen Kultur nicht zu verlieren. Ich sehe ein paar Bilder von Tänzen, von der Musik, einige Interviews, eine kleine, ganz undokumentarisch inszenierte Geschichte von einer gestohlenen Wurst (nach einem Liedtext). Sehr bunt, sehr laut, sehr bewegt.

Anschließend zeigt mir Les Blank noch seinen vorletzten Film, einen kurzen 25-minütigen Film über einen »Fiddler«, einen Geigenspieler in Kentucky. Es kommen einige Stücke seiner Musik drin vor, es wird etwas erzählt über das Brauen von Whiskey mit Felswasser und über den schlechten »Industrie-Whiskey«, der heute auf dem Markt sei. Die zweite Hälfte des Films beschreibt ein Treffen von »Fiddlern« aus der ganzen Region, man spielt sich was vor, tauscht Techniken aus, tanzt und trinkt (guten) Whiskey. Ein einfacher Film und dennoch entsteht in der kurzen Zeit eine ganze Landschaft aus ihm. Nach dem Film muss ich leider gehen, für den Nachmittag bin ich mit einem weiteren Filmemacher aus San Francisco (Bill Jersey) verabredet. Bevor ich mich verabschiede, lädt mich Les Blank für den Abend zum Essen in das Lokal ein, in dem er den größten Teil seines »Knoblauch-Films« gedreht hat. Der Name des

Lokals ist »Chez Panisse«, wie ich später erfahre, soll es mittlerweile eines der begehrtesten Restaurants an der Westküste sein. Nur im ersten Stock kann man nach Karte wählen, im Parterre gibt es für 35,- Dollar jeden Tag eine andere, aber feste Speisefolge, man hat keine Wahlmöglichkeit. Das Restaurant ist ausgebucht auf 5 Wochen im Voraus.

Als wir am Abend dort hinkommen, haben wir es wohl den guten Beziehungen Les Blanks zu verdanken, dass wir innerhalb einer halben Stunde einen Platz haben. Wir sind zu fünft: Les Blanks Frau, Maureen Gosling und Chris Strachwitz sind noch mitgekommen. Wir sitzen im ersten Stock, haben also freie Wahl. Wir bestellen so, dass von jedem etwas probiert wird, was an diesem Tag angeboten wird. Das Essen ist tatsächlich außergewöhnlich – einschließlich der kalifornischen Weine, die entgegen ihrem Ruf gar nicht süß sein müssen. Wir unterhalten uns über Les Blanks zweite große Leidenschaft: das Kochen. Im Verlauf des Gesprächs kommen wir darauf, dass es zwischen Kochen und Filmemachen durchaus enge Verwandtschaften geben muss: man muss wissen, wie die Dinge zusammenwirken, man muss ein Gefühl haben für den richtigen Grad zwischen Roh-Belassenem und Verfeinerung, man darf die Dinge nicht zu weichkochen, sonst verlieren sie nicht nur ihre Vitamine, sondern auch ihren Geschmack, man muss ein Gefühl haben für die Montage, für die Speisenfolge, für das, was zusammenpasst und was nicht, das gilt übrigens auch für die Optik: Essen ist auch eine Angelegenheit der Augen. Les Blank meint, ein wichtiger Unterschied sei nur, dass man beim Kochen das Ergebnis gleich sehen und aufessen könne. Das gehe beim Film nicht.

Meine letzte U-Bahn nach San Francisco ist längst gefahren, außerdem wollten wir uns noch die neu untertitelte Fassung von BURDEN OF DREAMS ansehen, den ich auch noch nicht gesehen hatte. Er bietet mir an, bei ihm zu Hause zu schlafen und davor im Büro noch den Film zu sehen. Ich muss zugeben: Wir haben beide das Ende des Films verpasst, waren eingeschlafen, immerhin: er noch früher als ich. Geweckt wurden wir erst wieder durch das Rattern des leerlaufenden Projektors. Als ich anschließend sage, das, was ich noch mitbekommen hätte vom Film, hätte mich mehr überzeugt als FITZCARRALDO selbst, wird er etwas ärgerlich: das hätten ihm schon viele Leute gesagt, aber ohne Herzog und FITZCARRALDO hätte es auch diesen Film nicht gegeben.

Als ich am nächsten Morgen aufwache, schaue ich direkt von meinem Bett auf die San Francisco Bay herab. Mit einem solchen Blick bin ich selten in meinem Leben aufgewacht. Wir frühstücken, machen noch ein gemeinsames Foto, dann bringt mich seine Frau an den Bahnhof. Der Tag wird noch wärmer als der gestrige. Für San Francisco um diese Jahreszeit nicht außergewöhnlich.[1]

1983

---

1 Zahlreiche Filme von Les Blank verleihen die Freunde der Deutschen Kinemathek.

Das Dokumentarische als Haltung[*]
Christoph Hübner

Vor die Frage gestellt, was mich am Dokumentarischen interessiert oder warum ich solche Filme mache, denke ich, dass mein Interesse wohl weniger einem bestimmten Genre von Film als einer bestimmten Haltung gilt, man könnte sie ruhig dokumentarische Haltung nennen. Diese dokumentarische Haltung ist nicht etwa nur interessiert an der »Wiedergabe von Tatsachen«. Eher schon ist sie eine »ästhetische« Haltung und sie findet sich im Spielfilm ebenso wie im sogenannten »Experimentalfilm«, jedenfalls nicht nur im Dokumentarfilm. Und ich muss hinzufügen: Im Dokumentarfilm durchaus nicht immer.

Diese Haltung ist kein geschlossenes Gebäude, und alle Versuche, ein solches Gebäude um den Dokumentarfilm herum zu errichten, scheinen mir wenig hilfreich. Das hängt schon mit dem Gegenstand zusammen: Wenn es etwas Spannendes im Dokumentarischen gibt, dann gerade die Not, sich ständig neu zu definieren, beweglich zu bleiben, abhängig und offen für die vorgefundene Wirklichkeit und für ihr Material. Dokumentarische Ästhetik in diesem Sinne: etwas durchaus Praktisches. Und wenn von Haltung die Rede ist, dann heißt das auch, dass mich ebenso die Menschen interessieren, die Dokumentarfilme machen, wie die Filme selbst.

Auch wenn es in diesem Sinne also keine Dogmatik: keine festgeschriebenen Regeln einer dokumentarischen Ästhetik gibt, so gibt es doch ein paar Spuren, einige Hinweise und Umschreibungen dessen, was ich hier und im folgenden die dokumentarische Haltung nenne.

Englisch oder Französisch?
Eine ganz allgemeine Spur (eher pathetisch): Die Liebe zur unbearbeiteten Wirklichkeit, zur ersten Natur, zum lebendigen Menschen. Darin eingeschlossen auch: Das Interesse an Rohzuständen, am Unsymmetrischen, an unvermittelter Erfahrung, an Unebenheiten.

Wenn ich wählen kann, bevorzuge ich zum Beispiel die Englischen Gärten gegenüber den Französischen. Die Englischen, in denen man gehen kann und an jeder Ecke etwas Neues findet, keine Symmetrie, kein sofort aufscheinendes Prinzip, sondern Bäume, Rasen, welte Blicke; die Französischen Gärten hingegen streng durchgearbeitet, im menschlichen Gehirn perfekt geplant, rechts und links gleich, meistens sehr bunt, mit eingefassten und vorgezeichneten Wegen. Viel Arbeit in ihnen wird aufs Ornament verwandt. In den Englischen Gärten fehlt das vollständig.

[*] Erschienen in: *Augenzeugen. 100 Texte neuer deutscher Filmemacher,* Frankfurt/M. 1988.

Diesen Gedanken noch etwas weiter treiben: Dokumentarisches Arbeiten ist beinahe das Gegenteil von Architektur. Dokumentarische Ästhetik entsteht nicht am Reißbrett. Dokumentarische Filme sind kaum reproduzierbar. Sie lassen sich nicht vorher in einem Plan, einem Drehbuch festlegen. Im Gegenteil: Das Dokumentarische hat seine Stärken in der Entdeckung, in dem immer neuen Versuch, eine Form für diese Entdeckungen zu finden, das entstandene Material auf eine ihm angemessene Weise zusammenzufügen. So ist kein Film von uns – und anderen Dokumentaristen wird es da nicht anders gehen – später so geworden, wie wir ihn ursprünglich geplant haben. Die Filme ändern sich mit der Arbeit, mit den Arbeitsbedingungen und mit dem entstandenen Material. Wir sind angewiesen auf unsere Sensibilität und unsere Beobachtungsgabe, unser Gefühl für Rhythmus und unser Interesse am Gezeigten. Das, was man Ästhetik nennen könnte, wird uns in gewisser Weise vorgegeben, vorgezeichnet vom Material – oder besser: entsteht aus der Auseinandersetzung mit ihm. Das Dokumentarische ist schnell tot, leblos, wenn es sich nicht mehr bewegt.

Einerseits: In Wilhelm Roths Dokumentarfilmbuch[1] las ich kürzlich den Satz einer Cutterin des amerikanischen Dokumentaristen Richard Leacock, »…wenn die Aufnahmen wunderbar sind, wie die Richard Leacocks, kann man den Film oft so zeigen, wie er aus der Kamera kommt«, d. h. ohne große Nachbearbeitung, ohne hinzugesetzte Erzählung oder Montage.

Auf der anderen Seite wächst mit dem Fortschreiten der Arbeit, mit der Zahl der Filme – ganz allgemein, denke ich – wächst das Bedürfnis nach strengeren, nach geplanteren Formen. Das Einfach-die-Kamera-Draufhalten, Beobachten, Hinhören reicht nicht mehr aus. Das Bedürfnis nach Bearbeitung, nach ästhetischer Formung, nach Kunst wird stärker. Dieses Bedürfnis kann neue Dimensionen eröffnen, aber auch eine neue Gefahr: Es lässt uns in der Bearbeitung unseres Materials oft einen Schritt zu weit gehen. Überhänge werden abgeschnitten, Unebenheiten geglättet und plötzlich verliert das Material sein Leben. Es wirkt wie mit einem Plastikfilm überzogen. Das Rohe, Brüchige, Lebendige – gerade eine Stärke des Dokumentarischen – geht verloren. Dokumentarische Ästhetik aber entsteht oft gerade aus dem Verzicht auf übermäßige Bearbeitung – oder zumindest: kann daraus entstehen.

Von Rossellini gibt es den Satz zu lesen: »Wahrheit entsteht aus der Nichtperfektion.« Ob man will oder nicht, mit der Zeit entwickelt sich ein Widerwillen gegenüber allem Glatten, Geleckten, Perfekten; in gewisser Weise gegenüber allem Eindeutigen, oder besser: Eindimensio-

1 Wilhelm Roth: *Der Dokumentarfilm seit 1960*, Bucher: Report Film, München / Luzern 1982.

nalen. Es wächst das Bedürfnis und das Interesse an einer Art von »brüchigem Realismus«. Man wird infiziert.
Ich erinnere mich noch sehr genau an die ersten Dokumentarfilme, die ich während meines Studiums an der Münchner Filmhochschule sah. Vor dem Hintergrund einer Erziehung zu perfekten, gut ausgeleuchteten Aufnahmen vom Stativ und der (meist vergeblichen) Versuche, es dem amerikanischen Kino und den dort entwickelten industriellen Filmen gleichzutun, wirkten diese schwarzweißen, unattraktiven, mit der Handkamera aufgenommenen dokumentarischen Filme, mit oft schlechtem Originalton, erst einmal anstrengend und abstoßend.

Mit der Zeit aber – vor allem aber mit der eigenen Praxis im Filmemachen – wächst das Bedürfnis gerade nach diesem Rauhen, Widersprüchlichen, nach dem unebenen Lebendigen, nach der Freiheit, zu entdecken. Man ist enttäuscht, wenn in Filmen davon nichts mehr zu finden ist. Heute ist das für mich unverzichtbarer Bestandteil von Realismus, ein Maß, an dem sich oft mein Zugang zu Filmen entscheidet, und zwar ob ich will oder nicht; und wichtig dafür: Es gibt keinen Unterschied, der gleichzusetzen ist mit Genregrenzen, also zwischen Dokumentar- und Spielfilm etwa, das Bedürfnis geht über die Genregrenzen hinweg. Es gibt das Gelackte, Glatte, Eindimensionale ebenso im Dokumentarfilm wie im Spielfilm; und in beiden gibt es auch das Gegenteil, das Widersprüchliche, Sich-Reibende, Am-Leben-Gelassene; das allerdings auf beiden Seiten weitaus seltener.

Um aber keine Missverständnisse aufkommen zu lassen: Das Interesse am Rohen, am Offenen, Nicht-Endgültigen hat nichts zu tun mit Schlamperei, mit dem Verzicht auf Präzision, auf gedankliche Durchdringung, auf ästhetische Arbeit. Im Gegenteil: Das eindimensionale Glatte ist zugleich das weitaus Einfachere in der Herstellung. Hingegen erfordert das, was ich hier die dokumentarische Haltung nenne, nicht nur Aufmerksamkeit, Geduld, Passion, sondern in ebensolchem Maße »Kunst«, ästhetisches Gefühl und Disziplin. Selbst wenn es erstaunen mag: Für mich ist auch Straub ein Beispiel von dokumentarischer Haltung (gegenüber dem Stoff, gegenüber den Schauspielern). Das Gegenteil von Illusionskino.

Dokumentarische Haltung hat denke ich auch mit der Erfahrung, Kenntnis und Wahrnehmung von äußerer Realität zu tun. Wenn man sich wirklich auf Realität, auf reale Erfahrungen einlässt, sich nicht nur abgeschieden in den Studios, Dramaturgien und Fernsehredaktionen bewegt, dann wird einem das Bedürfnis nach dokumentarischer Brechung wie ein natürliches erscheinen, weil einem die einfachen, an Schreibtischen erfundenen Geschichten nicht mehr ausreichen. Sie erscheinen einem geradezu arm. Und in dem Maße, in dem man die Wirklichkeit selbst als reich, widersprüchlich, unberechenbar, unvollständig erfährt, wird man auch in den Filmen beginnen, danach zu suchen. Das hat nichts damit zu tun, dass in den Filmen platte Wiedergabe von Realität verlangt ist, dennoch eine bestimmte Art von Wahrhaftigkeit, von Offenheit, von Reichtum. Und von Widersprüchlichkeit.

Es gibt keine einfachen Lösungen
Ich bin mir dabei durchaus darüber im klaren, dass das Bedürfnis nach Illusionskino beim Zuschauer erheblich weiter verbreitet ist und auch – zunächst – die realeren Gründe für sich hat als das, was ich dokumentarische Haltung nenne; mit Widersprüchen, nicht zu Ende Gebrachtem, Realem hat der Zuschauer, hat das Publikum Tag für Tag in seiner eigenen Existenz zu tun, von daher das Bedürfnis nach Märchen, nach glatten Geschichten mit Anfang und Ende – mehr als verständlich. Dennoch, es ist wie ein Genuss von Schokolade, von zu süßen Bonbons; es bleibt ein schlechtes Gefühl und gleichzeitig das Bedürfnis nach immer mehr; irgendetwas fehlt. Es ist wie im Leben: Faul sein ist für eine Zeitlang etwas Schönes, dann wächst wieder das Bedürfnis nach Auseinandersetzung, nach Anstrengung, nach Arbeit. Ich denke, das ist ein Bedürfnis, auf das wir immer wieder setzen können und setzen müssen. Unser Vorzug und zugleich unser Hindernis auf dem Weg zum Zuschauer ist, dass wir es ihm nicht zu leicht machen. Er bekommt nichts vorserviert, er muss selbst hinsehen, zusammensetzen, Geduld und Interesse aufbringen. Wenn er das nicht will und dazu nicht bereit ist, oder auch nicht in der Lage, weil er etwa müde ist, wird er umschalten, wird er sich unseren Film nicht anschauen. Und gegenwärtig allerdings werde ich das Gefühl nicht los, dass unsere Bedürfnisse und die der Zuschauer sich eher auseinanderentwickeln, dass das Bedürfnis nach einfachen Lösungen vorherrscht. Ich denke aber, dass dies kein Dauerzustand sein kann. Vom Fernsehen allerdings und von seinen jetzigen Entwicklungen erhoffe ich wenig; die Tendenz, dass es dem Zuschauer immer einfacher gemacht wird, dass alles mund- und happengerecht aufbereitet wird, vorgekocht, vorgedacht, weist eher ins Gegenteil. Vom Zuschauer darf nichts verlangt werden, was im Grunde bedeutet: Ihn unterfordern, ihn nicht ernst nehmen.

Umgekehrt wächst bei mir – und ich stelle fest, dass es einer ganzen Reihe von Kollegen so geht – das Bedürfnis nach Experiment, nach Ausprobieren. Das Interesse an der Avantgarde, oder wie man es hier nennt: am »Experimentalfilm«. Die Trennung zwischen Dokumentarfilm und Experimentalfilm ist für mich überhaupt eine der künstlichsten – beide gehören zusammen, bemühen sich um den neuen Blick. Der Avantgardefilm wiederum hat beim Zuschauer fast überhaupt keine Chance. In gewisser Weise bleibt er ein Film für Filmemacher.

Ich habe gesagt, dass Dokumentarfilm und Experimentalfilm als gemeinsames haben: die Bemühungen um einen neuen Blick auf die Dinge. Während der Experimentalfilm sich vielleicht mehr um die Entwicklung der Werkzeuge, der Bedingungen, Funktionen dieses Blicks bemüht, ist der Dokumentarfilm – jedenfalls traditionell – mehr auf die Dinge selbst verwiesen, auf die dieser neue Blick fallen soll. Aber auch ein neuer Blick braucht neues Sehen, braucht neue Formen zu sehen und wahrzunehmen. Ein einfaches Beispiel: Um darzustellen, was Automatisierung, was Computer in unserer Wirtschaft bedeuten, wird man sich nicht mehr allein auf das Sichtbare verlassen können; es sind unsichtbare Vorgänge. Und wenn kluge Leute sagen, Ausbeutung bestünde heutzutage weniger in materieller als in psychischer Ausbeutung (oder Verelendung), dann ist auch das etwas, was sich nicht einfach dokumentarisch in Vorgängen, nicht einmal in Interviews angemessen darstellen lässt.

Eine Trennungslinie hingegen könnte für meinen Geschmack eher noch deutlicher gezogen werden: die zum üblichen TV-Journalismus. In Kürze das Wichtigste:

Warum kommen uns die Bildnachrichten im Fernsehen immer wieder wie dieselben vor? Tatsächlich entsteht Austauschbarkeit dadurch, dass der Journalismus in seiner Eile meist nur das sieht, was er schon immer gesehen hat. Er lässt sich nicht mehr beeindrucken. Dokumentarische Haltung hingegen bedeutet die Fähigkeit, sich beeindrucken zu lassen, sich zu wundern, zu staunen; Dinge, die in Eile nicht gehen. Dokumentarische Haltung bedeutet, sich seinen eigenen Blick auf die Vorgänge suchen. Dafür ist Offenheit nötig, Aufmerksamkeit, gerade für das Besondere, Eigenartige dieser Vorgänge und Stoffe. Es geht um die eigene, interessierte Perspektive, in gewisser Weise auch darum, die Wirklichkeit gegen den Strich zu bürsten oder sich nicht auf den ersten Blick zu verlassen. Dingen nachzugehen, nachzuspüren, ein Interesse zu formulieren. Vorgänge auch unter ihrer Oberfläche zu verfolgen. Aber auch: Bruchstellen zu lassen, in denen der Zuschauer mit seiner Phantasie und seiner Gedankenarbeit sich einklinken kann.

Ein wesentlicher Teil der dokumentarischen Haltung, ist dabei auch die »Gleichbehandlung der Nebensachen«. Der Blick auf eine Geste nach der Rede, die erhöhte Aufmerksamkeit für das »Davor« und das »Danach«, die ihn vom »Hauptsachenjournalismus« unterscheiden. Beispielhaft hierfür die Filme von Kluge, zu Teilen auch von Wildenhahn; ihr Interesse für das, was vor sich geht, bevor die Lichter des Fernsehens eingeschaltet werden, oder auch danach, nachdem sie wieder ausgeschaltet sind. Die Emanzipation der Nebensachen hat wiederum

Bedeutung für die Dramaturgie, die Dramaturgie des Dokumentarisch-en. Statt einer linearen Dramaturgie (linear im Sinne einer durchgezo-genen Linie mit Anfang, Höhepunkt und Ende), gibt es die Parallelität mehrerer Linien, oft unterbrochener Linien. Eher ein Nebeneinander, ein gleichberechtigtes Hintereinander als eine eindeutige, dramatische Fa-bel im klassischen Sinne. Das Episodische, das sich jetzt mehr und mehr durchsetzt, ist sicher eine Form, die dieser Dramaturgie entgegen-kommt.

Die Offenheit gegenüber allen Teilen eines Vorgangs, die Gleichbehand-lung der Nebensachen, unterscheidet für mich auch die dokumentarische Haltung vom Propagandistischen. Die Propaganda hat kein Interesse für Nebensachen, für Brüche und für Widersprüche, für Unebenheiten. Sie ordnet ihrem Zweck, ihrer Aussage alles unter, eben auch die Erfahrung von Realität. Noch einmal Rossellini: » ... wenn man die Wahrheit zeigen will, darf man nicht unterstreichen ... «

Die Kunst des Staunens

Zum Schluss: Obwohl ich mich anfangs gegen das Festschreiben von so etwas wie einer dokumentarischen Ästhetik, gegen ein Gebäude ge-wehrt habe, das man um den Dokumentarfilm herum errichtet, oder um das Dokumentarische, fügt sich für mich all das Gesagte dennoch zu so etwas wie einer Haltung, einer »ästhetischen Moral« des Dokumenta-rischen. Moral allerdings ohne den Beigeschmack des Sauertöpfischen, der diesem Wort normalerweise anhaftet. Diese Moral besteht nicht nur im genauen Hinsehen, im genauen Hinhören oder in menschlicher Auf-richtigkeit. Sie besteht vor allem in der Kunst (und das ist Kunst), den Dingen, den Menschen, der Wirklichkeit in unseren Filmen ihr Leben zu lassen, ihre Vielfalt, ihre Widersprüchlichkeit, ihren Atem.

Nachtrag I: Nachzudenken wäre über einen Zusammenhang zwischen dem, was diese dokumentarische Haltung sein könnte und den For-derungen, die Brecht für sein »Episches Theater« formuliert. Ähnlich wie in Brechts Forderungen ist auch das Dokumentarische interessiert an dem »Wie« ebenso wie an dem »Was«, interessiert am Deutlichmachen der Produziertheit des Ganzen, vor allem interessiert aber an dem frem-den Blick auf die Dinge, dem neuen Sehen, dem Ungewöhnlich-Machen des Gewöhnlichen, dem Staunen über das Alltägliche. Eine interessan-te Parallele.

Nachtrag II: Nachzudenken auch über den Vorschlag des holländischen Dokumentaristen Van der Keuken, die Trennungslinie nicht zu ziehen zwischen dokumentarisch und zum Beispiel synthetisch, sondern eher zwischen improvisiert und nicht improvisiert. Wenn man einen Vergleich zur Musik ziehen will, dann wäre das Dokumentarische demnach eher dem Jazz zu vergleichen, dem improvisierten Jazz, und der nicht improvisierte, geplante Drehbuch-Film dem komponierten Musikstück, der Sinfonie und der Oper. Dokumentarische Haltung heißt, auf die »Musik« seiner Umgebung hören (wie der improvisierende Musiker im Jazz), nicht stur seinen Part spielen, sich nicht einfach einem Dirigenten unterordnen; heißt auch: nicht zu viele crescendi und decrescendi.

Grundsätzlich scheinen mir übrigens die Vergleiche mit der Musik für den Film adäquater als etwa die Vergleiche mit Theater oder mit Literatur.

1983

Arbeitsnotizen zum Projekt MENSCHEN IM RUHRGEBIET
Christoph Hübner

Beschreibung einer Landschaft durch die Menschen, die in ihr leben, oder: Beschreibung von Menschen in der Landschaft, die sie umgibt ... Das Anliegen ist einfach: Seit fünf Jahren lebe ich im Ruhrgebiet, mache dort Filme. Ich begegne dort Menschen, die mich faszinieren, die ich beschreiben, anderen empfehlen möchte.

Schon lange gibt es die Idee, sie vorzustellen in einer Reihe von Filmen. Außergewöhnliche, aber auch ›normale‹ Menschen.

Auf längere Sicht könnte mit den Filmen etwas entstehen, das im Anliegen vergleichbar wäre mit dem großen unvollendeten Werk des Fotografen August Sander: *Menschen des 20. Jahrhunderts.*

Vielleicht weniger anspruchsvoll, weniger umfassend und auch weniger das Portrait einer Zeit als das einer Region (beides schließt sich allerdings nicht aus), aber doch vergleichbar in der genauen Beschreibung einzelner Menschen und in ihrer Auswahl und Gegenüberstellung das »Antlitz einer Region« suchend ...

Etwas zeigen von der Schönheit und Härte dieser Landschaft, von ihrer Anarchie, von dem, was man sich hier erkämpfen musste, von dem Leben, das sich hier eingerichtet hat und immer wieder neu einrichtet. Und die Bilder nicht verstreut und beliebig über die ganze Region gesammelt, sondern dort, wo die im Film vorgestellten Menschen tatsächlich leben und arbeiten ...

Dieser Dialog zwischen Mensch und Landschaft wird immer etwas von Improvisation haben. Wie in der Jazz-Musik kann er kaum notiert, nicht im Voraus festgelegt werden. Er ist angewiesen auf das entstehende Material, die Beobachtungen, die Bilder, Töne und Aussagen ...

1986

Theo Jörgensmann

**Bottrop
Klarinette**

Ein Film von
Christoph Hübner

im Ruhrgebiet Menschen im Ruhrgebiet Menschen

Grafik: Georg Temme (© RFZ)

Stadtfilmer von Unna

Christoph Hübner

Es ist eigentlich seltsam, dass es so lange dauerte, bis eine Stadt auf die Idee kam, einmal nicht einen »Stadtschreiber« zu berufen, sondern einen »Stadtfilmer«. Immerhin spielt das bewegte Bild, spielen die audiovisuellen Medien in unserem Alltag eine immer wichtigere Rolle.

Tatsächlich ist das Modell »Stadtfilmer« für alle Beteiligten Neuland, für die berufende Kommune ebenso wie für mich als Filmemacher. Und ich muss gestehen, dass ich lange gezögert habe, dieses Amt anzunehmen. Zu naheliegend erschien mir die Erwartung einer werbenden Filmarbeit für die Stadt, zu verpflichtend auch möglicherweise die Ortsgebundenheit, die quer zu unserer filmischen Alltagspraxis liegt.

Neben der Offenheit und Großzügigkeit der Stadt Unna und ihrer Kulturverwaltung, die meine Befürchtungen zerstreuen konnte, war es dann der Reiz, das Modell »Stadtfilmer« mit Leben zu füllen, der mich schließlich »ja« sagen ließ.

Unna liegt am Rande des Ruhrgebiets, also einer Region, die vom Film und von den Medien bisher nicht nur vernachlässigt, sondern oft genug bewusst verengt und oberflächlich behandelt worden ist. Das Amt eines »Stadtfilmers« von Unna verstehe ich auch auf diesem Hintergrund: die Augen aufzumachen, sich geduldig und ohne Druck einlassen zu können auf die tatsächliche, die alltägliche, die alljährliche Wirklichkeit der Region, ihrer Menschen, ihrer Geschichte.

Aus der Antrittsrede, 02.06.1986

Arbeitsnotizen zum Film DIE STADTPROBE
ODER: SIEBEN ARTEN VON UNNA ZU SPRECHEN
Christoph Hübner

14.09.1986: Der Unna-Film konkretisiert sich. Aus der Breite und vielleicht auch Unverbindlichkeit der bisherigen Konstruktion der vielen Episoden schälen sich drei heraus, an denen nachhaltig mein Herz hängt und die dem Film die Richtung geben könnten.

Das ist die Episode aus Unna-Hemmerde 1943: der polnische Kriegsgefangene und das deutsche Mädchen, dem er ein Kind macht und dafür öffentlich vor den Augen seiner herbeizitierten Landsleute gehenkt wird.

Das ist der junge Bildhauer in Unna-Lünern, der mitten im Ort öffentlich an einer Holzskulptur arbeitet, um an die Geschichte mit dem Polen und dem Mädchen zu erinnern und der feststellen muss, dass diese Erinnerung am Ort gar nicht willkommen ist.

Und das ist das Durchgangslager Unna-Massen, in dem täglich Dutzende von Flüchtlingen vor allem aus Polen ankommen und ihre ersten Erfahrungen mit der Bundesrepublik Deutschland machen. Von der Ankunft am Bahnhof Unna-Massen, über die vielen Behördengänge, den Aufenthalt in 6-Bett-Zimmern, über Szenen aus der Lagerschule, wo die Kinder die ersten Worte Deutsch lernen bis zu organisierten Ausflugsfahrten nach Unna und Umgebung.

Schließlich vielleicht jener merkwürdige Festumzug zur Achthundertjahrfeier von Unna-Massen mit sechzig Wagen und Fußgruppen, der zu etwas wie der Inkarnation von Kleinstadt werden könnte. Vom Knappen- und Schützenverein, über die verschiedenen Blaskapellen und Fanfarenzüge, die Wägen der Landjugend und Ortsschule bis zu den hintereinander gestaffelten Abteilungen von Dackeln, Schäferhunden und Pferden samt ihrer Herrchen. Eine Art »anachronistischer Zug« der Kleinstädter, gefilmt aus eigener Distanz.

Nun habe ich das Gefühl, dass diese Episoden durchaus etwas miteinander zu tun haben und dass es möglich und reizvoll wäre, den Film ausschließlich aus diesen wenigen Elementen zu machen. Vielleicht ist es das »Fremd-Sein« und als Gegenüber das »Heimische«, was als Thema zusammenhält: der fremde Pole und das einheimische Mädchen, der zugezogene Künstler und sein befremdliches Kunstwerk, die Fremden aus dem Osten und ihre erste Begegnung mit der neuen Heimat; die Selbstdarstellung dieser Heimat in einem gigantischen Dorfumzug; vielleicht auch meine eigene Fremdheit demgegenüber als »Bürger auf Zeit« in dieser Stadt. Ganz sicher schwingt aber auch mein Interesse für die konkreten Bedingungen und Geschichten des Faschismus in einer Kleinstadt, in der Provinz mit.

17.01.1987: Gesehen GOD'S OWN COUNTRY von Louis Malle. Gab mir noch einmal für den Unna-Film zu denken. Erstens mit welcher Liebe und Achtung er seine Menschen im Film behandelt, obwohl ein Provinznest, über das man sich so leicht hätte lustig machen können, sogar politisch begründet: als Beispiel für amerikanische Provinzialität und Enge und Rassismus und reaktionäre Blindheit und, und, und ...

Nicht so Louis Malle: liebevoll lässt er eine alte Frau über ihren Blumengarten sprechen, solidarisch nimmt er selbst noch den stellvertretenden Polizeichef des Ortes auf, was erklärt, beurteilt wird, beurteilen die Leute selber. Eine einzige ironische Bemerkung: über die Rastlosigkeit, mit der die Einwohner von Glencove ihre Rasen mähen.

Was fesselt mich an dem Film? Dass da Menschen vorkommen, dass ich Menschen kennenlerne, dass sich über Menschen mir ein Ort, eine Wirklichkeit erschließt.

Meine bisherige Vorstellung zum Unna-Film kommt mir dagegen gewollt, konstruiert, bloß ästhetisch begründet vor.

04.04.1987: Nachdem ich einige Filme von Raymond Depardon gesehen habe, die mich sehr beeindruckt haben, bin ich etwas sicherer geworden, dass die Rigorosität des Unna-Projektes aufgehen kann.

Die Filme zeigen, mit wie wenig Aufwand man einen Film zum Erfolg führen kann, wenn man: 1. genau ist, 2. zu seiner Subjektivität steht, sich auf die erste Ebene (die unmittelbare) der Bilder, der Erzählung verlassen kann.

Es gibt einen Film, der nur aus einer Einstellung besteht: New York, nachts oder frühmorgens in der Dunkelheit, aus einer Seilbahn, an Häusern, Straßen vorbei, nur Originalton, das langsam Gleitende von großer Faszination.

Oder einen Film, in dem er sein Leben, seine Entwicklung anhand von Fotos erzählt, die auf einem Leuchttisch vor sich durchzieht, ab und zu sieht man ihn, erzählend, dann wieder nur die Fotos groß. Wie er selbst zum Schluss sagt: ein »Live-Film«, direkt und nur einmal aufgenommen. Der Film lebt durch seine Ehrlichkeit, seine traurige Stimme, seine Offenheit: ich erfahre von einem Menschen, einer Karriere.

Sein letzter Film bisher: ein Film über einen Reporter (in der Ich-Form), der in Afrika auf ein Mädchen trifft, das er immer nur anschauen will und um sich haben, mit dem er immer tiefer nach Afrika hinein reist, um das Mädchen ganz allein für sich zu haben, allein zu sein mit ihr, bis tief in die Wüste, bis es nicht mehr weiter geht. Man sieht immer nur das Mädchen, er selbst ist die Kamera, erzählt aus dem Off. Schonungslos mit sich bis zur Schmerzhaftigkeit. Der ganze Film nur in Plansequenzen, festen Einstellungen auf sie, aus dem Fenster der Hotels, der Züge, der Autos, mit denen sie fahren, auf Tische, auf Ventilatoren, Telefone, Radios, etc. Blicke.

Das ganze nicht so festschreiben. Offen lassen für den Prozess. Die Absichten (musikalischer Film etc.) in Notizenform bringen, Verzicht auf Sprache, nur kein Kommentar, die einzelnen Episoden knapper formulieren, nur in den Überschriften oder als Hausnummer angeben.

Bei den verschiedenen Ansätzen, den Film zu beschreiben, immer wieder aufgelaufen, alles wurde mir zu eindimensional. Nur so viel kann ich sagen:
– ein episodischer Film
– kein Kommentar
– kein übliches Stadtporträt
– wird von einigen Menschen und Orten erzählen
– nicht so sehr Unna selbst, Versuch über eine deutsche Kleinstadt
– Sinfonie einer Kleinstadt
– es kommt auf den Blick an
– der fremde Blick
– es geht mir wie einem Maler, der sein Bild im Voraus beschreiben muss. Er weiß es noch gar nicht, vielleicht wird er das Gelb, mit dem er rechts oben angefangen hat, wieder übermalen? Dafür muss Platz sein im Film und in der Produktion.

Der Name Sinfonie ist vielleicht doch irreführend, er enthält zu viel Komponiertes, zu viel Dramatisches, zu viel Stimmen, zu großes Orchester. Was ist eine Musikform, die bescheidener daherkommt, vor allem epischer, leiser, kammermusikalischer?
Vielleicht auch der Gestus des Notizbuches? Unnaer Notizen. Ein filmisches Tagebuch? Mit all der Ausschnitthaftigkeit, die meine Erfahrungen von und in Unna ja tatsächlich auch gehabt haben?
Überhaupt: was wurde denn ich gerne erzählen, was hat mich bewegt, beeindruckt? In meiner Zeit in Unna. Vielleicht grüble ich zu sehr über die Konstruktion, mache mir das Ganze zu schwer, statt nach dem Einfachen, Naheliegenden zu suchen? Kann der Film nicht tatsächlich mehr von einem persönlichen Notizbuch haben?

06.02.1987: In dem Film lernen wir kennen:
Einen alten ehemaligen Bergmann, der im Winter im Keller an Geschichten über sich und seine Umgebung arbeitet und im Sommer an Windmühlen und Karussells aus alten Schrott-Teilen.
Einen jungen Punker, der tagsüber in einem Kaufhaus arbeitet und abends seinen Frust mit Kollegen in einer Punkband rauslässt.
Das Durchgangslager Unna-Massen. Täglich kommen hier dreißig bis fünfzig Aussiedler und Flüchtlinge aus Polen, aus der DDR, aus der Sowjetunion an. Für sie ist Unna die erste Begegnung mit westdeutscher Realität.

Einen Bildhauer, der in einem Vorort von Unna öffentlich an einer Holz-skulptur arbeitet, mit der er an den Tod eines polnischen Zwangsarbei-ters erinnern möchte, dem seine Liebe zu einem Unnaer Bauernmädchen in der Nazizeit zum Verhängnis wurde.

Einen freien Theatermacher, der von Berlin nach Unna kam, weil er sich hier den proletarischen Traditionen des Ruhrgebietes näher glaubte.

Einen alten Friedhof. Seine Gräber erzählen einiges über Unna. Nicht nur Angenehmes.

Dies sind Beispiele. Die endgültige Zahl der Episoden steht noch nicht fest.

20.11.1988. Der Film ist fertig und gesendet und sorgt für einige Aufre-gung. Der CDU-Landtagsabgeordnete von Unna protestiert beim Inten-danten des WDR, der Film sei eine »Beleidigung für alle Unnaer Bürger und eine Zumutung für die Zuschauer des WDR«. Auch in den Lokalzei-tungen gibt es heftige Stellungnahmen. Im *Hellweger Anzeiger* schreibt ein Leser: »Wir drehen ein laufendes Fernsehspiel ab und sitzen erwar-tungsvoll im Sessel. Was wir nun sehen, sind ein paar vergammelte Holzhütten auf einer Wiese, eine liederliche Handwerksstätte mit einem älteren Herrn, und dass das Bild zu lange gezeigt wird. Ferner ein Bild-hauer, der Holz bearbeitet, wobei man nicht erkennen kann, was es werden soll ... Die Fußgängerzone wird erwähnt, aber nicht gezeigt. Überhaupt nichts Schönes von Unna. Nicht den alten Markt mit den schönen Fachwerkhäusern, ... nicht die Kirchen und den Park. Wer Unna nicht kennt, muss ja ein schlechtes Bild von der Stadt bekommen.«

Anderntags antwortet ein anderer Leser auf diesen Brief: »Hätte Chris-toph Hübner einen gefälligen Film über Unnas Idylle produziert, ruhte selbiger wohl längst wohlwollend konsumiert in den Schubladen der Archive. ... Sein unbequemes Werk mit Kanten und Ecken, an denen sich viele Bürger stoßen, hat jedoch etwas in Bewegung gebracht. Ob Em-pörung, Begeisterung, gleichgültig bleibt kein Betrachter und somit hat der Künstler sein Ziel erreicht.«

Die Reaktionen in der überregionalen Presse sind durchweg positiv. In der *Frankfurter Rundschau* heißt es: »Dem geduldigen Zuschauer wird sich aus den vielen akustischen und optischen Informationen langsam erschließen, dass es kein objektives Bild von einer Stadt geben kann: dafür Teilansichten, Splitter, Erinnerungen, die in ihrer Summe eine stärkere Wirkung haben, als sie durch ein noch so sorgfältiges Abbilden von Gebäuden, Straßen und Plätzen zu erreichen wäre.« Die Ausein-andersetzung in Unna ist noch nicht ausgestanden.

Filmen, Fotografieren, Schreiben –
Johan van der Keuken und Wim Wenders als Fotografen*
Christoph Hübner

Vorrede
Film und Fotografie liegen nahe beieinander. Film und Fotografie sind
weit voneinander entfernt. Beides ist richtig, und doch – je länger ich mit
beidem zu tun habe – neige ich mehr zu der zweiten These: Film und
Fotografie haben nicht *mehr* miteinander zu tun, als Musik und Malerei.
Und vielleicht ist der Film sogar näher an der Musik als an der Fotografie und diese ist näher an der bildenden Kunst als am Film. Musik
und Film existieren nicht ohne die Zeit, während Fotografie und Malerei
gleichgültig sind gegenüber der Zeit, aus »festgefrorenen Augenblicken«
bestehen. Ein »schönes Bild« im Film ist nichts ohne das, was In ihm
vorgeht, ohne den Zusammenhang, in dem es steht, ohne das, was vorher war und nachher kommt. Umgekehrt kennt man von Szenenfotos
aus Filmen, dass sie einem nichts geben, wenn man den Film nicht gesehen hat, dass man sie aber mit Interesse beim Verlassen des Kinos
anschaut, um sich die schnell verschwundenen Augenblicke noch einmal zu vergegenwärtigen. Nur im japanischen Kabuki-Theater wird beides (die vergehende Zeit und der festgehaltene Augenblick) miteinander verbunden: Wenn in bestimmten Momenten die Handlung mit einem
Gongschlag angehalten wird und die Gesten der Schauspieler für einen
Augenblick festfrieren. Auch von der Tätigkeit schließen sich beide Medien aus: Ich kann nicht fotografieren, wenn ich drehe – und umgekehrt. Beide Tätigkeiten – das Fotografieren und das Filmen – brauchen
ihre unterschiedlichen Bedingungen, ihre unterschiedlichen Arten der
Konzentration und der Umgebung. Im Film ist man immer mit anderen
zusammen, für die Fotografie braucht man die Einsamkeit.

Eine Filmemacherin, die eine Zeitlang mit Indianern in Peru gearbeitet
hat, berichtete davon, dass dieser Stamm Angst vor dem Fotografieren
hatte, da er glaubte, mit jeder Aufnahme würde ein Stück der Haut, eine
Schicht ihrer Existenz geraubt. Ich habe beim Fotografieren bis heute
(wenn Menschen darin vorkommen) ein Gefühl des Stehlens eines Au-
genblicks, eines Gesichts, einer Situation nicht verloren, während mir
das in der Filmarbeit seltener so geht. Beim Film gibt es das Element
der Dauer und die Übereinkunft, ein Stück Weg gemeinsam zu gehen.
Bei der Fotografie bleibt es oft der erhaschte Moment, eine Abstraktion. Eine Zeitlang habe ich nur mit Polaroid fotografiert, weil ich so den
fotografierten »Opfern« ihr Bild zurückgeben oder zumindest zeigen
konnte.

101

---

* Erschienen in: *epd Film* 8/1989.

Film und Fotografie haben sich bei mir im Laufe der Zeit gegenseitig beeinflusst – vor allem in dem Sinne, dass ihre Unterschiedenheit deutlicher wurde, dass ich beides nicht miteinander zu verbinden, sondern eher voneinander zu trennen suche.

Der filmemachende Fotograf

Seit langem bin ich ein Bewunderer der Filme van der Keukens, ich habe fast alle seine Filme gesehen und besonders die frühen waren mir sehr ans Herz gewachsen. Entsprechend ungeduldig hatte ich auf van der Keukens Buch *Abenteuer eines Auges* gewartet – immerhin war es die erste Publikation mit Originaltexten und Fotos van der Keukens in deutscher Sprache.

Für die meisten Filmemacher ist die Fotografie allenfalls Teil der Motivsuche, der Vorbereitung auf einen Film, außerhalb der Filme benutzen sie die Fotokamera, wie andere Amateure auch, fotografieren ihre Kinder, das Meer, Sonnenuntergänge.

Nicht so van der Keuken. Er ist Fotograf. Er begann als Fotograf, sein erstes Fotobuch erschien vor seinem ersten Film, noch während seiner Zeit auf der Filmhochschule in Paris ging er lieber in den Straßen von Paris fotografieren, als Filmemachen (akademisch) zu lernen.

Durch meinen Großvater kam ich zur Photographie. Zwischen meinem zwölften und siebzehnten Lebensjahr wurde ich – bereits mit den mehr oder weniger zufällig vorhandenen Mitteln experimentierend – Photograph. 1955 gab ich mein erstes Photobuch »Wij zijn 17« (Wir sind 17) heraus, ein dreißig Photos umfassendes Portrait einer Gruppe Amsterdamer Schüler, zu der ich gehörte. Diesem Buch folgte 1957 das romantische »Achter Glas« (Hinter Glas), das erschien, als ich bereits in Paris an der IDHEC studierte. An diese Filmschule bin ich gekommen, da es zu der Zeit für das Fach Photographie keine Stipendien gab: diese gab es nur für das Fach Film. Film galt als seriöser. Vom Film hatte ich nicht viel Ahnung. Ich kannte DIE DREIGROSCHENOPER von Pabst, QUAI DES BRUMES von Carné, NANOUK OF THE NORTH von Flaherty und eine Anzahl filmpoetischer Werke holländischer Dokumentaristen: Das war eine visuelle Herausforderung, das war photographische Kunst und daran wollte ich anknüpfen. Alles Übrige, das Organisieren der Geschehnisse, von Dingen und Menschen, das Organisieren der Produktion, das alles lag mir weniger …

Ich kam aus der Tradition des einsam herumirrenden Auges, ein Mythos, den ich mir bereits in der Pubertät zu eigen gemacht hatte.

So ging ich zwischen meinem 18. und 20. Lebensjahr durch Paris, schwänzte die Filmschule so oft ich konnte und war mit dem Photo-

graphieren beschäftigt. Ich wagte mich an dieses große Thema »Der Mensch in der Metropole« und versuchte dann etwas Eigenes daraus zu entwickeln. Die Arbeiten von Henri Cartier-Bresson hatte ich bereits genau gesehen (ich studiere sie auch noch heute immer wieder aufs Neue) ...
Es gab andere Einflüsse. John Coltranes Solo in »Straight«, »No Chaser« auf der Miles Davis LP »Milestones«, in der er die Eingeweide der Musik offenlegte. Zuvor Parker und andere Bebop-Musiker und auch Gemälde, die ich mir seit einigen Jahren in Museen für moderne Kunst angesehen hatte ...

Van der Keukens Fotos sind auch als Einzelstücke selbständig, sie brauchen die Umgebung der Filme nicht, stehen nicht in einem dienenden Verhältnis zu ihnen. Manchmal gibt es Versuche, sich aus dem Seriencharakter des Filmbildes das Element der ZEIT, des Bildwechsels, der Veränderung zu borgen, in der er z.B. zwei annähernd gleiche Fotos gegenüberstellt, in denen sich nur beim genauen Hinsehen kleine Veränderungen, Verschiebungen, Entwicklungen feststellen lassen. Das wäre ein Gruß des Films an die Fotografie.
Umgekehrt scheint mir der Einfluss der Fotografie in seinen Filmen aber noch deutlicher. Van der Keuken ist auch als Filmemacher FOTOGRAF, nicht in dem einfachen Sinne, dass er viel Wert auf ausgesucht »fotografische« Bilder in seinen Filmen legt. Nein, mehr im Sinne einer Haltung gegenüber seinen Bildern im Film, eines Umgangs mit seinem Material: den Bildern, Tönen und Situationen. Er benutzt seine Einstellungen als Einzelstücke, wie fotografische Originale, häufig als Zeichen, als Teile eines Universums von Bedeutungen. Das ist die Haltung des Fotografen. Selten gibt es lange durchgehende Einstellungen in seinen Filmen, in denen sich etwas abspielt, beobachtet wird, in denen es um den Vorgang vor der Kamera geht. Stattdessen nimmt er seine Bilder als Bruchstücke, als Montageteile, in denen erst die Montage, die Sequenz einer Handlung, einen Sinn stiftet.

Diese Haltung macht van der Keuken beweglicher im Umgang mit seinen Einzelbildern, und wenn es gut geht, sind das Ergebnis wunderbare, reiche und poetische Montagen, wie wir sie kaum aus anderen dokumentarischen Filmen kennen, außer vielleicht denen Chris Markers. Wenn es dann eben geht – wie für mich etwa in seinem Film DIE ZEIT – gerinnen die Bilder zu Symbolen, schiebt sich ihre von van der Keuken zugewiesene Bedeutung vor ihr Eigenleben, wird das »Gebäude« aufdringlich. Aber das sind eher die Ausnahmen. Vor allem, wenn es um Menschen geht, hat man das Gefühl großer Liebe und Achtung, die van der Keuken ihnen entgegenbringt, und die ihn hindert, sie nur als Belege oder Versatzstücke seiner Montageideen zu benutzen.

Dennoch: Mehr als andere – und ganz im Gegensatz etwa zur von Klaus Wildenhahn beschriebenen »beobachtenden Methode« – ist van der Keuken ein Konstruktivist, ein Monteur unter den Dokumentaristen (er selber spricht an einer Stelle von »kubistischer Montage«), ein Liebhaber der Einzelbilder – ein filmemachender Fotograf.

In seinen Filmen kommen z.b. häufig Wiederholungen der gleichen Einstellungen in neuen Zusammenhängen vor, oder er macht uns die »Produziertheit« einer Einstellung, die Anwesenheit der Kamera deutlich, indem er eine Einstellung ein wenig nach links oder nach rechts verrückt oder Kamerabewegungen zum Finden der »richtigen« Einstellung im Film belässt – wo andere sie sofort eliminieren würden als Spuren des Handwerks, die im Film nichts zu suchen haben. Dieses scheinbar Unperfekte, die Durchsichtigkeit und der ständige Hinweis auf die Form, die Mach-Art seiner Filme unterscheidet seine Methode auch von allen Formen der *Propaganda*. Van der Keuken verlangt mehr von seinen Einzel-Bildern, sieht mehr in ihnen als die bloße dokumentarische Abbildung von Vorgängen, löst sie von der vordergründigen Aufgabe der Reproduktion von äußeren Tatsachen. Das macht sie leichter, vielfältiger verwendbar – darin liegt natürlich auch die Gefahr der Loslösung, des Verlustes an dokumentarischer Bodenhaftung, der Entwertung dessen, was man eigentlich aufwerten will: der Bilder der Menschen, der Gesichter, der Gesten, der Bewegungen in den Bildern – zugunsten einer Idee des Zusammenhangs, der Bedeutung. »Ideen« sind meist schneller, beweglicher, aber auch korrumpierbarer als das zähe, brüchige, widersprüchliche »Material« der äußeren Wirklichkeit. Van der Keuken spricht diese Spannung selber aus:

Es geht nicht darum zu zeigen, dass etwas so oder so ist. Es geht darum zu zeigen, wie es sich anfühlt, ein bestimmter Raum zu sein. Situationen in einem Film erklären eigentlich nichts, aber es ist wichtig, dass sie durch Anteilnahme zustande gekommen sind. So bekommen sie dann für die Zuschauer auch nur durch Anteilnahme ihre Bedeutung.

Da ich die Dinge nicht gesäubert und begrenzt sehen kann, bringe ich destruktive Emotionen mit ein. Das Leben rührt eben alles an, was man macht.

Wenn man auf der Grundlage solcher Überlegungen arbeitet, schafft man Prototypen der Wirklichkeit. Dies kann in sehr einfachen, alltäglichen Bildern geschehen. Deshalb will ich lieber keine Macht über einen spezialisierten technischen Apparat haben. Film ist eher eine Methode, die Dinge in einen Zusammenhang zu stellen als eine Geschichte zu erfinden: eine Erneuerung des Auges.

Der gefilmte Mensch ist kein Mensch mehr, sondern ein Stück Fiktion, gefilmtes Material. Doch er lebt gleichzeitig weiter. Diese dop-

pelte Bestimmung trägt eine große Spannung in sich. Dieser Spannung eine Form zu geben heißt, eine imaginäre Welt zu entwerfen und in ihr das menschliche Streben zu beschreiben.
Die Herangehensweise des Malers mit der Liebe zur Musik verbindend, betrete ich allmählich den Bereich der Poesie. 1969.

Warum so viel Raum für diesen Gedanken? Weil die Filme van der Keukens eine zentrale Dimension der dokumentarischen Arbeit behaupten, von der zumindest hierzulande kaum oder wenn, dann eher abfällig, die Rede ist: die der Kunst, der Poesie, der Liebe zum Einzelbild.

Als ich anfing, Abstand vom theatralischen Naturalismus zu nehmen, von dem gespielten wie in der Wirklichkeit, dass das Denken über Filme beherrschte und noch immer beherrscht, als ich mich schließlich von den bedrückenden Vorstellungen der Filmproduktion losmachte und das Vergnügen, Bilder zu machen, freier leben konnte – kurzum, als ich wagte, den Film zuallererst als bildende Kunst zu begreifen, da wurde er zu meinem eigenen Medium. Ich fühlte mich zwar noch einige Zeit belastet durch die Bezeichnung Photographen-Film, die meinen Arbeiten manchmal als Stempel aufgedrückt wurde, aber seit der Emanzipation der Photographie (paradox genug: auch dadurch, dass sie sogar als kapitalistische Galeriekunst akzeptiert wurde) und seitdem die Idee, die Medien zu verbinden, Verbreitung gefunden hat, habe ich auch keine Probleme mehr damit. Photographen-Film: Was gibt es Spannenderes als den Beinahe-Stillstand, was ist spannender als der sehr sichtbare Ausschnitt der Wirklichkeit, die Kadrierung, die beinah definitiv vorgestellt wird, um im letzten Moment zu explodieren und nach oben, nach unten, zur Seite aufzusprengen, um so zu neuen Visionen zu gelangen. Das Photo kann das nicht; nur das sich bewegende Medium kann Stillstand und seine Auflösung vorzeigen.

Exkurs: Der schreibende Filmemacher
Eine Leseerfahrung: Durch die Zusage, etwas über das Buch »Abenteuer eines Auges« zu schreiben, wurde die Lektüre der Fotos und Texte van der Keukens vom Privatvergnügen zur Pflicht. Ich begann nun, wie es sich gehört, den Band von Anfang an durchzulesen, Seite für Seite. Und das war für dieses Buch wohl genau das falsche: Die Texte von van der Keuken sind – mit einigen Ausnahmen – chronologisch hintereinander angeordnet (und weniger nach innerer Dramaturgie), so dass das Lesen von vorne nach hinten oft anstrengend (weil ohne Folgerichtigkeit) ist. Hinzu kommt, dass gerade die frühen Texte van der Keukens ziemlich sperrig sind, außerdem manche Texte ohne frische Erinnerung an die Filme nur schwer nachzuvollziehen sind.

So kam es, dass ich mich dabei ertappte, wie ich immer wieder auf die Fotoseiten auswich, in denen es so viel zu schauen und zu entdecken gibt. Zuweilen waren sie wie »Ferien von den Texten« (van der Keuken spricht an einer Stelle vom Fotografieren als »Ferien vom Filmemachen«): Man konnte in ihnen frei und ungebunden schweifen (während die Texte einen zuweilen regelrecht »an die Hand nehmen«), ihre verschiedenen Schichten entdecken, dem Umgang mit dem Licht, mit Vordergrund und Hintergrund, mit Formen und Flächen, Bedeutungen nachsinnen. Manche Texte – zum Schluss hin übrigens immer weniger – atmen eine Art von intellektuellem »Zugriff« (Wort auf Bilder, Töne, Situationen, Menschen – als Montagematerial), der mir fremd war. Aber das ist nur eine kleine persönliche Irritation bei diesen ansonsten so poetischen, klugen und vielschichtigen Texten. Es unterstreicht eher noch den Eindruck, dass wir es mit einem der seltenen Bücher zu tun haben, die deutlich machen, mit wie viel Sorgfalt, Nachdenken, mit wie viel »Kunst« die Filme entstehen, die unter der Bezeichnung »Dokumentarfilme« ihren oft vergeblichen Kampf gegen Vorurteile wie »langweilig«, »pädagogisch«, »kunstlos« zu kämpfen haben.

Der fotografierende Filmemacher

Der erste Eindruck von *Written in the West* von Wim Wenders: tolle Ausstattung, Hardcover, aufwendige, ganzseitige Farbreproduktionen, ein bekannter Verlag, allerdings auch ein stolzer Preis. Auch unter den Filmemachern gibt es also Klassenunterschiede: Hier der international bekannte Spielfilmregisseur Wim Wenders mit Farbgroßfotos in einem Kunstbuchverlag – dort der weniger bekannte (für mich aber nicht weniger bedeutende) Dokumentarist van der Keuken mit einem Buch im Selbstverlag einer Kunsthochschule. Aber was sich auf den ersten Blick als so unvergleichbar darstellte, entwickelte sich beim genaueren Studieren zu einem Dialog zweier Arten der Fotografie (von Filmemachern), zweier Sprachen, zweier Haltungen: Der filmemachende Fotograf (van der Keuken) und der fotografierende Filmemacher (Wim Wenders). Dies ist nicht nur ein Wortspiel, es gibt auch eine unterschiedliche Perspektive wieder: Bei van der Keuken geht für mich die Perspektive vom Einzelbild, vom Foto also, auf den Film, während bei Wenders umgekehrt der Film seinen Schatten auf die Art der Fotografie wirft.

Wenders Fotos in diesem Band »Written in the West« sind dann auch während der Vorarbeiten zu seinem Film PARIS, TEXAS entstanden. Es sind ausdrücklich keine Arbeitsfotos, vielmehr selbständig mit einer Mittelformat-Kamera aufgenommene Farbfotografien von Motiven, die Wenders bei seinen Reisen durch den Westen der USA begegnet sind. Mit ein, zwei Ausnahmen gibt es keine Momentaufnahmen, man spürt Ruhe und Konzentration aus den Bildern, die Fotos sind eher ein »Erfassen« von Situationen, ein Abbilden von »Schauplätzen«, von denen man das Gefühl hat, es könnte im nächsten Augenblick ein Filmteam aufkreuzen und vor diesem Hintergrund eine Szene einrichten. Manche seiner Fotos könnten durchaus das Motiv einer Rückprojektion sein (während bei van der Keuken das Foto selbst die Szene ist).

Die meisten Fotografien von Wenders sind aus der Frontalperspektive gemacht, die bildwichtigen Teile sind überwiegend in der Mitte, auch wenn Wenders oft ein Detail aus dem Hintergrund als Titel des Bildes nimmt. Mit einer Ausnahme, die Verhaftung eines jungen Mannes vor einem offenen Polizeiauto (und selbst das), haben alle seine Fotos etwas seltsam Endgültiges, Zeitloses, Archaisches. Nur selten sieht man Menschen auf ihnen – jedenfalls nicht im Vordergrund oder als Thema. Die Fotos haben stattdessen etwas von den frühen Daguerreotypien, in denen durch die lange Belichtungszeit alles Flüchtige, Sich-Bewegende nicht abgebildet wurde, und nur das Feststehende, Dauerhafte eine Chance hatte, Spuren auf der lichtempfindlichen Schicht zu hinterlassen.

Van der Keukens Fotografien geben Augenblicke (der Wahrheit) wieder, Momentaufnahmen, die etwas auf den Punkt bringen, etwas erzählen, mehreres miteinander ins Verhältnis setzen. Wenders Fotos eröffnen Aussichten, geben Blicke auf eine Landschaft, auf Teile dieser Landschaft wieder, die man auch morgen noch so antreffen würde – vielleicht mit einem anderen Licht. Van der Keukens Fotografien sind fast immer Ausschnitte, Spiel mit Licht und Schatten, mit Strukturen, Flächen, Konturen. Bei Wenders gibt es das auch, aber unentschiedener: Auch der Ausschnitt einer Mauer hat noch immer etwas von der ganzen Mauer, ist immer noch ein Erfassen. Bei van der Keuken ist es das Foto selbst, um das es geht, die neugeschaffene, zweidimensionale Welt (selbst wenn sie dokumentarisch erscheint), bei Wenders ist das Foto der Blick auf die Welt außerhalb (des Fotos). Bei van der Keuken ist das »Erstaunliche« das Foto selbst, bei Wenders ist erstaunlich das, was er fotografiert: die Insignien einer Landschaft, der Himmel, das Licht, die Farben etc. Diese Unterscheidungen sind generalisierend, im Detail vielleicht ungerecht, aber sie geben eine Tendenz an, die dem Bild, das man sich allgemein von »dem Dokumentaristen« (als Abbilder äußerer Wirklichkeit) und »dem Spielfilmer« (als dem Poeten und Erfinder) macht, diametral entgegenlaufen. Wenigstens zeigen sie, dass die Grenze keinesfalls zwischen Dokumentarismus auf der einen und Poesie oder Kunst auf der anderen Seite verläuft. Wim Wenders ist als Autor in seinen Bildern kaum anwesend – ganz im Unterschied zu van der Keuken –, er will das allerdings auch bewusst nicht:

Ich glaube, dass die Haltung des Photographen, seine »Einstellung«, ein Photo bestimmt. Alle großen Photos sind frei von Arroganz. Es gibt arrogante Photographen, die auch ganz gute Bilder machen, eben weil da artistische Leistungen zustande gekommen sind, aber in diesen Photos vermisst man zumeist etwas Lebendiges, man findet eher die Photographen selbst darin widergespiegelt. Die Photos, die mir wirklich etwas bedeuten, sind diejenigen, in welchen sich der Photograph verloren hat. Meine Lieblingsphotographen sind alle ein bisschen den Chefkameramännern aus dem Film verwandt, die ich kenne: Auch die verstehen sich keinesfalls als Künstler, sondern eher als Handwerker, als Licht-Handwerker, vor allem die amerikanischen Kameraleute. Die Photographen, die ich schätze, sind Menschen, die sich selbst in Vergessenheit bringen wollen. Vielleicht ist dieses Verschwinden-Wollen ein Zeichen von Ehrfurcht oder Bescheidenheit. Manche Photographen sind tatsächlich ehrfürchtige Menschen. Robert Frank ist einer der bescheidensten Männer, die ich kenne, und er macht wunderbare Photos.

Manche der Motive von Wim Wenders erinnern von Ferne an die Gemälde von Edward Hopper – etwa die beiden Fotos »Lounge paintings« – aber während die Gemälde von Hopper ganze Gefühlswelten von Leere, Verzweiflung, Sehnsucht hervorrufen, bleiben Wenders Fotos die fotografisch exakte Wiedergabe von (für unser europäisches Auge) seltsamen Orten und Konstellationen.

Vielleicht ist dies der Grund, dass mich die Bilder von Wenders, wenn sich einmal das Erstaunen über Eigenart, Farben, Licht und Stimmungen des amerikanischen Westens, das Erstaunen vielleicht auch über die technische Qualität und Detailschärfe seiner Aufnahmen (und der sehr guten Reproduktion im Buch) gelegt hat, dann doch eigentümlich kalt und unberührt lassen.

Man spürt bei Wenders eine Freude am technischen Vorgang, an der Detailauflösung, der Schärfe, der Farbwiedergabe des Eastman-Negativs, am Umgang mit seiner in Japan gekauften Makina-Plaubel-Kamera – und er gibt diese Freude, dieses Erstaunen über technische Qualität auch dem Betrachter weiter. Ich erinnere mich im Unterschied dazu an die Fotoserie von Jakob Holdt, »Bilder aus Amerika«, die – in schlechter Qualität, z.T. unscharf, mit einer Taschenkamera aufgenommen –, uns so viel über dieses Land erzählten. Vielleicht steht das Hochglänzende, Aufwendige, Teure dieses Fotobuches sogar dem, was Wenders erzählen will, im Wege.

Das den Bildern vorangestellte Interview, das Alain Bergala für die *Cahiers du Cinéma* mit Wenders gemacht hat, gibt eine gute Einführung in Wenders' Verständnis von Fotografie, in seine Arbeitsweise bei diesen Fotos, in sein Verhältnis zu Fotografie und Film. Vieles, was ich als Begrenztheit beschrieben haben mag, wird dort von ihm als bewusste Haltung reflektiert. Etwa die Abwesenheit des Autors, der Verzicht auf »narzisstisches« Kadrieren, das Bedürfnis zu »bewahren«, und schließ-

lich – in einer sehr schönen Stelle – etwas über die enge Beziehung zwischen Einsamkeit und Fotografie:

> Zwischen der Einsamkeit und dem Akt des Photographierens besteht
> ein wichtiger Zusammenhang. Diese Art des Blicks kann man nie-
> mals entwickeln, wenn man nicht allein ist, dieses völlige Verschwin-
> den in dem, was man sieht: nicht mehr das Bedürfnis zu haben, zu
> interpretieren, sondern ausschließlich zu schauen. Es gibt da ein ganz
> eigenes Gefühl der Zufriedenheit, dass man aus dem Blick, der Ein-
> samkeit und der Reise schöpfen kann, und dass an den Zusammen-
> hang zwischen Einsamkeit und Photographie geknüpft ist. Wenn

man nicht allein ist, macht man andere Photos. Ja, ich verspüre selten das Bedürfnis zu photographieren, wenn ich nicht allein bin. Diese Motivsuche-Reise war ein großes Vergnügen. Ich stand morgens auf und fuhr los, »ins Blaue«, und fuhr den ganzen Tag. Ich hatte über lange Strecken nicht einmal Musik dabei. Es gab kein anderes Bedürfnis als zu schauen und zu photographieren. Das war schon ein seltsames Gespann, diese beiden schönen Gegenstände, die Leica und die Makina mit ihren verschiedenen Funktionen. Das war eine Reise zu dritt. Unter den Bildern sind eine Handvoll, die später entstanden sind, nach den Dreharbeiten von PARIS, TEXAS, während des Schnitts. Mir fehlten noch einige Inserts, zumeist Reklameschilder von Motels, und so bin ich im März 1984 mit meiner Assistentin, Claire, und einem Kamera-Assistenten zurückgekehrt, um noch einmal einige Einstellungen zu drehen. Ich glaube fast, dass man den Unterschied sehen kann zwischen den Photos, bei denen ich nicht allein war und den anderen. Sie strahlen nicht diese Konzentration aus und nicht dieses Glück. Ja, beim Photographieren ist die Einsamkeit oft mit einem gewissen Glücksgefühl verbunden, einer ganz spezifischen Zufriedenheit, die ich bisweilen auch bei anderen Leuten entdecke, die mir auf Reisen begegnen und die Photos machen. Meist sind es ziemlich ruhige Menschen, nicht so durcheinander oder gehetzt wie andere Reisende.

1989

GRENZGÄNGE I (1983–1992)

Arbeitsnotizen zum Film VINCENT VAN GOGH –
DER WEG NACH COURRIÈRES

Ausgangspunkte
Christoph Hübner

Drei Jahre (1979–1982) haben wir in einer Bergarbeitersiedlung im Norden des Ruhrgebietes an einer Reihe von Dokumentarfilmen gearbeitet: PROSPER / EBEL – CHRONIK EINER ZECHE UND IHRER SIEDLUNG, fünf Filme über das Leben und Arbeiten der Bergleute und ihrer Familien. Es waren sehr einschneidende Erfahrungen, auch für die eigene Filmarbeit.

Im vergangenen Jahr fiel mir durch Zufall eine Ausgabe mit Briefen von Vincent van Gogh an seinen Bruder Theo in die Hände. Besonders interessierte mich die Zeit, in der van Gogh als Hilfsprediger in die Borinage, das belgische Kohlerevier geht, dort von der Kirche wegen Übereifer fallengelassen wird, und nach einer Zeit des Elends und der Selbstprüfung zu zeichnen und zu malen beginnt. Hundert Jahre zuvor: 1878 bis 1880. Eigenartigerweise gibt es über diese Zeit, immerhin fast zwei Jahre, nur spärliche Zeugnisse und einige Zeichnungen. Van Gogh selbst spricht in einem seiner Briefe von einer Zeit der Mauser, in der er sich von allen Menschen habe zurückziehen müssen. Und es gibt in dieser Zeit eine Episode, den Weg nach Courrières, den er selbst im Nachhinein als Wendepunkt beschreibt. Auf einem absoluten Tiefpunkt angelangt, ohne Arbeit, ohne Geld, ohne Hoffnung macht er sich zu Fuß, mitten im Winter auf nach Courrières, einem knapp hundert Kilometer entfernten Ort jenseits der französischen Grenze, in der Hoffnung, irgendwie Arbeit zu finden und einen von ihm bewunderten Maler (Jules Breton) zu besuchen. Über diesen einwöchigen Fußmarsch gibt es nur ein einziges Zeugnis, einen Brief, den er einige Wochen später an seinen Bruder schrieb: » ... und doch fühlte ich gerade in diesem großen Elend meine Willenskraft zurückkehren, und ich habe mir gesagt: ›Wie dem auch sei, ich komme schon wieder hoch, ich nehme meinen Bleistift wieder zur Hand, den ich in meiner großen Mutlosigkeit weggelegt habe, und ich mache mich wieder ans Zeichnen‹; und seitdem hat sich, wie mir scheint, alles gewandelt, ich bin auf gutem Wege, und mein Stift ist etwas folgsamer geworden und scheint es von Tag zu Tag mehr zu werden.«

Dieser Wendepunkt, die Anfänge, die Zeit van Goghs in der Borinage, in Drenthe und in Nuenen, unter den Bergleuten als Prediger und als Maler, sind es, die mich interessieren. Ihnen möchte ich nachspüren, ihnen einen Film widmen.

1983

DER WEG NACH COURRIERES
ein Film nach Briefen des Malers Vincent van Gogh
an seinen Bruder Theo 1878-1885

ein Film von Christoph Hübner
und Gabriele Voss (c) 1989

Programmheft zum Film, Grafik: Georg Temme (© CHF)

Recherchen 1
Gabriele Voss

Amsterdam, 15.08.1984: Wieder auf den Spuren van Goghs. Inzwischen sind wir mit seinem Werk so vertraut, dass wir in Museumsstudien kaum noch etwas Neues entdecken. Wir könnten beginnen, den Film zu entwerfen. Ein Besuch in Drenthe und weitere Studien zu seinen Zeichnungen stehen noch aus.

Von dem italienischen Drehbuchautor Cesare Zavattini finden wir im Museum die Beschreibung einer Reise, die er auf den Spuren van Goghs unternommen hat. Interessant daran, was hundert Jahre nach der Geburt Vincent van Goghs noch von seinem Leben aufscheint bei Menschen, die ihn kannten und an Orten, an denen er lebte. Heute dürfte dieses Bild noch viel mehr verblichen sein. Leider habe ich nicht notiert, wann Zavattini diese Reise unternahm.

Ein weiterer Reisebericht stammt von einem unbekannten Autor, der in den zwanziger Jahren auf den Spuren van Goghs war. Der Bericht besteht aus Anmerkungen zu den Briefen an van Goghs Bruder Theo, aus Beschreibungen der Orte und Landschaften, in denen van Gogh sich aufhielt, aus Karten und Zeitungsausschnitten, aus Notizen zu Gesprächen über van Gogh. Über die Borinage ist notiert, dass die Bergleute ihre Arbeit nicht hassen, dass das Mitleid mit den Bergleuten nur einem Klischee

Arbeitsnotizen zum Film VINCENT VAN GOGH

113

diene, dass van Gogh nicht mit den Bergleuten sondern für sie gelitten habe und dass diese Art des Mit-Leidens van Goghs ureigene Sicht auf diese Menschen sei, die mit dem genannten Klischee nichts zu tun habe. Schließlich: Alain Resnais, der im Jahr 1948 einen Film über van Gogh realisiert.

06.09.1984: Wir fahren noch einmal nach Otterlo, um van Goghs Zeichnungen zu sehen, die wir beim letzten Mal nur flüchtig betrachteten, denn wir kamen am Nachmittag kurz bevor das Museum geschlossen wird.

Angesichts der Fülle von Menschen im Museum gehe ich noch mal schnell und aus größerer Entfernung an den Gemälden vorbei, allerdings in der Reihenfolge der Jahre ihres Entstehens. Dabei der Eindruck: bis 1888 geht in van Goghs Bildern die Sonne auf, sie werden immer heller, 1889, 1890 dann keine Sonne mehr, stattdessen Sternennächte, tiefes Blau oder Tagesstimmungen in dunklem Grün und Blau. Das Licht ist wieder verschwunden. Hat dieser Eindruck nur mit der Auswahl der Bilder in Otterlo zu tun?

Später entdecke ich im Café bei der Lektüre von Karl Jaspers' *Strindberg und van Gogh* eine vielleicht ähnliche Beobachtung: » ... bis 1888 die Auflösung der Bildfläche und Pinselstriche ... die Farben leuchten ... die helle Sonnenglut des Mittags ist ihm gemäß. Ende 1888 die erste akute Psychose.«
Van Gogh schrieb einmal, »dass sein Ideal eigentlich Halbtöne seien« (Jaspers) und dies ist auch so in den Jahren 1889, 1890, bis auf die Bilder mit religiösen Themen und das »Feld mit Krähen«, von dem man sagt, dass es eines seiner letzten Bilder sei. Hier sind die Farben krass und schreiender.

Später stehe ich vor einigen Zeichnungen aus dem Hague. Sie sind signiert mit »Atelier Vincent«. War das ein Traum, die Hoffnung auf den Einstieg in etwas Seriöses, in das Geschäft eines Kunstmalers? Die Gestalten auf den so signierten Zeichnungen sind alles andere als das, was man in einem Atelier erwartet: die hagere Sien trauernd, die hagere Sien mit Kind, oder ein armer alter Mann in verschiedenen Posen. Solche Motive – nichts für die Wohnzimmer kunstbeflissener Bürger. Wer sonst verliert sich überhaupt in ein Atelier? Schon bald verschwindet das Wort »Atelier« in der Signatur wieder.

Auf der Rückfahrt ist C. verwirrt. Warum überhaupt ein Film über van Gogh? Seine Bilder sind da, Tausende von Menschen strömen in die Museen. Wozu noch ein Film?

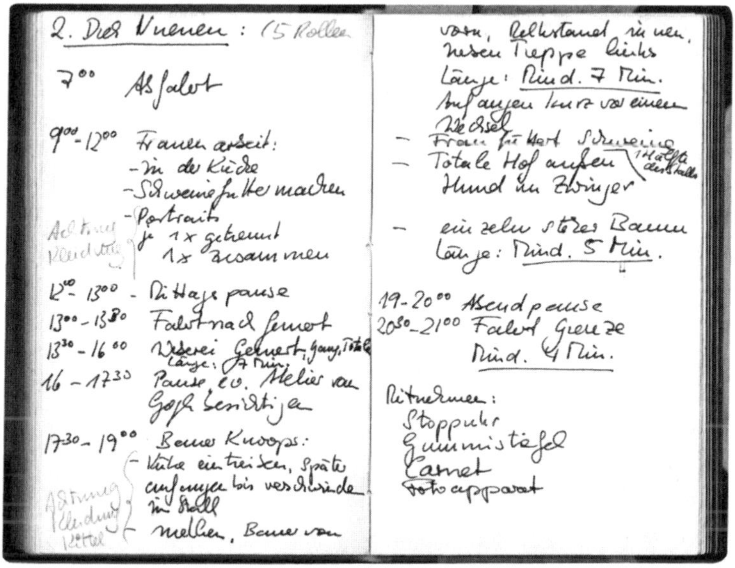

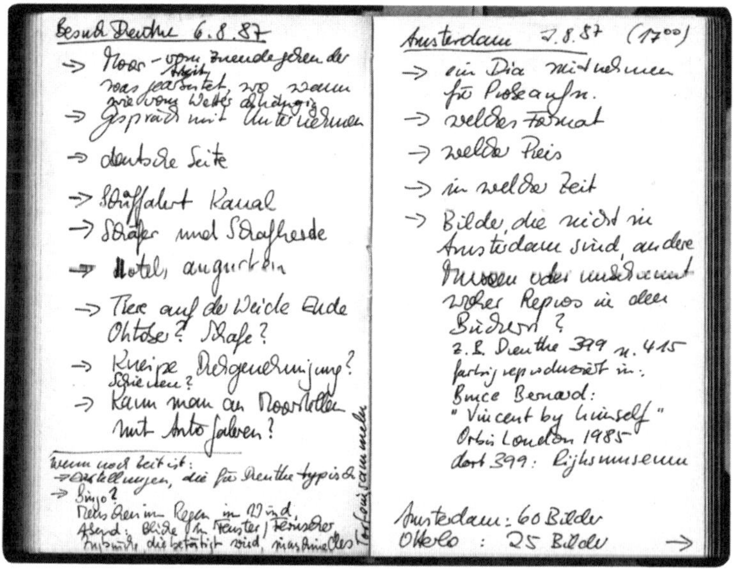

Aus den Notizbüchern von G. Voss, 1987

Das Dokumentarische ist kein Genre, es ist im Wesentlichen eine Haltung. Diese Haltung ist in verschiedenen Künsten zu finden, in der Fotografie (August Sander, Henri Cartier-Bresson), in der Malerei (van Gogh), im Film und auch in der Literatur.

Die dokumentarische Haltung – hat sie religiöse Wurzeln? Dienen, anderen Gutes tun. Diese Motive treffen wir auch an bei Menschen, denen wir auf den Spuren van Goghs begegnen.

Van Gogh versuchte zunächst, den Bergleuten die Botschaft Gottes zu bringen und ihnen Gutes zu tun als Laienprediger. Dann musste er erfahren, dass diejenigen, denen er dienen will, die Hilfe nicht recht würdigen. So vermutete die junge Frau in Cuesmes, die van Goghs ehemaliges Wohnhaus betreut, dass sich die Bergleute der Borinage durch van Goghs Aufopferung wohl eher in ihrem Stolz verletzt fühlten und kein Verständnis dafür hatten. Womit sie vielleicht sagt, wie sie selbst es empfindet, denn aus van Goghs Zeiten ist kaum etwas überliefert. Der Bericht von Jean Denis und der Synode der evangelischen Kirche lässt aber etwas Ähnliches vermuten.

Nach dem Scheitern als Prediger wendet sich van Gogh der Malerei zu, in der Hoffnung, »Leute aus dem Volk für das Volk zu malen.« »Ich versuche, die Dinge auf eine Weise zu malen, dass sie sich gut machen in einer Küche.« Aber seine Bilder hingen in keiner Küche. Zu Lebzeiten verkaufte er kaum ein Bild.

Der Dokumentarist van Gogh in der Malerei. Zeichnungen, Gemälde, innerhalb dieser Bilder die Entwicklung von Schwarzweiß zu Farbe, vom »Malen nach der Natur« zum »Malen aus dem Kopf«. »Anstatt dass ich das, was ich vor mir habe, genau wiedergebe, bediene ich mich willkürlicher der Farbe, um mich stark auszudrücken. ... Ich übertreibe das Blond der Haare ... Hinter dem Kopf male ich an Stelle der gewöhnlichen Mauer eines gemeinen Zimmers das Unendliche. Ich mache einen Grund vom reichsten Blau, das kräftigste, das ich herausbringe. Und so bekommt der blonde, leuchtende Kopf auf dem Hintergrund vom reichen Blau eine mystische Wirkung, wie der Stern im tiefen Azur.«

Das Dokumentarische im Film. In der Auseinandersetzung mit van Gogh halten wir uns einen Spiegel dessen vor, was uns selbst nach dem Prosper-Ebel-Projekt und für die Zukunft ganz tief bewegt. Auf den Spuren van Goghs heißt in erster Linie: sich den Fragen der dokumentarischen Haltung stellen. Nicht in Worten, nicht in Gedanken, sondern mit einem Film, der Landschaften und Menschen zeigt, denen wir auf den Spuren van Goghs begegnen. Der Film schafft eigene, neue Bilder und setzt diese Bilder in Beziehung zu Bildern van Goghs und zu einigen Briefen an seinen Bruder Theo.

Christophs Sorge vor der Hybris, sich mit van Gogh zu vergleichen. Angst vor Vermessenheit. Ist der Film über van Gogh ein Weg, von sich selbst zu sprechen, ohne es direkt zu tun? Alles was beschrieben worden ist als Anliegen und Schwierigkeit der dokumentarischen Arbeit wegrücken in die Beschäftigung mit van Gogh, um sie von dort aus besser betrachten zu können? Es wird nichts im Film erörtert oder erklärt werden. Der Film wird eine Erfahrung beschreiben, indirekt, in der Projektion der Geschichte eines Anderen, in der Suche nach ihr, nach den Spuren, die sie hinterlassen hat, wobei auch der historische Abstand, in dem sich die Spuren verlieren, sichtbar bleiben wird.

Reader's Digest – Notiz vom 18.01.1985
Christoph Hübner

Im Fernsehen ein Film über Kandinsky. Ich hörte den Namen der Autorin: Georgia van der Rohe, dachte Mies van der Rohe, freute mich, vielleicht endlich mal ein anständiger Film über einen Maler, wenigstens einer mit Sachkenntnis. Aber ach: wieder einer von diesen flachen, gefälligen, in Überblendungen und bewusstlos zusammengesuchter Musik schwelgenden Filme. Enttäuschend, ärgerlich. Zu allem Überfluss auch noch wieder – wie in dem unsäglichen Cézanne-Film – ein Darsteller des Kandinsky, der durch den englischen Garten streift und ein Reader's Digest von Kandinsky-Zitaten von sich gibt, stets lächelnd, seiner selbst gewiss, ohne jede Distanz. Wie wenig doch diese Kunst-Verwurster begriffen haben, wie wenig von ihrem Handwerk, aber noch schlimmer: wie wenig auch von der Kunst, den Künstlern, die sie darstellen. Herabgewürdigt auf das Niveau von Yellowpress-Artikeln mit Glanzfotos, ganzseitig. Und wenn sie sich dann noch wenigstens auf das vorhandene historische Material verlassen würden (Bilder, Zeichnungen, Briefe, Fotos usf.) – nein, sie müssen sich auch noch selbst als Künstler versuchen mit ihren schmalbrüstigen Assoziationen, ihren geschmacklosen Regieeinfällen, ihrem Jetset-Plauderton. Und dann auch noch oberflächlich recherchiert: in dem ganzen Film kein einziger Hinweis auf den auch für Kandinsky wichtigen Briefwechsel mit Schönberg über die Nähe von abstrakter Malerei und Musik.

Immerhin eines: in dem Film ist mir noch einmal deutlich geworden wie sorgfältig in einem Film über historische Künstler nicht nur mit ihren Bildern, sondern vor allem mit heutigen Realbildern umgegangen werden muss. In dem van Gogh-Film darf es nicht passieren, dass zum Beispiel heutige Ansichten von Landschaften und Menschen als bunte Hochglanzprospekte daherkommen. Es wäre irgendeine Form der Verfremdung zu finden – aber welche? Was ich immerhin sagen kann: der van Gogh-Film wird ein Film über den Dokumentaristen van Gogh und deshalb legitim ein Dokumentarfilm. Und ein Film über Kandinsky hätte vielleicht nur als grenzüberschreitender Experimentalfilm eine Chance.

Recherchen 2
Gabriele Voss

03. 06.1986: Mons. Regen, in der Abendstunde Glockenspiel, die Stadt wie ausgestorben. Streik in der Borinage, diejenigen, die wir anrufen, im Streik engagiert, sie haben wenig Zeit für Fragen nach van Gogh. Auf den Straßen nach Mons Müllsäcke, viel Dreck, wenig Leben. Alles macht einen etwas tristen Eindruck. Ankommen, die Sinne sind noch woanders. Zunächst bin ich fremd. Hinsetzen und abwarten. In ein Café gehen, um anzukommen. Ist es möglich, eine Geschichte von einhundert Jahren zu überbrücken? Gibt es ein Anknüpfen zwischen dem Heute und der Geschichte van Goghs? Ein paar Tage in dieser Landschaft sein, mehr nicht. Dabeisein und sehen, was passiert.
Ein sehr langes Gespräch mit dem Pastor Ryberg von der Kirche, in der wir in Wasmes drehen wollen. Er möchte von uns wissen, welches die Botschaft unseres Films ist. Wenn keine Botschaft, dann die Ideologie, die Idee. Eine Idee müssen wir doch auf jeden Fall haben. Und was unsere Meinung über van Gogh ist, was das für einer war. Es gibt keine Antwort. Es wird nur später den Film geben, aus dem man selbst vielleicht Antworten suchen kann. Aber auch: jeder Versuch einer einfachen Antwort muss fehlschlagen. Das alles auf Französisch ist gar nicht so einfach. C. ist auch der Meinung, ich hätte mich auf die Fragen des Pastors gar nicht so weit einlassen müssen.

04.06.1986: Die Existenz der Frau, die das van Gogh-Haus in Cuesmes betreut. Blick nur in Bäume. Eine junge Frau, schwanger, der Mann auf der Arbeit, sie öffnet Besuchern die Pforten, gibt Auskünfte, so gut sie kann. Sie sitzt an einem Holztisch, strickt für das kommende Kind, eine kleine Kasse vor sich, Postkarten. »C'est mon travail.« Das ist meine Arbeit. Der Tisch, an dem sie sitzt, mitten im Raum. Wenn sie eine bessere Arbeit fände, würde sie das Haus sofort verlassen. Muss es sauber halten, die Besucher unterhalten; in diesem Haus, sagt sie, gibt es kein Privatleben.
Am Nachmittag Besuch bei Fernand Dufrasne. Eisenbahner, 80 Jahre, schwer krank, aber geistig äußerst aktiv. Er führt uns in einen hinteren Raum seiner schlauchartigen Wohnung, Der Raum ist geheizt, eine solche Kälte noch im Juni. Wir sprechen über die Geschichte der Borinage. Drei Viertel der Menschen lebten vom Bergbau. Seit 1945 ging es mit

der Kohle bergab, von ehemals 52 Zechen blieben nur noch neun. Am Ende des 19. Jahrhunderts, bis 1920, wurde von 72000 Arbeitern höchstens die Hälfte über 55 Jahre alt. Kindersterblichkeit und Tuberkulose waren sehr hoch. Auf den Zechen gab es keine Duschen, sie befanden sich in Caféhäusern. Während man auf die Dusche wartete, bot sich der Alkohol als Zeitvertreib an.

Auf die Frage, was Fernand Dufrasne von der Borinage zeigen würde, sollte er sie mit typischen Bildern charakterisieren: ein Bureau de piontage – das ist eine Stempelstelle; die Arbeitslosen müssen jeden Tag zu einer anderen Tageszeit dorthin. Bei unseren Rundfahrten später frage ich nach solchen Stempelstellen in Zeitungskiosken, einer Apotheke, einem Spielwarengeschäft. Es hat nichts Anrüchiges, danach zu fragen. Sie scheinen zum Bild zu gehören und doch weiß niemand, selbst in den der Stempelstelle benachbarten Geschäften weiß man nicht, wann sie geöffnet sind. Auf diese Weise will man verhindern, dass die Arbeitslosen eine feste Stelle annehmen. Als wir später in Wasmes zufällig an einem geöffneten Büro vorbeikommen, finden wir dort viele Menschen, vor allem Männer. Und über dem Schalter einen Hinweis: »Wer mehr als drei Tage unentschuldigt fernbleibt, wird aus der Liste der Arbeitslosen gestrichen, und muss sich in Mons neu einschreiben.« Fernand Dufrasne ergänzt: die Arbeitslosen werden alle zu unterschiedlichen Zeiten bestellt, um zu vermeiden, dass sich Schlangen bilden. In Wasmes war die Menschenansammlung vor dem Büro trotzdem wohl nicht zu verhindern. Gespräch mit zwei Arbeitslosen, die nicht gefilmt werden wollen. Ich erkläre: Wir machen einen Film über van Gogh. Ein Dicker mit rotem Kopf und etwas angetrunken, der sich als Masseur bezeichnet: »Wer war van Gogh?« Ein anderer, schmächtiger, ohne sich weiter zu erkennen zu geben, aber die Registriernummer meines Presseausweises notierend: »Auch ein Arbeitsloser.« Der Masseur ärgerlich: »Il était un des très malheureux. Maintenant, qu'il est devenu riche, on parle de lui. C'est la connerie.« (»Er war einer der ganz Unglücklichen. Jetzt, da er reich geworden ist, spricht man von ihm. Das ist eine Sauerei.«) Wir könnten ihn auch filmen, wenn er sich eines Tages ein schönes Haus gebaut hat.

Den Rest des Nachmittags nutzen wir für Probeaufnahmen in der Borinage. Kehren zurück nach Petit Wasmes. Das Haus, in dem van Gogh wohnte, und die Grube Marcasse interessieren uns am meisten. Ein Schwenk über die Felder hinter dem Haus, eine begrünte Halde am Horizont, von der Zechenruine ist auf die Entfernung nichts zu sehen. C. besteht darauf, bei dem kleinen Haus anzuklopfen und zu fragen, ob es noch Spuren von van Goghs Anwesenheit gibt. Eine sehr freundliche Frau öffnet uns, ihre Tochter drängelt sich in ihren Arm. Von der Haustür aus der Blick direkt in die gute Stube. Sie weiß nichts über die Lebensverhältnisse damals und welche Räume van Gogh bewohnt haben mag, aber wir dürfen eintreten. Die gute Stube sicher nicht, dahinter die Küche, die aber erst später gebaut wurde. Früher scheint dort nur ein Hof gewesen zu sein mit einem Brunnen, der dieses und das benachbarte Haus mit Wasser versorgte. Der Brunnenschacht ist noch vorhanden, der Brunnen selbst aber außer Betrieb. Von der Küche aus Zugang zu zwei weiteren kleinen Räumen mit eigenem Eingang von der Seite her. Könnte sein, dass van Gogh diese Räume bewohnte. Von der Küche aus auch Zugang zu einem Dachboden mit drei Räumen, die die junge Frau mit ihrer Familie nicht bewohnt. Das Dach ist undicht, Tapeten und ein altes Bettgestell lassen aber vermuten, dass auch hier einmal jemand gewohnt hat. Der nach hinten zum Garten gelegene Raum ist so niedrig, dass man nicht aufrecht darin stehen kann. Doch auch er scheint bewohnt gewesen zu sein. C. macht Fotos, während ich der Frage nachsinne, ob eine solche Spurensuche im Film überhaupt eine Rolle spielen soll. So viel Spekulation ist darin.

Wir kehren zurück in die gute Stube und die junge Frau bedauert immer wieder, dass sie uns nicht mehr erzählen und zeigen kann. Sie erinnert sich dann, dass die Schwiegermutter der Großmutter ihres Mannes, die im Haus schräg gegenüber wohnte, van Gogh zu essen gegeben haben soll. Wofür er Teller bemalte (die es nicht mehr gibt), denn van Gogh wollte nichts umsonst.

Die junge Frau wird demnächst ins Nachbarhaus ziehen. Sollte sie aber noch in diesem Haus wohnen, wenn wir den Film drehen, können wir auch bei ihr Aufnahmen machen. Wir bedanken uns für die freundliche Aufnahme und fahren weiter zur Ruine der ehemaligen Grube Marcasse. Als wir dort ankommen, bricht die Sonne durch die Wolken und taucht die Ruine in ein intensives Licht. Vom offenen Dach tropft es auf Stein und Pfützen, das nasse Gras, das durch Ritzen und Spalte wuchert, glänzt im Licht, es dampft über dem Boden durch die Wärme der Sonne, Vögel machen Sommertöne, ein Eindruck, der erinnert an Tarkowskijs Ruinen im STALKER. Wir finden ein Plateau, von dem aus wir einen Blick in das Innere des Gebäudes haben, der ein Abtasten des Gemäuers mit der Kamera erlaubt. Später entdecken wir durch Gebüsch und Zweigwerk einen kleinen Pfad, der von hinten in die Zeche führt. Die Kamera auf diesem Wege in das Innere des Gebäudes zu transportieren ist zu mühselig. Aber wir entdecken bei diesem Spaziergang einen einzigartigen Schauplatz für die späteren Dreharbeiten.

Weiter geht es zum Salle de Bébé, dem Ort, an dem van Gogh seine Predigten hielt. Jeanne Soyer, 84 Jahre, öffnet die Tür, bittet uns herein, durch ihr Wohn- und Schlafzimmer nach hinten in die Küche, wo sie Kaffee anbietet, der dort fertig steht, als habe sie mit Gästen gerechnet. Ihre Eltern haben das Haus gekauft, sie weiß nicht, von wem. Jeanne Soyer lebt seit 57 Jahren dort. Vom Salle de Bébé erzählt man, dass der

Betsaal ihren Wohnraum und den des anliegenden Hauses umfasste; dass einfache Holzbänke darin standen, keine Tapeten an den Wänden und dass das Dach nicht ausgebaut war. Von van Gogh wird berichtet, dass er nichts geschenkt haben wollte, dass er für Essen eine Zeichnung gab. Jeanne Soyer freut sich, dass wir gekommen sind. Sie hat keine Angst vor Fremden, ihre Tür ist immer offen. Alle Menschen, die auf den Spuren van Goghs bei ihr hereinschauen, waren sehr freundlich und sympathisch. Nur manchmal, wenn ganze Busse vor dem Haus halten, wurde ihr der Zustrom von Menschen zu viel. Wir können aber jederzeit wiederkommen. Der Mann von Jeanne Soyer war Bergarbeiter, er ist schon lange tot.

06.06.1986, morgens: Bevor wir uns auf den Weg machen nach Courrières, rufen wir in Brüssel an. Hammachers[1] sind von ihrer Reise noch nicht zurück, so dass ein Besuch dort für dieses Mal entfällt. Auch Henri Storck[2] sagen wir ab, der uns gern empfangen hätte, dem eine Verschiebung aber nicht ungelegen kommt, weil er sich gerade erst von einer längeren Krankheit erholt.
Dann auf die Landstraße, in den Regen – auf den Weg nach Courrières. Auf dem Weg durch Wasmes kommen wir an einem Bureau de pointage (Stempelstelle) vorbei, das offen ist. Viele Menschen, vor allem Männer innen und außen davor, nicht gerade gepflegt und gesund aussehend. Dann packt uns das flache Land, regnerisch, der Himmel grau verhangen und eintönig, dieselbe Kälte wie schon all die Tage, können wir vielleicht ein bisschen nachfühlen, wie es van Gogh zumute war, als er im Winter nach Courrières ging. Nicht im Auto, nicht so sicher wie wir, mit Geld für Hotel und warme Mahlzeiten in der Tasche.
Bis Valenciennes bleibt die Strecke öde und eintönig. Dann weite Landstriche, immer wieder Dörfer oder kleine Orte mit Zechen, viele davon stillgelegt. In Wallers, etwas abseits von der Hauptstraße, eine Zeche mit dem Namen Arenberg, wo sichtlich noch gearbeitet wird. In direkter Nachbarschaft zur Zeche eine alte Bergarbeitersiedlung umgeben von nichts als Feldern weit und breit. Kein Kino, kein Ort der Vergnügung ist zu sehen. Als wäre das Leben nur der Arbeit geweiht.
Courrières ist hässlich und enttäuschend; gut vorstellbar, dass es zu van Goghs Zeiten nicht anders war, obwohl Courrières im Krieg sehr zerstört wurde und fast alles neu aufgebaut. Ein junges Mädchen in der Information des Rathauses hat von dem Maler Jules Breton, den van Gogh damals hier besuchen wollte, noch nie gehört, obwohl die Familie Breton mehrere Bürgermeister an diesem Ort stellte. Eine andere erinnert sich, dass man irgendwo in der Straße vor dem Rathaus eine Plakette angebracht hat, die auf das Atelier von Jules Breton verweist.

1 Abraham Marie Hammacher, Herausgeber der Werke von Vincent van Gogh.
2 Co-Regie mit Joris Ivens: LA MISÈRE AU BORINAGE, Belgien 1933.

Besser sei es, sagen beide, in die Bibliothek zu gehen, dort könne man uns ganz sicher weiterhelfen. Wieder auf der Straße suchen wir nach der Plakette und finden sie nicht.

Wie van Gogh haben wir die Stadt von außen gesehen. Nichts lädt ein, länger zu verweilen. Wir trinken noch einen Espresso in einem der verwahrlosten Cafés und machen uns dann auf den Rückweg.

07.06.1986: Die Hoffnung, die Reise in die Borinage würde die Entscheidung über den Charakter des Films erleichtern, hat sich nicht erfüllt. Sie hat gezeigt, welche formalen und inhaltlichen Ideen realisierbar wären, wobei all die Ideen, die wir hatten, nicht unbedingt in einem Film zusammengehen. Wir kehren zurück und noch immer gibt es verschiedene Möglichkeiten, wie der Film aussehen könnte.

Projektskizze
Christoph Hübner

Einer forscht. Einer reist. Von Deutschland nach Belgien, von Belgien nach Holland. Vom Ruhrgebiet in die Borinage, später nach Drenthe, nach Nuenen ins holländische Brabant, Erkundigungen nach einem Maler. Der Maler ist lange tot. Er hat eine Zeit lang als Laienprediger unter den Bergleuten der Borinage gelebt. Zeit seines Lebens hat er kein einziges Bild verkauft. Heute ist er einer der bekanntesten Maler der Welt: van Gogh.

Die Borinage: ehemaliges Kohlerevier in Südbelgien. Heute keine Zechen mehr. Ein alter Bergmann erzählt. Erzählt vom Bergbau der früheren Jahre. Von der Armut in der Borinage. Von dem Maler hat er noch nicht gehört.

Erste Zeichnungen. Briefe an den Bruder.

Die Hügel der Borinage. Bilder von der Landschaft. Die kleinen Häuser, »les terils«, spitze Kegel, die ehemaligen Halden. Dreck und Dunkelheit in der Luft. Eine Zeichnung: Bergleute auf dem Weg zur Arbeit. Studien nach Millet – einem anderen Maler.

Ein Hotel in Mons. Billard im Vordergrund. Vorne eine Bar. Bekanntschaft mit einem Mädchen. Um 10 Uhr ist Schluss. Am Morgen ein Buchladen, der gerade öffnet. Wenig Bücher, die weiterführen, aber die Adresse eines Lehrers, der mehr weiß. Treffen in einem Café. Der Lehrer ist Spezialist für die Geschichte der Borinage. Hat Interviews gemacht mit alten Leuten. Hat sie mit Video aufgezeichnet. Was der Lehrer die Schüler über die Geschichte lehrt.

Fahrten. Landschaft. Briefe van Goghs.
In Wasmes ein kleines Museum. Hier hat der Maler gelebt als Arbeiterpriester. Die Zimmer sind restauriert, ein paar Reproduktionen seiner bekanntesten Bilder an der Wand. Eine junge Frau betreut das Haus. Die Einheimischen haben kein Interesse, sagt sie, ein Spinner, die Bergleute fühlten sich durch seine Aufopferung wohl eher in ihrem Stolz verletzt als dass sie ihn verstanden. Sie haben andere Sorgen. Die Arbeitslosigkeit in der Borinage beträgt heute 20 %.

Vom Museum die Adresse eines Arztehepaares in Charleroi. Sie kümmern sich um das Andenken des Malers in dieser Gegend. Fahrt nach Charleroi. Super 8-Aufnahmen. Briefe des Malers an seinen Bruder über die Borinage. Zeichnungen.
Ein Diavortrag. Der Maler in der Borinage und anderswo. Wie das Arztehepaar zur Liebe für van Gogh gekommen ist. Über Nacht bleiben. Das Arztehepaar verkauft Honig von Indios und baut eine Klinik in Bolivien, man muss über die Weltmeere denken. Lateinamerika ist heute das, was die Borinage früher war.

Ein Telefonat nach Hause. Die Frau, das Kind.

Recherchen bei der Kirche, wo der Maler als Laienprediger angestellt war. Kein großer Erfolg. Nur ein Bericht der Synode der evangelischen Kirche über die Tätigkeit van Goghs in der Borinage.

Ein Abstecher nach Amsterdam. Das Museum. Besuch bei einer Freundin und einem Filmemacher. Ein Gespräch über Filmemachen, über dokumentarische Arbeit, über die Schwierigkeiten der Rekonstruktion einer Biographie.

Bilder und Zeichnungen. Die Briefe im Original.

Ein Abstecher nach Drenthe. Die Heidelandschaft, das Moor. Studien nach der Natur. Kaffee im Vereinslokal eines Dorfes. Mehr als 60 Frauen des Dorfes spielen Bingo im großen Saal. Besuch beim Lehrer, Laienmaler. Eine Wanderung durch das Moor.

Die Briefe van Goghs

Neue Adresse in Nuenen, im holländischen Brabant. Ein städtischer Angestellter, der auch ein kleines Museum über den Maler eingerichtet hat. Er berichtet über die Schwierigkeiten des Malers, seiner Arbeit nachzugehen im Dorf. Der Vater dort Pastor der evangelischen Kirche. Man munkelt, der Maler hätte eines seiner Modelle geschwängert. Die Menschen verweigern sich ihm. Er beginnt, Landschaften zu malen. Natur. Die verweigert sich nicht.

Briefe an den Bruder. Über die ersten Versuche in Farbe. Über das Malen aus dem Kopf und die Studien. »Die Kartoffelesser«.

Warum wird einer Künstler? Einer, der eigentlich Prediger sein will. Die Not der Bergleute lindern. Ihr Schicksal teilen. Warum wird so einer Künstler?

Wieder die Briefe.

Für eine bestimmte Zeit hören sie plötzlich auf. Keine Nachricht mehr an den Bruder. Von der Kirche wird er entlassen. Geht in den Nachbarort. Als Prediger auf eigene Faust. Die Leute nehmen ihn kaum ernst. Was war in dieser Zeit? Woher die Entscheidung zu malen – plötzlich? In größter Not. Ohne Anstellung, ohne Geld. Mit Hunger im Bauch, die Armut der Bergleute vor sich. Die Briefe danach sprechen von der Mauser, für die man sich am besten zurückzieht von allen anderen. Für sich sein in der Krise.

Ein Text von Antonin Artaud über den Maler: Der Selbstmörder durch die Gesellschaft.

Der Tiefpunkt und die Entscheidung: der Weg nach Courrières. Ein Ort in Nordfrankreich. Ein anderer Maler lebt dort. Ihn aufsuchen. Vielleicht gibt es auch Arbeit. Das Geld reicht nicht für die Zugfahrt. Auf der Hälfte aussteigen und den Rest in zehn Tagen zu Fuß machen. Winter. Draußen schlafen.

Den Weg nachgehen. Zu Fuß. Mit wenig Geld. Einer Super 8-Kamera. Verlassene Weberdörfer. Erfahrungen auf dem Weg notiert in einem Tagebuch. Dann wieder der Brief von der Mauser.
Der Weg ist lang. Nicht an jedem Ort ein Hotel. Draußen schlafen. Begegnungen mit Menschen auf dem Weg, Bauern, nicht Sesshaften, mitgenommen werden in einem Lieferwagen, der Fahrer, der von seinen eigenen Träumen erzählt. Sich aussetzen.

Die Erinnerung wie alles anfing, die eigene Arbeit, die Sache mit der Freundin, mit dem Kind. Die Briefe des Malers ...

Telefon von unterwegs.

1986

Brief von Peter Nestler zur Frage, ob er die Briefe Vincent van Goghs im Film lesen mag:

Ihr Lieben!

Die Briefe sind sehr schön! Jetzt habe ich heute Nacht mir angesehen, was ich selber von van Gogh zu Hause habe. Er hat mir wirklich was zu sagen, spricht aus, was ich selber erfahren habe. Den Text zu sprechen würde mir Freude machen und Euer Material zu sehen. Habe die Weber des van Gogh selber bekannt zu machen versucht. Leider ist die Qualität der Kassetteneinspielung nicht umwerfend (eingebautes Mikro); habe den ersten Brief am Ende der Einspielung auf S.2 noch mal wiederholt, da die Spitzen wahrscheinlich übersteuert waren in der ersten Version.

Alles Liebe! (Ich beneide Euch um die Arbeit mit van Gogh)
Euer Peter Nestler

Dreharbeiten / Montage
Gabriele Voss

18.05.1987: Nuenen. Die ersten Dreharbeiten. Die Sorgfalt, mit der die Bilder zu machen sind, erfordert viel Zeit und Material. Manchmal überfällt uns doch die Hektik des dokumentarischen Drehens. Hinter etwas her sein, es schnell noch erhaschen und aufnehmen. Der Film ist so genau vorbereitet wie wir seit HUCKINGER MÄRZ wohl keinen Film vorbereitet haben. Bis in einzelne Einstellungen hinein, bis in Licht- und Farbstimmungen.

13.–20.02.1988: Dreharbeiten in der Borinage, letzte große Etappe bei den Aufnahmen zum Van-Gogh-Film. Mit so großer innerer Anspannung hingegangen, mit der Angst vor allem, dass die Scham über die Armut manche unserer Aufnahmen unmöglich machen könnte. Aber die Menschen begegnen uns überaus offen, interessiert, hilfsbereit. Auf der Stempelstelle höre ich die Stimme einer Frau, die sagt: »Das hier ist Privatsache, welche Schande, dass Filmaufnahmen hier genehmigt werden.« Einem Mann, von dem ich ahne, dass er mir sein Missfallen zum Ausdruck bringen will, komme ich zuvor mit der Frage: »Warum schämt man sich so? Die Arbeitslosigkeit ist doch ein weltweites Problem.« Er stimmt mir zu und sagt nicht mehr, was er sagen wollte. Manche verstecken sich während der Aufnahmen hinter vorgehaltener Hand. Die Scham soll man ruhig sehen später im Film. Man fürchtet auch, dass wir von einer Kontrollbehörde sind. Als Team von vier Personen sind wir so präsent, dass man sich wohl nicht traut sich weitergehend zu wehren. Wie wäre hier das Recht auf das eigene Bild zu realisieren? Vielleicht empfindet man es so, dass dieses Recht an diesem Ort, den man zwangsweise aufsuchen muss, außer Kraft gesetzt ist. Ich kann ein solches Gefühl verstehen und doch möchte ich für den Film nicht auf die Aufnahmen verzichten.

Fernand Dufrasne, 82 Jahre alt, kommt unter größtem Aufwand und unter Schmerzen zu den Filmaufnahmen, um vom Unglück auf der Zeche Fief de Lambrechie zu erzählen. Er will Zeugnis geben, um zumindest zu einem Teil gut zu machen was an den Menschen in der Borinage nicht gut gemacht worden ist: er will uns diejenigen, die oft ihr Leben untertage ließen, in Erinnerung rufen, will ihnen ein Denkmal setzen, ihnen die

Ehre erweisen für das, was sie im Interesse aller getan haben. An der Ruine der ehemaligen Zeche gibt es keinen einzigen Hinweis auf ein Grubenunglück, das dort viele Bergleute das Leben gekostet hat. In einem Film über die zukünftige Nutzung der Halden ist dagegen zu hören: »Es gab eine Zeit, da war es Zeit sich zu erinnern. Jetzt ist es Zeit, Erinnerung zu vergessen und in die Zukunft zu schauen.« Ich erinnere mich nicht mehr, wann wir diesen Film sahen noch wie er hieß.

In der Kneipe, die wir zu van Goghs Nichtstuer-Brief montieren wollen, bekommen wir und alle Gäste heftigsten Streit der Wirtin mit ihrem Mann zu hören, der bei der Wirtin schließlich in Tränen mündet. Keine Scham, die Eifersuchtsszene in aller Öffentlichkeit auszutragen. Kein Gast reagiert befremdet – so scheint es jedenfalls. Der Mann verschwindet, bevor wir beginnen zu drehen, die Szene beruhigt sich, man führt uns in den Hof zum Boule de Borinage. Ein Wellblech-Verhau, fünf Kegel, schwere Holzkugeln, die wie Bälle geworfen werden, einige sind unter den Spielern, die im Treffen der Kegel wahrhafte Meister sind.

Am letzten Tag drehen wir den Weg nach Courrières. Statt einer Fahrt haben wir uns für einen Gang durch Felder entschieden, auf Kopfsteinpflaster, die Kamera mit subjektivem Blick des Gehenden. Es kommt aber kaum die Stimmung von Christophs Fußwanderung auf, die er zur Vorbereitung des Films im März 1987 gemacht hat, denn wir sind nicht genügend ausgesetzt. Das mitfahrende Team unterhält sich während der Drehpausen im Bus über Optiken, Lichttechnik und ähnliche Dinge – aus ökonomischen Gründen fahren wir alle zusammen in einem Wagen, besser wären zwei, um solche Gespräche nicht anhören zu müssen. Sie lenken ab von der Sache. Ähnlich geht es bei den gemeinsamen Abendessen und wäre ein Team noch größer, hätte ich ein noch größeres Bedürfnis mich zurück zu ziehen. (Kann sich ein Wirtschaftsprüfer, der die Wirtschaftlichkeit in der Abwicklung einer künstlerischen Arbeit prüfen muss, so etwas später überhaupt vorstellen und einsehen, dass man aus solchen Gründen mit zwei Autos fährt wo doch zum Transport eines genügt?) Wenn nicht alle der Meinung sind, dass die künstlerische Arbeit einen rund um die Uhr fordert, auch wenn nur ein 8-Stunden-Tag bezahlt wird, dann ist das für mich als wäre diese Arbeit von ihrem Lebensnerv abgeschnitten. Übrig bleibt dann handwerkliches Können und technische Perfektion bei dem, was man tut. Idealismus hin und her, vielleicht bin ich auch zu pathetisch, wenn ich unterstelle, dass man sich bei dieser Arbeit eigentlich nicht von anderen Dingen ablenken lassen darf. Ich sorge mich um das, was im Material später spürbar sein wird, wenn Sensibilität, Einfühlungsvermögen und Leistungsfähigkeit vom allabendlichen Campari-Soda, gediegener Hotelunterbringung und sonstigen Bequemlichkeiten abhängig und wenn die Arbeitspausen mit Gesprä-

chen über den nächsten Autokauf oder die Neuerungen in der Film-
technik angefüllt sind. Es geht im Film um die verzweifelte Suche van
Goghs nach einem eigenen Weg und das unter widrigsten Umständen.
Ich kann mir nicht vorstellen, dass man sich in diese Verzweiflung und
zugleich Unbedingtheit der Suche hinein versetzen kann, wenn man
nach Ende der offiziellen Arbeitszeit das Engagement und die innere
Beteiligung ablegt wie das Arbeitskleid.

03.01.1989: Vielleicht ist es nicht ganz richtig, einen solchen Film zu
bezeichnen als Spielfilm ohne Schauspieler, denn es wird nichts gespielt.
Landschaften werden in Szene gesetzt, eine Kneipe, eine Stempelstelle, die Arbeit von Bauern und Webern, die Arbeit im Moor und anderes
mehr. Die Stunde, die Jahreszeit, in der wir drehen, ist genau gewählt,
der Stand der Sonne am Himmel, das Licht, die Wolken müssen bestimmte sein. So handelt es sich um dokumentarisches Material, das
wir bis ins Detail unserem Willen unterziehen und so ist es ein Dokumentarfilm und zugleich auch ein szenischer Film. Wie van Goghs Bild »Die
Kartoffelesser« ist der Film gemacht, durch und durch »par coeur«, aus
dem Kopf. Ohne die Analogie zu weit zu treiben, nach jahrelangen mühe-
vollen »Studien nach der Natur«, nach dokumentarischem Arbeiten, wo
man nichts hinzutun darf, sich stattdessen streng an das Vorgefundene
halten muss, entsteht dieser Film.

Ein Stoff war vorhanden, die Realität eines vor einhundert Jahren gelebten Lebens, eine Lebensgeschichte. Vorausgingen drei Jahre Filmarbeit
in einer Zechensiedlung im Ruhrgebiet verbunden oft mit dem Gefühl,
Sozialarbeit statt Filmarbeit zu leisten. »Den Menschen dienen« durch
dokumentarische Arbeit, ihr Leben, ihre Geschichte, ihren Alltag, ihre
Freuden und ihre Nöte öffentlich ernst nehmen und am Ende die Frage,
ob diese Art unerbetener Hilfe überhaupt erwünscht ist. In dieser Situation die Begegnung mit van Goghs Briefen, mit dem Arbeiterpriester
Vincent van Gogh in der Borinage, der den Menschen das Reich Gottes
verkünden will, sich aufopfert, Hab und Gut verschenkt und der erfahren
muss, dass diese Art der Aufopferung, des Ernstnehmens der Nach-
folge Christi nicht gewünscht wird. Der beginnt, das Leben, dem er nicht
direkt dienen kann, aufzuzeichnen und zu dokumentieren. Er nennt das
»Arbeiten nach der Natur«. Van Gogh wird in seinen Zeichnungen Dokumentarist der Arbeiter, Bauern und Weber. In wenigen Jahren macht er
Hunderte von Skizzen und Studien und entdeckt dabei nach und nach,
dass »die schönsten Dinge aus dem Kopf gemacht werden«, »par coeur«,
wie er sagt. Zugleich bemerkt er auch, »dass die größten Phantasiekünst-
ler unmittelbar nach der Natur Sachen gemacht haben, die einem den
Atem verschlagen«. Das alles war nach dem Prosper-Ebel-Zyklus und der
Arbeit in Bottrop so gegenwärtig, las sich so vertraut, als hätte es einer

von heute geschrieben, als lägen keine hundert Jahre zwischen diesen Briefen und dem was wir heute tun. Diese Geschichte zu erzählen heißt ein Stück persönlicher Erfahrung mitzuteilen.

29.01.1989. Es geht uns nicht um etwas längst Vergangenes, auch nicht um die bloße Nacherzählung einer Biografie. Durch die Gegenwärtigkeit all dessen, was Van Gogh vor hundert Jahren an seinen Bruder Theo schrieb, gewinnt der Film seine Form. Er beschreibt durchaus für heute Gültiges, auch wenn er nah an der Biografie van Goghs bleibt. Im Film geht es um die Jahre 1878–1885.

Mit den Briefen van Goghs verband sich für Christoph von Anfang an die Stimme von Peter Nestler. Eine Stimme, die nicht versucht, nachzuempfinden oder gar mit Pathos zu interpretieren. Eine Stimme, die keine Identifikation mit dem Maler behauptet. Eine Stimme, die nicht verleugnet, dass es eine Distanz zur Geschichte und Person gibt, deren Briefe gelesen werden. Die auch die Distanz des eigenen gelebten Lebens im Sprechen realisiert. Ein Leben, in dem es mit van Gogh teilbare Erfahrungen gibt, wodurch auch Nähe wieder möglich wird. Die Stimme sollte keinesfalls dem in den Briefen Vorgetragenen Nachdruck verleihen. Eher sollte spürbar werden, dass die Worte des Malers van Gogh in den Ohren seiner Zeitgenossen wohl schroff geklungen haben mögen. Das lässt jedenfalls die Beharrlichkeit vermuten, mit dem er manches in seinen Briefen beschreibt und wiederholt.

Auch nach einer Musik für den Film haben wir nicht lange gesucht. Während der Vorbereitungen hörten wir aus ganz anderem Anlass das »Quartett vom Ende der Zeit« (»Quatuor pour la fin du temps«) des französischen Komponisten Olivier Messiaen, geschrieben 1941 im deutschen Konzentrationslager, und dabei mehrmals auch den zweiten Satz »Louange à l'éternité de Jesus«, gespielt von Maurice Gendron (Cello) und Jean Français (Klavier). Beim Hören kam sofort das Gefühl, dass diese Musik den Weg nach Courrières begleiten könnte.

Dann begann die lange Suche nach einer technisch einwandfreien Aufnahme dieser Einspielung von Gendron und Français. Sie stammte aus den sechziger Jahren, aber die Schallplatte, die wir hörten, war für den Film nicht brauchbar, denn sie hatte schon allzu viele Gebrauchsspuren. Wir besorgten uns Einspielungen des Quartetts in anderen Besetzungen, aber keine kam in Frage, weil die Interpreten dem Stück für unseren Geschmack zu viel Eigenes hinzufügten. Sie setzten Akzente und Pausen, verliehen Nachdruck, jeder an anderer Stelle, so dass Zweifel aufkamen, was davon Olivier Messiaen überhaupt komponiert hatte.

C. Hübner bei Dreharbeiten in Drenthe, Nordholland 1987 (© CHF)

Demgegenüber schien uns die Einspielung von Gendron und Français fast neutral gespielt, als ginge es ihnen vor allem anderen darum, sich selbst zurückzuhalten und nur hörbar zu machen, was Olivier Messiaen geschrieben hat. Das entsprach uns sehr.

Zu berichten ist auch von den Menschen, die in der Borinage, in Drenthe oder Nuenen die Erinnerung an van Gogh wach halten und uns bei der Entstehung des Films halfen. Sie allesamt waren keine Kunstkenner oder Sammler, eher etwas Verrückte, wie van Gogh selbst einer war, mit einem ausgeprägten Sinn für die Nöte anderer, mit einen Gefühl für Außenseiter und Randfiguren.

31.01.1989: In diesen Tagen die letzten Arbeiten am Van-Gogh-Film. Ein Film, den ich liebe, jedes Mal wenn ich ihn wieder sehe. Ein Film, der es nicht leicht haben wird.

Keine Betonung
Gabriele Voss

25.02.1989: Auf der Berlinale Gespräch mit einer Dame aus London, die nach dem, was wir ihr erzählen, eventuell den Weltvertrieb des Van-Gogh-Films übernehmen will. Ihre erste Frage jedoch: »Don't you think you are too late? There is an Australian filmmaker who made a film about van Gogh, he just finished it.« Warum sage ich nicht einfach: »Fuck you!« Die Dame ist nervös und entschuldigt sich dauernd. Wir gehen auseinander mit der Aufforderung: »Send a cassette!«

26.09.1989: Nach Eindrücken und Gesprächen über den Van-Gogh-Film auf dem Festival in Figuera da Foz / Portugal zum Film etwas schreiben im Sinne von Musils Bemerkungen zum *Mann ohne Eigenschaften*: »... etwas allzu Leises entstand, scheinbar eine ästhetische Abgeschlossenheit, so dass niemand den festen Grund bemerken wollte.«

In meinen Augen ist der Van-Gogh-Film nicht zu leise, er ist es aber für Andere. Eine Wienerin fragt: »Wo ist denn der Paukenschlag im Film?« Ein Kanadier vom Canadian Filmboard: »Ich mochte Ihren Film, weil Sie nichts dazu getan haben.« Ein Wiener Filmemacher möchte den Schweiß des Arbeiters sehen und wie er abends müde ins Bett fällt. Und wissen möchte er, was uns weh tut und was uns zum Weinen bringt. Das teile der Film nicht mit. Ich sage: »Der Hundebrief, so wie er ist, ohne Zutat, obwohl ich ihn bald hundert mal gehört habe, rührt mich immer wieder zu Tränen. In dieser Nacktheit. Ich brauche keine Betonung, keine Ausrufezeichen.« Das bin ich, andere Menschen sind anders. Manche brauchen wie von Eisenstein eine Montage der Attraktionen und manchen genügt eine epische Montage wie von Brecht. Diejenigen, denen das Epische genügt, sind nicht etwa Menschen, die nicht weinen können. Der portugiesische König Manuel konnte zum Beispiel die Schlichtheit des Romanischen nicht ertragen und stattete eine ursprünglich wunderbar einfache Kirche mit barockem Beiwerk aus, das heute als manuelinischer Stil bewundert wird. Das sind zwei Welten. Die Ausschmückung legt nicht offen sondern verhüllt. Wir leben in einer barocken Zeit, kommt mir als Gedanke in diesem Zusammenhang. Einer Zeit des Ausschmückens, der Fassadenwettbewerbe, der Überfülle. Insofern mag vielen wohl der Paukenschlag fehlen, ist im barocken Umfeld »etwas allzu Leises« entstanden, dessen fester Grund in der Einfachheit sich für die meisten schnell verflüchtigt.

Dann gab es aber auch einen kleinen Mann vom Theater, einen, der selbst in psychiatrischer Behandlung war. Er schaut sich den Film gleich zweimal an. Der Wiener Filmemacher fragt, wo denn der Wahnsinn van Goghs in dem Film zu sehen sei? Ich frage zurück: »Was ist Wahnsinn und wie sieht er aus?« Weiß es der Theatermann, der so viele Feinheiten im Film bemerkt? Kommt es für das, was wir erzählen wollen, überhaupt darauf an, ob van Gogh wahnsinnig war?

Für mich ist es ganz merkwürdig zu hören, dass der Wiener Filmemacher den Film vom Konzeptionellen her gemacht empfindet. So ist es für mich überhaupt nicht gewesen. Statt dessen: aus den Briefen van Goghs an seinen Bruder Theo haben wir immer und immer wieder versucht etwas heraus zu lesen, das sich auch in den Bildern wiederfindet. Wie war van Goghs Verhältnis zu den Menschen in der Borinage, in Drenthe, in Nuenen? Welchen Blick hat er, der von anderen als Mörder und Land-

streicher angesehen wird, auf seine Umgebung? »Einsamkeit, und nicht
einmal Stille ... « schreibt er aus Drenthe an seinen Bruder Theo. In der
Welt sein und doch fern von ihr. Wie sind die Eindrücke geartet, die diesem Brief zugrunde liegen? Ist eine sechs Minuten lange Einstellung zu
lang, um von diesen Eindrücken etwas spürbar zu machen? Das lange
Hinschauen. Die Tiefe der Totalen in sich aufnehmen. Wie lange braucht
man, um den Eindruck von Landschaft in sich aufzunehmen wie van
Gogh sie in seinen Briefen beschreibt. Welches Zeitmaß ist hier angemessen? Der Film ist auch ein Lob der Langsamkeit. Was ist in Eile zu
sehen? Ganz abgesehen davon, dass man sich zu Van Goghs Zeiten viel
langsamer fortbewegte, auf den Kanälen mit Torfkähnen zum Beispiel,
die keinen Motor hatten. Von dort aus gesehen glitten die Landschaften
und Horizonte sehr langsam vorbei. Van Gogh spricht in seinen Briefen
auch von dieser Dauer.

Einen Raum schaffen, um dem nachzuspüren, auch als Zuschauer, wie
van Gogh sich gefühlt haben mag als »Nichtstuer« in der Borinage, als
»Landstreicher und Mörder« in Drenthe, als »zottiger Hund« im eigenen
Elternhaus in Nuenen, der mit schmutzigen Pfoten in die Stube kommt.
Van Gogh schreibt an seinen Bruder Theo aus der Borinage, nachdem
er von der Kirche als Laienprediger entlassen worden ist: »Manch einer
trägt ein Feuer in seiner Seele, und nie kommt jemand, um sich daran
zu wärmen, die Vorübergehenden bemerken nichts weiter davon als ein
kleines bisschen Rauch, der oben aus dem Schornstein quillt, und dann
gehen sie ihres Weges.« Enthält dies nicht schon alles? Müssen wir
noch etwas dazu tun? Van Gogh schreibt weiter: »Was im Innern vorgeht, zeigt sich das nach außen? ... Was die Mauser für die Vögel ist, die
Zeit, da sie das Gefieder wechseln, das sind Missgeschick und Unglück
und schwierige Zeiten für uns Menschen. Man kann in dieser Mauser-
zeit verharren, man kann auch wie neugeboren daraus hervorgehen,
aber jedenfalls geschieht das nicht in der Öffentlichkeit; es ist durchaus
kein Spaß, und deshalb tut man besser daran zu verschwinden.« Weggehen, umherirren, »ein Fremder sein unter den Menschen, weiterlaufen und weiterlaufen bis ins Unendliche« – da gibt es sicher viele auf
unseren Straßen, erkennen wir sie? Geben sie sich zu erkennen? Und
»gerade in diesem großen Elend mit anderen Augen sehen.« Ist van
Gogh in dieser Situation jemals »in einen Menschen hineingekrochen«
wie ein Kritiker über ihn schreibt? Und hätten wir entsprechend in unseren Protagonisten hinein kriechen müssen? Wir wollten von der »Mauser« erzählen, einem nicht öffentlichen Geschehen, von der Zeit des
Verschwunden-Seins, des Fremdseins und dann dem »wie neugeboren
daraus hervorgehen«. Das ist das »Tauwetter auf der Palette«, von dem
van Gogh im letzten Brief des Films spricht. Könnte diese Entwicklung
wirklich lauthals vor sich gehen, hektisch und impulsiv, gar gewalttätig?

Die Distanz in unserem Film respektiert auch das Geheimnis und die Verborgenheit, in der diese Dinge vor sich gehen. Unser Film ist nicht psychologistisch, sehr wohl aber empathisch.

Ein Zuschauer sagt, wir hätten van Gogh als Opfer hingestellt, aber heute sei er doch Sieger, weil er sich in der Kunstszene durchgesetzt habe. Es gibt Einwände dagegen auch von anderen. Gut, der Mensch van Gogh war Opfer, aber seine Idee habe gesiegt! Hat van Goghs Idee wirklich gesiegt, wenn man darunter zum Beispiel die Würdigung des einfachen menschlichen Tuns versteht? Die Würdigung des arbeitenden Menschen? Zu van Goghs Zeiten wurden kaum Bilder von Bauern und Webern gemalt. Haben die Sonnenblumen gesiegt? Die Tausende von Postern und Postkarten, die in den Museen verkauft werden? Van Gogh ist salonfähig geworden, wenn es um seine Bilder geht. Aber der Hund van Gogh und all die Hunde mit Menschenseelen heute, die noch immer mit schmutzigen Pfoten in die Stuben kommen und laut bellen – sind die salonfähig geworden? Womit also hat van Gogh gesiegt? In seinem Leben waren Kampf, Verzweiflung und Einsamkeit das Vorherrschende.

Wir haben nicht den Anspruch, van Goghs Blicke gefunden zu haben. Es ist unser Blick, unser Weg nach Courrières. Ausgesetzt sein. Was sieht man und wie schaut man, wenn man sich selbst aussetzt und von anderen ausgesetzt wird? C.s Fußwanderung durch die Borinage im März 1987. Da entstanden die Motive für den Film. Sie entstanden nicht aus Überlegungen am grünen Tisch, aus vorgefassten Konzeptionen, sondern aus der Erfahrung des Gehens, der Langsamkeit und des Fremdseins.

Wir treffen mit dem Film auf ein Bild von van Gogh, dem der Film zuwider läuft. Es wird nach Bestätigung der eigenen Vorstellung vom armen Irren van Gogh gesucht. Darin stimmen wir mit Antonin Artaud überein: *Van Gogh, der Selbstmörder durch die Gesellschaft.*

13.10.1989: Eine Zuschauerin nach der Vorführung des Films auf dem Internationalen Filmfestival in Mannheim: »Landschaft genießen wie sie im Van-Gogh-Film gezeigt wird kann nur der, der das Tröstliche von Landschaft erfahren hat. Und das Tröstliche erschließt sich nur dem, der den Widerstand gegen die Leere überwindet.« Wie schwierig muss dann der Van-Gogh-Film auch für viele sein.

Der lettische Filmemacher Herz Frank ist zu Besuch. Er hat den Van-Gogh-Film auch gesehen und spricht von der Religiosität, die im Film spürbar wird, die der seinen entspreche. Diese Religiosität bringt er in Verbindung mit den Totalen, mit der Dauer der Einstellungen als einer

Entsprechung mit dem Ganzheitlichen, eben dem Religiösen, das nicht zerlegt, nicht einteilt, und das eine gewisse Zeitlosigkeit hat. Wenn ich an Van Goghs Landschaftsbilder denke, so sind sie, außer in Skizzen zu Studienzwecken, sehr oft als Totalen angelegt. Ganzheitlich. Auch sie zerlegen nicht.

25.11.–01.12. 1989: Der Van-Gogh-Film lief auf dem internationalen Dokumentarfilmfestival in Leipzig, aber die Aufmerksamkeit galt mehr den Ereignissen auf der Straße. An einer Montagsdemonstration nahmen wir teil. So viele Rufe: »Deutschland einig Vaterland!« Aber auch dies: der größere Teil der Demonstranten beschimpft einen kleineren Teil, eine Gruppe von Punks, die vor dem Rathaus stehen und rufen: »Kein viertes Reich!« Die Tränen eines älteren Mannes auf der Straße, der sagt: »In der einen Diktatur bin ich geboren, in einer anderen werde ich wohl sterben!«

05.08.1990. Peter Liechti schreibt aus St. Gallen: »Lieber Christoph, hoffentlich erreicht dich dieses Kärtchen trotz Umweg über den Verleih – ich hatte halt keine Adresse mehr auftreiben können und morgen verreise ich für zwei Monate in die USA. In der ganzen Geschäftigkeit in München ergab sich keine Gelegenheit mehr, Dir zu sagen, dass mich Dein Van-Gogh-Film sehr beeindruckt hat: eine sehr tiefe, unprätentiöse Schönheit / Sensibilität in Bildern und Rhythmus. Das ist der überragende Eindruck. Einziger kleiner Zweifel: Messiaens Musik, Musik überhaupt vielleicht. Van Gogh stell ich mir als Künstler eigenartig unmusikalisch vor, Musik als immer etwas irgendwie Abgehobenes, van Goghs Malerei dagegen ist erdgebunden, Möglicherweise wär's halt auch ohne Musik gegangen.«

20.01.1991: Finde heute eine Bestätigung zu den von Zuschauern immer wieder aufgeworfenen Fragen nach der zurückhaltenden Darstellung von Verzweiflung und Verrücktheit. Anton Tschechov schreibt: »Nicht zu dick auftragen bei der Darstellung des nervösen Menschen. Die überwiegende Mehrheit der Menschen ist doch nervös, die Mehrheit leidet, die Minderheit verspürt den scharfen Schmerz, aber wo – wo auf den Straßen und in den Häusern sehen Sie Menschen, die hin und her rennen, springen, sich an den Kopf fassen? Das Leiden muss man so darstellen wie es sich im Leben äußert, d.h. nicht mit Händen und Füßen, sondern im Tonfall, im Blick.« Wunderbar.

Kino im Kopf, das Fernsehen vor Augen[*]
Christoph Hübner

Dokumentarfilm und Fernsehen
Drei Bemerkungen vorweg:
Erstens: Bei allem, was ich im folgenden Kritisches über das Fernsehen und den Dokumentarfilm zu sagen habe – ohne das Fernsehen wären die meisten unserer Filme nicht entstanden, wäre uns eine kontinuierliche dokumentarische Filmarbeit nicht möglich
Zweitens: Ich will weniger über die Arbeitsbedingungen beim Fernsehen, über mögliche Schwierigkeiten mit Redakteuren oder Abteilungsleitern sprechen, als über Erfahrungen mit dem Fernsehen als Ganzes, als Apparat, als Form von Öffentlichkeit, als Medium.
Drittens. Ich würde mich gerne einer Aufforderung des Fotografen Chargesheimer an sein Publikum anschließen: » ... verstehen Sie mich nicht zu schnell!«

Ein paar Stichworte zum persönlichen Hintergrund:
Anders als andere Dokumentaristen bin ich nicht mit dem Fernsehen großgeworden. Im Gegenteil: Während der Filmhochschulzeit haben wir das Fernsehen verachtet. Unser Traum war das Kino.
Der erste Kontakt mit dem Fernsehen war der Ankauf eines Filmes noch an der Filmhochschule (HUCKINGER MÄRZ). Wir haben uns darüber gefreut, vor allem für die Freunde aus dem Ruhrgebiet, mit denen wir zusammen den Film gemacht hatten und empfanden es als Bestätigung unserer Arbeit – aber mehr auch nicht. Die Distanz zum Fernsehen als Medium blieb.
Die zweite Erfahrung war ähnlich. Wieder hatten wir einen Film, den achtteiligen Zyklus LEBENS-GESCHICHTE DES BERGARBEITERS ALPHONS S., mit Hilfe von Freunden frei produziert und das Fernsehen hat ihn mit einiger Verzögerung angekauft – vorsichtig: erst einmal vier Teile und auf je 25 Minuten zurechtgestutzt und dann, nachdem die Filmreihe durch einen Adolf-Grimme-Preis geadelt war, alle acht Teile und ungekürzt in der Originallänge. Diesmal allerdings hatten wir das Gefühl, dass der Film im Fernsehen seinen richtigen Platz hatte: Ein Bergarbeiter erzählt seine Lebensgeschichte, meistens ist er groß im Bild und sitzt dem Fernsehzuschauer wie persönlich gegenüber. Der Dialog wird durch keinen formalen Schnickschnack gestört. Man kann sich »unterhalten«. Die Fernsehausstrahlung hatte eine für diese damals ungewohnte Form von Film erstaunliche Resonanz. Es gab viele Zuschauer, die darauf schrieben und von eigenen Erfahrungen berichteten und der Film wurde Prototyp für eine Reihe von ähnlichen Sendungen und Filmen im Fernsehen. Diesmal gab das Fernsehen dem Film eine zusätzliche Dimension.

[*] Erschienen in: *Bilderwelten Weltbilder. Dokumentarfilm im Fernsehen*, Marburg 1990.

Die dritte Erfahrung war wieder eine neue: die mit dem Fernsehen als Produzenten, als Auftraggeber. Inzwischen waren wir ins Ruhrgebiet gezogen, hatten dort mit dem RuhrFilmZentrum das Modell einer langfristig in die Lebenszusammenhänge einer Region eingebundenen dokumentarischen Filmarbeit entwickelt. Unsere ursprüngliche Utopie einer vom Marktgeschehen und vom Fernsehen unabhängigen, langfristig gesicherten dokumentarischen Arbeit hatte allerdings von Beginn an sich nicht realisieren lassen und so waren wir darauf angewiesen, unser nächstes Projekt, den dokumentarischen Filmzyklus PROSPER / EBEL – CHRONIK EINER ZECHE UND IHRER SIEDLUNG, vorab durch Fernsehen (oder durch Filmförderung) finanzieren zu müssen. ...

Alle Filme des Zyklus – mit einer Ausnahme – sind früher oder später im Fernsehen gelaufen. Allerdings in großen Abständen, als Einzelwerke und nicht als Zusammenhang, wie wir ihn uns vorgestellt hatten. Die Zusammenstellung als Zyklus, der Dialog unter den einzelnen Filmen – das war wieder etwas, was wir nur im Kino erreichten. Auch das eine Erfahrung mit dem Fernsehen: Die Fernsehanstalten interessieren in der Regel keine Zusammenhänge von außen. Sie sind interessiert am einzelnen fertigen Produkt und ordnen dies dem eigenen Programm ein und unter. (Ich komme später noch einmal darauf zurück.)

Die Erfahrung mit dem Fernsehen als vorgeprägter / prägender Form von Öffentlichkeit wiederholte sich für mich mit einigem Abstand in Unna. Ich trug dort für ein Jahr den Titel »Stadtfilmer«, eine Art filmischer Stadtschreiber, und als Ergebnis dieser Zeit war mit dem WDR ein Film vereinbart. Dieser Film (DIE STADTPROBE ODER SIEBEN ARTEN VON UNNA ZU SPRECHEN) erzählte aus der Perspektive unterschiedlicher Menschen vom Leben in einer Kleinstadt. Unna selbst kam im Bild gar nicht vor. Dieser Film war schon bei seiner Kinopremiere in Unna nicht unumstritten, eine regelrechte Kampagne aber setzte wiederum erst nach der Fernsehausstrahlung ein: Unna wäre in den Schmutz gezogen, es gab Angriffe auf die Personen im Film, Briefe an den Intendanten, Familien zerstritten sich, Zeitungsredaktionen gerieten aneinander usw. Ein Argument, das dabei immer wiederkehrte und auch schon in den Diskussionen um die Ebel-Filme eine Rolle spielte: Die Menschen seien nicht »repräsentativ«. Was ist das: repräsentativ? Gibt es repräsentative Menschen? Und wenn es sie gäbe, würden sie uns als Filmemacher interessieren? Wenn man weiterfragt, entdeckt man, dass hinter dieser Erwartung des Repräsentativen das Fernsehen als Apparat, als Institution von Öffentlichkeit steckt. Das Fernsehen gibt sich repräsentativ, seine Vertreter, seine Sendungen, seine Umfragen, seine Zuschauer. Nur der Dokumentarfilm nicht – er liegt quer zu diesem Begriff. Einen repräsentativen Dokumentarfilm gibt es für mich nicht. Auch das betrifft das Verhältnis von Dokumentarfilm und Fernsehen.

Um meine Erfahrungen zum Abschluss zu bringen: Der jüngste Film macht indirekt all das zum Thema: die Frage der Nähe, der Wirklichkeitstreue, des Authentischen, des öffentlichen Unverständnisses, der Suche nach der Wahrheit, der zeitweiligen Einsamkeit dabei – diesmal kein Film über das Ruhrgebiet, vielmehr ein Film über van Gogh, oder besser: nach van Gogh. Erstaunlich genug: In den Briefen aus van Goghs früher Zeit ist vieles von unseren Erfahrungen und Fragen mit dem dokumentarischen Arbeiten angesprochen.

Bei diesem Film, der als erster Dokumentarfilm von uns auch regelmäßiger im Kino läuft, wird noch einmal deutlicher als bisher – und das ist mein letzter Aspekt zum Thema Dokumentarfilm und Fernsehen: der ästhetische Unterschied der Vorführung im Fernsehen und Kino. Es ist so oft darüber gesprochen worden, *was* diesen Unterschied ausmacht – zwischen kleinem Fernsehspiel in nicht abgedunkeltem Raum einerseits und der großen Leinwand in der Konzentration der Dunkelheit andererseits, sodass ich das hier nicht alles noch einmal ausbreiten will – vielleicht nur eines: Das Fernsehen überträgt in erster Linie »Hauptsachen«, Schlagzeilen, Großaufnahmen. Für Zwischentöne, für Details in einer Totale, für Stille, Dunkelheit, für Vielschichtigkeit ist da nicht viel Platz. Und dies bedeutet wieder etwas für die Vor-Erwartung an unsere Filme im Fernsehen, oder auch die aktuellen Schwierigkeiten mit ihnen, wenn wir auf eben diese Dinge Wert legen und nicht nur einer Dramaturgie der Hauptsachen folgen.

Ein paar Thesen

Ich habe hier in Ausschnitten von meinen praktischen Erfahrungen in der Filmarbeit mit dem Fernsehen gesprochen, um Hintergrund für ein paar Thesen zu geben, die mir zum Thema Dokumentarfilm und Fernsehen wichtig scheinen:

1. Das Fernsehen ist als Medium, als Publikationsinstrument nicht unschuldig, es bringt seinen Hintergrund, sein aus tausendstündigem Programm zusammengesetztes Bild vom normalen Leben und Reden ein. Ein repräsentatives Medium – im doppelten Sinne.
2. Das Fernsehen ist von sich aus eher am sendbaren Produkt, am Einzelprodukt interessiert, weniger an den Arbeitsprozessen, am Schaffen von Bedingungen für langfristige dokumentarische Arbeit. Das Fernsehen publiziert Einzelbeiträge und ordnet sie dem eigenen Programmzusammenhang unter.
3. Viele von uns (als Dokumentaristen) denken, wenn wir unsere Filme machen, nicht ans Fernsehen, sondern ans Kino bzw. die große Projektion, an die Vorführung unter Anwesenden. Wir beziehen uns auf das Fernsehen als Geldgeber und Ausstrahler, aber nicht als Programm, als Medium.

Im Widerspruch dazu übrigens die Quantitäten unseres Publikums: während wir im Kino oder im Verleih froh sein können, auf zehn- bis zwanzigtausend Zuschauer zu kommen, zählen die Fernsehzuschauer unserer Filme nach Millionen oder (regional) nach Hunderttausenden. Aber das ist uns keine Erfahrung, es bleibt in der Regel eine abstrakte Zahl. Zusammengefasst beschreiben diese Thesen, dass es Spannungen gibt zwischen den Erfordernissen des Fernsehens und den Erfordernissen unserer Art des dokumentarischen Arbeitens.
Wie sollen wir damit umgehen?

Das Kino im Kopf und das Fernsehen vor Augen ...

Alle Filme, die ich, die wir bisher gemacht haben, auch wenn ausschließlich vom Fernsehen finanziert, sind auch außerhalb des Fernsehens gezeigt worden und wir haben die entsprechenden Rechte dafür abgelöst. Und sie sind alle gemacht als wären sie für's Kino.

Das Festhalten am »Kino im Kopf« bedeutet dabei auch etwas für die Filme, das Machen, die Gestalt unserer Filme: Wir versuchen, unsere Geschichten mit Bildern zu erzählen, wir arbeiten mit dem Raum, der Stille, mit Licht und Schatten, mit Geheimnis, Andeutungen. Wir versuchen eher genau zu beschreiben, als »Aussagen zu treffen«. (Ich erinnere mich noch genau an das Gefühl bei der ersten Fernseh-Auftragsarbeit[1] im Gedanken an die Fernsehausstrahlung. Eine innere Stimme meldete sich unwillkürlich, » ... da muss doch eine Aussage, etwas Deutliches, Allgemeines hinein, das darf doch nicht nur beschreiben ... «).

Das kleine Fernsehbild, der eindimensionale Ton, lässt dagegen oft nur noch die Inhaltsangabe unserer Filme übrig, vom Traum nur das Realistische, vom Geheimnis nur das Offensichtliche, von der Dunkelheit nur das Grau, vom Licht nur die Helligkeit, vom vieldimensionalen Ton nur die unüberhörbare Mitteilung. Dazu kommt noch die Situation der Zuschauer, des Zuschauens. Ins Kino gehe ich gezielt, um einen Film zu sehen, ich lasse mich darauf ein, erwarte etwas, wofür ich bezahlt habe. Im Fernsehen läuft der Film ohnedies, neben und zwischen vielem anderen, Bild und Ton kommen aus einem Möbelstück in einem nicht abgedunkelten Zimmer, die Fernbedienung und die Programmkonkurrenz unterwirft unsere Filme einer Dramaturgie der ständigen Legitimation. All das ist wie gesagt nicht neu, ich weise darauf hin, weil es auf das Machen und Sehen unserer Filme im Fernsehen Einfluss hat. Und weil es an uns selbst die Frage stellt: Sollen wir uns darauf einlassen, für die grobe, eindimensionale und gleichmachende Wiedergabe im Fernsehen zu produzieren: Großaufnahmen, alles ausgeleuchtet, eine Dramaturgie der Überredung? Ich meine nein, wir brauchen die Vielschichtigkeit, die Sorgfalt, den Reichtum an Formen und Dimensionen in Bild und Ton, das Geheimnis, das nicht gleich Offensichtliche, die Andeutung

1 DIE VIERTE GENERATION aus dem Prosper / Ebel-Zyklus, 1980.

und Poesie gerade im Dokumentarfilm. Denn wodurch ist der Dokumentarfilm so nachhaltig in Verruf gekommen, wenn nicht eben durch das Grobe, das Plakative, das Pädagogische, die mangelnde Sorgfalt und Poesie?

Programm machen

Etwas anderes ist es mit dem Ernstnehmen des Fernsehens als Medium, als Programmveranstalter. Da können und müssen wir noch lernen: Denn in gewisser Weise arbeiten wir alle am Fernsehen vorbei, wir beliefern es mit Einzelstücken. Das hat gute Gründe, aber man kann uns daraus auch einen berechtigten Vorwurf machen: Wir nehmen das Fernsehen nicht als das, was es ist, als Programmangebot. Einer der wenigen, der das begriffen hat, ist wieder einmal Alexander Kluge, der in seiner Zauberküche in München tatsächlich versucht, so etwas wie Programm zu machen.

In dieser Feststellung, dass wir das Fernsehen nicht ernstnehmen als das, was es ist, oder es (noch) gar nicht begriffen haben, liegt auch eine Forderung an uns selbst: eben »das Dokumentarische« künftig auch in der Kategorie des Programms zu denken. Vom bloßen Belieferer von Programmkästchen nun selbst – zumindest im Denken, in der Konzeption – zum Veranstalter zu werden.[2]

Warum nicht einmal nachdenken statt über einen Einzelfilm: über ein Dreistunden-Programm zum gleichen Thema, mit verschiedenen Teilen, Formen, filmischen Formulierungen. Warum nicht die Programmformen, die das Fernsehen entwickelt hat, auf ihren dokumentarischen Gehalt, ihre dokumentarischen Möglichkeiten hin untersuchen? Das erste hieße, das Fernsehen wirklich ernstnehmen – nicht nur als Abnehmer, Geldgeber, Publikationskanal für unsere Einzelfilme. Dort sehe ich im Übrigen auch – um darauf zurückzukommen – eine Chance durch die Regionalisierung. Das Fernsehen ist dadurch näher an die Wirklichkeit gerückt, muss (um mit Hegel zu sprechen) nicht mehr nur an die »schlechte Allgemeinheit« senden, sondern Programmformen entwickkeln, die auf die nahe Wirklichkeit eingehen können – eine Herausforderung gerade für das Dokumentarische.

Hier sehe ich uns gefordert, Phantasie zu entwickeln, vielleicht auch die Grenzen des Dokumentarischen etwas hinauszuschieben, neue Programmkonzeptionen mit zu entwickeln und in die Praxis umzusetzen. In dieser Hinsicht kann uns das Fernsehen mangelnde Kooperation und Eingehen auf seine spezifischen Bedingungen vorwerfen. Mit Recht. Aber wie verhält es sich umgekehrt? Wo kann das Fernsehen mit uns kooperieren und auf unsere spezifischen Bedingungen eingehen? Von dem vielen Denkbaren nehme ich zwei Visionen heraus:

2 Vor dem Hintergrund solcher Überlegungen entsteht später u.a. die Filmreihe DOKUMENTARISCH ARBEITEN, vgl. in diesem Buch S. 202 ff.

Ein offenes Fernsehen ...

Hanns Eisler hat ein Gedicht von Hölderlin vertont mit der Überschrift: » ... komm ins Offene, Freund ...« Wenn ich das aufs Fernsehen übersetze, hieße das, sich zu öffnen, mit den eigenen Filmen, Programmen nach draußen zu gehen, sich nicht nur als abgeschottete Sendeanstalt zu verstehen, sondern als an unmittelbarer Öffentlichkeit und an Reaktion interessierter Produzent von Programm.

Zumindest aber als einen ersten Schritt: Ein Zeigen und Verbreiten der eigenen und mitproduzierten Filme nicht zu verhindern oder zu erschweren. Bis heute müssen wir zum Beispiel regelmäßig die nicht-kommerziellen Rechte für unsere Filme durch entsprechende Abstriche am Budget erkaufen, die in den wenigsten Fällen durch das öffentliche Zeigen und Verleihen wieder eingespielt werden.

Warum keine regelmäßige Vorführung von Fernseh-Filmen außerhalb des Fernsehens in Kinos oder anderen Veranstaltungen? Diese Vorführungen würden nicht nur die Filme und die Arbeit an den Filmen anders würdigen als durch die einmalige Ausstrahlung, sondern auch die Rückantwort des Zuschauers, das Gespräch mit ihm, die Überprüfung der Filme in der öffentlichen Vorführung ermöglichen. Das würde auch zeigen, dass das lebendige Publikum oft kompetenter, anspruchsvoller und offener ist als das in den Redaktions- und Abteilungsleiterstuben erdachte Bild von ihm. Ganz abgesehen von dem, was ich an anderer Stelle über den sinnlichen Unterschied von Kinovorführung und Fernseh-Ausstrahlung sagte. Warum also nicht ein eigenes öffentliches Kino für jede Fernsehanstalt? Zum Beispiel als Teil des Senders, um keine Probleme mit Urheberrechten etc. zu bekommen. In diesem Kino könnten sowohl die aktuellen Produktionen als auch Wiederaufführungen aus den Beständen der Archive gezeigt werden und dazu die Autoren und andere Beteiligte zur Diskussion geladen werden. Ein offenes Fernsehen.

Kontinuität und Freiheit vom Markt

Die zweite und nicht weniger wichtige Forderung aus unseren bisherigen Erfahrungen mit der dokumentarischen Filmarbeit im Fernsehen ist die folgende:

Wenn das Fernsehen am Dokumentarfilm und an dokumentarischer Arbeit wirklich interessiert ist, muss es Kontinuität ermöglichen. Der gegenwärtige Zustand der Dokumentarfilmproduktion ist überwiegend der, dass von Projekt zu Projekt gedacht wird, dass immer wieder neue Finanzierungen, Förderungen, kooperierende Redaktionen gefunden werden müssen. Nicht nur macht das mit der Zeit müde und kostet viel unkreative Zeit und Kraft für jeden einzelnen Filmemacher und Produzenten, es hat auch Einfluss auf die Filme und die Widerstandskraft unserer Dokumentar-Filmkultur (wenn man von einer solchen sprechen kann). Die Filme und Projekte müssen sich immer wieder neu vor den Geldgebern legitimieren, von sich überzeugen oder überreden, sie werden unwillkürlich glatter, konventioneller, im schlechten Sinne professioneller, eben marktgängiger. Meist jedenfalls ist dies keine gute Entwicklung, die Seite des Produzenten setzt sich im Filmemacher durch – innerlich vielleicht unbemerkt und bestritten, an den Filmen aber ablesbar. Gegenbeispiele für diese Entwicklung sind für mich Klaus Wildenhahn in seiner Stellung im NDR oder Hans-Dieter Grabe im ZDF, vielleicht noch ein paar andere oder – da muss ich schon ins andere Deutschland gucken – die bisherige Konstruktion der DEFA-Dokumentarfilmstudios. Dort sind die Dokumentarfilmregisseure unabhängig von ihren jeweiligen Projekten fest angestellt. Ich behaupte, man sieht den Filmen an, dass diese Autoren eine zugesicherte Kontinuität in ihrer Arbeit haben, dass sie in ihren Filmen und Projekten nicht von vornherein auf die sogenannte Akzeptanz und Verwertbarkeit zu achten haben. So ist nicht nur eine andere Poesie, eine andere Kraft und Individualität in den Einzelfilmen möglich, sondern auch die sichtbare Entfaltung und Emanzipation der Filmemacher selber, ich nenne Namen wie Jürgen Böttcher, Helke Misselwitz oder Volker Koepp, die unter den hiesigen Bedingungen für freie Dokumentarfilmproduzenten wohl kaum in dieser Ausdauer und Radikalität ihre wunderbaren poetischen und stillen Filme gemacht hätten. Was will ich damit sagen?

Der Dokumentarfilm – Eine öffentliche Aufgabe des Fernsehens
Der Dokumentarfilm, die dokumentarische Arbeit, die Dokumentarfilmautoren im Fernsehen bedürfen der »Pflege«, der Möglichkeit von Kontinuität bzw. kontinuierlicher Entwicklung. Nachdem hierzulande die großen Produzenten oder staatlichen Institutionen wie seinerzeit das GPO[3] oder das Canadian Filmboard oder eben die Dokumentarfilmstudios in den Ostblockländern fehlen, die sich um die Kontinuität der dokumentarischen Produktion kümmern und dabei nicht selten etwas wie eine je individuelle »Schule des Dokumentarfilms« hervorgebracht haben, nachdem diese Einrichtungen also fehlen, und die meisten von uns ihre eigenen kleinen Einzelproduzenten sind, ist das öffentlich-rechtliche Fernsehen für mich die einzig sichtbare Institution, die eine solche Pflege und Kontinuität des Dokumentarfilms übernehmen könnte und müsste. Die verschiedenen Filmförderungen können das nicht, sie fördern nur Einzelprojekte, aber warum kann nicht jeder Sender sich wenigstens ein, zwei Wildenhahns leisten – festangestellt oder doch mit der Zusicherung von Kontinuität? Und wenn es nur für begrenzte Zeiträume ist – etwa fünf Jahre.

3 Die GPO-Film Unit war eine Abteilung des britischen General Post Office, gegründet 1933 zum Zweck der Herstellung von Werbe- und Informationsfilmen. Sie wurde zu einem Labor des britischen Dokumentarfilms. Unter der Leitung von John Grierson konnten Humphrey Jennings, Alberto Cavalcanti, Len Lye oder Norman McLaren sich ausprobieren und bedeutende Arbeiten produzieren.

In jedem anderen Beruf weiß man, dass Kontinuität und gewisse Freiräume notwendig sind für – sagen wir einmal – Höchstleistungen. Die Forschung wird auch als Prozess und nicht nur vom Ergebnis her finanziert, wenn natürlich auch mit der Hoffnung, dass sie sich später auszahlt. Und dokumentarische Arbeit hat durchaus mit Forschung, Erforschen, Entdecken zu tun. Es geht im Dokumentarfilm eben nicht nur um Verwertung, um kurzfristiges Informieren und Illustrieren von Meinungen, sondern tatsächlich um Entdecken, Aufspüren von Unerwartetem, Vertraut-Werden, langes Hinschauen, aber auch um das Ausloten und Weiterentwickeln von Erzählformen. Dafür braucht es so etwas wie »Schutzzonen«. Schutzzonen auch vor den kurzfristigen Verwertungsinteressen des Marktes. Der Dokumentarfilm lässt sich nicht kommerzialisieren. Ausnahmen bestätigen die Regel – auch wenn manche dieser Ausnahmen die Spuren ihrer Spekulation auf den Markt deutlich im Gesicht tragen.

Und wo anders als in den öffentlich-rechtlichen Fernseh-Anstalten, die von Gebühren getragen werden, wäre diese Erkenntnis näherliegend, dass der Dokumentarfilm, die Erhaltung und Förderung von dokumentarischem Arbeiten mit langem Atem öffentliche Aufgabe ist?

Wie das Theater öffentliche Aufgabe ist, die Museen, die Förderung von Kultur und Bildung, so ist es auch dieser Teil der Filmkultur. Das Argument mit dem fehlenden Massenpublikum zieht da nicht mehr, der Dokumentarfilm hat bewiesen, dass er sein Publikum finden kann, wenn man ihm und dem Publikum nur die Chance gibt. Und wenn es eine Minderheit bleibt, dann geht es eben um den Schutz dieser Minderheit und um den Schutz des Dokumentarfilms als »Chronik unserer Zeit«.

Dass es diese Aufgabe im journalistischen Bereich ernst nimmt, hat das öffentlich-rechtliche Fernsehen gerade in der letzten Zeit bewiesen. Dass dies aber ebenso notwendig ist für den langen, den künstlerischen, den Autoren-Dokumentarfilm, diese Erkenntnis muss sich wohl erst noch durchsetzen. Die Zeit jedenfalls ist reif, und es drängt.

1990

Zwischen Avantgarde und Kommerz –
Aspekte eines nicht beendeten Dialogs
Gabriele Voss[*]

Gleichberechtigung und Emanzipation der Frau in der Sowjetunion –
das hieß, die Frauen sollten ein Leben führen, das mit dem der Männer
identisch war. »Jetzt scheint es, als könnten wir beobachten, dass viele
Frauen im Westen eben diese ›Gleichstellung‹ anstreben – ihre Töchter
werden es ihnen nicht danken.« So heißt es in einem Text der Film-
wissenschaftlerin Maja Turowskaja. Welche Erfahrungen barg dieser
Satz? Lana Gogoberidse und Alla Gerber später: »Die Frau ist dem
Mann nicht so ohne weiteres gleich. Es geht darum, dass wir uns auf
uns als Frauen besinnen.«

Das Leben opfern für die Arbeit und nichts als die Arbeit? Wenn ich zu-
rückdenke an sowjetische Filme aus den zwanziger, dreißiger und vier-
ziger Jahren, die ich vor langer Zeit einmal sah, mit den darin enthaltenen Aufforderungen, mehr und mehr und nochmal mehr zu produzieren
und zu leisten, wenn ich bedenke, dass in der Euphorie des Aufbaus oft
nichts als die Erfüllung des Plans und Rekordzahlen zählten und vom
besseren Leben schon nicht mehr die Rede war, dann ist es für mich
heute erstaunlich, dass erst jetzt, fast sechzig Jahre danach, Fragen laut
werden: Wozu das alles? Was hat der einzelne, seine Familie, sein Dorf,
von all diesen Leistungen mehr als das Opfer, das Selbstzweck geworden ist? Ich muss aber zugeben, dass die Euphorie und das Pathos des
Aufbaus auch mich beim Sehen dieser Filme damals geblendet haben.

Bei den Filmen der sowjetischen Frauen fiel auf: Sie hatten Stoffe, die
auch uns im Westen angehen, ihre Themen waren nicht auf Fragen und
Probleme des Sozialismus beschränkt. Sie waren von solcher Tragwei-
te, dass das ausgewählte Programm der westdeutschen Filme im Vergleich eher dürftig erschien. Auch hatten die sowjetischen Frauen eine
so hohe und umfassende Qualifikation, dass ich ganz neidisch und sehn-
süchtig wurde.

Das westdeutsche Programm[1], das allerdings auch Beiträge aus Öster-
reich, Holland und der Schweiz enthielt, war für manche der Sowjet-
frauen Ausdruck einer »furchtbaren Einsamkeit«. Unter dem Strichwort
»Brechen von Tabus« wurde die Fortschrittlichkeit dieser filmischen Ver-

---

* Der Text entstand für den Band: *Würde oder Das Geheimnis eines Lächelns*, Dortmund 1990. In
  dem Band werden Begegnungen mit sowjetischen Filmemacherinnen und ihren Filmen dokumentiert, die 1989 nach der Öffnung der Sowjetunion zum Frauenfilmfestival ›Femme totale‹
  nach Dortmund eingeladen wurden.
1 Dem Programm der sowjetischen Filmemacherinnen war auf dem Festival ein Programm westdeutscher Filmemacherinnen gegenübergestellt worden.

suche verteidigt und den sowjetischen Frauen genüsslich der Kultur-
schock an den Augen abgelesen. Sie hielten entgegen, dass sie in den
vergangenen Jahren so viel Schockierendes erlebten, dass sie so leicht
nichts mehr schockiert. Wenige räumten ein, dass die Befreiung der
Frau in der Sowjetunion allerdings kaum durch die bisherige Gleichstellung erreicht worden sei.

Die Auseinandersetzung um Verbindendes und Unterschiede gipfelte in
wechselseitigen, in der Kürze der Zeit nicht fruchtbar zu machenden Zu-
ordnungen: Die sowjetischen Filme wurden als hochprofessionell zugleich gelobt und kritisiert. Den sowjetischen Frauen erschien das westdeutsche Programm in der Auswahl eindimensional und in der Machart
amateurhaft. Obwohl ich von den sowjetischen Filmen sehr beeindruckt
war und das westdeutsche Programm in seinem Niveau weit dahinter
zurückblieb, verteidigte ich in der Diskussion die in den westdeutschen
Filmen enthaltenen Anliegen. »Professionelle und Amateure« – die Etiketten waren verteilt, noch ehe geklärt werden konnte, was genau damit gemeint war.
Was verbindet sich bei flüchtiger Assoziation mit »professioneller« und
»Amateurfilmarbeit«? Und was kommt zum Vorschein, wenn man genauer hinsieht?

Mit dem »Professionellen« wird oft zu schnell und zu einfach assoziiert:
die Filmindustrie, eine arbeitsteilige Produktionsweise und kommer-
zielles Denken. Produkt ist nach dieser Vorstellung der Kinospielfilm,
der kommerziell ausgewertet wird. In den osteuropäischen Ländern gehören auch Dokumentar- und Animationsfilm dazu, alle in großen Studio-
systemen hergestellt.

»Amateurfilmarbeit« – das provoziert dagegen Vorstellungen von Laien-
haftigkeit, Einzelgängertum und Banalität, von nicht beherrschten Mitteln, Langeweile und Unverständlichkeit, wenn man es negativ sieht.
Ganz anders wurden die Möglichkeiten des Amateurs von Robert Flaherty
beschrieben: »Die Hoffnung der Filmkunst ist der Amateur. Denn die
Filmindustrie darf künstlerische Experimente nur in sehr beschränktem
Maße wagen. Die Produktionskosten sind dazu zu hoch. Der Amateur
arbeitet aus Liebhaberei. Seine Augen sind sehend, sein Herz ist unbe-
schwert von kommerziellen Erwägungen. Und deshalb kann er dem Wesen der Sache manchmal näher rücken als jene, die davon leben müssen. ... Ich bin überzeugt, dass auch in der Filmkunst vom Amateur entscheidende Impulse ausgehen werden. Die technische Ausrüstung für
den Filmliebhaber ist heute genauso leistungsfähig wie die professionellen Apparate. Aber sie ist noch zu kostspielig. Sie muss so billig werden, dass sie jedermann zugänglich ist, der sich damit befassen will –

sie wird es werden. Damit wird die Grundlage einer großen Entwicklung gegeben sein. Und dann – so träume ich – wird die Zeit kommen, wo ein Amateur nach zahllosen, mühseligen Versuchen uns zeigen wird, was Film ist.«[2]
Ich glaube, die sowjetischen Frauen meinten nicht den Amateur in Flahertys Sinn. Die Hoffnungen Flahertys haben sich auch kaum erfüllt. Was man heute von Amateurfilmclubs auf der Leinwand sieht, versucht in den meisten Fällen vorgegebene, kinematografische Codes zu übernehmen, was mehr oder weniger gut gelingt. Nur in seltenen Fällen verstehen sich diese »Amateure« als Forscher und Erneuerer. Und wenn, dann trifft man sie kaum in den Clubs.

Die Filmemacherin Rosi S.M. bekannte sich als »Filmliebhaberin«. Auch Maya Deren hat sich in den USA in den fünfziger Jahren ähnlich als Amateurin gesehen. Sie berief sich auf die Liebe zur Sache – und das ist eher das Medium als der Inhalt. Sie berief sich darauf, dass die Liebe zur Sache im professionellen, kommerziellen Arbeiten kaum gelebt werden kann, da es ökonomischen Gründen und Zwängen und allerlei vorab gefassten Regeln genügen muss. Die dadurch bedingte Abhängigkeit und Fremdbestimmung lässt nach Ansicht Maya Derens kaum künstlerische Freiheit zu.
Bleibt zu fragen, ob das notwendig und immer so sein muss. Ob nicht auch ein kooperatives, solidarisches, nur der Idee verpflichtetes Arbeiten innerhalb eines großen Studiosystems denkbar ist. So mancher Film aus dem sowjetischen Programm war Indiz dafür, dass in den großen Studios nicht nur Angestelltenmentalität und borniertes Spezialistentum herrschen müssen. Wichtig und entscheidend hierfür ist sicherlich, dass bis dahin kommerzielle Gesichtspunkte, Rentabilität und Einspielergebnisse nicht im Vordergrund standen.[3]
»Amateurhaft« – dahinter verbarg sich aus meiner Sicht noch eine andere Assoziation, für die alternative Bezeichnungen wie Avantgarde, Underground, Experimental stehen. All diese Bezeichnungen sind ebenso wenig zulängliche Namen für Filme, die sehr persönlich sind und un-

2 Robert Flaherty, »Über den Amateurfilm«, in: *Film für alle*, Monatsschrift für Amateurkinematografie, 5/1931.
3 Wie mir erzählt wurde, funktionierte im normalen Ablauf das Produktionssystem in der Sowjetunion folgendermaßen: Die Studios in den Regionen (Georgien, Lettland, Litauen, Armenien etc.) erhielten von der Zentrale in Moskau einen jährlichen Etat. Was davon produziert wurde, konnten die Studios unabhängig von Moskau entscheiden. So war es überhaupt nur möglich, dass ein so erstaunlicher Film wie etwa HITZE von Larissa Schepitko, den ich als sehr subtile Kritik an den Absurditäten der Planwirtschaft empfand, schon 1963 entstehen konnte. Alle Produktionen mussten aber der zentralen Zensurstelle in Moskau vorgelegt werden und wanderten dort, sofern unerwünscht, wie ebenfalls der Film HITZE, in den Panzerschrank. Zu differenzieren ist also zwischen einer Zensur vor der Produktion und einer Zensur »danach«. Für mich war erstaunlich, was trotz der »Zensur danach« in den Studios produziert werden konnte. In Einzelfällen allerdings gab es auch in der Sowjetunion eine Vorzensur, so z.B. bei dem Film DIE KOMMISSARIN von A. Askoldow.

abhängig vom kommerziellen Markt produziert werden. Die Assoziation »Amateur« hat vielleicht auch damit zu tun, dass sie in Amerika lange Zeit für unabhängige, nur sich selbst verantwortliche Filmarbeit stand. Maya Deren schreibt 1959: »Von der Amateurproduktion wird nicht erwartet, dass sie hohe Investitionen mit Gewinn wieder einspielt, dadurch dass sie die Aufmerksamkeit eines breiten Publikums für 90 Minuten zu fesseln sucht. ... Anstatt eine bewegte Handlung zu erfinden, sollte man einfach die Bewegungen von Wind und Wasser, Kindern und Leuten, Fahrstühlen und Bällen so aufnehmen, wie sie in einem Gedicht verarbeitet würden, und seine Freiheit dazu benutzen, mit visuellen Ideen zu experimentieren; und sollte man Fehler machen, wird man nicht gleich entlassen.«[4]

Richtiger und produktiver als die Gegenüberstellung »Professionelle – Amateure« scheint mir für eine Abgrenzung das Gegenüber von »kommerzieller und avantgardistischer« Filmarbeit. Doch lässt sich auch diesem Vergleich das sowjetische und das westdeutsche Programm nicht schematisch zuordnen. Beide Programme waren getragen von einer Liebe zur Sache, nur dass die Liebe auf verschiedene Aspekte der filmischen Arbeit gerichtet war.

Die Liebe zur Sache – die Liebe zum Film. Das heißt, seine Möglichkeiten ernst nehmen, seine Möglichkeiten erforschen. Das Bewährte weiterentwickeln, aber auch: den Film nutzen als persönliches Ausdrucksmittel, sich mit ihm artikulieren gegen die ihn einengende Norm.

Mit dem Professionellen verbindet sich für mich nicht in erster Linie die kommerzielle Ausrichtung; eher der Bezug auf normierte kinematografische Standards in Erzählweise, Bildgestaltung, Montage etc. Wobei das, was »amateurhaft« genannt wurde, oft nicht weniger, nur auf eine andere Art professionell gemacht ist, indem bewusst auf die Verwendung der geltenden kinematografischen Codes verzichtet wird. Es nimmt dafür in Kauf, schwerer verständlich zu sein und unpopulär.

Die Liebe zum Professionellen – für mich umfasst sie die Freude am Erzählen und Anschauen von Geschichten, die Freude am Wiedererkennen eines Musters mit immer neuen Variationen. Sie hat vielleicht mit etwas zu tun, das wir aus der Kindheit kennen: Wie gern haben wir Märchen erzählt bekommen, auch zum hundertsten Mal die gleiche Geschichte, mit oder ohne Abwandlung. Von Liebe und Abenteuern, Kämpfen und Siegen, vom Glück im Unglück und dem Happy End ließen wir uns immer wieder faszinieren. Wir wussten, was passiert und wollten es doch immer wieder hören.

4 Maya Deren, »Amateur versus Profi«, in: *Poetik des Films*, Berlin 1984.

Man könnte wohl fragen, ob das Geschichtenerzählen, einer Handlung Folgen, nicht eher dem Theater und der Literatur abgesehen ist, als dass es von der Welt der Bilder, von der Dramaturgie der Träume, vom Visuellen seinen Ausgangspunkt nimmt. Die Frage ist berechtigt, solange nur solche Bilder zählen, die sich der Handlung unterordnen; solange nur das für den Fortgang der Handlung Dienliche zugelassen wird. Wie arm ist eine Welt, in der nur noch das im engen Sinne Funktionale gilt! Professionelle Arbeit lässt sich auf solche Funktionalität jedoch nicht reduzieren.

Professionell zu arbeiten bedeutet auch: arbeitsteiliges, spezialisiertes Produzieren; es beinhaltet damit den Dialog, die Auseinandersetzung aller Beteiligten um das Produkt, das entstehen soll. Es beinhaltet vielleicht auch einen weiteren Horizont als das einsame Arbeiten.
Die Amateure / Avantgardisten (damit möchte ich im Weiteren die Haltung bezeichnen, die den Filmen des westdeutschen Programms zugrunde liegt) sind zunächst nur sich selbst verantwortlich. Sie wollen kein Spezialistentum, wollen nichts aus der Hand geben. Sie wollen keinen Diskurs, der möglicherweise Individuelles, Kantiges abschleift und alles auf einen mittleren Nenner bringt. Sie bezahlen mit größerer Einsamkeit, die noch im Produkt spürbar ist.

Die Amateure / Avantgardisten lassen sich auch den Vorwurf des allzu Privaten und Persönlichen, der Nabelschau und des Psychologisierens nicht machen. Sie halten dagegen, dass sie etwas im Sinne der Sache unbedingt Notwendiges tun. Sie provozieren gegen das Gewohnte, brechen Tabus, machen aufmerksam nicht nur auf thematisch Ausgeblendetes. Sie übernehmen die Rolle des Fragens, des Zweifelns, des Nein-Sagens, des Forschens, des Experimentierens, des neuen Entwurfs. Sie übernehmen damit auch das Risiko des Irrweges, und setzen sich der Gefahr aus, nicht verstanden zu werden. Sie haben im eigentlichen Sinne die Rolle der Vorreiter, der gegenüber die sogenannten Professionellen manchmal wie Märchenerzähler anmuten, die, wenn sie ihr Metier beherrschen, die schönsten Geschichten auf die wunderbarste Art und Weise vortragen.

Nicht nur das Geschichten-Erzählen steht in der Geschichte des Films in einer langen Tradition. Auch das Anliegen der Avantgarde reicht weit zurück. Es gibt die Geschichte eines anderen Kinos gegen die Filmindustrie. Es gab und gibt die Debatte um eine andere Ästhetik als die des Realismus und der fotografisch reproduzierten Augenhöhenperspektive bei der Abbildung der äußerlich sichtbaren Welt. Namen wie Rodtschenko, Eisenstein, Vertov, Esfir Schub, Lilja Brik, Moholy-Nagy, El Lissitzky, Richter, Ruttmann und viele andere gehören dazu. So auch der Fotograf Alexander Rodtschenko, der sagt: »In der Fotografie gibt es alte Standpunkte, Standpunkte des Menschen, der auf der Erde steht und vor sich hinschaut oder wie ich es nenne: Bauchnabelaufnahmen, den Apparat auf dem Bauch. Gegen diesen Standpunkt kämpfe ich und werde ich kämpfen, wie es auch meine Genossen in der neuen Fotografie tun. Fotografiert von allen Standpunkten außer dem Bauchnabel aus, auf dass all diese Standpunkte nicht mehr berüchtigt sein werden.« Und an anderer Stelle: »Wir sind verpflichtet zu experimentieren.«

Theoretiker wie Béla Balàzs verweisen darauf, dass im Film wie in keinem anderen Medium Gefühlslagen, innere Situationen sichtbar gemacht werden können. Wenn den Amateuren / Avantgardisten vorgeworfen wird, dass sie Selbstbespiegelung und Nabelschau betreiben, können sie entgegenhalten, dass sie zwar Ausdrucksformen für die eigene innere Welt erproben, damit aber Formen für innere, visuelle Welten überhaupt. Bei solchem Blick nach innen ist kaum zu erwarten, dass das Publikum verständig nickt in dem Gefühl: »Ja, so ist es.« Auf die Ausbreitung der so persönlichen, inneren Welt wird sich letztlich wohl nur der einlassen können, der ein Interesse an der Einzigartigkeit, am Individuellen, von allem anderen Unterschiedenen hat.

Der Beherrschung der Geschichte und ihrer Dramaturgie. Die Beherrschung kinematografisch normierter Codes. Demgegenüber Formen und das Material als Thema filmischer Gestaltung, ihre Variation und Erneuerung. Franz Roth schreibt im Mitteilungsblatt der pfälzischen Landesgewerbeanstalt »Hand und Maschine« im Februar 1930: »Leider ist innerhalb der Avantgarde von Fotografen (es sind meist ›Laien‹, die unbefangen blieben gegenüber den üblichen Berufsroutinen und so Erneuerung brachten) ein Streit entbrannt: ob die Fotografie Reportage oder künstlerische Gestaltung zu sein habe. ... Da derselbe Streit auch in der Malerei, vor allem aber in der Dichtung heute tobt, handelt es sich gerade bei ›heutigen‹ Gestaltern um die Zweipoligkeit unserer Kultur überhaupt, die sich selbstverständlich auch im Fotografieren spiegeln musste. Keine dieser Kunstgattungen darf man jedenfalls darauf festlegen, dass man ein sachklares Abbild dieser Welt allein zu geben habe. Denn auch hier gelten die zwei Urfreuden des Menschen, die wie Aus- und Einatmen, in jeder Kultur, möglichst sogar in jedem Individuum zusammentreffen sollten: Freude am Realgehalt, am genausten Wiedererkennen eines Wirklichkeitststückes einerseits und andererseits Genuss des Fremd-, Entlegen-, Seltsam-Werdens derselben Umwelt. Im ersten Fall der Knopf exakt als Knopf. Im zweiten Fall der Knopf als Mond, verwandeltes Wesen, wobei dann der Genuss darin besteht, in einer winzigen Alltagsbanalität etwas vom Bau und Schimmer astronomischer Körper anklingen zu lassen, im kleinen also ein verwandtes größeres Formengeheimnis zu ahnen.« All das ist übertragbar auf den Film.

Im Ergebnis der Avantgarde kommt nicht heraus, dass gar keine Geschichten mehr erzählt werden können. Es werden Geschichten neu erzählt, auf ungewohnte Art, und es werden neue Geschichten erzählt. Unter dem Motto »Das Private ist politisch« befassten sich die Filmemacherinnen des westdeutschen Programms mit der eigenen Sexualität, mit Sexualität und Gewalt, mit dem Bild von sich selbst, was durchaus mehr als einfache Selbstbespiegelung und in der Kunstgeschichte ja kein ungewöhnliches Thema ist. Immerhin beinhaltet es auch den Mut, öffentlich und direkt von sich zu sprechen. Selbst wenn dabei auch Selbsthass, Einsamkeit und Verzweiflung spürbar wird.[5]

Ich erinnere mich jetzt auch an einen sowjetischen Film, den ich vor Jahren sah: TRÜMMER DES IMPERIUMS von Ermler. In diesem Film wurde die Erzählung der Handlung verbunden mit assoziativen Montagen, die die innere Welt des Protagonisten verdeutlichten. Ähnlich experimentell mit dem Ton arbeitete z.B. Pudowkin in seinem Film DER DESERTEUR. Überhaupt scheint mir beim Überdenken jetzt, dass die Geschichte des sowjetischen Films voll ist von Beispielen, in denen sich traditionelle mit experimentellen / avantgardistischen Erzählformen mischen.

Die Beherrschung von Stoff und Codes bis zur Perfektion birgt die Gefahr, dass die Dinge erstarren und leblos werden. Gegen die Perfektion immer wieder der Versuch beim Punkt Null anzufangen. Mit dem Film Ausdruckswege suchen wie ein Kind, das die Sprache erlernt. Für das Kind ist Sprache ganz neu, selbst wenn sie vor seinem bescheidenen Versuchen schon seit Jahrtausenden hoch entwickelt existiert. Wollte man dem Kind seine Versuche verbieten? Wollte man seine eigenen, zum Teil unverständlichen Schöpfungen verurteilen mit dem Verweis auf das schon vorab entwickelte Sprachsystem? Würde man ihm nur zu sprechen erlauben, wenn es das überlieferte System vollkommen in Anwendung zu bringen versteht? Gewiss, die Kinder bewegen sich mit ihren Versuchen auf das überlieferte System zu, auch um sich in dieses System einzufinden. Die Avantgardisten bewegen sich dagegen oft weit entfernt vom System der für ihr Medium geltenden Codes. Und

5 Vom Chaos der ungeordneten Eindrücke zu einer strukturierten Welt, in der Leben aber auch ersticken kann, wenn die Ordnung zu fest gezimmert ist. Das gilt auch für die formalen Standards. Kira Muratowas Filme waren für mich ein Beispiel dafür, dass man sich sehr wohl der Ordnung der kinematografischen Standards bedienen und sie zugleich durchbrechen kann. Andere sowjetische Filme hielten vielleicht zu ungebrochen an filmischen Konventionen fest. Viele der Filme im westdeutschen Programm konnten dagegen dem Chaos kaum entrinnen. Sie gaben eher ein Bild des Ungeordneten im eigenen Inneren, sind mit dieser Veranschaulichung einer Innenwelt jedoch nicht weniger wahr und beachtenswert als manche professionell erzählte Geschichte von äußeren Ereignissen.

entsprechend weit bewegen sie sich auch von den Verständnismöglich-
keiten des Publikums.

Wollte man die Fülle der Möglichkeiten auf einer Linie anordnen, an
deren Ausgangspunkt ein System normierter kinematografischer Codes
und der entsprechend perfekt gemachte, kommerzielle Film steht, so
bewegen sich auf dieser Linie Professionelle und Amateure gleicher-
maßen, die einen näher, die anderen sehr viel weiter entfernt vom Ausgangspunkt. Auch die Zuschauer bewegen sich mit ihren filmischen und
ästhetischen Kenntnissen irgendwo auf dieser Linie und können dem-
entsprechend die Produkte verstehen oder auch nicht.[6]
Wenn ich abschließend noch einmal einen Blick werfe auf das sowjetische und westdeutsche Programm, so kommt es mir vor, als ob die sowjetischen Frauen in der Verwendung traditioneller kinematographischer
Standards ein Niveau erreicht haben, das bei aller Perfektion in der
Gestaltung, ihre Geschichten dennoch lebendig bleiben lässt. Sie waren nicht aktionistisch, wie so oft im kommerziellen Film, bloß auf eine
Handlung reduziert. Immer ging es darum, die Beweggründe menschlichen Handels zu verstehen. Immer ging es um genaues Hinsehen, mit
viel Zeit, um das Aufhellen von Hintergründen, nicht nur im sozialen,
sondern auch im lebensgeschichtlichen und psychologischen Bereich.
Das beschreibt einen weiteren, entscheidenden Unterschied zum westdeutschen Programm, den die Dokumentaristin Ewgenja Golownja in
der Abschlussdiskussion so benannte: »Unverständlich ist mir der Indi-
vidualismus in euren Filmen. Es werden sehr wenig soziale Beziehungen nach außen gesucht – und das ist das Erschreckende.« Entge-
gengehalten wurde zwar sofort: »Das Private ist politisch« – doch wurde nicht weiter erörtert, was man unter dem Privaten versteht.

Ich glaube, die sowjetischen Frauen spürten in manchem westdeutschen Film etwas vom *vie privée*, das Henri Lefèbvre so beschreibt:
»Das Privatleben. Es ist ein wirklich ›beraubtes‹ Leben, beraubt der
Wirklichkeit, der Bindungen mit der Welt – ein Leben, dem alles Menschliche fremd ist, weil es ganz den individualistischen Bestrebungen
unterworfen ist. ... Das Bewusstsein des Individuums zieht sich, statt
sich zu erweitern und die Welt sich zu erobern, zurück, verengt sich.
Und je mehr es sich verengt, desto mehr scheint es ›bei sich zu sein‹ ...
Das Beschränkteste, Leerste, Unsozialste gilt – in plumper Offenheit –

6 Vielleicht, so vermute ich jetzt, habe ich die Rolle der Amateure / Avantgardisten in der Abschlussdiskussion deshalb verteidigt, weil ich in der eigenen Arbeit mit Vergleichbarem zu tun
 habe. Mit dem Dokumentarfilm bewege ich mich auch auf der Seite des Forschens, des Entde-
 ckens, des Ausprobierens, des Improvisierens. Der Dokumentarfilm findet, wenn er sich selbst
 treu bleibt, immer Einzigartiges. Auch er braucht die Liebe des Betrachters zum Individuellen,
 von allem Anderen Unterschiedenen. Auch er erfindet, wenn er lebendig ist, in der Montage
 seine Form immer wieder neu.

als das Allermenschlichste.«[7] Dieses »beraubte Leben« illusionslos vor Augen geführt zu bekommen, mit der existentiellen Verlassenheit des Menschen ohne Beschönigung konfrontiert zu sein, das ging im westdeutschen Programm für manche bis an die Grenze des Erträglichen.

Kommerzielle und avantgardistische Filmarbeit, Professionelle und Amateure, ein »beraubtes« Leben auf beiden Seiten – hier der menschlichen Bindung, dort der individuelleren Entfaltungsmöglichkeit – alles Schematische, alle Etiketten sind auch falsch. Es gibt so viele Zwischentöne, so viele Berührungspunkte, so viele komplexe Vermischungen, so viel Für und Wider, so viel Hin und Her, dass ein Austausch einer großen Kontinuität bedürfte, um wirkliche Gemeinsamkeiten und Unterschiede festzustellen. Und dabei wäre zu bedenken, dass für viele sowjetische Frauen ein Dialog in solcher Offenheit etwas gänzlich Neues ist.

Die Filmkritikerin Alla Gerber beschrieb die Situation vor und nach der Perestrojka für sich so: »Was man für seine ureigensten Gedanken hielt, ist plötzlich Handelsware und in aller Munde. Die erste Reaktion: Da möchte man schweigen, um in dem großen Chor nicht seine Stimme zu verlieren.«

Schweigen – das ist auch Ausdruck einer großen Verunsicherung. Die eigene Stimme wiederfinden, neu finden, sich in der Uniformität des Lauten und Schnelllebigen bemerkbar machen, kenntlich werden als Frau, immer wieder eigene, persönliche Ausdrucksformen suchen – darin werden wohl auch in Zukunft vergleichbare Bemühungen bestehen.

7 Henri Lefèbvre: *Kritik des Alltagslebens,* Bd. 1, München 1974.

Für Rolf Richter*
Christoph Hübner

Erinnerung? Eben war alles noch Gegenwart. Und Zukunft.
Und jetzt schon Vergangenheit?

Bilder? Sein schönes, freundliches Gesicht. Seine warmen, wachen Augen
unter den dichten Augenbrauen. Sein graues wollenes Jackett, seine Kleidung, das Gegenteil von Hemdsärmeligkeit.
Seine Gesten, das zuversichtliche, erlöste Nicken, wenn wieder irgend-
ein Problem abgehakt war: »Ja, dann machen wir das doch so.«

Haltungen? Seine Unaufgeregtheit, seine Gelassenheit, die mir als Jün-
gerem soviel Eindruck machte und Beispiel gab. Seine Indirektheit, seine
»praktische Poesie« – selten sprach er direkt von einer Sache, noch weniger von Menschen, kaum war einmal ein böses Urteil, eine Festlegung
zu hören, er bevorzugte die Umschreibungen, die Andeutungen, die Offenheit des Vorläufigen. Das galt auch für den Umgang mit sich selbst:
wie schwer oft für uns andere, einzuschätzen, wie es ihm ging, wann
eine Grenze erreicht war.
Sich selbst nahm er wenig wichtig, zu wenig wichtig, ganz im Gegensatz
zu den Anderen. Immer war er auf dem Sprung, ob er anderen noch etwas Gutes tun könnte, ob sie noch etwas brauchten, Wünsche hatten –
er, der Ältere, der sich eigentlich hätte bedienen lassen können. Vielleicht verstrickte ihn diese Haltung auch in die vielen Aktivitäten, die
vielen Verantwortungen und Initiativen, in denen er sich engagierte. Er
wollte helfen, dabei sein, wenn etwas Neues aufgebaut wurde, sich nicht
abwenden, wenn etwas gefährdet war. Die vielen Gremien, Kommission-
en, Vorstände, in denen er zum Schluss war, wussten das – und sie
nutzten es. Dahinter stand keine Karriereabsicht, kein Profilierungsin-
teresse, kein Eigennutz, allenfalls das Festhalten von Visionen, an ästhetischen und politischen Anliegen. »Man muss sich doch kümmern … «

Anliegen? Zuallererst das, was er selber in so starkem Maße ausstrahl-
te: Menschlichkeit, Würde. Würde – das hat auch mit Würdigung zu tun.
Er wollte, dass Menschen und dass (gute) Arbeit gewürdigt werden.
Würde hat auch mit Gerechtigkeit zu tun, mit Aufrichtigkeit, Unkorrum-
pierbarkeit. Bei all seiner Freundlichkeit und Weichheit hatte er ein sehr
genaues Gespür dafür, wenn Grenzen überschritten wurden, wenn eine
Sache eine falsche Entwicklung nahm, wenn sie nicht mehr seine Sache
war, wenn er selbst zu sehr von Funktionären umstellt war. Funktionär,

* Rolf Richter (1932–1992) war Drehbuchautor, Dokumentarfilmer und Filmpublizist in der DDR,
zuletzt Mitherausgeber der Filmzeitschrift *Film und Fernsehen*.

Funktionieren – das war seine Sache überhaupt nicht, bei all den Ämtern, den Verpflichtungen, die er einging.

Es ging ihm um die Sache selbst – ob es das Überleben eines traditionsreichen Kinos als Spielstätte für ihm wichtige Filme war (das Babylon im Berliner Osten), ob das seine Arbeit im Europäischen Dokumentarfilminstitut war, wo ihm neben der Betreuung des EDI-Bulletins vor allem an der Begegnung der europäischen Dokumentaristen untereinander lag, oder der Erhalt der Filmzeitschrift *Film und Fernsehen,* für die er mit seiner Frau Erika Richter die Hauptlast trug. Überhaupt: das Erhalten, das Bewahren, Nicht-schnell-Wegwerfen. Seine Umgebung, seine Wohnung gaben ein Bild davon. Aber auch seine Arbeit: der dokumentarische Film hat schon immer etwas von Festhalten, von Bewahren in sich. Und auch in seiner malerischen Arbeit, der Collage, ist das Aufheben und das Neuverwenden alter Materialien elementarer Bestandteil. Sich stemmen gegen die Achtlosigkeit, gegen die Wegwerf-Mentalität, gegen die Nicht-Würdigung menschlicher Hervorbringungen – das ist das eine. Das andere – auch das steckt in dem Begriff der Collage – ist das Verbinden, das Zusammenführen, das Montieren von Verschiedenartigem zu neuer Einheit. Vielleicht kommt dieses Prinzip der Collage ihm selbst, seinem Leben, seiner Arbeit, seiner Vision am nächsten. Für sich selbst jedenfalls hat er es gültig gemacht: er verband das Schreiben mit dem Filmen, das Filmen mit dem Malen, die künstlerische Arbeit mit dem öffentlichen Engagement, das praktische Tun mit dem Lehren – dazu kam oft noch der Kampf um angemessene Bedingungen für all das. Aus der Distanz scheint es fast zu viel auf einmal. Und vielleicht war es das auch. Aber er wollte das so und er hatte wohl auch Spaß daran. Er hat das Verbinden der Vielen zu seinem Leben gemacht.

Arbeit? Über seine künstlerische Arbeit können und werden andere berufener schreiben. Uns gegenüber machte er davon nie besonders viel Aufhebens. Während er andererseits immer bereit und interessiert war, von anderen über ihre Arbeit zu hören, sie zu ermutigen, zu propagieren, wusste man oft gar nicht, woran er selbst gerade arbeitete. Eitelkeit in eigener Sache, Werbung machen für sich selbst, das war ihm fremd. Eines Abends, nachdem er sich schon von einem Besuch bei mir verabschiedet hatte, fand ich auf meinem Schreibtisch eine seiner schönen, zarten Collagen. Darunter nur » ... für Christoph. Rolf«. Das war Rolf: keine große Geste, keine Erwiderung zulassend, kein Pathos.

So hat er sich auch jetzt verabschiedet: keine große Geste, keine Erwiderung zulassend, kein Pathos ...

Er wird mir, er wird uns fehlen, der große Verbinder, der unaufdringliche Freund – *der gute Mensch.*

1992

GRENZGÄNGE II (1988–1994)

Zum Film ANNA ZEIT LAND

Improvisieren und Entdecken
Christoph Hübner

Eigentlich ist es eine Geschichte, die ich schon lange vor dem Van-Gogh-Film mit mir herumgetragen habe. Das Aufeinandertreffen von Realität und Fiktion hat mich formal immer gereizt. Das wollte ich irgendwann einmal ausprobieren. In die Herstellung einer Fiktion wollte ich das dokumentarische Improvisieren und Entdecken-Können mit hinübernehmen. Mich hat immer geärgert, wenn Dokumentarfilmer einen Spielfilm machten und dann alles vergessen haben, was sie vorher gemacht haben; wenn sie sich damit begnügen, gute Handwerker zu werden, anstatt den Reichtum der dokumentarischen Methode mit hineinzunehmen und auf diese Weise eine andere Form zu finden. Ich wollte mir nicht vorher alles ausdenken und am Schreibtisch festlegen, sondern hatte das Bedürfnis, einfach loszugehen, mit einer Vorstellung, was man will, an ein paar Orte, die man kennt, aber dann zu improvisieren und zu entdecken. Wenn ich einen Film beginne, steht am Anfang meist ein musikalisches Gefühl: keine Melodie, sondern ein Rhythmus, eine Gangart, ein Klang. Dieser Film ist eher polyphon strukturiert. Lange Zeit habe ich überlegt, ob er dem Modell einer mehrstimmigen, kontrapunktisch angelegten Fuge folgen könnte. Letztlich steht der Rhythmus des Films aber den Neutönern näher als den klassischen Vorbildern.

Januar 1994

Setzen auf den Moment
Christoph Hübner

Eine Arbeitsweise finden, in der der Augenblick produktiv werden kann. »Der Mann mit der Kamera – man sieht ihn nicht. Aber alles, was er sieht, zeigt ihn.« (Béla Balázs) Anna sieht man. Sie wird nicht so sehr angeschaut, als dass wir mit ihr schauen. Alles was sie sieht, zeigt sie.
Noch einmal Béla Balázs: »Die Reise in die Nähe hat keine Marschroute, also keine Form. Sie ergibt keine zusammenhängende Begebenheitsfolge und keine Fabel und doch ist sie Dichtung. ... Der Dichter, der uns hier mit der Kamera führen muss, ist kein Epiker. Eher ein Lyriker, der optische Notizen und Skizzen macht. Wenn er sie zusammenstellt in der Montage, soll trotzdem ein Lebensbild, eine Lebensstimmung entstehen. ... Ohne die Absicht, etwas zu Ende zu führen oder auch nur zu Ende zu denken, überlässt er sich den simultanen Eindrücken der Welt.« Wenn man offen ist, begegnet einem etwas. Ob das eine Raststätte ist, auf die man gerät, weil man nicht weiß, ob man noch weiterfahren soll

oder nicht. Während man dort unschlüssig die Zeit verbringt, herumschaut, gräbt sie sich ein als Motiv für den Film. Langsam sehe ich – einen Ort, an den es Anna verschlagen könnte.

Wenn Anna nicht weiß, dann sollte sie auch stur bei diesem »Ich weiß nicht und nichts« bleiben. Selbst wenn das die Anderen irritiert, auf Distanz hält. Es soll keine Kumpelhaftigkeit geben im Film im Sinne von: »Wir verstehen uns schon!«
Anna lacht nicht. Sie geht und schaut. Wir schauen mit ihr. Alles lapidar und nicht zu ausgeführt. Vieles behaupten, einfach nebeneinander setzen.
Anna im Unterschied zu NANA S. und ABSCHIED VON GESTERN ein Dokumentarfilm, in den stellenweise die Fiktion einbricht. Nicht umgekehrt: ein Spielfilm mit durchgehendem dokumentarischem Beiwerk.
Anna hat nicht immer Glück. Sie findet keine Arbeit, findet nichts zum Schlafen, niemand nimmt sie mit. Vielleicht geht ihr auch das Geld aus. Sie hat Hunger und stiehlt etwas.

Stückweise – die Erzählform des Films und auch die Herstellungsform des Films.

Zeitbild: Welt und Mensch haben ihren Glauben verloren – Ich löst sich auf. In Unordnung geratene Welt.

Die Fotografie ist für Anna wie eine Art Vergewisserung, ein Spuren legen für sich selbst. Es ist so etwas wie das Anlegen eines visuellen Notizbuches, von dem sie noch nicht genau weiß, ob und wie sie es braucht. Anna fotografiert Landschaften, auch Stadtlandschaften. Sie fotografiert in Hotels und sonstigen Unterkünften immer wieder den Blick aus dem Fenster und einen Ausschnitt vom Zimmer. Menschen fotografiert sie nur als Teil von Situationen, eher aus der Distanz. Sie macht keine Portraits. Sie fotografiert auch sich selbst.
Annas Bilder sind nicht immer mittenzentriert, nicht immer im Lot. Manchmal, zum Beispiel im Fotoladen in Kyritz oder im Bildarchiv der taz steckt Anna auch einige Fotos ein. Anna fotografiert auch den laufenden Fernseher.
Die Fotos sind nicht perfekt, sie haben Unschärfen etc. ... sie zeigen Annas Blick.
Wenn die Fotos einer Art Selbstvergewisserung dienen, müsste sie die Fotos im Film auch mal ansehen, nur für sich. An welcher Stelle könnte das sein?

Noch offen: sieht man nur, wie Anna fotografiert, oder sieht man auch die Fotos im Laufe des Films? Ebenfalls: sieht man, wie sie die Fotos entwickelt und die getrockneten Fotos einsammelt?

Offen auch, wie Anna technisch fotografiert. Hat sie mehrere Objektive, die sie wechselt? Auf jeden Fall muss sie eine Kamera mit Selbstauslöser haben. Und sie fotografiert schwarz-weiß.

Wichtig, dass die Stimmungslage in den einzelnen Szenen abwechselt, dass sich nicht alles in einer durchgehend einheitlichen Melancholie abspielt; das Leben sollte Anna durchaus auch Spaß machen zeitweise. Beim Tanzen steht Anna nicht nur beschaulich am Rande, sie tanzt aus Freude, zur Not auch allein. Es geht nicht alles glatt für Anna.

Anna dürfte nicht den Eindruck erwecken, über allen Dingen zu stehen, über alles erhaben zu sein; sie müsste auch etwas Linkisches, Täppisches, Naives haben – vielleicht auch Slapstickhaftes, eine Szene, in der man mit ihr über sie lachen kann.

Die Schauspielerin sollte sich ein Repertoire an Spielmöglichkeiten vorab erarbeiten, ein Repertoire an möglichen Antworten, Äußerungen und Verhaltensweisen, die die Figur der Anna für den Zuschauer kenntlich machen. Diese Repertoire bezöge sich zum Beispiel auf Fragen wie: Woher und wohin? Warum und wozu? Wer bist du? Was machst du?

Es geht auch darum, eine Poetik des Indirekten, der Umwege zu entwickeln.

Gegen Ende des Films vielleicht einen Tagebuchtext einführen, als Ebene der Reflexion der Anna über ihre Erfahrungen; vielleicht auch Briefe an jemanden oder nur einen Brief als Beginn von etwas ...

Wenn es im Herbst sehr heiß hergeht in der DDR, was bedeutet das für Anna? Werden die Menschen in der DDR zu sehr mit sich selbst beschäftigt sein, so dass das Interesse für eine Person wie Anna automatisch in den Hintergrund tritt? Ihre Figur vom Aktuellen zu sehr überschattet wird?

Wenn die Rede von Annas Entwicklung ist, dann geht es nicht um eine hochdramatische, biografische Wende. Es geht eher darum, eine Person in unterschiedlichen Facetten zu beschreiben – in diesem Fall um jemanden, der von Zielen und vom Planen Abschied genommen hat und nun etwas anderes ausprobiert: das Sich-treiben-lassen, das Streunen.

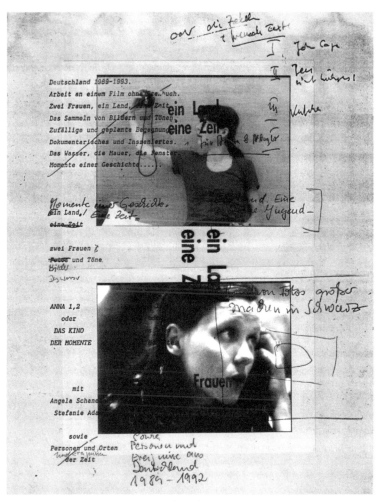

Folie mit Titelentwürfen zu ANNA ZEIT LAND (© CHF)

›A‹ wie ANNA*
Gabriele Voss

> Alles kann geschehen und alles passt zusammen –
> es gibt kein übriges Leben. Das Leben ist eins.
> Ohne Anfang, ohne Mitte, ohne Ende ...
> (John Cage: *Vortrag über etwas*)

ANNA

In Paris wird Albert Camus' letzter, unvollendeter Roman veröffentlicht: *Der erste Mensch*. Darin heißt es im Anhang: »Sich von jeder Sorge um die Kunst und die Form befreien. Den direkten Kontakt wieder finden, ohne Vermittlung, die Unschuld ...« Das ist wohl etwas Ähnliches wie die Sehnsucht nach der ursprünglichen, naiven Frische, die noch nicht so sehr von Kenntnissen belastet war. Die Sehnsucht, sich von dem Vielen, das man inzwischen weiß zu befreien. Auch eine Sehnsucht von ANNA – der Versuch, etwas wieder zu finden wie einen kindlichen Blick. Sehen, als sähe man zum ersten Mal. Einen Weg finden, wieder zu arbeiten ohne Rücksichten. Zur Einfachheit zurückfinden. Nicht zu viel auf einmal wollen.

Camus ist auf der Suche nach der leeren Zeit der Besitzlosen, die, weil sie leer ist, sich mit allem füllen kann. Wäre das ein Titel: ANNA – auf der Suche nach der leeren Zeit? Jedenfalls ist ANNA nicht auf der Suche nach etwas Verlorenem. Eher nach einer leeren Stelle in der Fülle. Camus' Buch wird in der *Zeit* vom 22.04.94 so beschrieben: »Es ist sein erstes Buch ohne Hintersinn, ohne Ziel, ohne Handlung. Das erste Buch, in dem es keine Handlung, keine Intrige, keine Folge und kein Ziel gibt, es kommt beinahe ganz ohne Charaktere, ohne Überhöhungen und Metaphern aus: afrikanische minimal Literatur, Sand, Wind, Wüste.«

Und ANNA? Ein deutscher Minimalfilm. Bilder, Töne, Landschaften, Menschen. ANNA unternimmt eine Reise. Das ist schon Aktivität genug.

Wenn ANNA etwas hat von einem Müßiggänger, Flaneur, von einem unentschieden in die Welt hinein Träumenden, so ist sie denkbar weit weg von den heutigen Leitfiguren, den eilig Strebsamen, die alle nach einem Ziel unterwegs sind. Ihre Einsamkeit, ihr Zögern, ihre Unentschiedenheit, ihre Vagheit muss im Strom der Zielstrebigen auf Unverständnis stoßen, ja auf Ablehnung, weil sie das ungehinderte Vorwärtsdrängen aufhält, weil sie Fragen aufwirft an Ziele und Richtungen. Sie ist durch ihre Art, da zu sein, Frage an die Anderen, Irritation, Störung auf dem Weg zum Ziel.

ANNA bestimmt ihr Handeln nicht von den Folgen her, sondern aus Impulsen, ohne die Folgen zu bedenken. ANNA sucht auch nicht nach dem

---

* Auszüge aus einem unveröffentlichten Manuskript von 1995.

Eigentlichen. Sie weiß nur, dass es immer noch mehr gibt als das, was im Moment ist.

ANNA wie Buster Keaton: »Ich komme von weit und glaube an meinen Stern. Mehr weiß ich nicht. Mehr will ich auch gar nicht wissen.«
ANNA I und ANNA II. Das geteilte Ich. Doppelgängerin, aber nicht im Sinne von Verdoppelung, sondern von Ambivalenz und Ambiguität. Im Sinne von: jeder hat mehrere Persönlichkeiten. Gespaltenheit, und diese zulassen. Nicht wissen, wer man ist, pendeln um eine Mitte, aber auch: aus der Mitte sein. Das machtlose Ich. Nichts mehr vermögen. Zum Schauen, zum Danebenstehen verurteilt.

In einer Radiosendung über die sich entwickelnde High-Tech-Gesellschaft ist zu hören, dass gerade das orientierungslose, hochflexible Individuum gebraucht wird, nicht das von innen gesteuerte.

Bild und Ton
Gibt es, wie den reinen Klang, das reine Bild, dem keine Absicht auferlegt wird? Gibt es das absichtslose, fotografische Bild? Und die Montage? Gibt es eine absichtslose Montage? Das rohe Gesehene und Gehörte nehmen und es nach dem Zufallsprinzip in eine Reihenfolge bringen. Wenn man dieses Prinzip radikal durchführte, wäre das Endprodukt noch anschaubar? Ergäbe sich eine Bild- und Tonfläche von Punkten und Flecken, vergleichbar den Sternen am Himmel? Eher den Sternenhaufen und den Milchstraßen als dem »Großen Bären« und dem »Großen Wagen«? Kann man die Welt so sehen und so zeigen wie die Sterne, wenn man sie nicht in unsere Ordnungsmuster fügt?
Kann man Bilder so machen, dass sie kein Ziel haben? So wie die Klänge kein Ziel haben? Ohne auszuweichen auf Abstraktion und Experimentelles? Oder muss man dorthin ausweichen, um das Bild von Bedeutungen zu befreien? Kann man zumindest Festlegungen auf bestimmte Bedeutungen aufheben durch Montage? So montieren, dass nichts fest wird und alles gleich gilt? »Du sollst Dir kein Bild machen! Denn ein Bild schränkt ein, begrenzt, fasst, was unbegrenzt und unvorstellbar bleiben soll.« (Schönberg)

Blicke
ANNA sehnt sich nach einem Blick ohne Parameter, nach einem Blick, der nicht vergleicht. So wie wir uns sehnen nach dem unbelasteten Blick des Kindes. Wir möchten noch einmal sehen können, als sähen wir zum ersten Mal: neugierig, offen, unvoreingenommen, nicht ordnend, nicht wissend, was wir sehen.
Was geschieht aber, wenn der Zuschauer schon vor dem Sehen erkennt, was er sieht? Weil er tut, was man immer tut: Vergleichen mit vorher Ge-

wusstem, identifizieren, einordnen. Wo die Dinge für ANNA unbelastet nebeneinander stehen, sieht und sucht er Zeichen und Bedeutungen. Wenn er davon nicht lassen kann, wird er durch ANNAs Art der Betrachtung und durch den Film eher verwirrt. Was ANNA sieht und nebeneinander stellt, fügt sich kaum zu Sinnhaftem. ANNA stört das nicht. Wie das Kind empfindet sie keinen Mangel an Zusammenhang.

Chaos

ANNA ZEIT LAND ist in gewissem Sinne eine Verteidigung der Ungewissheit. In jedem Fall ist es kein Verrat an ihr. Der Film lässt die Ungewissheit über ANNA und den Zustand der Welt bestehen. Das, was bis in die achtziger Jahre klar schien, ist zerbrochen. Es scheint, als sei in den nächsten Jahren im Chaos zu leben. In dieser Situation ist ANNA unterwegs. Viele sagen, der Film sei wie ein Kaleidoskop. Drei Symmetrieachsen, ANNA I, ANNA II und der Autor. Aber die Symmetrie ist gebrochen. Es entstehen keine bloß dekorativen Muster. Eher so etwas wie selbstähnliche Fraktale.

Dramaturgie

Auf einem Drehbuchseminar im Jahre 1988 konnte man hören: Die Botschaft eines Films lässt sich in einem Satz ausdrücken. Der Protagonist weiß jederzeit, was er erreichen will. Er verfügt über die notwendige Kraft, seine Ziele zu erreichen. Er ist eine emphatische Persönlichkeit. Das Publikum kann sich in ihm wiedererkennen.

Ein Pole sagt zu ANNA: »Und was machst Du? Das ist typisch deutsche Frage.« Nach einer Pause dann: »Kannst du oft nicht sagen, was machst du.« Er wäre also kein guter Protagonist für einen Film.

Johannes Beringer schreibt über die Regiearbeit von Jean-Luc Godard: »Eine Geschichte ohne Geschichte. Vor den Bildern – das Sehen. Vor der Geschichte – die Erfahrung. Die Erfahrung ist wohl blind. Sie muss erst aufgespürt werden.« Das ist wohl das, was der Dokumentarfilm eher sucht. Beringer weiter: »Die Konvention des Drehbuchs ist wie eine Superstruktur, die sich über das Wirkliche legt – es verdeckt, verhindert. Man muss sich dorthin wenden, wo auch wirklich etwas zu bekommen ist, Leute versammeln, Geräte hinstellen, Schauplätze finden, vorgefasste, allzu fertige Gedanken fallen lassen – die fixe Idee abschütteln, um darin, aus dem Moment heraus, die Idee wiederzufinden.«[1] Das heißt, sich auf sehr ungesichertes Terrain begeben. Wirklich etwas riskieren. Ohne vorher zu wissen, was dabei heraus kommt.

1 Johannes Beringer in: *Filmkritik*, 7/83.

Dissonanz

Die Dissonanz, von Ordnungsprinzipien noch nicht geglättet, urtümlicher und archaischer als die Konsonanz. Die Dissonanz, oft als Irrationalität empfunden, rührt an tiefere Schichten des menschlichen Bewusstseins. Da die Dissonanzen, die ursprünglich nicht ängstigen, ja vielleicht nicht einmal als solche wahrgenommen werden, so früh verdrängt werden zugunsten konventioneller Ordnungen, verunsichern sie zutiefst. Sie bewirken Irritation und Haltlosigkeit.

Der Dokumentarist

»Was wir beobachten ist nicht die Natur selbst, sondern Natur, die unserer Art der Fragestellung ausgesetzt ist.« (Werner Heisenberg) In gewissem Maß entscheidet die Fragestellung über die Eigenschaften des Beobachteten. Und mit anderen Fragestellungen können den Dingen auch andere Eigenschaften zukommen.

Deshalb: Gibt es so etwas wie einen unbelasteten Blick, in dem die Dinge selbst sichtbar werden? Einen Blick, der keine Absichten verfolgt? Die Dimension der Tiefe, der Intensität sucht er nicht im esoterischen Jenseits, sondern im rohen Stoff der gegebenen Welt.

Erinnerung /Montage

Die Idee der Montage: ANNAs Reise wie aus der Erinnerung erzählen. In der Erinnerung erscheinen die Dinge anders, als sie tatsächlich abgelaufen sind. Erinnerung verzichtet auf Vollständigkeit. In ihr löst Chronologie sich auf, werden Akzente und Gewichtungen nach persönlichen, oft nicht nachvollziehbaren Kriterien gesetzt. Erinnerung setzt Vergangenes, Gegenwärtiges und Zukünftiges nebeneinander. Auch die im Alltagsverständnis immer in einem Nacheinander gedachte Zeit verschmilzt zur Gleichzeitigkeit des Zeit-Raums. Die Synchronität von Bildern und Tönen löst sich auf. Töne können genauso erinnert werden wie Bilder, selbständig und asynchron zu ihrem Entstehungszusammenhang. Erinnerung lässt auch Unvermitteltes zu. Sie kann jedes einzelne Element nehmen als wäre es ein Pinselstrich in einem mehr oder minder abstrakten Gemälde, in einer großen Fläche des Gleichzeitigen. Erinnerung ist dem Traum verwandt.

Erzählen

Ist die Art, wie Kinogeschichten erzählt werden, auch die Art, in der die Dinge des Lebens geschehen? Ereignet sich Leben nicht überwiegend als undramatischer Prozess, in dem, aus heutiger Sicht, die Realzeit der Lebensvorgänge fast wie Zeitlupe erscheint? Warum wird das Leben, wenn von ihm im Film erzählt wird, so sehr dramatisiert? Die nichtlineare Erzählweise holt uns wieder auf den Boden der nackten Tatsachen. Sie führt vor, wie langsam, brüchig, diskontinuierlich, umwegreich das

Schredderplatz für Mauerreste, bei Berlin 1990 (© CHF)

Leben eigentlich vor sich geht. Wenn aber alles gleich gilt, wenn man sich frei macht von Zuneigung und Abneigung gegenüber dem, was ohnehin geschieht, ist der Umweg dann noch ein Umweg, das Langsame noch langsam, das Undramatische undramatisch?

Zur nichtlinearen Erzählweise gehort wohl auch, dass sie uns jedes Mal an anderer Stelle packt, manchmal auch gar nicht und manchmal erst dann, wenn wir die Aufführung längst verlassen haben. ANNA stiftet Verwirrung. Sie lässt uns kalt, sie berührt uns für einen Augenblick.

Der Flaneur
»Ihn leitet die Straße in eine entschwundene Zeit. Zeit einer Kindheit. Zeit der Erinnerung. Ein Rausch kommt über ihn. Gewalt der Schritte, immer geringer die Verführungen der Läden, der Frauen, immer unwiderstehlicher der Magnetismus der nächsten Ecke. Ein schon ganz aufs Träumen präpariertes Dasein.

Dialektik des Flaneurs: einerseits der, der sich von allen angesehen fühlt, der Verdächtige schlechthin, andererseits der völlig Unauffindbare, Geborgene.« (Walter Benjamin, *Das Passagen-Werk*)

Fotografie
Fotografieren als Versuch, der Welt habhaft zu werden. Angesichts aller Vergänglichkeit etwas festhalten. Erinnerungsstücke. Auch: ein Teil der Geschichte werden durch Bilder. Eine Möglichkeit, Spuren zu hinterlassen und sich des eigenen Lebens zu vergewissern. »Es gibt ein Bild von mir, deshalb bin ich.« Beschreibt das nicht den Unterschied zwischen unserer Zeit und der des Descartes: »Ich denke, also bin ich.«

Der Fotoapparat: sich die Wirklichkeit auf Distanz halten und sie zugleich zu sich heranholen. Der Fotoapparat als Schutz, Talisman und Vorwand, als verschiebbare Grenze des »bis hierhin und nicht weiter«. Die Wahrnehmung eines Teils der eigenen Ängste und Wünsche, mit der Welt in Kontakt zu treten, wird auf den Apparat verlagert, mit dem, gleichsam stellvertretend, gehandelt werden kann. Die Rechtfertigung für das Tun liegt dann im Apparat, der zum Beispiel Nähe oder Distanz erfordert, nicht mehr in einem selbst.

Film des 20. Jahrhunderts
Welche Erzählform entspricht dem ausgehenden 20. Jahrhundert? Die fragmentarische, gebrochene, paradoxe, nicht psychologisierende Erzählung? Eine Erzählung ohne Zentrum oder aber mit vielen Zentren? Mit jedem ihrer Details als Zentrum? Eine Erzählung, die keine Hierarchien aufstellt. Eine flächige Erzählung, die alles zugleich und alles gleichwert vor uns hinstellt. Die Hauptsachen als Nebensachen und die Nebensachen als Hauptsachen? Wie eine Fläche im Film herstellen, der auf ein Nacheinander-Erzählen angewiesen ist?

Lässt sich für den Film ANNA ZEIT LAND dasselbe sagen wie für die Figur ANNA? Begonnen ohne Absichten, ohne Ziel? Und am Ende ein Film ohne Urteile, Kommentare, Antworten? Ein Film, der mehr mit Schaulust und Hörlust zu tun hat als mit Thema und Information.

Gleichzeitigkeit
Zum Denken des Gleichzeitigen gehört das Gelten-Lassen. Es ist ein nicht ausschließendes Denken, in dem Vieles möglich ist und nebeneinander stehen kann. Vom zeitlichen Denken des Dann und Dann, der Folgen, des Eins nach dem Anderen zum räumlichen Denken, eben zum gleichzeitigen Denken, in dem Vergangenheit, Gegenwart und Zukunft den einen Raum erfüllen. Entwickelt sich auch die Welt dahin? Oder entdecken wir nur über die Arbeit an diesem Film ein Denken, das es schon seit Tausenden von Jahren gibt? Eben auch ein nicht zentriertes Denken.

John Berger sagt: »In Wirklichkeit befinden wir uns stets zwischen zwei Zeiten: der des Körpers und der des Bewusstseins. Und meistens noch ein paar Zeiten mehr. Zumindest die industrielle, normative Zeit.« Wie kann aber man etwas, das nicht zentralperspektivisch in einer linearen Abfolge aufgeschlüsselt werden kann und soll, in einem linear ablaufenden Medium, wie dem Film, erzählen?

Bedeutet auf der Gleichzeitigkeit der Dinge bestehen auch, in gewissem Sinne an ihrer Oberfläche / Außenseite stehenbleiben? Denn, ginge man bei einer Sache in die Tiefe, könnte man zur gleichen Zeit die anderen Dinge nicht in eben demselben Maße berücksichtigen. Man müsste sich zugunsten einer Sache entscheiden. Heißt das nicht eher, der Außenseite der Dinge den negativen Beigeschmack nehmen. Stattdessen darauf vertrauen, dass sich in ihr alles zeigt, was zu sehen ist?

Frei werden von Erinnerung. Auch das gehört zur Fähigkeit, die Dinge gleich gelten zu lassen. Das Vergangene als Material betrachten. Nichts, dem man in der Erinnerung die Treue bewahren muss. Die Gleichzeitigkeit aller Gegensätze, Anwesenheit und Abwesenheit, Ordnung und Unordnung, gegenseitige Durchdringung und Nichtbehinderung.

Hören und Sehen
Robert Frank: »Looking outside to look inside« (ANNA I). Dasselbe: Listening outside to listen inside. (ANNA II) Die Resonanz der Dinge auf sich selbst hören, die Geräusche der Welt vernehmen und damit etwas von sich selbst vernehmen. Dass man diese Dinge zunächst nur für das Sehen denkt, zeigt, wie sehr der Hörsinn vernachlässigt ist, wie wenig man ihm zutraut. Als hörte man nur noch das Außen, keine Resonanz in sich.

Improvisation

Wichtig ist die Achtung des Zufalls, der Improvisation. Selbst wenn man das als Ergebnis dem Film kaum mehr ansieht, ist ein Großteil der Szenen – in der Aufnahme wie in der Bearbeitung – Ergebnis von Zufällen, von Improvisation. Selbst das Parzival Motiv, von manchen offenbar als symbolische Zugabe empfunden, ist einer zufälligen Begegnung während der Dreharbeiten verdankt.

Kindheit

»Aus einer tiefen Anschauung heraus ist unser Leben in der Kindheit so unendlich bedeutend, in jener Zeit ist uns alles gleich wichtig, wir hören alles, wir sehen alles, bei allen Eindrücken ist Gleichmäßigkeit, statt dass wir späterhin absichtlicher werden, uns mit dem Einzelnen ausschließlicher beschäftigen, das klare Gold der Anschauung für das Papiergeld der Bücherdefinition mühsam einwechseln, und an Lebensbreite gewinnen, was wir an Lebenstiefe verlieren.« (Heinrich Heine, *Die Harzreise, 1824*)

Kunst

Aki Kaurismäki auf den Vorwurf von Presseleuten, dass er in seinem Film LENINGRAD COWBOYS MEET MOSES keine Stellung bezieht: »Ich bin nicht verpflichtet, die offenen Fragen der Welt zu beantworten.« Auch in ANNA ZEIT LAND gibt es keine Stimme, keinen Erlöser, der verkündet, was zu tun ist, damit die Welt besser wird. ANNA trifft auch kaum auf Menschen, die solche Lösungen wissen. Dennoch hören auch wir, es sei Pflicht und Verantwortung des Künstlers, Position zu beziehen. Aber – ist dies keine Position: Beschreiben ohne Zutat so weit das geht. Und in dieser Beschreibung wird festgestellt: Es gibt keine Antworten und keine Erlösung – in eben diesem Moment. Ist die Ratlosigkeit nicht kunstfähig?

Alexander Kluge fragt in seiner Sendung *10 vor 11* den Dramatiker Heiner Müller, ob er sich eher als Prophet oder als Landvermesser sehe. Obwohl Kluge meistens selber spricht und Müller kaum eine Chance lässt, gelingt es Müller zu antworten: »Ehrlich gesagt, wäre ich gerne Prophet, doch bin ich wohl nur ein Landvermesser.«

Medienwelt

Mit ANNA in der Welt der Bilder. Das Gefühl, darin genauso in der Wirklichkeit zu sein wie an einem Bahnhof. Keine Landschaft und kein Blick aus einem Fenster gibt mehr Wirklichkeit als der Blick auf die Bildschirme. Alles ist nah und fern zugleich. Die Medien heben die Dinge für einen Moment in die Gegenwart und lassen sie dann fallen. Auf ihre Gegenwärtigkeit folgt für den Betrachter nichts. Es bildet sich kein Gedächtnis und keine Geschichte, in der sie erinnert werden könnten.

Melancholie

Melancholie, Isolation, Antriebslosigkeit – nicht Eigenschaften von uns, sondern Ausdruck der Zeit. Edward Hopper – er habe dieses gemalt. Niemand wirft ihm vor, dass er seine Zeit so empfand. Wir werden gefragt, warum ANNA so melancholisch ist. Das Gefühl wird abgelehnt. Der Künstler soll gute Stimmung verbreiten. Melancholiker unerwünscht. Es gibt keinen Grund zur Trauer. Es ist doch unser Gefühl von der Zeit. Wie wird man den Anfang der neunziger Jahre aus einem Abstand von zehn Jahren beurteilen?

Parzival

ANNA lässt sich treiben. Ihre Weg führen sie, unbeabsichtigt, nach Wolframs-Eschenbach. Dort begegnet ihr in einem Andenkenladen die Geschichte des Gralsritters Parzival. Parzival hat nur eines im Auge: er will Ritter sein. Und in diesem starren Blick aufs Ziel, sieht er auf der Gralsburg vor lauter glänzenden Rüstungen nicht, was mit dem Menschen neben ihm geschieht. Er stellt die Mitleidsfrage an den todkranken Amfortas nicht: »Was hast du für ein Leid, was tut dir weh?« Und so verfehlt er, wonach er im Innersten strebt: In die Gemeinschaft der Gralsritter aufgenommen zu werden. Stattdessen wird er von der Gralsburg verjagt.

Prinz »Absichtslos«

»Der gelbe Kaiser reiste nordwärts vom roten See, bestieg den Berg Khun-Lun und schaute gen Süden. Auf der Heimfahrt verlor er seine Zauberperle. Er sandte Erkenntnis aus, sie zu suchen, aber sie fand sie nicht. Er sandte Klarsicht aus, sie zu suchen, aber sie fand sie nicht. Er sandte Denkgewalt aus, sie zu suchen, aber sie fand sie nicht. Endlich sandte er Absichtslos aus, und es fand sie. ›Seltsam fürwahr‹, sprach der Kaiser, ›dass Absichtslos sie zu finden vermocht hat.‹«[2]

Reisen

Man kann reisen wohin man will, man kommt doch immer in dieselbe Welt. Es gibt kein Entrinnen, kein Woandershin. Wohin man auch geht, man folgt nicht nur sich selbst auf Schritt und Tritt – auch die Welt, vor der man flieht, holt einen überall wieder ein. Reisen wird zu einer Bewegung im Kreis.

Sammler

Das Sammeln gehört zum Zeitgeist. Überall ist es zu voll. Man könnte sagen: ANNA sammelt Eindrücke. In Bildern und in Tönen. Das Problem, dass es bei dieser Tätigkeit immer Nachschub gibt. Und alles gleich gilt,

2 Tschuang-Tse: »Die Perle«, in: *Reden und Gleichnisse*, Zürich 1987.

was irgend zur Sache gehört. Also kann ANNA nicht auswählen und zu keinem Ende kommen.

Walter Benjamin zufolge sind Sammler Menschen mit taktischem Instinkt, anders als der Flaneur, der sich optisch orientiert. Der Sammler nimmt den Kampf gegen die Zerstreuung auf. Dies gilt für ANNA nicht unbedingt. Sie sammelt, aber sie ordnet nicht. Unter ANNAs gesammelten Tönen befindet sich auch die Frage an Parzival: »Woher die Traurigkeit bei dieser Fülle?« Auch die Fülle der versammelten Eindrücke, das Zuviel an Bildern und Tönen hinterlässt eine traurige Spur.

Unterwegs
ANNA trifft einen Mann vom Theater. Zwischen ihnen entspinnt sich eine Unterhaltung:
Der Mann: »Was machst du?« ANNA: »Ich bin unterwegs.«
Der Mann: »Warum?« ANNA: »Ich mache kein Theater.«
Der Mann: »Das ist schön. Und warum reist du?« Anna schweigt.
Der Mann: »Muss man ja auch nicht beantworten. Ist ja auch ein Zustand. Aber viele sind eigentlich ja nicht unterwegs. Obwohl die Straßen voll sind, die Bahnhöfe – aber viele sind ja gar nicht unterwegs.«
Später, im Hotelzimmer, fragt der Mann: »Und möchtest du auch ankommen?« ANNA: »Man kommt immer irgendwie an. Irgendwie aber auch nicht. Wann kommt man an?«

Kino der Momente 1
Christoph Hübner

I

Was – mit allen Einschränkungen der Unvollkommenheit und der ungelenken Erprobung von Neuem – in ANNA versucht wurde, könnte man »Kino der Momente« nennen. Ein Kino, das aus der erzählerischen Großstruktur herausführt, aus der klassischen Dramaturgie der großen Bögen, der Einfühlung, hin in die Kleinstruktur, in die Montage der Einzelmomente, in die Freiheit der Assoziation.

II

Wenn man vom Drehen kommt und sich das aufgenommene Material anschaut, ist da immer wieder dieses Staunen, dass dieses ein Bild geworden ist, jenes ein Ton. Oft würde man gerne alles in der ganzen Länge, in aller Einzelheit erhalten, gewissermaßen als Dokument seiner selbst. Oder jene Momente, wenn sich in anderen Filmen plötzlich ein Bild, ein Ton, ein Satz herauslöst aus der Geschichte und das Diktat des Zusammenhangs verlässt: seltene Glücksmomente. Wenn man danach sucht, stellt man oft genug fest, auch bei den eigenen Filmen, dass sie sich am Ende der Schnittarbeit zu weit entfernt haben von diesen Momenten der Offenheit, des Nicht-Bedeutens, der Nicht-Funktionalität. Sie sind oft zu glatt, zu passend geworden.

III

Wahrscheinlich ist das Dokumentarische der Idee eines Kinos der Momente näher als das Inszenierte, das Vor-Geschriebene des traditionellen Spielfilms. Der Dokumentarfilm hat mit Gefundenem zu tun, mit aufgenommenen Momenten, die sich nicht im Vorhinein planen lassen. Sie verdanken sich eher diesem oder jenem, oft zufälligen Umstand.
In seinen schönsten und authentischsten Momenten verweist der Dokumentarfilm immer wieder auf diesen Ursprung aus den rohen, unbearbeiteten Momenten der Begegnung mit der Wirklichkeit.

IV

Vielleicht muss man für das Kino der Momente auch eine Weile den Zusammenhang der Personen aufgeben – also keine durchgehenden Figuren mehr, stattdessen Episoden, Sieben-Minuten-Geschichten, ein Tag, eine Stunde, ein Ort für eine kleine Weile, eine Person für einen Augenblick. Und das ohne elegante Übergänge und Verknüpfungen, sondern roh, aneinandergesetzt, ohne Anfang, ohne Schluss.

Anfang der 90er Jahre, undatiert

C. Hübner mit Angela Schanelec, Dreharbeiten zu ANNA ZEIT LAND

Das Filmteam, v.l.n.r.: Peter Kreuzer, Rainer Komers, Christoph Hübner, Frantek Brand, Gabriele Voss (beide © CHF)

Ein dichtes Gewebe
Gabriele Voss

14.12.2012: Vier Tage unterrichtet an der DFFB. Montagetheorie offiziell, ich verstehe darunter Dramaturgie, Erzählformen bis zur konkreten Schnittstelle. Zeige als Beispiel unter anderem DIE CHAMPIONS und ANNA ZEIT LAND, der von den Studenten sehr gut aufgenommen wird. Das Erzählmuster funktioniere, aber es sei nicht so leicht zu durchschauen wie das klassisch narrative Muster, in dem wir DIE CHAMPIONS erzählen. Die Studenten möchten von mir erfahren, welches Erzählmuster dem Film ANNA ZEIT LAND zugrunde liegt. Ich spreche von Netzen, von flächigem Erzählen und frage: »Haben Netze definierte Ränder, Anfang und Ende? Wo fängt ein Netz an, wo hört es auf? Bei einem kugelförmigen Netz stellt sich diese Frage nicht, aber bei diesem Film handelt es sich um den Versuch, so etwas wie eine Fläche zu erzählen. Ein Netz kann so eng verwoben sein, dass die Teile sich gegenseitig zusammen halten. Das wäre dann ein dichtes, nicht ausgefranstes Gewebe. Ein nicht nur an den Rändern sondern auch im Inneren ausgefranstes dünnes Gewebe ist dagegen in der Gefahr, zu zerreißen und ganz auseinander zu fallen. In der Montage wurde versucht, dass Gewebe so dicht zu knüpfen, dass es sich in sich stützt und hält. Wenn man den Film daraufhin noch einmal anschaut, könnte man gewiss viele solcher Verknüpfungen finden.«

Frage mich nach dieser Vorführung, was es geheißen hätte, auf dem Weg weiterzumachen, den wir mit ANNA ZEIT LAND eingeschlagen haben. Hätte es geheißen, mehr ins Szenische zu gehen? Hätte es dort ein Weiter geben können, das mehr gewesen wäre als nur eine Variation dieser Erzählform? Hätte es ein Weiter geben können unter Verzicht auf die Figur der Anna, so wie Klaus Wildenhahn es damals vorschlug? Wäre mit der Figur der Anna nicht etwas verloren gegangen, das den Reiz des Films erst ausmacht?
Wir schauen und hören im Film mit Anna. Anna ist in den Szenen nicht nur anwesend, sie fotografiert und nimmt Töne auf. Dadurch entsteht so etwas wie ein doppeltes Sehen und Hören. Einerseits sehen und hören wir selbst. Andererseits sehen und hören wir, was Anna hört und sieht. Diese Doppelung intensiviert die Wahrnehmung. Wäre eine solche Steigerung der Wahrnehmung zu erreichen, wenn der Reisende als Schauender und Hörender hinter Kamera und Mikrofon verborgen bleibt? Alle Beschreibung ist immer auch Selbstbeschreibung, alles Erzählen ist Sich-selbst-Erzählen. Jeder Akt des Erzählens ist auch der Versuch, sich selbst zu erschaffen durch Beschreibung. Anna tut dies sichtbar im Film. Sie macht Bilder von der Welt draußen und sie macht Bilder von sich selbst. Die wiederholten Selbstportraits und auch die Porträts, die

Folie zu ›A‹ wie Anna (© CHF)

eine Fotografin von ihr macht, sind wie immer neu variierte Versuche, sich selbst zu sehen. Durch die Variation, durch das Verdecken und Enthüllen des Gesichts, durch die Zerstörung der Bilder und Selbstbilder wird schließlich angedeutet, dass man sich nie ganz selber sehen kann. Anna spiegelt die Welt und spiegelt sich in ihr. Am Ende entsteht das Gefühl eines unendlichen Spiegelns. Es gibt die Unumkehrbarkeit der Ereignisse auf dem Pfeil der Zeit und zugleich kehrt alles in sich zurück und bleibt doch niemals gleich. Das Gefühl einer unendlichen Spirale und eines eng geketteten Gewebes wird erzählt. Wie wäre all dies im rein Dokumentarischen möglich? Dokumentarisches und Fiktives sind im Film eng miteinander verwoben. Die Grenzen werden fließend, entschärft. Zudem gibt es nur Bruchstücke von Handlung wie gehen, verweilen, arbeiten, nach der Bushaltestelle fragen, stehlen, etwas mitnehmen, sammeln, essen, schlafen, jemandem begegnen. Alles bleibt beiläufig, nimmt keine große Bedeutung an. Das Nebeneinander von kleinen Ereignissen und großem Weltgeschehen, von Alltag und historischen Umbrüchen, ist elementar für den Film. Auch dies; ›eine sein‹ (Anna I) oder ›eine andere sein‹ (Anna II) unter vielen anderen, eine Relativität der Existenz und zugleich und dennoch: nicht austauschbar sein, einzigartig sein im großen Strom der Ereignisse – noch mal: wie wäre das zu erzählen, wenn das Subjekt, das all dies erlebt, hinter der Kamera verborgen bleibt? An eine Erzählung aus dem Off haben wir schon öfter gedacht. Aber ich bin nicht sicher, dass das eine gute Wahl wäre.

Anna und die historischen Ereignisse – beide ziehen vorbei auf dem Pfeil der Zeit. Übrig bleiben Spuren, mehr oder weniger deutlich, Hinterlassenschaften in Tönen und Bildern. Es bleiben Oberflächen, die uns ansprechen, auch wenn sie nicht sofort zu entschlüsseln sind. Die Bilder sind es vielleicht noch weniger als die Töne, die über die Worte etwas wie Bedeutung anzeigen.

Christoph hat den Film vor kurzem an der Hochschule für bildende Künste in Hamburg gezeigt und machte ähnliche Erfahrungen. Die Studenten dort fanden die Erzählform des Films ganz modern. Sie entspreche ihrer Wahrnehmung der Welt. Auch der Gleichzeitigkeit der offenen Fenster auf ihrem Computerbildschirm. Vielleicht wird der Film ANNA ZEIT LAND nun eingeholt von der Zeit, der er voraus war, wie jemand damals bei der Uraufführung auf der Berlinale gesagt hatte.

Ich erinnere mich, wie widersprüchlich der Film damals aufgenommen wurde. Ich hatte wie so oft nach Vorführungen einige Reaktionen notiert. Ein Fernsehredakteur meinte: »Die innere Spannung ist nicht zwingend.« Die Kommission der Duisburger Filmwoche urteilte: »Gescheitert!« Das Internationale Dokumentarfilmfestival Yamagata schrieb: »We all liked it a lot.« Und das internationale Dokumentarfilmfestival in Amsterdam: » ... ein neuer Weg im Dokumentarfilm.« Gleichzeitig gab es viele persönliche Rückmeldungen. Ein Kind nannte Anna »die durchsichtige Frau.« Und ein Musiker bemerkte: »Der Ton ist eine Juwelierarbeit.« »Vielleicht kann man Anna vergleichen mit einem Heimkehrer aus dem Krieg, der alles verschüttet, alles tot vorgefunden hat«, vermutete ein älterer Zuschauer. »Nun trottet er durchs Leben und weiß nicht, wohin. Wird irgendwo das Glück haben, etwas zu finden oder auch vor die Hunde gehen.« Als Herz Frank wieder einmal aus Riga zu Besuch war, sah er den Film bei uns im Schneideraum. Er wollte ihn unbedingt sehen, denn als wir ihm in der Vorbereitungsphase davon erzählten, glaubte er nicht, dass ein solches Experiment gelingen könnte. Nun war er doch überzeugt: »Der Film ist wie ein Wald ohne Weg. Es gibt keinen festgelegten Zugang, man kann ihn von überall betreten und ist gleich mitten drin. Alles ist gleichzeitig und gleich gültig da. Eine Montage von Bruchstücken, ein Kommen und Gehen. Eine Welt ohne Zentrum, eine tiefe Wahrheit.«

DOKUMENTARISCH ARBEITEN (1995–2012)

Bildbetrachtung
Christoph Hübner

Seit einigen Jahren hängt an einer Pinnwand bei mir dieses Foto. Es zeigt Klaus Wildenhahn bei den Dreharbeiten zu dem Film TOR 2, den wir in der Silvesternacht 1978 gemeinsam bei den streikenden Metallarbeitern in Duisburg-Huckingen drehten. Unter das Foto habe ich damals geschrieben » … *der Dokumentarist im Kampf mit dem Nebel der Erscheinungen*«.

Auf dem Foto sieht man Klaus mit seinem langen Richtmikrophon, der legendären Sennheiser- »Kanone«, irgendeine Situation außerhalb des Bildes für den Ton registrierend. Hinter ihm das Werkstor, »Zweiradfahrer bitte absteigen«. In der Mitte unten ein kleines Tischchen, auf dem Becher für Glühwein und Kaffee stehen. Rechts am Bildrand die Ahnung eines Plakats: »Dieser Betrieb wird bestreikt«. Und von links, wo wir das aufzunehmende Ereignis vermuten, sieht man etwas wie Nebel oder Rauch ins Bild kommen, wahrscheinlich von einem der Kanonen-Öfen stammend, an denen sich die Streikposten in dieser Nacht – es soll die kälteste des Jahres gewesen sein – die Hände wärmten.

Das Richtmikrophon in Klaus' Hand hat auf dem Bild eine furchterregende Dimension, man assoziiert eine Art Gewehr. Der Ausdruck » … to shoot a film«, einen Film, ein Foto »schießen« … hier scheint er auch für den Ton zuzutreffen. Ein Richtmikrophon ist dazu da, Töne aus größerer Distanz aufzunehmen und von den Umgebungsgeräuschen zu isolieren. Das kann auch als ein allgemeineres Bild für die Arbeit des Dokumentaristen stehen: aus der *Distanz* die *Nähe* suchend, Einzelnes aus der Menge isolierend, technisches Gerät zwischen sich und dem Objekt der Beobachtung, dem ›wirklichen Leben‹.

Interessant, wenn auch vielleicht ganz zufällig, dass bei genauer Betrachtung in der Körperhaltung von Klaus neben seiner Aufmerksamkeit auch etwas Defensives zu entdecken ist, ein wenig sich abwenden, sich schützen. Ein Zugleich von Neugier und Zurückweichen. »Kommt mir nicht zu nahe … « Auch das ist etwas, was ich von mir selbst aus der Psychologie der dokumentarischen Arbeit kenne: mit dem Mikrophon und der Kamera zugleich Distanz halten und Distanzen überwinden …

Und schließlich – was dem Bild seine Geschichte, seinen Reiz gibt: das, was wir *nicht sehen*, was der Nebel verbirgt, der vom linken Bildrand heraufzieht, gegen den Klaus mit seinem Mikrophon zu kämpfen scheint wie ein japanischer Samurai mit seinem Schwert. Der ihn fast bedroht und den er zu durchdringen sucht – der jedenfalls auf irgendetwas deutet, was wir nicht sehen und was doch Klaus' und unsere ganze Aufmerksamkeit beansprucht. Es macht uns neugierig und lässt uns erschrecken. Wir wollen genauer hinsehen und wissen doch aus Erfah-

Klaus Wildenhahn bei Dreharbeiten zu TOR 2 (© CHF)

rung, dass es sich immer wieder entzieht: das Andere, das Objekt, das Unbekannte, das zu Entdeckende – die Erscheinungen im Nebel.

Auch im Reden über das Dokumentarische wird es oft unterschätzt: das, was *außerhalb des Bildes* liegt, das Undeutliche, das, was wir nicht sehen. Der Raum zwischen den Bildern und den Tönen, das *Geheimnis*, ohne das es keine Kunst und keine Spannung gibt.

So ist alles in diesem Bild, in dieser kleinen Fotografie. Alles, über das wir reden im Dokumentarfilm auch wenn wir nicht immer Worte dafür finden: Die Distanz und der Wunsch nach Nähe, die Neugier und die Angst, die Konzentration und die Technik, das Fotografisch-Realistische und das Geheimnisvoll-Offene ...

Ein Dokumentarist bei der Arbeit ...

1995

Fünf kurze Bemerkungen zu Klaus Wildenhahn
Christoph Hübner

I

Ich erinnere mich noch an die erste Begegnung mit Klaus Wildenhahn (und Gisela Tuchtenhagen). Ich studierte damals an der Filmhochschule in München in der Spielfilm-Abteilung. Wildenhahn war von der Abteilung »Fernseh-Publizistik« eingeladen, das waren die Feature-, die Fernsehmacher, eine andere Welt, wir wollten ja ins große Kino. Dennoch reizte mich etwas am Dokumentarischen. Ich hatte bereits die Filme von Nestler und der englischen Dokumentarfilm-Schule gesehen und im Unterschied zu dem Wieder-und-wieder-Erzählen der alten Kino-Geschichten fand ich hier etwas Frisches, Neues, die Möglichkeit, mit dem Film nach draußen zu gehen, Entdeckungen zu machen.

In einem kleinen Vorführraum im Fernsehstudio des BR sahen wir dann die Filme von Wildenhahn. Vor dem Hintergrund meiner Spielfilmvorbilder von Ozu bis Bresson hatte ich erst einmal Schwierigkeiten mit den dunklen, oft unscharfen Bildern, dem manchmal schwer zu verstehenden Ton, der bewegten Kamera – und dennoch blieb eine Berührung zurück. Vielleicht war es mit den Filmen auch die zurückhaltende, in der Sache ganz überzeugte Ausstrahlung der beiden, Klaus Wildenhahn und Gisela Tuchtenhagen.

Jedenfalls war für mich von da an eine zusätzliche Dimension des Filmemachens in den Blick gekommen. Wir sind uns seitdem öfter begegnet, haben manche Veranstaltung zusammen gemacht – einmal auch an einem kurzen Film zusammengearbeitet: TOR 2, (1979).

II

Von meinem Gastspiel bei den Dreharbeiten zu diesem Film blieb als praktischer Eindruck haften, wie viel Geduld, Selbstdisziplin und Zurückhaltung die Methode Wildenhahns beim Drehen erfordert. Nicht eingreifen, nichts arrangieren, keine Fragen, keine Verabredung. Einfach da sein, schauen, hören, aufmerksam sein, wenig reden – und im rechten Moment den Ton und die Kamera einschalten. Hinten anstehen – statt im Mittelpunkt, geschehen lassen, statt in die Hand nehmen, sich unauffällig machen – das klingt vielleicht einfach, ist es aber nicht. Immer wieder muss man seine Ungeduld, seine »Cleverness«, sein vordergründiges Wissensbedürfnis zügeln zugunsten der Beobachtung, zugunsten eines ungewissen Moments, zugunsten auch eines unsicheren Ergebnisses. Ein Abenteuer – und dann die Kunst, den Zuschauer daran teilhaben zu lassen.

III

Wie Ozu, Bresson, Godard, Straub – und auch Peter Nestler – ist für mich Klaus Wildenhahn – bei allen Unterschieden – immer auch eine Herausforderung geblieben: in seiner Arbeit, in der Konsequenz seiner Haltung, aber auch seinem Formbewusstsein. Es gibt da eine Rigidität, eine Unbeirrtheit, und zugleich eine Einfachheit und Stetigkeit in den Mitteln, die dann andrerseits auch wieder große Freiheit und Intensität ermöglichen. Ein Beispiel auch dafür, wie viel »Bau-Kunst« in den guten dokumentarischen Filmen steckt, wie viel formales und dramaturgisches Handwerk. Übrigens ist auch dies ein Verdienst von Klaus Wildenhahn, dafür in seinem Buch *Über synthetischen und dokumentarischen Film* die Sinne geschärft zu haben.

IV

Im Unterschied zu uns »freien« Filmemachern, die ihre Filme unabhängig produzieren, ihre Finanzierung immer wieder neu besorgen müssen, hat Klaus Wildenhahn immer festangestellt in einem Apparat, im öffentlich-rechtlichen Fernsehen gearbeitet. Für ihn und seine Filmarbeit war dies eine Bedingung von Kontinuität und »Durchhalten«. Für mich außerdem auch eine Frage der »Ästhetik«. Denn kaum einer hat mit ähnlicher Hartnäckigkeit eine (im besten Sinne) »nicht-kommerzielle Ästhetik« für den Dokumentarfilm gepflegt und behauptet wie Klaus Wildenhahn. Mit seiner Festanstellung hat er sich das vielleicht auch eher leisten können als einer von uns. Aber er hat auch dafür gekämpft – nach außen wie nach innen. Und ist damit zum Beispiel geworden. Seit Juni dieses Jahres nun ist Klaus Wildenhahn 65 und beim NDR »pensioniert«. Ich wünsche uns (und ihm), dass er dennoch »dabei bleibt«, dass wir noch einiges von ihm zu sehen, zu hören und zu lesen bekommen – und dass er dennoch Zeit genug findet, alle 300 Biersorten in Belgien einzeln auszuprobieren.

V

Kurz vor seinem Abschied beim NDR erhielten wir einen Brief von Klaus Wildenhahn mit einigen Anmerkungen zu unserem letzten Film ANNA ZEIT LAND, den er auf Videocassette gesehen hatte ... Am Ende des Briefes schreibt er: » ... der Film ist gemacht und damit die Arbeit in die Vergegenständlichung von Wünschen und Formwillen geleistet, das ist wichtig und dann folgt das nächste, soweit. Ich sitze im Büro an der alten Adler-Schreibmaschine, die für mich erhalten wurde hier im Haus und sehe zu, dass ich meine letzten 6 Wochen vergnügt und ein wenig absurd abwickle.
Bis zum nächsten Mal, so wie meist, Klaus.«[1]

Bis zum nächsten Mal ...

1995

1 Notizen zu einem Beitrag über Klaus Wildenhahn für *epd Film*.

Arbeitsnotizen zur Fortsetzung des Filmzyklus PROSPER / EBEL – CHRONIK EINER ZECHE UND IHRER SIEDLUNG: DAS ALTE UND DAS NEUE
Gabriele Voss

14.06.1995: Der Schriftsteller hat eine große Freiheit, weil er nicht darauf angewiesen ist, dass die von ihm Dargestellten bei seiner Sache mitspielen. Ödön von Horváth kann zum Beispiel das Gespräch eines österreichischen Hofrates und seines Reisebegleiters im Zug beschreiben, ohne dass er auf die Zustimmung des Hofrates zur Beschreibung und Veröffentlichung des Gespräches angewiesen ist.

Anlass, über diese Freiheit nachzudenken ist ein Gespräch mit C. aus Ebel, die sagt, sie wolle am Film nicht mehr teilnehmen, sie sei ja doch zu nichts mehr brauchbar. Ich versuche, sie zu überzeugen. Es bleibt offen. Sie berichtet von jemandem, der ganz böse auf uns ist. Wieso? Er sagt, wir seien mit unseren Filmen nur den Ratten in Ebel nachgelaufen. In der Erinnerung wird etwas fest, was es so nie gegeben hat.

Rivette über das Scheitern der Nouvelle Vague: »Wenn man mit dem Prinzip des Bruches arbeitet, gibt es keinen Erfolg.«

20.06.1995: Horváth: »Ich schreibe nicht für oder gegen etwas, ich zeige nur.« Müssen wir mit dem Dokumentarfilm mehr als das tun? Wir filmen auch nicht für oder gegen etwas, wir zeigen nur.

Das Leben, wie es gelebt wird, ist schon starker Stoff. So definierte Flaherty die Aufgabe des Dokumentarfilms: Das Leben zu zeigen, wie es gelebt wird. Wie lebt der Mensch? Nur diese Frage. Es geht nicht gleichzeitig darum, ob es einem passt, wie er lebt.

Eine alte Eblerin am Telefon: »Das Leben ist trostlos.« Ich: »Warum?« »Frag das lieber nicht, Gabi. Es gibt zu viele von uns auf Gottes schöner Erde, es gibt zu viele von uns. Die Entwicklung kann man nicht zurückdrehen. Aber wo soll sie hinführen? Der Mensch muss etwas haben, von dem er lebt. Arbeit, ein Auskommen, einen Sinn. Ich habe mit den Betrachtungen abgeschlossen, ich mag das nicht mehr tun.« Von anderen erfahren wir, dass ihr einziger Sohn, der schon länger arbeitslos war, sich vor einem halben Jahr erhängt hat.

Bericht der Kindergärtnerinnen: Die Türken lassen ihre Söhne immer noch beschneiden. Auch Ferhat tat dies mit seinem sechsjährigen Sohn, ohne Betäubung. Zuvor wurde er wie ein Prinz in einer Kutsche durch Ebel gefahren.

Besuch beim Pfarrer. Als wir das Pfarrhaus verlassen, beschwert sich eine Frau vom Balkon, dass sieben dicke Hundehaufen vor der Kirchtür liegen. Und dass der Hundebesitzer auch noch freche Antworten gibt, wenn man ihn darauf hinweist. Ebel ist immer wieder eine Herausforderung an die eigenen Bewertungen des Lebens.

06.07.1995: Ich finde alte Notizen von 1984 zu einem Vortrag von Hugo Kückelhaus. Hielt damals fest: »Schöpfen heißt: leere Hände haben.« Diesen Sätzen näher gekommen fühle ich mich erst heute. Aber die Hände sind noch immer nicht leer. Es ist eine immense Arbeit, wieder mit leeren Händen dazustehen.

09.07.1995: Gespräch mit Frau F., Kommunistin wie schon ihr Vater. Der war zur Nazizeit ein Dreivierteljahr im KZ Esterwege. Frau F. könnte etwas zur Nazizeit in Ebel erzählen, sie sagt auch, dass in Ebel die Roten in der Mehrzahl waren, und doch gab es von den Braunen auch welche. Allein schon wegen der Uniform. Frau F. versinkt immer wieder in lange Pausen. Bei bestimmten Fragen nimmt ihr Gesicht traurige Züge an. Das Reden sei ihre Sache nicht, antwortet sie auf die Frage, ob sie zum Dritten Reich etwas in die Kamera erzähle. Aber, so sagt sie, wir lassen es mal auf uns zukommen. Das Gespräch empfohlen hat der neue katholische Pfarrer.

18.07.1995: Sprechen über die Einsamkeit der katholischen Priester. Habe vorher niemals darüber nachgedacht. Auch nicht über die Bürde, zu jeder Zeit, wann immer er aus dem Haus tritt, Amtsperson zu sein. Die weitgehende Aufgabe eines privaten Daseins. So viel Verzicht, um Anderen beim Verzicht helfen zu können?

04.09.1995: Richtfest: »Haldenereignis Emscherblick«.

05.09.1995: Besuch bei unserer ehemaligen Nachbarin Cilie. Sie möchte vor der Kamera nicht mehr sprechen. Cilie räumt auf. Abgeben oder wegschmeißen? »Etwas brauche ich noch.« Cilie kommt doch immer wieder ins Erzählen. Dann: »Ich sage nichts mehr, ich habe auserzählt.«

11.09.1995: Kriegsnachrichten aus Bosnien. Parallel: Berichte über Fräulein Vornholt, früher Lehrerin in Ebel. Religion war die Hauptsache, aller Unterricht bestand bei ihr aus Religion, »Rechnen und Schreiben könnt ihr später auch noch lernen«. Mancher, der nicht schreiben konnte in Ebel, ließ sich von Fräulein Vornholt die Briefe schreiben. Auf diese Weise wusste Fräulein Vornholt über vieles gut Bescheid.

19.09.1995: Dreharbeiten mit Ferhat Kavehci, vor zwanzig Jahren Lehrling auf der Zeche. Große Gastfreundschaft, große Ruhe. Empfängt uns in seiner schmucklosen Wohnung, keine Bilder an den Wänden. Ferhat: »Koran sagt, man soll abstrakt denken.« Auf Wunsch der Frau keine Bilder.

22.09.1995: Noch mal ein Besuch bei Cilie: »Kein Interesse, dass ich da fünf Minuten in dem Fernsehen drin bin.«

02.10.1995: Zu Besuch im Altenclub der Männer. Biografien dieses Jahrhunderts. Durcheinandergebrachte Lebensentwürfe, nehmen müssen, was kommt.
Der Drehtermin nachmittags fällt aus, Krankheit der Kioskbesitzerin. Am Abend hilft ihre Schwester. Eine überraschende Begegnung mit jungen Türken, die in Ebel geboren sind. Alle haben ihre Frauen aus der Türkei geholt. Ein seltsamer Tag, der nicht lief, wie geplant, der aber doch seine guten Überraschungen hatte.

05.10.1995: Das Leben ist das Leben und die Träume sind die Träume und die Sehnsucht ist die Sehnsucht. Und die Träume und die Sehnsucht sind die Triebkräfte und das Leben hat das Beharrungsvermögen. Dazwischen: den Alltag zuhause regeln. Den Zirkusauftritt des Kindes. Enge schwarze Hosen, ein Hemd bemalen, ein Kassenhäuschen, Fahrdienst für den Computerkurs, neue Gummistiefel besorgen, die alten sind bei der Klassenfahrt im Teich geblieben. Die Elternpost entgegennehmen und erledigen, dann wieder ans Drehen denken, Material ansehen, Drehtage vorbereiten, notieren, was gemacht worden ist, hinschauen wie ein Ethnograph auf ein fremdes Land und eine fremde Kultur. Auch die Fremdheit bewahren, zu große Nähe meiden, immer wieder in Distanz gehen. Zu viel auf einmal macht auch müde.

19.10.1995: In der SPD in Ebel geht es hoch her. Die Ortsgruppenvorsitzende ruft an, ob sie nicht den »Rohling« sehen können, den wir gedreht haben. Es ist schwer ihr begreiflich zu machen, warum das nicht geht. Im Hintergrund lauert das Misstrauen.

04.11.1995: Leipzig. Am Abend nach der Filmvorführung (drei Folgen aus der Reihe DOKUMENTARISCH ARBEITEN werden gezeigt) spricht mich Evelyn Richter an, renommierte Fotografin aus der ehemaligen DDR. Schon während der Diskussion zum Film schaut sie mich an als würden wir uns seit langem kennen. Ich kenne ihr Gesicht von Videobildern, die bei Recherchen zu unserem Film ANNA ZEIT LAND entstanden sind. Aber sie kennt mich doch nicht. Sie geht an zwei Stöcken: »Endlich bin ich operiert«, sagt sie, als hätten wir schon viele Gespräche miteinander geführt. »Erst jetzt allmählich verstehe ich, wie Euer System funktioniert. Ich hatte Illusionen. Darüber wird nicht gesprochen. Man müsste viel mehr vergleichen. Jetzt erst recht!«
»Wenn wir vor der Wende hier im Osten erzählten wie es bei uns zugeht, hatten wir es schwer, den Illusionen etwas entgegen zu halten«, sage ich.
»Ja, auch bei mir hättet Ihr es schwer gehabt. Ich hätte Euch nicht geglaubt. Erst die Erfahrungen haben die Illusionen zu Fall gebracht. Aber jetzt,« sagt sie weiter, »hat keiner mehr Lust, das zu dokumentieren,

was um uns herum zu sehen ist. Die Studenten«, Evelyn Richter war Dozentin für Fotografie an der Leipziger Universität, »wollen alle Künstler sein, weg von der Realität. Dabei wäre gerade jetzt die Zeit, wo ein Dokumentieren so wichtig ist.«

15.11.1995: Ich komme aus dem Kino. Der Film des Persers Abbas Kiarostami: UND DAS LEBEN GEHT WEITER. Erdbeben in Persien 1990. Der wundersame Blick von Kindern auf solche Dinge. Ganz undramatisch. Dennoch lachen. Fußball sehen wollen zwischen den Trümmern.

21.11.1995: Godard glaubt nicht, dass er sein Publikum verloren hat. »Weltweit habe ich«, sagt er, »500.000. Aber es gibt die Wege zu diesem Publikum nicht mehr.« Früher gab es noch ein paar Plätze, an denen sich das Publikum und seine Filme trafen. In New York, Rom, Paris, Berlin. Heute nicht mehr. Das Publikum ist vereinzelt hier und da. Das Fernsehen wäre ein Weg, es in der Vereinzelung zu erreichen. Aber die Fernsehgewaltigen trauen sich nicht, selbst bei 55 Kanälen, auch nur einen dafür frei zu machen. So muss man die guten Filme in Päckchen zum Publikum schicken mit der Post. So, sagt Godard, mache er es.

04.12.1995: Ebel im Schnee. Nachdrehen. Halden als Winterlandschaft. Deutsche und türkische Jugendliche, süßer Zitronentee, tassenfertig. Kartenspiele, eine Deutscher sagt: »Ich werde Bulle.« Die Türken sprechen türkisch miteinander, zählen aber auf Deutsch.

30.12.1995: Heiner Müller gestorben. In der *Tagesschau* wird er mit zwei Gedanken zitiert: »Schon vor zwanzig Jahren wusste ich, welches Stück ich im nächsten Jahr schreibe. Die Hauptarbeit war immer zu warten, bis es so weit ist.«
Und: »Es ist ein Fehler, die Stücke dem Publikum nahe bringen zu wollen. Eigentlich muss man die Stücke dem Publikum fremd machen, sie entfernen vom Publikum in einen Kunstraum.«

01.01.1996: Warten als Arbeit. Die Unschärferelation. Es gibt bei allem einen nicht genau bestimmbaren Teil. Die Unschärfe ist an keinem ein für allemal genau festgelegten Ort. Sie ist immer woanders.

02.02.1996: Das Fernsehprogramm an einem Abend: 35 Spielfilme, 11 Serien, 13 Reportagen, 4 Talkshows. Titel der Filme: Kein Baby an Bord / Inferno / Fun, Fun, Fun / Klinik unter Palmen / Die Rückkehr der Superspione / Auf leisen Sohlen kommt der Tod / Ein kleiner Satansbraten / In der Schlinge des Teufels / Im Dschungel des Schreckens ... usf.

März 1996: In Ebel wird eine türkische Kneipe eröffnet.

März 1997: Die Bergleute demonstrieren zu Tausenden und besetzen die Zechen.

Später im Jahr sagt Rudi Klug, der ältere Ausbilder, zu Uwe Klug, dem jüngeren Kolonnenführer, der sich Sorgen macht um seinen Arbeitsplatz: »Das Leben geht weiter. Es wird etwas Neues kommen. Das Leben ist noch immer weiter gegangen, das ist eine Erfahrung. Nach dem Krieg und nach jeder Kohlekrise ging es weiter, immer hat man so viel Sorgen gehabt um die Zukunft, vor allem für die Familie. Aber immer ging es weiter.«

Wo bleibt die Arbeit? –
oder: Das Lächeln von Spohia Loren*
Gabriele Voss

11.09.1997: Die Darstellung von Arbeit in den eigenen Filmen. Was ist im Laufe der Jahre entstanden? Wovon gibt es Bilder? Industriearbeit, Bergarbeit, Arbeit in der Chipherstellung, Arbeit eines Webers, Arbeit eines Bauern, Hausarbeit, Musik als Arbeit, Schreiben als Arbeit, Malen und Bilder-Schaffen als Arbeit, Frauenarbeit, die sichtbare und die unsichtbare Arbeit, eigentlich: die gesehene und die nicht gesehene Arbeit. Spuren der Arbeit: Gesichter, Hände, Landschaften, Ruinen. Eine Stempelstelle. Maschinenarbeit und das Verschwinden des Menschen. Wie sich Arbeit im Körper und in der Umgebung des Menschen einschreibt. Wie viel in der Indirektheit erfahrbar wird, in den hinterlassenen Spuren. Bei allem der Versuch, im Film nicht nur zu sagen, sondern erfahrbar zu machen, was es bedeutet, eine bestimmte Arbeit zu tun. Und jedes Mal eine andere Schwierigkeit, die Besonderheit einer Arbeit durch eine filmische Darstellung zum Vorschein zu bringen.

13.09.1997: Ich staune: der Anstoß den Blick auf die Arbeit und ihre Darstellung in den eigenen Filmen zu richten, macht mir deutlich, wie vieles von dem, was gezeigt wird, im eigentlichen Sinne Arbeit ist, weit über Industriearbeit und Erwerbsarbeit hinaus. Unser Thema immer wieder: der tätige Mensch. Wo verläuft die Grenze zwischen Arbeit und Nicht-Arbeit? Ich mag es, Wörterbücher zu befragen. In diesem Fall: ein philosophisches.[1] Dort heißt es: »Arbeit als ethisches Phänomen: Einsatz, Aufwand, Drangeben, die Person setzt sich ein, wendet Kraft auf, gibt ihre Energie.« In diesem Sinne gibt es Arbeit genug, ist eigentlich niemand arbeitslos. Aber: was geht verloren, wenn nicht die Arbeit? Und was verliert der Arbeiter, wenn er im Rahmen einer Betriebsstillegung gekündigt wird? Verliert er eine Arbeit? Seine Arbeit? Einen Arbeitsplatz? Seine Existenzgrundlage?
Unter dem Stichwort ›Arbeiter‹ heißt es in demselben Wörterbuch: »Im Sinne der Soziologie einer, der in einer fremden Wirtschaft für einen anderen arbeitet.« Der Mann, der in unserem Film DIE EINWANDERER unter Tage arbeitet, ist in diesem Sinne ein Arbeiter.
Die Frau, die im Film FRAUENLEBEN Trikots für den Fußballverein wäscht, arbeitet wohl, aber sie ist keine Arbeiterin im definierten Sinn. Ihr geht

---

* Dem Text liegt ein Vortrag zugrunde, den Gabriele Voss im November 1997 auf einer Veranstaltung der Duisburger Filmwoche gehalten hat. Es ging um die Frage, wie Dokumentaristen in ihren Filmen mit der Darstellung von Arbeit oder auch dem in der Presse viel beschworenen ›Verschwinden von Arbeit‹ umgehen. Der Vortrag erschien in: *Poiesis* Nr.10/1998.
1 *Philosophisches Wörterbuch*, begründet von H. Schmid, neu bearb. von G. Schischkoff, 18. Aufl., Stuttgart 1969.

die Arbeit nicht aus. Sie wird nicht arbeitslos. In der ›Arbeitslosenstatistik‹ taucht sie nicht auf und auch nicht in der der ›Beschäftigten‹.

14.09.1997: Stimmt es, dass der Dokumentarfilm sich die menschliche Arbeit zu wenig zum Thema macht, wie manchmal behauptet wird? Oder liegt es an unserem Blick und Verständnis, dass wir, wo der Mensch arbeitet, es nicht als Arbeit sehen? Oder ist gemeint, dass eine bestimmte Form der Arbeit nicht zum Thema wird: nämlich die Erwerbsarbeit, die Arbeit, wo der Mensch, wie es im philosophischen Wörterbuch heißt, »in einer fremden Wirtschaft für einen anderen arbeitet« und Geld dafür erhält?
Was ist Arbeit? Schwere körperliche Arbeit, die nun am Ende des Jahrhunderts mehr und mehr verschwindet und durch andere Formen der Arbeit ersetzt wird? Was tritt an die Stelle? Ist das Lächeln von Sophia Loren Arbeit, wenn sie sich bei der Eröffnung von Warner Bros. Movie World in Bottrop dem Publikum zeigt? Ist sie eine Arbeiterin im oben definierten Sinn: im Dienst einer fremden Wirtschaft für andere arbeitend? Stehen Sophia Loren und ihr Auftritt in Warner Bros. Movie World für zukünftige Arbeitswelten?

29.10.1997: Der Blick auf die Arbeit in den eigenen Filmen. Erstes Beispiel aus dem Film DIE EINWANDERER.
Anfang der achtziger Jahre drehen wir unter Tage an verschiedenen Arbeitsplätzen. Wir zeigen schwere körperliche Arbeit. Zur Vorbereitung der Filmaufnahmen: drei Wochen Recherchen unter Tage. Die Arbeitsaufnahmen entstehen dann an zwei Drehtagen bei genauer Kenntnis der Arbeitsplätze. Bedingungen unsererseits für das Drehen: kein Besucherstreb und keine Extraarrangements für die Filmaufnahmen. Es geht um Arbeit, wie sie täglich gemacht wird.
Solche Bedingungen auszuhandeln, ist selbst ein Stück Arbeit. Normalerweise halten die Zechen für Besucher und Medien einen Besucherstreb vor, gut ausgeleuchtet, man kann aufrecht gehen und die Arbeitsvorgänge werden vorgeführt. Arbeit, wie sie täglich gemacht wird, ist auch deshalb so wenig im öffentlichen Blick, weil die Produktionsstätten in dieser Gesellschaft der Privatsphäre der Eigentümer zugeordnet sind. Umso höher ist die Genehmigung zu bewerten, an einem ganz normalen Arbeitsplatz unter Tage zu drehen.
Im späteren Film bleiben von hundertzwanzig Minuten gedrehtem Material vielleicht fünfzehn. Auf Seiten des Arbeiters stehen demgegenüber: achtunddreißig Jahre, täglich hingehen und eine Schicht lang immer wieder dieselbe Arbeit tun.
Wir sehen im Film, wie ein Bergmann unter Tage in einem engen Streb, in Schwaden von Staub, in der Hocke oder halb gebückt, Schilde zieht. Beim Wiederbetrachten der Aufnahmen bleibt die Frage: Wie kann man

der Dimension dieser Arbeit, wenn wir sie zeigen, überhaupt gerecht werden?

Als wir damals die Aufnahmen machten, haben wir bewusst auf eine Dramatisierung bei der Darstellung verzichtet. Wenn es eine Dramatik dieser Arbeit gibt, dann liegt sie für den, der dort arbeitet, nicht in den dramatischen Bildern, wie wir sie von Industriearbeit aus anderen Filmen kennen: die Funken sprühen, der Stahl glüht, die schwere Bramme schießt aus der Walze, der Arbeiter fängt mit einer Zange den glühenden Draht, der Hobel raspelt die Kohle wie Schokolade. Solche Bilder, die sich unser Gefühl für Exotisches zunutze machen, verbergen, was zu zeigen ist: die Alltäglichkeit der Vorgänge, die Dumpfheit, die Anstrengung, die Knochenarbeit, aber auch so etwas wie Stolz, den Vorgang zu meistern und nicht zuletzt die Gefahren, die mit diesen Arbeitsvorgängen verbunden sind. Die Dramatik dieser Arbeit liegt für den Menschen, der sie tut, wahrscheinlich woanders: hoher körperlicher Verschleiß, Arbeitsunfälle, Berufskrankheiten und dadurch bedingte Einschränkungen des täglichen Lebens, vielleicht aber auch ein Jubiläum zum vollendeten vierzigsten Jahr der Beschäftigung. Was es in Zukunft immer seltener geben wird.

So gesehen haben wir die Arbeit, um die es geht, angemessener gezeigt als viele andere. Dennoch bleibt für mich die Frage: Was zu zeigen ist möglich und was ist nötig, um den Dimensionen solcher Arbeit gerecht zu werden? Gewiss ist es nicht mit ein paar stimmungsvollen Bildern und schmeichelhaft sonorig gesprochenen Kommentaren getan. Wenn ich an diese Filme denke, scheint mir plötzlich der Klang einer Stimme wichtiger als das, was inhaltlich ausgesagt wird. Jedenfalls habe ich weder die Bilder noch den Klang von Stimmen, wohl aber den Inhalt der Kommentare über die Jahre vergessen.

Die Anstrengung, das Spektakuläre zu vermeiden, macht es für den, der den Film macht, gewiss nicht leichter. Vielleicht ist das auch einer der Gründe, warum sich immer weniger Filme der Darstellung von Arbeit widmen. Wer will sich noch den ›Mühen der Ebenen‹, wie Brecht es nannte, aussetzen, wenn er nicht muss. Es wird ihm selten gedankt. Eine Anstrengung im Film zu sehen, macht für viele die Filme selber anstrengend. Es sei denn, es gibt zu sehen, wie Reinhold Messner die Antarktis durchquert.

Ein weiteres Beispiel. Aus dem Film DIE VIERTE GENERATION. Gezeigt wird ebenfalls schwere Arbeit, 1982 gedreht mit einem jungen Bergmann am Ende seiner Lehrzeit, am ersten Arbeitstag unter Tage. Er war damals achtzehn Jahre alt. Wir sehen ihn im Film Geröll schüppen, eine Minute, im Alltag dauert es stundenlang. Dann, fünfzehn Jahre später, 1995, in dem Film DAS ALTE UND DAS NEUE, derselbe Arbeiter. Jetzt ist er Kolonnenführer in der Förderzentrale des Revier 29, Schachtanlage Prosper V. Er koordiniert den Personen- und Materialtransport unter Tage. Mit seinen Telefonen ist er zuständig für ein weit verzweigtes Streckennetz.

Schon mit Worten ist sehr schwer zu beschreiben, was er eigentlich tut. Wie viel schwieriger mit Bildern. Seine Arbeit ist abstrakt geworden und in ihrem Ablauf filmisch schwer vermittelbar. Interessant in diesem Zusammenhang, was ihm und den anderen Lehrlingen zu Beginn der Lehre, 1979, vom Ausbilder gesagt wurde: »Ich kann euch nur den Rat geben, die drei Jahre hier gut zu nutzen, denn ihr passt euch jetzt den Anzug an, den ihr im Schnitt vierzig Jahre tragen müsst.«[2] Das war 1979. Vierzig Jahre später, der Anzug wäre zu tragen bis in das Jahr 2019. 1997, der junge Bergmann ist inzwischen Mitte dreißig, stellt sich für ihn die Frage, ob er auf der Zeche noch seinen vierzigsten Geburtstag erleben wird. Möglicherweise nicht. Dann wäre er diese Arbeit los, vielleicht nicht arbeitslos in einem weiteren Sinne, wohl aber erwerbslos und dadurch in seiner Existenz bedroht.

Was bleibt, wenn diese Art von Industriearbeit nun verschwindet oder was tritt an ihre Stelle? Auch das haben wir in unseren Filmen thematisiert.

3. Beispiel. Aus dem Film VINCENT VAN GOGH – DER WEG NACH COURRIÈRES. Der Film beginnt in der Borinage, einer Landschaft in Südbelgien, in der das Zechensterben abgeschlossen ist. Es bleiben: Spuren der Arbeit, Verweise auf das, was verloren ging. Landschaft, Erzählung und die Stimme eines alten Mannes, der als Lokfahrer und Transportarbeiter jahrzehntelang auf Zeche war. Interessant für mich: die Beziehung zwischen Anwesendem und Abwesendem, zwischen dem, was noch zu sehen ist und was dazu gesagt wird.

Man sieht: Überreste von Zechengebäuden, die Fenster schwarze Löcher, das ehemalige Betriebsgelände von Gras und Buschwerk bewachsen, ein Schild mitten darin: *Propriété privée* (Privatgelände). Das Gelände eingezäunt, auf dem Weg davor geht ein Mann auf und ab, der ehemalige Lokfahrer. Ein langsamer Gang, der Mann atmet schwer, ab und zu zeigt er auf das Gelände, während er von einer Grubenexplosion berichtet, die viele Todesopfer forderte. Eine Folge von nachlässigen Sicherheitsvorkehrungen. »Heute gibt es nichts, kein Kreuz, keine Plakette, nichts, das zukünftige Generationen auf die Opfer ihrer Vorfahren hinweist,« sagt der Mann und seine Gesten signalisieren, dass er diese Missachtung bis heute nicht verwunden hat. »Es waren ja nur Bergleute«, fährt er fort, »es waren nur Bergleute, warum so viel Aufsehen um sie machen?« Stimme, Gestik und Gang des Mannes und das Ensemble von Landschaft und Ruinen drücken aus, was an diesem Ort durchlitten worden ist.

Als ich diese Szene wieder sah, wurde mir deutlich, wie sich Arbeit im Menschen und seiner Umgebung einschreibt, auch wenn sie selbst nicht mehr zu sehen ist. Das schon Verschwundene ist dennoch anwesend.

2 Zitat aus dem Film DIE VIERTE GENERATION.

Die ehemalige Zeche Fief de Lambrechie, Südbelgien 1990, aus dem Film VINCENT VAN GOGH –
DER WEG NACH COURRIÈRES (© CHF)

30.10.1997: 4. Beispiel. aus dem Film DAS ALTE UND DAS NEUE: Neue
Arbeitswelten. Die Eröffnung von Warner Bros. Movie World in Bottrop/
Kirchhellen, im Juni 1996. Befremdlich vielleicht, hier auf Arbeit zu reflektieren, denn es geht doch um Unterhaltung. Und was hat Unterhaltung mit Arbeit zu tun? Unterhaltung war bisher das, was nach der
Arbeit kommt. Erst die Arbeit, dann das Vergnügen. Aber, denke ich, in
Zukunft wird es noch mehr so sein: die einen arbeiten, damit andere
sich unterhalten. Hier sind typische Arbeitsplätze der Zukunft. Man
sieht: Frauen, die Tische eines Lokals abwischen. Herumstehende Bodyguards. Einen roten Teppich für die Ehrengäste, Tänzer und Tänzerinnen
in Aktion. Kameraleute und Fotografen bei der Arbeit. Einen Moderator,
der durch die Eröffnungsfeier führt. Leute mit Kehrschaufeln. Den Aufmarsch der Prominenten, Claudia Schiffer, Michel Douglas, Sophia
Loren. Aber, nicht jeder ist Sophia Loren. Mancher wird sich begnügen
müssen mit dem Putzlumpen und dem Bedienen von Knöpfen an der
Vergnügungsmaschinerie. So hatte denn auch Warner Bros. gute Gründe
auf seiner Seite, gerade an dieser Stelle aufzumachen. Sie versprachen,
für die Region neue Arbeitsplätze zu schaffen. Die Rede ist von neunhundert, davon allerdings achthundert im Saisonbetrieb. Viel wichtiger
aber das Motiv dahinter: »An dieser Stelle werden in einem Umkreis
von zweihundertfünfzig Kilometern siebenundzwanzig Millionen Menschen erreicht«, sagt der Moderator und meint nicht den Arbeiter sondern den Konsumenten.

Sophia Loren bei der Eröffnung von Warner Bros. Movie World, Bottrop 1996, aus dem Film DAS ALTE UND DAS NEUE (© CHF)

Aufgefordert, die eigenen Filme unter dem Gesichtspunkt der Darstellung von Arbeit anzusehen, habe ich bei dieser Szene festgestellt, dass viele, die hier zu sehen sind, in eben diesem Moment arbeiten: die Bodyguards, die herumstehen, das sieht vielleicht nicht nach Arbeit aus. Eher das Tische-Abwischen der Frauen. Auch die Tänzer arbeiten in diesem Augenblick, und Sophia Loren, wenn sie ihrem Gesicht ein Lächeln abringt. Eine Mühe dabei ist sogar noch erkennbar. Auch Moderation ist Arbeit, eine Rede ist Arbeit. Und dann sieht man die, die den Müll aufkehren und die, die das Wolkenkarussell bedienen. Sie gehören zu den achthundert Angestellten im Saisonbetrieb.

Es war uns nicht vergönnt, die Arbeit, die hinter dem Ereignis steht, zu drehen. Es war streng verboten, während der Eröffnung hinter die Kulissen zu schauen. Man lief Gefahr, sofort mit einem Bodyguard zu tun zu bekommen, der dann seine Arbeit tat, indem er Aufnahmen verhinderte. Wie Warner Bros. auch verweigerte, Aufnahmen während des Aufbaus und der Proben zur Eröffnung zu machen. »Wenn, dann machen wir das selbst,« hieß es. Einer der Bodyguards meinte während der Aufnahmen: »Sie haben Sophia Loren doch jetzt lange genug gedreht«, und drängte die Kamera weg. Hat er auf diese Weise vielleicht verhindert, dass man im Lächeln von Sophia Loren die Arbeit erkennt? Dazu hätte es einer gewissen Dauer der Aufnahme bedurft. Dennoch sind Spuren erkennbar, eine gewisse Mühe, dem Lächeln Dauer zu verleihen. Es bleibt aber die Frage: Wie viel Zeit braucht man im Film, um von einer Impression zu einer Erfahrung von Arbeit zu gelangen.

Also: Das Lächeln von Sophia Loren als Arbeit, Unterhaltung als virtuelle Ware, als Dienstleistung und Konsumartikel, die man kaufen kann. Heute wird nicht nur beklagt, dass der Mensch seine Arbeit verliert. Wo er sich nicht mehr über die Arbeit definiert, bleibt er immer noch Konsument. Die Klage geht auch, dass er sich als Konsument nicht richtig verhält, sprich: nicht genug konsumiert. Was zu weiteren Verlusten an Arbeit führt. Aber: wie soll der Mensch als Konsument funktionieren, wenn er das Geld zum Konsumieren nicht mehr verdient? Ein Teufelskreis.

Dieses Beispiel zeigt mir auch: Arbeit wird getan, soll aber als solche nicht sichtbar werden. Das ist eine Erfahrung, die zurückreicht bis in unsere Anstrengungen, Arbeit in Großbetrieben zu drehen. Auch dort am leichtesten, wenn man mit der Impression zufrieden ist. Darüber hinaus könnte etwas sichtbar werden, das nicht gesehen werden soll. Auch das ein Grund, warum Arbeit im Film so wenig thematisiert wird?

Bevor ich nun die Fragestellung noch einmal unter einem ganz anderen Blickwinkel betrachte, an dieser Stelle eine kurze Zwischenbilanz: Geht der Gesellschaft wirklich die Arbeit aus und damit den Filmen ein Stoff? Meine These: Arbeit gibt es genug. Sie wird oft als solche nicht gesehen, nicht gewürdigt und, wo sie nicht bezahlt wird, auch nicht für Arbeit gehalten. In zahllosen Filmen ist sie vorhanden, wird aber nicht explizit thematisiert. Einige Gründe dafür habe ich genannt. ›Die Mühen der Ebenen‹ – es sind nicht nur die Dokumentaristen, die diese Mühen scheuen.

Ein weiteres Beispiel. Aus dem Film FRAUENLEBEN. Vertraut und zugleich ein anderer Blickwinkel: Frauenarbeit, soweit sie nicht Erwerbsarbeit ist. Man sieht im Film eine Frau, die Sporttrikots auf die Leine hängt, eines nach dem anderen, immer die gleichen, vielleicht zwanzig oder mehr. Sie hat für die ganze Fußballmannschaft gewaschen. Die Frau arbeitet wohl, ist aber als Hausfrau keine Arbeiterin. Sie wird für ihre Arbeit nicht bezahlt. Die Arbeit als Dienstleistung von Dritten erbracht, erwirtschaftet die Frau laut Statistik, die ich in der *Westdeutschen Allgemeinen Zeitung* gefunden habe, mehr als 3.000,– DM monatlich. Liegt es daran, dass sich das Tun hier nicht in barer Münze auszahlt, dass der Wert dieser Arbeit sich für uns erst beweisen muss. Jedenfalls war es nicht leicht, uns selbst und andere davon zu überzeugen, dass hier etwas getan wird, das es wert ist, den Blick darauf zu richten. Die betroffenen Frauen, mit denen wir drehen wollten, fragten selbst zurück: »Warum wollt ihr die Arbeit der Frauen zeigen, die ist doch auf der ganzen Welt jeden Tag gleich.« Nur zögerlich gaben sie Blicke auf ihre Arbeit frei.

Nochmals zurück zu der Frage, warum der Dokumentarfilm Arbeit so wenig ins Blickfeld rückt. Hier waren es die Frauen selbst, die ihre Arbeit zunächst nicht für interessant genug hielten, um den Blick auf sie zu richten. Und: dem entsprachen die Reaktionen von Dritten, z. B. von Kollegen im Fernsehen: die Frauen in der Küche oder bei der Handarbeit oder beim Wäsche-Machen, das ist doch keine Sendeminute wert.

Es stellt sich also auch die Frage: welche Arbeit halten wir für wert, in unser Blickfeld zu rücken? Ist es vielleicht eher die Arbeit, die eben beschrieben worden ist, die schwere körperliche Arbeit unter Tage zum Beispiel, der zudem etwas Exotisches anhaftet, die nun zunehmend verschwindet. Die Frage könnte auch heißen: Ist die Arbeit, die an ihre

Stelle tritt, für die visuelle Ausbeute vielleicht nicht so lukrativ wie diejenige Arbeit, deren Verlust beklagt wird?

Die schwere, körperliche Arbeit in der Großindustrie gab doch immer, bei noch so kritischem Blick, faszinierende Bilder her. Und: wo die Herstellung eines Produkts noch sichtbar ist und wenn es die Tonnen Kohle sind, die am Ende der Schicht ans Tageslicht kommen, will sagen: wo im Vorgang selbst ein Ablauf mit klarem Anfang und Ende erkennbar ist, hat es filmische Darstellung nicht so schwer. Wie steht es aber mit Prozessen und Arbeitsvorgängen, die in diesem Sinne nicht in solchen zeitlichen Abläufen mit deutlichem Anfang und Ende sichtbar sind? Richten die Dokumentaristen darauf vielleicht nicht so sehr den Blick, weil hier Lösungen für die Darstellung viel schwerer zu finden sind? Auf einfachster Ebene formuliert: Wo bleibt bei der Darstellung langwieriger und abstrakter gewordener Arbeitsprozesse die Spannung und der Erzählbogen? Gibt es eine Dramaturgie für das Monotone, das Immergleiche, die zigfachen Wiederholungen? Gibt es eine Dramaturgie für Prozesse, die an der Oberfläche nicht mehr sichtbar sind? Auch hier schon Brecht: Das Wesentliche ist in die Funktionale gerutscht.

02.11.1997: Ich erinnere: Der Mann mit den Telefonen arbeitet unter Tage acht Stunden lang. Ein großer Teil seines Tuns besteht im Warten darauf, dass jemand anruft. Wenn man das einfach abbildet, könnte man meinen, er tue stundenlang nichts. Die Frage: wie bilden wir es ab, wie zeigen wir es so, dass erfahrbar wird, worin hier die Arbeit besteht? Der Bergmann, der im Film DIE EINWANDERER unter Tage die Schilde zieht, ging die zweihundert Meter lange Strecke im Streb täglich mehrere Stunden lang rauf und runter. Er ging gebückt, arbeitete in der Hocke, hielt sich über Stunden kaum aufrecht. Waren und sind wir in der Lage, diese Dimension seines Tuns filmisch erfahrbar zu machen? Wie viel filmische Zeit wird dafür gebraucht? Ist die Dauer ein Mittel der angemessenen Darstellung? Daran knüpft sich für mich eine weitere entscheidende Frage: Was lässt sich überhaupt zeigen mit dem filmischen Bild und natürlich auch durch die Montage? Wo sind die Grenzen des Zeigbaren und was muss darüber hinaus gesagt werden?

In unseren Filmen surrt die Arbeit auf ein paar Minuten zusammen. Werden wir ihr damit gerecht? Was bedeuten die Verkürzungen, zu denen wir gezwungen sind? Und was macht etwas Gesagtes erfahrbar im Unterschied zu etwas Gezeigtem? Macht das Gesagte, der Kommentar, überhaupt etwas erfahrbar? Hier kommt es sicher auch darauf an, wer spricht. Der Mann im Streb, der die Schilde zieht, erläutert selbst, was er unter Tage tut. Das ist etwas anderes, als wenn eine anonyme Kommentarstimme sich zu Wort melden würde. Dennoch immer wieder die Frage: wie viel und was ist zu sehen und was muss dann doch gesagt werden?

Auf heute moderne Arbeitsplätze übertragen: Die Qualität von acht Stunden Bildschirmarbeit zeigen und in einer gewissen Dauer etwas davon erfahrbar machen. Oder: ein paar Minuten dafür erübrigen und dazu sagen: der Mensch, den wir dort sehen, arbeitet an diesem Platz acht Stunden lang.

Fragen der filmischen Gestaltung. Es geht um Dauer, Zeit, Zeitverkürzung, Verdichtung. Es geht um das Sichtbare und das Unsichtbare. Das Zusammenspiel von Bild und Ton und Wort.

Dazu ein weiteres Beispiel. Aus dem Film ILSE KIBGIS-GELSENKIRCHEN-GEDICHTE. Ilse Kibgis ging jahrelang verschiedenen Erwerbsarbeiten nach, arbeitete nach dem Krieg in einer Matratzenfabrik, dann als Serviererin, Kassiererin, Wäscherin. Später war sie, wie man sagt ›nur noch Hausfrau‹ und fing an, Gedichte zu schreiben. Ich sage mit meinen Worten: Sie versucht sich an verdichteten Aussagen über das, was sie ihr Leben lang getan hat. Ich habe versucht, in der Montage eine ihrem Tun entsprechende verdichtete filmische Form zu finden. Nicht durch Ausdehnung der filmischen Zeit, sondern durch Verknappung etwas zeigen, das lange dauert und gedauert hat und auch Mühe macht. Schreiben als Arbeit, das verfertigen von Gedanken als Arbeit. Noch weniger scheint da sichtbar als bei der immer gleichförmigen Hausarbeit.

Ilse Kibgis beim Schreiben zusehen. Daran knüpft sich für mich die Frage: Was ist zu sehen, wenn wir nichts haben außer dem Bild? Vor allem keinen erklärenden Text. Was ist zu sehen, wenn wir nicht wissen? Und was kann im filmischen Bild sichtbar werden, noch bevor wir etwas erklären. Verändert diese Frage den Blick und entsprechend das, was wir aufnehmen? Und zwar in dem Sinne, dass wir uns klarer darüber werden, was wirklich zu sehen und entsprechend auch zu zeigen ist. Das Sichtbare ausloten bis an seine Grenze. Den Bildern alles und zugleich nur das zumuten, was ihnen zuzumuten ist. Ich meine: in vielen Filmen bekommen wir gesagt, was wir sehen, noch bevor wir es gesehen haben oder sehen konnten. Der Blick wird durch das Wort frühzeitig verstellt und dem Bild selbst wird nicht vertraut. Oft zeigen Filmbilder nicht einmal das, was zu sehen wäre.

Also: Was ist zu sehen und was ist nicht zu sehen? Dieser Frage auf den Grund gehen. Und das, was wir wissen, hintanstellen. Kommen wir dann zu anderen Bildern und zu einem anderen Umgang mit Bildern, Tönen und Text?

Im Verlauf der Arbeiten an dem Filmzyklus PROSPER / EBEL entdecken wir in der kartografischen Abteilung der Zeche ein Bildarchiv, das etwa 15 000 Fotos umfasste. Niemand wusste um den Schatz, der dort verborgen lag. Niemand kümmerte sich darum und die Arbeit an dem Bildarchiv war seit Jahren eingestellt. Es lag nur noch dort herum. Für uns bedeutete

Foto aus Arenberg-Bildarchiv, aus dem Film INMITTEN VON DEUTSCHLAND

das, dass wir uns 15 000 stummen Bildern gegenüber sahen, die wir mehr oder weniger aus sich selbst heraus zu verstehen versuchten. Und das hieß: auf das bloße Sehen angewiesen herausfinden, was zu sehen ist. Ich habe versucht, etwas von diesem Versuch in meinem Buch *Der zweite Blick* zu beschreiben. Hier möchte ich einen ähnlichen Versuch am Beispiel nur eines Bildes, einer Fotografie aus diesem Archiv, unternehmen. Was ist zu sehen auf dem Bild, wenn man nichts darüber weiß? Im bewussten Hinsehen wird auch erfahrbar, was eben nicht sichtbar ist.

Ich habe dieses Foto ohne Erklärung Studenten der Filmklasse an der Fachhochschule Dortmund gezeigt und gefragt: Was ist zu sehen? »Zwei Männer« sagen die einen. »Ein Mann, links, und eine Frau, rechts«, meinen andere. Darum geht das Gespräch sehr lange. Wenn es eine Frau ist, wirkt sie sehr männlich. Der Mann links sieht ausgezehrt aus, die Person rechts demgegenüber wohlgenährt. Man sieht in den Gesichtern Spuren des Lebens, aber man sieht nicht, was diese Gesichter gezeichnet hat. Das Foto verrät es nicht.

Die eigenen Recherchen erlauben einige Vermutungen, die ich nach längerem Betrachten des Bildes anfügte. Das Foto fand sich im Fotoarchiv der Zeche unter einer Reihe von Fotos, die Jubilarpaare der Zeche zeigen. Also könnte auch auf diesem Foto ein Jubilarpaar zu sehen sein. Aufgenommen und dem Jubilar verehrt für vierzig oder dreißig Jahre treue Betriebszugehörigkeit. Dann hätte der Mann links möglicherweise einige Jahrzehnte als Arbeiter auf der Zeche verbracht. Über die Person rechts ist es schwer, etwas zu sagen. Es gibt vergleichbare Fotos in Privatalben von Bergleuten. Darauf sehen die Frauen, vor allem die älteren, der Person rechts im Bild oft ähnlich. Ältere Bergleute, mit denen wir über die Bilder sprachen, finden das nicht so verwunderlich: »Die kamen vom Dorf«, sagen sie, »aus Oberschlesien, bäuerliche Typen sind das. So sahen unsere Mütter und Großmütter auch aus.« Die Gesichter der beiden Personen auf dem Bild also gezeichnet durch industrielle und bäuerliche Arbeit? Vermutungen – über ein stummes Bild. Das Sehen und die Grenzen des Sehens. Das Wissen mit dem Sehen verbinden. Aber, wird bei diesem Beispiel vielleicht doch zu schnell das Wissen vor das Sehen geschoben? Wie sehr vertrauen wir dem, was nur zu sehen ist. Positiv überrascht, dass in der Ausstellung in der ehemaligen Zinkhütte Altenberg in Oberhausen[3] dem stummen Bild von der Arbeit in der Weise vertraut worden ist, dass man keinen Text dazu gibt, dass man erst einmal sehen kann, ohne gleich etwas erklärt zu bekommen. Zu sehen sind Amateurfilmaufnahmen eines Arbeiters, der auf der Zinkhütte gearbeitet hat. Er filmte stumm seinen eigenen Arbeitsplatz. Die Erklärungen, die man nach dem Sehen dann doch wünscht, sind in der übrigen Ausstellung zu finden. Das führt zu starker eigener Tätigkeit beim Sehen und Verstehen, und das macht die Ausstellung für mich zu einem Vergnügen.

Ich möchte abschließend noch einmal fragen: Ist das, was Arbeit eigentlich ausmacht, nicht auch woanders aufzusuchen als im Arbeitsablauf selbst? Ich habe es schon angedeutet: etwa in einem Gesicht wie dem des vermutlichen Arbeiterjubilar-Paares. Oder in den Händen und Landschaften, die von Arbeit gezeichnet sind. Wir haben solche Spuren der Arbeit in den Landschaften der Borinage gesehen. Als ich jetzt die eigenen Filme durchsah, stellte ich fest, dass unser Film VINCENT VAN GOGH – DER WEG NACH COURRIÈRES eigentlich als ganzer von diesem Thema handelt, auch wenn wir es uns beim Machen des Films nicht direkt als solches vorstellten. Von Gogh selbst hat sich intensiv mit den Fragen der Darstellung von Arbeit auseinandergesetzt. In Hunderten von Studien hat er die Bauern und Weber bei der Arbeit gezeichnet. Über seine Skizzen zum Bild »Die Kartoffelesser« sagt er in einem Brief an seinen Bruder Theo vom April 1885: »Du weißt ja selber, wie viele Male ich die Köpfe gemalt habe. Und immer noch laufe ich jeden Abend wieder hin und sehe mir alles an, um einzelnes an Ort und Stelle zu zeichnen. Aber beim Malen lasse ich meinen eigenen Kopf im Sinn von Gedanken oder Einbildungskraft mitarbeiten, was bei Studien nicht so sehr der Fall ist, wo kein Schöpfungsvorgang stattfinden darf, wo man vielmehr aus der Wirklichkeit sich Nahrung für seine Einbildungskraft holt, damit die richtig werde.«[4]

3 Rheinisches Industriemuseum, Zentrale Oberhausen, Altenberg Zink.
4 Vincent van Gogh, *Sämtliche Briefe an den Bruder Theo*, hrsg. von Fritz Erpel, Bornheim 1985.

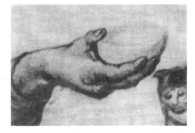

Vincent van Gogh, Skizzen zum Gemälde »Die Kartoffelesser« und die letzte Fassung des Ölbilds, Nuenen 1885, aus dem Film VINCENT VAN GOGH – DER WEG NACH COURRIÈRES

Kurz vor seinem Aufbruch nach Paris malte er in Nuenen / Holland sein großes Ölbild »Die Kartoffelesser«. Auch ihn beschäftigte dabei die Frage, wie die Spuren der Arbeit bei den Menschen, die er malt, sichtbar zu machen sind. »Ich habe mich ... sehr bemüht, den Betrachter auf den Gedanken zu bringen, dass diese Leutchen, die bei ihrer Lampe Kartoffeln essen, mit denselben Händen, die in die Schüssel langen, auch selber die Erde umgegraben haben; das Bild spricht also von ihrer Hände Arbeit und davon, dass sie ihr Essen ehrlich verdient haben.«[5]
Von Gogh war mit solchen Bildern kein Erfolg beschert. »Man ist erstaunt, dass er ein Maler geworden ist«, sagte später jemand über ihn in der Borinage. »Er setzte sich auf die Halden hin und malte die Dinge, die wir nicht schön finden.« Hat auch das etwas mit unserer Frage zu tun? Wenn wir Arbeit thematisieren – es kommt natürlich auch darauf an, welche – nehmen wir uns etwas vor, das viele nicht schön finden. Also ist es auch nicht unbedingt das, womit man Quote machen kann. Schließlich zeigen sich nicht nur in Landschaften, im Körper und in der gebauten Umwelt die Spuren der Arbeit. Sie zeigen sich auch in den Worten und Erzählungen, die Menschen zu dem finden, was sie ein Leben lang getan haben. Sie zeigen sich in ihrem Nachdenken, in ihrem nur zögerlichen Aussprechen und sehr oft auch in ihren sehr bildhaften Ausdrücken: »Die Sonne nimmst du nicht mit runter«, sagt ein Bergmann kurz und lapidar. »Wenn ich all die Kohle, die ich im Leben gemacht habe, auf einem Haufen sehen sollte«, sagt ein anderer, »ich

5 Vincent van Gogh, *Sämtliche Briefe an den Bruder Theo*, hrsg. von Fritz Erpel, Bornheim 1985.

glaub', ich würde umfallen: Das soll ein Mensch gemacht haben?« Und der Kommentar eines Mannes, der schon mit fünfundzwanzig Jahren zum Vollinvaliden wurde durch einen Arbeitsunfall auf der Zeche, lautet fünfzig Jahre später: »Berg kam runter, Karl lag drunter.« Mit eben diesem Karl, der durch den erwähnten Unfall auf der Zeche schon mit fünfundzwanzig Jahren nicht mehr arbeiten konnte, ich setze hinter diese Formulierung bewusst ein Fragezeichen, möchte ich meine Betrachtungen über die Darstellung von Arbeit im Film beschließen.

Karl richtete sich im Hof hinter dem Zechenhaus eine eigene Werkstatt ein. Wir sehen im Film INMITTEN VON DEUTSCHLAND eine Szene in dieser Werkstatt. Die Szene beginnt mit einem Schwenk über Regale voller Schachteln, Farbtöpfe, Werkzeug. Dann sehen wir Karl bei der Arbeit. Er schmirgelt ein restauriertes Möbelstück glatt. Dann spürt er mit den Fingern dem Ergebnis seiner Arbeit nach, betastet feinfühlend das bearbeitete Stück Holz. »Muss gut sein,« sagt er abschließend. Und dann: »Ich habe alles gemacht, alles, was du dir nur denken kannst. Außer Geld, das habe ich nicht gemacht. Herde, Öfen, Hosen, Schuhe, Mützen, Selbstbinder, Fernsehapparate, kann ich gar nicht alles aufzählen, müsste ich mir Zeit für nehmen. Man kann alles, wenn man will. Man braucht nur etwas Genie, etwas Werkzeug und Lust und Liebe, sonst hat das ja keinen Sinn.« Karl war sein Leben lang nicht arbeitslos. Aber er war kein Arbeiter mehr im anfangs definierten Sinn. Statt in fremden Diensten: Arbeit im eigenen Auftrag und paradoxerweise, oder Glück im Unglück: von den Fragen der Existenzsicherung durch Arbeit befreit.

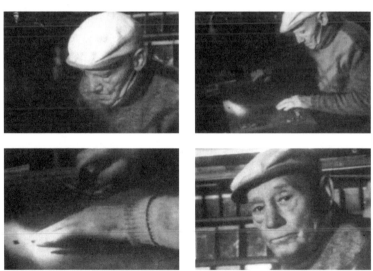

Bergbauinvalide in seiner Werkstatt, Bottrop 1982, aus dem Film INMITTEN VON DEUTSCHLAND (© RFZ)

Es war mir ein Gewinn, die eigenen Filme durchzusehen unter der Frage: Wie zeigt sich menschliche Arbeit, was ist in den Blick genommen worden und in Zukunft verstärkt in den Blick zu nehmen? Neben den vielen Fragen an die filmische Darstellung, die man mit jedem neuen Film neu zu lösen versucht, schien mir vor allem auf, wie vielschichtig und vielgestaltig das ist, was wir als Arbeit bezeichnen oder auch nicht, obwohl es doch Arbeit ist. Arbeit ist immer ein Vorgang. Sie zum Thema machen, heißt zeigen, wie etwas vor sich geht oder entsteht. Das benötigt Zeit. Wir sehen uns oft der Behauptung gegenüber, dass dafür keine Zeit sei oder keine Geduld auf Seiten der Zuschauer. Obwohl es doch auch darauf ankommt, wie viel Zeit wir uns nehmen, als Filmemacher und als Zuschauer und wie viel Zeit uns zugestanden wird. Bei weniger Zeit kommt man schnell auf die Idee, nach dem Ergebnis der Arbeit zu fragen, das sich schneller zeigen oder noch schneller in ein paar Worten fassen lässt als die Arbeit selbst. Nicht das Werden, der Prozess, sondern das Gewordene, das Produkt gerät ins Zentrum des Blicks.

Obwohl wir als Filmemacher die Frage: Wo bleibt die Arbeit? sicher nicht beantworten können, können wir uns der Frage: Was bedeutet sie dem Menschen? so, wie sie gegeben ist, und so, wie sie sich wandelt, stellen. Es gibt die Studie über Marienthal, die aufzeigt, wie dem Menschen ohne Arbeit letztlich der Sinn seiner Existenz verloren geht. Umgekehrt ist die Erwerbsarbeit gewiss nicht die Form, in der der Sinn einzig und allein zu finden ist. Was tut der Mensch? Womit füllt er sein Leben aus und wovon kann er leben? Das sind entscheidende Fragen, und sie sind in der gegebenen Verfasstheit der Gesellschaft auf das engste miteinander verknüpft. Deshalb wird es so bedrohlich, wenn Arbeit als Erwerbsmöglichkeit und damit Existenzgrundlage verloren geht. Hier scheinen mir für die Zukunft die radikalsten Änderungen anzustehen. Wo bleibt die Arbeit? Das heißt für mich auch: Wie bekommen wir als Dokumentaristen dieses Geschehen, diesen Wandel in den Blick und welche Formen finden wir dafür?

1998

Das dokumentarische Staunen oder: Kino der Momente 2
Christoph Hübner

Heute morgen ein Formbrief aus Oberhausen: » ... leider ... kein Quali-
tätsurteil ... eine Einstellung, Gesichter, Töne, wunderbar, staunen, wie
viel in wie Wenigem ... «
Schon vor zwei Jahren die Skizze mit Paul Bley: zwei Einstellungen ...
A.H. hatte kein Verständnis ...
In Berlin sehe ich Raymond Depardons Film über Afrika, seit langem ein
Film, der mich tief beeindruckt hat ... sprach mit C. D. von »brut« (einer
Sendung auf arte) darüber, große Probleme in Frankreich (was er alles
nicht zeigt) ...
Auch der neue Film von Johan van der Keuken – so lang, so wenig Kom-
mentar, früher viel arrangiert, montiert, benutzt ...
Oder Jürgen Böttcher, seine letzten Filme wurden nicht verstanden ...
Amateurfilme, warf man ihm vor ..., IN GEORGIEN, DIE MAUER, er malt
heute ... beim letzten Besuch zeigt er mir Szenen aus seinen Video-
aufnahmen aus Indien: über eine kleine Geste, über ein Gesicht, über
eine kleine Bewegung gerät er fast außer sich, ist bewegt – schon mir
nicht immer nachvollziehbar, aber ich kenne das genau an eigenen Filmen ...
Wenn man lange arbeitet und sich nicht ganz an die Professionalität
verliert, beginnt man mehr und mehr Achtung zu haben, Respekt vor
den Aufnahmen, vor den »Originalen«, vor dem Vielen, was in einer
Einstellung sich ereignet. Deshalb die Filme immer länger, immer weniger kommentiert, vielleicht aber auch immer weniger verständlich, zugänglich, kommerziell.
Ich sehe die Aufnahmen und bin begeistert, was ich alles aufgenommen und festgehalten habe, was alles passiert in dem Moment, in dem
ich die Kamera auf das Leben gerichtet habe ...
Immer misstrauischer wird man gegenüber der Manipulation, dem Bearbeiten, den Tricks von Dramaturgie und Zurechtrücken, dem In-den-
Griff-Bekommen, immer staunender sitzt man vor dem eigenen Material.
Können das andere noch nachvollziehen? Die Rückkehr der Naivität,
eigentlich etwas Schönes. Wirkliche Amateurfilmer, selbst Straub sagt
das von sich und seiner Arbeit.
Vielleicht auch tatsächlich eine »historisch« folgerichtige Haltung der Realität gegenüber: mit was wir es zu tun haben im ausgehenden 20. Jahrhundert: vielleicht ist es genau diese Krise des »In-die-Hand-Nehmens«,
des ideologischen Blicks, der Zweckmäßigkeit, der Machbarkeit, des
Gestaltens etc. Vielleicht ist es wirklich der bescheidene, naive Blick,
der uns jetzt not tut, der zugibt, ich weiß noch gar nicht, was ich da gesehen oder aufgenommen habe ... vielleicht sehe ich es erst in fünf oder
zehn Jahren, was da drin steckt oder was wichtig ist. Konsequent und

interessant deshalb z.B. Jonas Mekas, der seine Aufnahmen oft erst zwanzig Jahre später bearbeitet, weil er dann sieht, was wichtig ist ...

Im Kommunalen Kino Frankfurt läuft ANNA ZEIT LAND. Am Abend eine lange Diskussion mit dem einladenden Mitarbeiter W.G., den ich sehr schätze: hätte ich nicht mehr zuspitzen, mehr aussagen, statt einfach nur zeigen und nebeneinanderstellen müssen ... Der Zuschauer hilflos ... ein Argument, dem wir im Zusammenhang mit diesem Film immer wieder begegnen, aber ...

Gestern im TV ein Gespräch mit Egon Bahr (Zeugen des Jahrhunderts, eine Reihe, die für mich zu den interessantesten zählt: das ist Fernsehen ...): er gibt zu, dass es acht Jahre gebraucht hatte, bis sie den Mauerbau 1961 in der Politik verarbeitet und verstanden hatten, wie viel muss es dann dauern bis wir schlüssige Antworten auf die jetzigen Einbrüche: den Fall der Mauer, den Zusammenbruch des Ostblocks, die Auflösung der ideologischen Systeme etc. finden, gefunden haben.

Will sagen: vielleicht hat dieser naive, unsichere, erst einmal festhaltende Blick auch eine historische Berechtigung?

Natürlich kommen auch wir selbst dabei ins Schlingern ...

Auf einmal werden unsere Filme nicht mehr auf den Festivals genommen, auf einmal passen sie nicht mehr ins Fernsehen, auf einmal stimmen alle unsere dramaturgischen Formeln nicht mehr oder wir werden unsicher mit ihnen, auf einmal sind wir wirkliche Amateure, wie Leacock etwa heute, freuen uns an unseren kleinen Amateurkameras und was wir damit alles bannen.

Auf einmal werden wir Sammler, die Bänder und Aufnahmen sammeln und kaum kommen wir mit der Bearbeitung nach ...

Immer wieder kommt mir dieses Bild des amerikanischen Fotografen Gary Winogrand in den Sinn, der gegen Ende seines Lebens sich im Wagen durch L.A. fahren ließ, hunderte Aufnahmen machte, sie gar nicht mehr entwickelte – als er starb, hinterließ er Unmengen von belichteten, aber nicht entwickelten Filmen. Vielleicht auch ein Gegenhalten gegen den Zynismus, die Bilderflut, das Benutzen und Missbrauchen und beliebige Manipulieren von Bildern und Tönen rings um uns herum ...

Ein Freund (Christoph Hein) meint, es hätte eher damit zu tun, dass die Filme immer länger werden, dass das Fernsehen sie sowieso nicht mehr zeigt, oder nur zu später Stunde, also hätte man nicht mehr die Maßregelung und Grenzen der Redaktionen, (die er nicht nur schlecht findet), auch ein Gedanke ...

Vielleicht müssen wir uns auf die Museen und Nachtzeiten einrichten, uns damit begnügen, dass wir Dokumente schaffen, Dokumente unsrer Zeit und der Menschen, die in ihr gelebt haben, vielleicht sind wir wirklich Ethnografen, Festhalter, Notierer – und da weiß man, dass man nach Jahren das Unbearbeitete spannender findet als das Bearbeitete, und dass vor allem der Kommentar als erster veraltet ...

Manchmal wollen die Menschen ihre Dokumente sehen und manchmal eben mehr RTL – im Moment eher das letztere ...

Aber wir müssen darauf bestehen, dass diese seltsame Form von Respekt, von Staunen, von Verweigerung der Dramatisierung seine Berechtigung hat und wo es geht: das Staunen, die Naivität, den ungeschliffenen Blick weitergeben – auch wenn die Festivals und die FS-Anstalten uns dabei nicht immer folgen.

1997

Dokumentarisch Arbeiten – Filmgespräche über das Dokumentarische*
Christoph Hübner

DAS WARTEN – so heißt ein Film von Peter Nestler, einem der Gesprächspartner in der Filmreihe DOKUMENTARISCH ARBEITEN. Das Warten ist für
alle dokumentarische Arbeit etwas Zentrales. Das Warten-Können auf
den richtigen Moment, auf das richtige Licht, auf die Situation, in der
sich etwas zeigt, das Warten-Können auf die kurzen Augenblicke von
Wahrheit, nach denen man immer wieder sucht – ohne das ist dokumentarische Arbeit nicht vorstellbar.

Das Warten-Können, die Geduld, das Zuhören und Nachfragen, das Zeit-
lassen für die Entfaltung eines Gedankens, aber auch die Neugier und
die Offenheit für das, was sich ergibt – das alles bestimmte auch die Haltung meiner Gespräche mit meinen Dokumentaristen-Kollegen.

Die meisten von ihnen kenne ich seit längerer Zeit, manche sind Freunde,
andere habe ich erst in der Arbeit an den Filmen näher kennengelernt. Zu
fast allen gibt es einen Bezug in meiner eigenen Arbeit – und doch war mir
zuvor noch nie so deutlich, wie sehr die dokumentarische Arbeit eine Arbeit von Autoren ist und entsprechend unterschiedlich in Ergebnis und
Haltung. Das alles entwirft geradezu ein Gegenbild zu der üblichen Vorstellung von Dokumentarfilm als der einfachen Abbildung von Vorgängen,
dem Kamera-Draufhalten, der »objektiven« Reportage.

Der Dokumentarfilm als Autorenfilm – in der Eigenart der Sujets, aber auch
in der Arbeit mit der Form. Vom Dokumentarfilm erwartet man üblicherweise keine besondere Beschäftigung mit Fragen der Form – tatsächlich aber
ist das Dokumentarische ganz stark Formarbeit, zumal es nichts Vorgefertigtes gibt, keine Routine, auf die man immer wieder zurückgreifen kann.
Für jeden Film, jeden Stoff, jede dokumentarische Geschichte muss die
richtige Form jeweils neu gefunden werden. Nicht zuletzt in der Montage.
Im Dokumentarfilm entsteht die Erzählung, »das Buch«, wenn man so will,
oft erst im Schnitt und Schnittzeiten von einem halben, manchmal einem
ganzen Jahr sind keine Seltenheit. Wenn man den Film dann sieht, wird diese Form-Arbeit in den seltensten Fällen als solche wahrgenommen. Deshalb war es mir ein Anliegen, von diesem Teil der Arbeit: der Ästhetik, der
»Kunst« im Dokumentarfilm einmal öffentlich zu sprechen.

So unterschiedlich wie die Handschrift der einzelnen Autoren, so verschieden ist vielleicht auch die Art der Gespräche von dem, was man
üblicherweise an Interviews und Talkshows im Fernsehen sieht. Da gibt
es zum Beispiel manchmal Pausen, in denen man etwas spürt von der
Entstehung eines Gedankens, in denen Raum ist für ein Nach-Denken
über das eben Gesagte, für ein Fortführen, Ergänzen, Deutlicher-Machen
oder auch Wieder-Einschränken.

202

* Dieser Text beschreibt das Entstehen der Reihe seit 1995 und entstand für das Booklet zur ersten Doppel-DVD mit vier Gesprächen, erschienen in der Edition Filmmuseum, München 2008.

Herz Frank im Schneideraum bei Hübner / Voss, 1994 (© CHF)

Peter Nestler im Schneideraum bei Hübner / Voss, 1994 (© CHF)

Klaus Wildenhahn in den Gängen des NDR, 1994 (© CHF)

Die Gespräche heißen deshalb auch bewusst Gespräche und nicht Interviews, weil das Gespräch für mich eine gemeinsame Bewegung enthält: man ist offen für das, was sich ergibt, man folgt den Spuren und dem Rhythmus des Denkens und Sprechens. Man vertraut auf die gegenseitige Intuition und das gemeinsame Interesse. Keine vorgegebenen Fragen, keine Liste von Themen, die man nach und nach abhakt.

All das braucht eine bestimmte Situation: es geht nicht in Eile und wird erschwert durch zu viel technischen oder formalen Aufwand. Deshalb ist die Situation der Gespräche meist sehr einfach, kein aufwendiges Licht, kein großes Team – meist nur ein Drehort, kein Schnick-Schnack in den Einstellungen, eben das was nötig ist. Es geht um Gespräche, keine Portraits im klassischen Sinne – auch wenn die Gespräche im Lauf der Zeit zuweilen reicher instrumentiert sind, mehr Raum für Privates, für Seitenblicke haben als die früheren.

Auch in der Montage haben wir versucht, den Charakter von Gesprächen zu erhalten, also nicht sofort abzuschneiden, wenn ein Satz zu Ende ist und auch nicht nur Aussagen zu versammeln, sondern die Entwicklung von Themen und Gedanken aus dem Gespräch heraus nachvollziehbar zu lassen.

Dieses halte ich für die Kunst der Gesprächsführung im Dokumentarfilm – dass das Denken der Anderen sich entfalten kann. Dabei schätze ich an der dokumentarischen Arbeit besonders die Möglichkeit des Überrascht-Werdens. Dass sich etwas ergibt, das man vorher nicht planen, nicht einmal wissen konnte. Und ich bin der festen Überzeugung: wenn man etwas von dieser Art der Offenheit, der Entdeckungsreise in den Filmen lässt, hat man dabei auch den Zuschauer auf seiner Seite.

Auch der Serientitel der Reihe, DOKUMENTARISCH ARBEITEN, reflektiert diese Offenheit. Ein Tätigkeits-Wort, das von Arbeit spricht, von Mühe, von etwas, das erst im Tun kenntlich wird und nicht in der Definition.

Nichts ist fest im Dokumentarfilm und die Bewegung zwischen den Polen macht zugleich seinen Reichtum, seine Vielfalt aus, seine Widerständigkeit gegen allzu fertige Konzepte. Von Konzepten und Definitionen ist in den Gesprächen kaum die Rede, umso mehr dafür von Fragen der konkreten filmischen Arbeit. Wir alle haben es heute mit der unbefriedigenden Situation zu tun, dass der Dokumentarfilm in der Öffentlichkeit häufig nur von seinem Stoff, von der »Aussage« her betrachtet wird, kaum einmal aber von der Perspektive der Form und der ebenso wichtigen und oft zeitraubenden Arbeit daran. Was aber wirklich an Potential im Dokumentarischen steckt und was sich zugleich an Kunst – ich benutze absichtlich dieses Wort – hinter den Filmen verbirgt, das geht in der üblichen, nur vom Inhalt ausgehenden Betrachtung oft unter.

2008

MONTAGEN (2000–2013)

Montage 4
Christoph Hübner

05.01.2000

Der Fotograf Arno Fischer meinte heute am Telefon: das neue Jahr hätte ihm zu viele Nullen.

Womit anfangen?
Zum Beispiel mit dieser Kamera: VX 1000, die erste kleine 3-Chip DV-Kamera von Sony. Oft sind die ersten Modelle einer Technik gleich die besten. Und zum ersten Mal eine Technik für Amateure, die annähernd Profiqualität produziert. Und bezahlbar. Der Graben zwischen sogenannten Profis und den sogenannten Amateuren wird kleiner. Und auch die eigene Arbeit verändert sich. Man dreht mehr, plant weniger, nimmt erst einmal auf, denkt nicht an die Montage, sondern ans Festhalten. Das Filmen wird zum Improvisieren, zum Protokollieren ...
Unzählige Kassetten sammeln sich, oft schaue ich die Aufnahmen gar nicht mehr an nach dem Drehen. Bei Gesprächen halte ich die Kamera nicht mehr ans Auge, sondern schaue aus der Ferne. Diese Entwicklung nur denkbar mit der Kleinbildtechnik, mit den kleinen Video-Kameras. Also gibt es einen Zusammenhang ...
Gedanken beim Anschauen des aufgenommenen Videomaterials: der erste Eindruck Atemlosigkeit, ich lasse die Kamera durchlaufen, kann mich nicht mehr für einzelne Einstellungen entscheiden, das Bedürfnis, »zu erfassen« tritt an die Stelle des Abbildens, des Bildermachens, die MontAge an die Stelle des Einzelbildes. (Warum schreibe ich MontAge mit großem A?)

Heute einen iranischen Film gesehen: KINDER DES HIMMELS. Mit wie wenig Geschichte der Film auskommt, es geht nur um ein paar kaputte, verlorene Schuhe! All der Aufwand, die vielen Bilder, die wir jagen, zusammenstellen, sie haben nicht mehr Intensität, als eine einfache lange Einstellung auf die beiden Kinder in dem Film.

Montage Nr. 4 meint: heute gibt es nicht mehr nur die drei Formen der Montage, von denen Dziga Vertov sprach: die Montage vor dem Drehen, während des Drehens, nach dem Drehen, heute ist zunehmend eine vierte Dimension hinzugetreten: die Montage der Einzelfilme, das Programm: die Programm-Montage ...
i-link meint: alles wird verbunden, alles mit allem: die Küchenmaschine mit dem Fernsehprogramm, die Banküberweisung per Internet mit der Talkshow etc. Unsere Filme, mit denen wir uns so abmühen, werden da-

rin nur noch Flimmern, Bildfüller, Montagematerial sein – »footage«, wie so schön abschätzig das englische Wort dafür heißt. ...

Mit all dem im Hinterkopf die Gegenwart – schauen, wie es weitergeht und wie sich Technik und Ästhetik gegenseitig beeinflussen ...

Montage Nr. 4

Nichtlinearer Schnitt, Aufwertung des Bildes. Alphons S., Anna ...

Das Private als das Zukünftige, das Nichtlineare als das Zukünftige. Die Vermischung von professionell und Amateur: das Zukünftige, die Virtualisierung der Bilder, der Medien, des Lebens, die Zukunft des Interaktiven.

Der Sohn mit seinem Computerspiel, ist das das Neue?

Erzählstrategien / Montageformen
Gabriele Voss

Kino der Momente
Die sich in der Zeit verflüchtigenden Bilder sollen im ›Kino der Momente‹ wenigstens für einen Moment zum Stillstand kommen – verweile doch, oh Augenblick, du bist so schön. Tief dahinter der Wunsch, den Ablauf der Zeit, Werden und Vergehen, das Flüchtige und Unhaltbare zum Stillstand zu bringen. Das auch die tiefste Sehnsucht im Dokument. Aber von dem, was einmal war, bleibt allenfalls ein Bild, ein Ton. Das Kino der Momente. Chs. Sehnsucht, in den Film ein Element der bildenden Kunst einzuführen, nämlich: das unbewegte Bild, vor dem wir, die Betrachter, uns frei bewegen können. Kann das im Kinoraum überhaupt aufgehen?
07.04.2001

Beobachter
Ein ungenannter hochrangiger Berater Präsident Bushs sagt zu einem Reporter des *New York Times Magazine:* »Wir sind jetzt ein Imperium, und wenn wir handeln, schaffen wir uns unsere eigene Realität. Und während Sie diese Realität beobachten – vernünftig, wenn Sie wollen – handeln wir wieder, schaffen andere, neue Realitäten, die Sie dann auch beobachten können, und so klären sich die Dinge. Wir sind die Akteure der Geschichte ..., und Ihnen, Ihnen allen bleibt nur zu beobachten, was wir tun.« Dies schreibt Ron Suskind in seinem Artikel *Without a doubt* im *New York Times Magazine* am 17. Oktober 2004. Das gibt zu denken. Auf welche Weise sind wir, die Beobachter, mit dem, was wir tun, Akteure auf eine eigene Weise? Unsere Beobachtungen schärfen die Wahrnehmung, um zum Beispiel das, was ein Präsidentenberater sagt, anders zu sehen. Kommen wir aber jemals gegen den Vorsprung des Handelns an?
02.09.2005

Anfänge
Womit haben wir angefangen? Unter anderem mit Siegfried Kracauer: »Die Errettung der physischen Realität« und »Film als Entdecker der Schönheit des alltäglichen Lebens«. Daher auch die Hinwendung zum Dokumentarischen und zur Arbeitswelt als umfassendem Alltag. »Die Welt, eine Wucherung des Chaos«, auch das ist Kracauer und es traf auf ein Lebensgefühl bei mir. Kracauer spricht auch von der »Niemandsverfassung« als einem der wichtigsten Erkenntnisinstrumente des Menschen. Allein dieses Wort hat den Blick geöffnet für eine Haltung, die erst noch zu entwickeln war.
08.03.2007

Erzählen I

In der bildenden Kunst gibt es kein: Was kommt als nächstes? Das ist auch eine Freiheit, nicht zu entscheiden und stattdessen zu betrachten. Die Antwort auf die Frage: Was kommt als nächstes? kann zu einer lästigen Pflicht werden. Die Sehnsucht zu betrachten ist im Moment ganz stark. Ich sehe gern sehr lange Einstellungen. Wo ich verpflichtet bin zu schneiden, fühle ich mich unwohl. Der Schnitt steht permanent unter der Frage: Was kommt als nächstes und warum kommt gerade das und nicht etwas Anderes?
07.08.2007

Erzählen II

Paul Schrader: »Geschichten erzählen handelt von übertriebenem Verhalten. Darüber hört man gerne Geschichten. Nicht über den Typen von nebenan, der nichts macht.« Das Anliegen unserer Arbeit, vom Alltag zu erzählen, müsste man ins Verhältnis setzen zu Schraders These vom Geschichten erzählen. Jedenfalls sind solche Protagonisten interessanter, die etwas in die Hand nehmen, Ziele haben, die sie mit Unbedingtheit verfolgen. Zum Übertriebenen gehört auch das Kantige, Rauhe, Unerwartete. Vitalität ist niemals glatt.
10.02.2009

Erzählen III

»Wohl dem«, lässt Musil den Ulrich im *Mann ohne Eigenschaften* ausrufen, »der sagen kann ›als‹, ›ehe‹ und ›nachdem‹! Es mag ihm Schlechtes widerfahren sein oder er mag sich in Schmerzen gewunden haben: sobald er imstande ist, die Ereignisse in der Reihenfolge ihres zeitlichen Ablaufs wiederzugeben, wird ihm so wohl, als schiene ihm die Sonne auf den Magen.« Musil nennt dies den »Kunstgriff der Epik« und schlussfolgert: »Die meisten Menschen sind im Grundverhältnis zu sich selbst Erzähler.« Warum? Laut Musil: »um Geborgenheit im Chaos zu finden.« Finde diesen Text in der SZ von heute.
19.09.2009

Mainstream

Sollte denn das für immer vorbei sein, dass man einen Film allein wegen seiner Schönheit ansieht, allein wegen des Eigenlebens seiner Bilder und dem Zuschauer zumutet, ihn eben nicht nur wegen seiner Geschichte und seiner Helden anzusehen? Sollte es wirklich so sein, dass wir mehr und mehr in den einmal entwickelten Hirnströmen zirkulieren müssen – mainstream, dass wir dort kreisen und uns auf alle Ewigkeit wiederholen, mit Abwandlung und Variationen versteht sich. Aber dass nichts wirklich Anderes von außen kommend diesen ewig

kreisenden Strom aufwühlen kann – wie etwa die Schönheit und die Abwesenheit von Helden und ihren Geschichten?
06.01.2011

Unfassbares

Seit Tagen verfolgen wir die Nachrichten aus Japan. Nachrichten, durch die man etwas vom Unfassbaren, Undenkbaren dennoch zu erfassen hofft. Erdbeben, Tsunamiwelle, dadurch Zerstörung des Atomkraftwerkes Fukushima. Das einzige, was man den täglichen Nachrichten entnehmen kann: dass für dieses Ereignis das menschliche Fassungsvermögen nicht ausreicht. Täglich heißt es wieder: » ... niemand kann sagen«, » ... niemand weiß.« Und trotzdem führen Politiker weiter Debatten unter dem Stichwort: » ... wie sicher ist ...?« Dabei wird eines klar: Die Annahme, es könnte sicher sein ist falsch, auch wenn man sie einschränkt mit den Worten: » ... solange das Undenkbare nicht geschieht.« Wir sehen in diesen Tagen, dass das Undenkbare geschehen kann, mehr noch, dass es geschehen ist, dass es Teil des ganzen Settings ist. Die Fotos der heutigen Zeitung sind schon alt. Inzwischen hat es in drei Reaktoren Explosionen gegeben, im vierten hat es gebrannt. Stark erhöhte Radioaktivität wird gemessen. Tausende im Umkreis von dreißig Kilometern des Kernkraftwerkes werden evakuiert. Clint Eastwoods Katastrophenfilm HEREAFTER wird in Japan aus den Kinos genommen. Die Katastrophe ist real und für uns doch nur ein Medienereignis. Wir erleben hier den ersten warmen Frühlingstag. Gäbe es nicht die Nachrichten, spürten wir von der Katastrophe nichts. Stattdessen Kinderstimmen, Hundegebell, Fahrradklingeln, vertraute Töne vom erwachenden Leben draußen.
15.03.2011

Die Arbeit des Mythos

Wir brauchen Geschichten. Das schreibt Paul Carter, Historiker und Philosoph: »Die Arbeit des Mythos besteht darin, die Turbulenz der Natur in Rudimente von Geschichten zu übersetzen. ... Die Erzählung ist ein mächtiger Dämpfer für die Furcht in Anbetracht der Turbulenzen der Natur.« Wenn wir die Erzählung nicht hätten, die alle Unvorhersagbarkeit auf die Bahnen einer »beruhigenden Teleologie« lenken würde, würden »alle Affekte, der Wille zu leben, zusammenschrumpeln und verschwinden.« Wir wären dem Chaos ausgeliefert, in dem kein Sinn mehr erkennbar wäre für zielgerichtetes Tun. Als Beispiel nennt Paul Carter Platons Erzählung von Atlantis. Diese Erzählung könnte »die Mythologisierung der minorischen Zivilisation ... sein, die von einem Erdbeben und einem Tsunami etwa 1600 v.C. ausgelöscht wurde.«
29.07.2011

Digitalisierung

Auf dem Weg nach Berlin. Gebe ab Montag ein Montage-Seminar an der DFFB. Lese im Zug den *tip*. Ein Artikel berichtet, wie Berliner Kinomacher sich der neuen Zeit stellen: ›Zielgruppenkino‹ heißt das Stichwort. Was in einem Stadtteil Berlins gehe, gehe im anderen schon nicht mehr. Mit der Digitalisierung werde das Repertoire verschwinden. Mit der Digitalisierung würden auch aktuelle Filme kein langes Leben haben. DCP-Festplatten gehörten Dienstleistern und würden nach Auswertung eines Films mit neuen Filmen überspielt. Wird aus dem 21.Jahrhundert überhaupt eine Filmgeschichte übrig bleiben? Wer sichert langfristig ihren Bestand?

Gleich danach lese ich Milan Kunderas *Verratene Vermächtnisse*. Die Lektüre tut gut, denn es gibt eine Literaturgeschichte, es gibt eine Musikgeschichte, es gibt eine Geschichte der Formentwicklung in der Kunst, die man gehütet weiß in begehbaren Räumen oder greifbar zwischen Buchdeckeln und auf Papier gedruckt. Was in Jahrhunderten geschaffen wurde, liegt noch nicht auf Servern oder in virtuellen clouds, die irgendwann irgendjemand aus Versehen oder mit Absicht überspielen könnte. Die letzten langen Filme, die wir nach HALBZEIT gemacht haben, existieren nicht mehr auf 35mm-Film. Wie lange werden sie auf den neuen Trägern überhaupt existieren?

09.12.2012

Identität

Der Gedanke, dass Identität etwas Festes wäre. Milan Kundera äußert immer wieder Zweifel daran. »Der Mensch ist ein Weg, ein gewundener Pfad« *(Verratene Vermächtnisse),* was er ist, verändert sich. Und dennoch die Frage: Gibt es einen unveränderlichen Kern, der sich durch das Leben zieht? Kundera: »Die Wege enden nicht und kennen kein Ziel, ... kein Abschnitt des Weges ist dem anderen überlegen.« Nur aus der Rückschau mag es scheinen, dass das Leben sich Stufe um Stufe weiter entwickelt hat. Wie antiquiert erscheint demgegenüber die Erzählform der Heldenreise, die, so kommt es mir vor, seit den neunziger Jahren für das Erzählen, für kurze wie für lange Stücke, vehement propagiert worden ist. Wie viele Identitäten hat der Mensch? François Truffaut sagte von sich, er sei mindestens sieben Personen gewesen. Als Schülerin las ich *Das Glasperlenspiel* von Hermann Hesse. Der Übung halber muss ein Glasperlenspieler sein Leben in drei unterschiedlichen Lebensläufen erzählen. Mit jeder Erzählform, ob linear oder nicht-linear, episch oder dramatisch wird zugleich eine Weltanschauung erzählt. Das wird mir immer deutlicher.

16.12.2012

Moderne Erzählformen

Für eine moderne Erzählweise gilt die Gleichwertigkeit aller Momente. Wenn das so ist, verschwindet der Hintergrund, alles wird zum Vordergrund. Milan Kundera spricht von der »Strategie der kleinen Komposition, die ohne a-thematische Passagen auskommt.« Die Notwendigkeit von »Füllungen, Übergängen, schwachen Passagen entfällt.« Ist das der Abschied von der Heldenreise und ihrem dramatischen Höhepunkt? Verwandlung der Figuren nicht nur durch lange Entwicklung sondern durch plötzliche Umbrüche.
25.12.2012

Zeit und Eigenzeit

Musik rhythmisiert die Zeit. Eben das tut auch der Film. Es gibt Korrespondenzen zu den Rhythmen unseres Körpers oder auch nicht. Wir schwingen mit oder auch: die Musik / der Film schwingt asynchron zu uns. Die Musik / der Film taktet uns neu. Eine verstörende Musik. Ein verstörender Film. Verstörung soll heutzutage möglichst wenig sein. Stattdessen Wiederkennen des Vertrauten. Sich nicht fremd fühlen. Das Bemühen, sich dem Ergriffen-Werden zu entziehen. Die besondere Macht des Films und der großen Leinwand. Statt ergriffen zu werden, werden wir von dort oft erschlagen. Statt bewegt zu werden, werden wir dumpf gemacht durch zu viel, zu laut und zu pausenlos. Ein Bild hat keine definierte Eigenzeit, eine Handlung hat dies sehr wohl. Film ist eine Kombination aus Bildern und Handlung. Die Zeit der Handlung dominiert die Bilder. Eine Eigenzeit des Bildes, die ihm erst durch die Montage zugewiesen wird, kommt nur selten auf. Der Film fällt wie die Musik mit seiner Eigenzeit zusammen. Die Zeit seiner Existenz ist die Zeit seiner Aufführung.

Ist mein Eindruck richtig, dass in Wong Kar-Wais Film IN THE MOOD FOR LOVE den Bildern neben der Zeit der Handlung eine Eigenzeit gegeben worden ist? Macht das, neben anderem, die Qualität dieses Films aus? Der Konflikt zwischen Zeit der Handlung und Zeit des Bildes.
11.02.2013

Ein neues Vokabular

data mining / mindfullness / crapdetection / think-tanks / spindoctoren / dashboard-design / Informationsfettleibigkeit / Infotention / content / apps / icloud / ipad / user and creator / verlinken / liken / sharen / coworking / twittern / tunen / hacking / offline-twitter-timeline / open source / smart strategies usf.
20.03.2013

Datamining

Statt coal mining heute data mining weltweit. Eine Augmented-realtity-App namens Emschertal mit einem link zu den EMSCHERSKIZZEN – wie wäre das?[1] Ein ganzes Jahrhundert mit seinen Festigkeiten versinkt in schnellen Zügen hinter uns. Content löst sich mehr und mehr von seinem Träger und kann überall andocken. Kein Papier mehr, kein Zelluloid mehr, keine Scheiben mehr, auf denen wir unseren Content hin- und hertragen. Stattdessen Geräte, mit denen wir den Content aus einer Wolke herunterladen, vielleicht noch, um ihn mit Hilfe eines Druckers auf Papier zu bannen, eher aber nur, um ihn auf einem Bildschirm sichtbar zu machen und uns nach Gebrauch vom Datenstrom wieder abzukoppeln und den Content nur noch in der Wolke zu wissen.

Das Bild der Wolke ist gewöhnungsbedürftig, ist die Wolke doch nur ein flüchtiges Dunstgebilde. Greift man hinein, so greift man in etwas, das in Händen nicht zu halten ist – wie noch das Buch, die Fotografie, das gemalte Bild.

Erleichtert die Ablösung von einem materiellen Träger den Diebstahl von geistigem Eigentum? Erleichtert sie zumindest die Vorstellung, das Virtuelle wäre so leicht zu haben wie die Luft, die wir atmen, oder das Licht, das uns den Tag erhellt? Diese Fragen treffen Produzenten nicht, deren Produkte nach wie vor an einen materiellen Träger gebunden sind – die Bauleute, die Brötchenbäcker, die Textilhersteller. Man kann ein virtuelles Kleidungsstück nicht anziehen und ebenso wenig ein Brötchen essen, das nur auf einer App erscheint. Einen Text kann man aber lesen, ohne ihn in Händen zu halten. Die digitale Revolution trifft uns, die Hersteller von geistigen Gütern in ganz besonderer Weise und wälzt unsere Branche in Dimensionen um, die wir noch kaum absehen. Wir erleben die Anfänge davon und stehen selbst am Ende einer Ära, die unaufhaltbar hinter uns versinkt.

21.03.2013

---

1 Vergl. in diesem Band S.250.

Arbeitsnotizen zur Filminstallation WAGNER // BILDER

Eine Anfrage der Bochumer Symphoniker. Richard Wagners »Ring des Nibelungen« soll in einer konzertanten Fassung von Lorin Maazel aufgeführt werden. Die Frage an uns: ob wir dazu eine Filminstallation entwerfen wollen?

Ein filmisches Bühnenbild
Christoph Hübner

Eine Herausforderung: Bisher eher sparsam mit Musik in meinen Filmen umgegangen. Nun also die Anfrage, eine ganze Komposition, 72 Minuten Musik aus dem Ring von Richard Wagner mit Bildern zu begleiten.

Wenn überhaupt, dann ein Dialog. Keine Bebilderung. Keine Interpretation. Ein Dialog, das heißt auch: abwechselnd sprechen, aufeinander hören. Manchmal schweigen. Pausen lassen.

Eine ständige Frage dabei: braucht es überhaupt Bilder zu der Musik? Was können die Bilder der Musik zusätzliches geben? Was, das nicht schon in ihr ist? Bis heute nur die Antwort, dass es hier um etwas Drittes geht, einen Dialog zwischen zwei selbstständigen Künsten. Neben die Musik tritt der Film, treten die Bilder. Beide Medien unterhalten sich miteinander.

Zu Wagner bisher nur eine ferne Beziehung. In der Beschäftigung mit seiner Musik dann aber erstaunt, wie sie auch beim ständigen Hören am Schneidetisch nicht langweilig wird, nie banal. Und: sein Arbeiten mit Leitmotiven, mit den verschiedenen Schichten einer Erzählung, ist auch für den Film reizvoll.

Ein Problem: Die Musik vereinnahmt mehr als gedacht. Sie ist gleich anschmiegsam zu jedem Bild, jeder Sequenz. Widerstand zu leisten, ist schwer. Das anfängliche Konzept, mit einfachen dokumentarischen Bildern dagegenzuhalten, geht nicht auf. Entweder bleibt es beziehungslos oder die Bilder werden zu Symbolen, bekommen ungewollte Bedeutung.

Dann der Versuch, die Bilder zu »entgegenständlichen«, sie von ihrem Realismus zu befreien – ähnlich wie im »Ring ohne Worte« die Musik Wagners entgegenständlicht wird, befreit von der Bindung an Handlung und gesungenen Text. Entgegenständlicht werden die Bilder zur »Form«, gewinnen dadurch Abstand zu eindimensionalen Assoziationen.

Live-Aufführung von WAGNER // BILDER, Bochum 2002 (© Anette Hudemann)

Das Ruhrgebiet – die einzige Setzung von Anfang an: die Bilder für das Projekt werde ich hier suchen. In nächster Umgebung. Das Ruhrgebiet hat durchaus mit Wagner zu tun. Entgegen seinem Anschein ist es eine romantische Landschaft, voll mit Sehnsüchten und großen Szenarien. Und es ist eine zerrissene, mehrschichtige Landschaft – wie geschaffen für die Szenerie des »Rings«. Wie im »Ring« gibt es ein Walhall, Bergwerke, den Rhein, das Wasser, das Feuer, auch die Natur, die sich die Industrie, das von den Menschen und Göttern geschaffene zurück erobert, etc.

Ein »filmisches Bühnenbild« schaffen, das der Musik Raum gibt. Das war eine Zeit lang in der Arbeit ein Stichwort. In jedem Fall werden es eher wenige Orte und Szenarien sein, die ich zeige und variiere. Nicht überall zusammengesuchte Bilder. Auch ein Bühnenbild wechselt man nicht dauernd.

Das Hören darstellen: die verschiedensten Menschen hören über Kopfhörer Motive aus Wagners »Ring des Nibelungen« – und ich filme sie dabei. Freunde, Fremde, Junge, Alte, Schwarze, Weiße, ... Von Christoph Schlingensief, der gerade selbst ein Nibelungen-Projekt hinter sich hat, bis zu einem jungen Afrikaner aus Ghana, der den Namen Wagner noch nie gehört hat. Von einem jungen Punker bis zu einem alten Wagnerfan. Filmemacher, Fußballer, Menschen in der U-Bahn – ihnen allen schauen wir beim Hören von Wagner zu.

Die Leitmotive. Sie durchziehen die Musik Wagners und wo es möglich ist, beziehen wir uns auf sie in der Bildebene. Das gleiche gilt für den szenischen Zusammenhang der einzelnen Stücke, aus denen die Fassung des »Ring ohne Worte« besteht. Da wird es für die Wagner-Kenner durchaus Parallelen zwischen Bild und Musik geben – und manche werden vielleicht im Entziffern der Szenen ihre Freude haben. Aber zugleich geht es darum, der Bildebene ihre Eigenständigkeit zu erhalten – zumal, da bei einer Liveaufführung ohnehin keine absolute Synchronität herzustellen ist.

Diese Balance zwischen Nähe und Ferne zu Wagners Musik begleitet die ganze Arbeit an dem Projekt. Manchmal das Gefühl, die Musik saugt die Bilder ein, manchmal prallt sie einfach ab oder bleibt indifferent. Vieles ist ausprobieren, verwerfen und neu erfinden. Dabei immer wieder Zweifel, kein fester Boden unter den Füßen. Auch Tagesgefühle spielen eine Rolle.

Die Montage wird auf diesem Hintergrund komplexer und dauert länger als geplant. Auch um den richtigen Rhythmus kämpfen wir immer wieder. Auf der anderen Seite macht die Montage auch mehr Spaß als üblich, sie ist freier und oft ist sie wirklich ein Erfinden und Spielen mit den Bildwirkungen.

Doppelprojektion. Die Leinwand der Uraufführung ist ca. 16 Meter lang und 4 Meter hoch. Das ist breiter als Cinemascope-Format. Ein normales Kinoformat wäre da verschenkt – zumal das Wagner-Orchester ebenfalls die ganze Breite der Leinwand einnimmt. Es bot sich an, die Leinwand für eine Doppelprojektion zu nutzen, also ein Splitscreen-Verfahren mit zwei 4:3 Bildern nebeneinander. Das stellte neue formale Herausforde-

rungen und die Frage: Wo gibt die Verdoppelung der Bilder neue Ansätze und zusätzliche Qualität?

In jedem Fall wird damit das Ganze ein Dialog nicht nur zwischen Bildern und Musik, sondern auch zwischen den Bildern untereinander. Ein
Spiel mit der Montage der Bilder nicht nur vertikal, sondern auch horizon-
tal. Ein willkommener Nebeneffekt dabei: das einzelne Bild wird durch
das jeweilige Gegenüber entlastet – es muss nicht allein die ganze Last
der Musik und ihrer Bedeutung tragen.

Bei all dem Ernst der Arbeit nicht zu vergessen: das Spielerische. Das
Ganze bleibt auch ein Spiel, ein Experiment mit Bildern. Der Schwere
und dem Bedeutungsvollen der Wagnerschen Musik auch gegenüber-
stellen: die Lust zu Schauen und zu Staunen. Das Spiel und die Lust am
Zuschauen sind unverzichtbare Bestandteile des Ganzen ...

Januar 2002

Montage umgekehrt / Bilder zu Tönen
Gabriele Voss

04.11.2001: Heute die Probe für eine große Projektion im Audimax der
Universität Bochum. Anstelle von mehreren Videomonitoren zwei Bild-
streifen, Video 1 und 2, auf einer Spur vielleicht nur die Hörenden, auf
der anderen die Bilderzählung, O-Ton-Unterbrechungen in der Musik.

22.01.2002: Jetzt müssen wir parallel arbeiten am Wagner-Projekt. In drei
Monaten ist die Aufführung. Siebzig Minuten Bild sind zu erfinden, die
mit Wagner / dem »Ring« zu tun haben, dennoch nicht bebildern, nicht
illustrativ sind, eine selbständige Spur verfolgen, die mit der Musik in
einen Dialog treten kann, ohne dass das Bild die Musik oder die Musik
das Bild beherrscht.

27.01.2002: Gespräch mit dem Dirigenten Steven Sloane. Wir verabre-
den für das Wagner-Projekt: frei arbeiten in der Bildspur, nicht auf Takt
genau, eher große Bögen; Zäsuren machen, aber keine Löcher, d.h. Pausen entweder in der Bildspur oder in der Musik, aber keine Pausen, wo
keines von beiden ist. Die Bildspur wird sich nicht an der Erzählung und
Handlung des Rings orientieren. Sloane: »Die Musik muss fließen.«

15.02.2002: Wagner hören – »Der Ring ohne Worte«. Den ganzen »Ring«
gesehen in Münster. Die Geschichte kennengelernt und als sehr komplex empfunden, die Beziehung der Figuren zueinander nach einmali-
gem Hören nicht genau verstanden. Weiter nur die Musik gehört. Eine

Vielzahl von Motiven in der Musik. Die Musik studiert an Hand der Partitur. Anfertigen einer detaillierten Liste der musikalischen Motive in der Fassung von Lorin Mazeel. Diese Motive in der Timeline, die im Moment nur aus Musik besteht, durch Cue-Points markiert.

Die Frage: wie viel Wissen ist gut, um die Bildspur komponieren zu können? Kann Wissen auch zu viel sein, so dass ich unweigerlich ins Illustrieren komme? Das *Wagner-Brevier* von G. B. Shaw gelesen. Das hilft für einen Zugang, der nicht zu konkret ist. Bildmotive gesammelt, unser Archiv durchforstet und auch neu gedreht. Erste gestalterische Strategien.

– Auf keinen Fall ins Illustrieren kommen;
– die Sehnsucht nach Künstlichkeit, Bilder mit einem gewissen Realismus taugen nicht zur Musik;
– synchron und asynchron arbeiten (heißt hier nicht lippensynchron sondern mit Bezug auf Rhythmus und Takt);
– Zuhörende mit Kopfhörern, nach innen gewandtes Hören und die Bilder, auch wenn es nicht nur einzelne sind, als Tableaus entwerfen.

Die Zuhörenden haben etwas Unerwartbares, Eigenständiges, keinesfalls in der Gefahr des Klischees. Vielleicht werden sie trotzdem von manchen als unpassend empfunden, später, aber lieber dafür kritisiert werden als für eine zu platte, nur halbwegs gelungene Illustration oder eine Künstlichkeit, die sich hauptsächlich aus der Effektkiste nährt.

Bilder für sich – Bilder im Kontext einer Erzählung. Wie viel Struktur ist nötig, um sich unter zunächst autonomen Bildern zu recht zu finden? Mit all diesen Fragen bei WAGNER // BILDER umgegangen. Bestimmte Dinge wie Struktur, Anfang und Ende, waren hilfreich durch die Musik vorgegeben.

20.02.2002: Anlegen einer ersten Bildspur. Ich schaffe 33 Minuten, bestehend aus vielen kleinen Versuchen, unterschiedliche Mittel einzusetzen. Danach kommen wieder all die Fragen, die schon am Anfang standen: Wie nah an der Musik arbeiten? Ein Versuch: den Walkürenritt (Stück 6–8 in der Fassung von Mazeel) zu einem Tableau (einer Einstellung), nämlich der Menschenkette in Bottrop über sechs Minuten laufen lassen. Wieder die Sehnsucht nach Verfremdung. Die realistische Zeit rausnehmen, zum Beispiel verlangsamen, den realistischen Raum rausnehmen, ebenfalls das realistische Licht. Woher kommt das? Hat das damit zu tun, dass Musik an sich schon etwas vollkommen Künstliches ist, das Formale an sich? Ist das ein Widerspruch zum realistischen dokumentarischen Bild? Die Zuhörenden sind nah an dem, was geschieht und dennoch unerwartet, überraschend. Sie sind in derselben Situation wie der, der sie später betrachten wird während der Aufführung. Sie zu betrachten, lässt eine Freiheit, eine Uneindeutigkeit in diesem Fall. Man sieht etwas, das ein Geheimnis behält. Mit den anderen Motiven ist es schwieriger. Sind Industriemotive automatisch Klischees? Sind sie Klischees, wenn sie in fotografischem Realismus daherkommen? Wir kommen vom Klischee weg, wenn es uns gelingt, mit den Bildern eine eigene visuelle Welt zu schaffen, überraschend, unerwartet, abseits von dem, was manche Bilder schon als Bedeutungslast mit sich schleppen.

26.02.02: »Don't emphasize the obvious.« Sichtung mit Steven Sloane. Noch mehr in Richtung Abstraktion und Verfremdung gehen. Industrieaufnahmen nicht wie Reiseführer durch das Ruhrgebiet. Film und Musik nicht zu eng aufeinander passen. Film und Musik sollen sich miteinander frei bewegen. Nur wenig O-Ton-Pausen. Wiederholungen ohne Variation nutzen sich schnell ab. Film nicht nur dienend zur Musik, nicht nur als Bühnenbild, sondern durchaus eigenständig. Mehrere Schichten / Layer.

05.03.2002: Mit Splittern arbeiten, in einer Doppelprojektion, zwei Beta-Player, synchron gesteuert. Die Aufgabe beim Wagner-Projekt: entgegenständlichen. Montage, die einen Bilderfluss erzeugt, ohne dass es eine Handlung gibt, die die Bilder generiert und alles steuert. »Der Ring ohne Worte« ist in gewissem Sinn auch seiner Gegenständlichkeit / Handlung / Geschichte entkleidet. Wir haben es bei diesem Projekt mit »Film als bewegtem Lichtbild« zu tun. Nur die Zuhörenden bleiben konkret und kehren immer wieder. Zuhörende früh etablieren. Kompositionselemente auf der visuellen Spur: Möglichkeiten der Umkehrung, der Spiegelung, der Überschneidung, der Gleichzeitigkeit im Nebeneinander und in der Doppelbelichtung, der Symmetrie und Asymmetrie, des Rhythmus.
An diesem Sonntag Sichtung der vollen siebzig Minuten. Bis hierhin: 830 Schnitte. Die Aufgabe: in der absoluten Freiheit ein Maß finden. Etwas von der musikalischen Struktur bei Wagner durch Projektion sichtbar werden lassen. Viele Schichten in der Musik – viele Schichten in den Bildmotiven. Komposition einer Vielstimmigkeit auf der Bildspur. Solopartien, Tuttipartien.

17.03.2002: Ich notiere: Dunkelheit schön, aber manche Bilder jetzt zu dunkel. Manche Doppelprojektionen werden so sehr zu einem Bild, dass erstaunliche Tableaus entstehen. Rhythmus stimmt nicht an manchen Stellen, zu wenig Variation, zu grobe Wechsel. Das Timing der Schwarz-Stücke überprüfen, manchmal zu lang, manchmal nicht lang genug. Die richtige Länge erarbeite ich aus dem wiederholten Hören der Musik. Die Playtaste drücken, hören, die Stoptaste drücken, nicht auf den Takt genau.

Ich erarbeite allerdings, so wie es 21 Musikstücke gibt, 21 Bildstücke von sehr unterschiedlicher Länge, manchmal sind es zwei Minuten, manchmal neun oder zehn. Ich muss 21 Kurzfilmstücke entwickeln, Thema und Variation. Fließende Übergänge auch, nicht immer absetzen und neu beginnen.

19.03.2002: Die Feinarbeit am Wagner-Projekt beginnt. Das endlos lange graue Band der bilderlosen Timeline am Anfang wie die leere Leinwand eines Malers, das sich nur langsam füllt, nicht aus einer vorgefassten Konzeption, sondern nach und nach aus der Arbeit daran. Das Problem, die Bilder zur Musik zu setzen. Es geht eher mit Intuition als mit planvollem Tun. Es gibt keine Vorgaben, keine Logik aus dem Material heraus, die eine Abfolge generiert. Die Aufgabe: der Freiheit Grenzen setzen, sonst führt die Freiheit zur Beliebigkeit. Orientierung: die Motive im »Ring«. Montage, etwas setzen, die Playback-Taste drücken, sehen was ich habe. Das mache ich viele, viele Male. Manchmal stockt alles und manchmal fließt es wie von selbst. Ein Balanceakt, der in vielen, vielen Annäherungen besteht, wo man auch zigmal hinfällt und hofft, am Ende einmal über das Seil zu gehen.

Warum passen zur Wagner-Musik keine dokumentarischen Bilder? Sie sind nur verschieden ohne Einheit. Montagearbeit: die Bilder auf das hin betrachten, was sie verbindet. Diese Verbindungen durch Mittel der Montage sichtbar machen. Das heißt nicht: die Bilder willkürlich verfremden, sondern rausholen, was in ihnen steckt an Rhythmus, an Farbigkeit, an Bewegung, an Variationsmöglichkeit. Montage heißt hier: verstärken nicht so sehr der inhaltlichen, sondern der bildnerischen Elemente.

29.03.2002: Visuelles Vokabular im Wagner-Projekt: ein Karussell, die Elemente Feuer, Wasser, Licht, ihre unterschiedlichen Energieformen, die Zuhörenden, Architekturen, Landschaften. Es handelt sich nicht um Vesatzstücke zur konkreten Geschichte des »Rings«, sondern um tieferliegende Motive, die mit dem Stück zu tun haben. Licht – Dunkel / Bewegung – Stillstand / heftig – ruhig / hier und jetzt / schnell – langsam / Alltag, kommen – gehen / Menschen.

Doppelprojektion, d.h. Umgang mit der Zwei, mit Symmetrien und ihrer Auflösung, mit Parallelität und Abwechslung, mit Einstimmigkeit und Mehrstimmigkeit. Stück für Stück, von verschiedenen Stellen aus, wächst nach und nach die Bildspur zusammen. Ich arbeite nicht linear, nicht von vorne nach hinten, sondern assoziativ im Kreis. Es ist ein mäandern, suchen, sich treiben lassen, finden, verwerfen, ausprobieren, variieren, ruhen lassen, wieder aufnehmen, immer wieder ansehen, weggehen, an etwas anderes denken, träumen, zweifeln, verzweifeln, hoffen, abschneiden, zerstören, manches wieder herstellen, versagen, überprüfen, bezweifeln, warten, sich gedulden, phantasieren, assoziieren, capturen, protokollieren, beschreiben, bewegen, ruhen, schlafen, tagträumen, kochen, schneiden, ordnen, brechen, zerbrechen, aufbrechen, zeigen, schauen, die Playtaste drücken, klicken, Fenster öffnen, vertrauen, misstrauen, kürzen am allerwenigsten, komprimieren, verdichten, Form geben, gestalten, rhythmisieren, tönen, färben, arbeiten, konzentrieren, vorstellen, visualisieren, umsetzen, entscheiden, feilen, wachbleiben, begrenzen, nah sein und fern sein zugleich, wiederholen und abweichen, mit Freiheit umgehen, fragen: Wie ist das Wetter im Märchen?

30.04.2002: Ich sitze heute an den letzten Feinheiten zu WAGNER // BILDER. Die graue Spur hat sich gefüllt. Aus dem Nichts ist etwas entstanden. Das ist für mich immer wieder wie ein Wunder.

13.05.2002: Schon seit Wochen suchen wir nach technischen Möglichkeiten, die Bildspur live zur Musik zu verlangsamen oder zu beschleunigen. Erschwert wird alles durch die Doppelprojektion auf der 16x4 Meter Leinwand. Zwei Beta-Maschinen analog, gekoppelt, laufen synchron, solange sie nicht verlangsamt oder beschleunigt werden. Lange scheint die Alternative: Asynchronität mit der Musik oder zwischen unseren Bildern. Am Ende: ein Festplatten-Abspielsystem, das es zumindest erlaubt, langsamer zu werden, ohne dass die Bilder auseinanderlaufen. In der vergangenen Woche jeden Tag Proben. Bei der ersten Probe laufen Bilder und Musik weit auseinander. Der Dirigent Steven Sloane: »I think, I don't get it.« Durch die festgelegte Bildspur ist die Freiheit in der Wahl der Tempi stark eingeschränkt. Die Proben werden nach und nach besser. Wir kommen immer mehr zusammen. Ich spicke die Partitur mit Szenenfotos und Timecodes. Ich kreise in dem komplexen Notenbild die vertrauten Motive ein. In der Generalprobe sind wir ganz nah beieinander. Bleibt die Hoffnung, dass es am Abend auch so wird.

20.05.2002: Der Vorführsaal war ausverkauft. 1 200 Plätze, ab viertel vor acht strömten die Menschen. Dann wurde abgedunkelt, Sloane kam, der erste Ton erklang. Die weiteren siebzig Minuten vergingen wie im Flug. Ich sagte die Timecodes an, las die Partitur mit, wenn wir mit dem Bild der Musik voraus waren, wurde nachgeregelt, wenn das Orchester voraus war, konnte ich nur hoffen, dass wir es an langsamer Stelle wieder einholen. Es klappte, beim Schlussbild waren wir vielleicht zwanzig Sekunden auseinander. Sloane hatte sich an das Mitlesen der Timecodes auf dem Monitor vorne und in seiner Partitur gewöhnt. Schon während der Proben sagte er: »Das hilft enorm.« Am Ende lang anhaltender

Applaus. Alles scheint mir immer noch nicht ganz wahr geworden und ist doch schon vorbei. Viele Menschen kamen auf uns zu und beglückwünschten uns. Zwei Menschen waren extra aus Leeds angereist: »Marvellous, we must have this in Leeds.« Und immer wieder die Frage: »Das soll nur einmal aufgeführt werden? Nein, ihr müsst damit reisen.« Manche fühlten sich aber auch überfordert. Musik und Film gleichzeitig, das war einfach zu viel. Die Aufmerksamkeit für beides zu halten fiel schwer. Die unausweichliche Dominanz der Bilder bemerkte jemand, und Wagners Musik werde, wenn auch nicht beabsichtigt, dennoch zur Filmmusik.

Das Lob zu WAGNER // BILDER ist deshalb erwähnenswert, weil es direkt und spontan aus dem Publikum kam. So wie ein Bühnenarbeiter mir während der Proben sagte, je öfter er sich in den Saal setze und zuschaue, desto mehr erschließe sich ihm und er freue sich, das Ganze mehrmals sehen zu können. Nichts verpflichtete ihn dazu, sich immer wieder in den Saal zu setzen.

18.05.2002: Die Arbeit an den Wagner-Bildern war über Wochen so, als bewegte ich mich in einem Rauschzustand. Nun ist die Aufgabe gelöst und der Rauschzustand beendet. Und ich fühle fast so etwas wie Entzugserscheinungen. Erkältung, Leere, große Müdigkeit.

Kino der Momente 3
Christoph Hübner

In den anderen Künsten, in der Musik, der Malerei, auch in der Literatur gehört es schon längst zum formalen Repertoire, nur im Film wird immer noch erzählt, als gebe es nur das 19. Jahrhundert und seine Erzählformen.

Die Emanzipation des einzelnen Moments, des einzelnen Tons, der einzelnen Farbe als Wert für sich. Die neue Musik bemüht sich spätestens seit Schönberg darum, die moderne Malerei seit dem Durchbruch zur Abstraktion. Der Film, der ja eigentlich »die« Kunst des 20. Jahrhunderts genannt wird, hat bislang kaum etwas Vergleichbares für sich entwickkelt.

Was mich interessiert, schon seit dem Film INMITTEN VON DEUTSCHLAND und später mit ANNA ZEIT LAND und DAS ALTE UND DAS NEUE, ist dies: eine Erzählform zu finden, in der der einzelne Moment nicht nur mehr Diener eines größeren Zusammenhangs ist, der sogenannten »Geschichte«, sondern sich seine eigenen Gesetze schafft, sich erst einmal autonom verhält, wenn man so will: auf seiner eigenen Würde besteht.

Die Montage bestünde in diesem Fall erst einmal in einer Auswahl und Aneinanderreihung von Einzel-Szenen, Einzel-Momenten, die sich zwar am Ende dem Diktum des Ganzen nicht entziehen können, die aber doch für sich eine weitgehende Autonomie und Würde behalten sollen.

Das ist natürlich immer wieder eine Gratwanderung, da der Zuschauer für sich nicht nur einen Zusammenhang erwartet, er stellt ihn unweigerlich selber her, ob er ihm vorgegeben wird oder nicht. Deshalb wird es das »Kino der Momente« nicht in Reinform geben können, immer nur in Annäherungen.

Alle meine Filme, die nach dieser Methode, nach dieser Vorstellung bisher entstanden sind, schlugen sich mit diesem Problem herum – und haben es mal mehr, eher aber weniger zufriedenstellend bewältigt. Häufig genug, gerade bei ANNA ZEIT LAND, wurde uns vorgeworfen, das sei nur ein Kaleidoskop, da fehle die Geschichte, der Zusammenhang, die Einzelszenen schlagen sich gegenseitig selber tot usw. Wir haben dem oft nichts entgegensetzen können oder wollen – immer nur darauf verweisen, dass es andere gibt – bei ANNA ZEIT LAND vor allem Filmemacherkollegen oder Künstler – die damit durchaus etwas anfangen können.

Das »Kino der Momente« gilt im Übrigen nicht nur für die Szenen als einzelne, es gilt nicht weniger für die Momente innerhalb einer Szene, die Sprache, die Figuren, die Landschaften, die Musik, den Ton usw., alles darf zunächst einmal beanspruchen, für sich selber geachtet und wahrgenommen zu werden. Das gilt für Gesten, für Rhythmen, für Stimmungen – alles das, was im Film zusammenkommt und was normalerweise immer dem dramaturgischen Zweck untergeordnet wird.

Die Zeit heute besteht in der Wahrnehmung aus dem Nebeneinander von Vielem und kaum mehr aus linearen Geschichten mit klarem Anfang und endgültigem Schluss, d.h. aus klarer, linearer Zweckdramaturgie. Warum kommen wir dem in unseren Filmen nicht nach.

Natürlich verlangt das eine ganz andere Dramaturgie. Es darf alles nicht zu verbunden sein, andererseits darf der ganze Film nicht aus einer bewusstlosen Aneinanderreihung von – womöglich schönen – Einzelbildern und -szenen bestehen. Eine bloße Diaschau ist nicht das, was ich mir unter einem »Kino der Momente« vorstelle. Es ist eher ein Spiel, eine mehr oder weniger freie Assoziation, ein Angebot von Geschichten, die auch auf den mündigen, interessierten und mit-denkenden, mit-wahrnehmenden Zuschauer setzt. Es ist in jedem Fall kein Mainstream-Kino, das den Zuschauer an die Hand nimmt und ihn durch die Geschichte führt. Aber was dann?

Es erfordert Kunst und Arbeit, mit dieser Möglichkeit der freien Assoziation umzugehen, ein wechselndes und vielfältig offenes Netz von Verknüpfungen der Einzelszenen, Einzelmotive herzustellen. Eine ganz andere Anforderung an Aufnahme und vor allem an die Montage. Sie muss – wie in der Malerei – ständig am Einzelnen arbeiten, aber zugleich immer wieder einen Schritt zurücktreten, um das Ganze in den Blick zu nehmen. Wie bei einem Bild. Ein ständiges Wägen und Bewegen der Einzelteile, wobei sich immer wieder die Gefahr ergibt, dass die Einzelteile nur noch zu formalen Elementen werden und man ihren Inhalt aus dem Blick verliert, ihre eigentliche Bestimmung. Und das besonders, wenn man länger an einer solchen Montage arbeitet und die ursprüngliche Naivität gegenüber den Einzelszenen ohnedies verschwindet. Das ist eine Gefahr, die jeder Filmemacher, jede(r) Cutter(in) kennt und die beim »Kino der Momente« natürlich doppelt besteht.

Was noch?

»Kino der Momente« – besonders für das Dokumentarische.

Wenn ich drehe, merke ich, dass ich immer so drehe, als stünde jede Szene für sich und ergäbe auch am Ende ein Ganzes. Selten oder nie drehe ich nur für einen Schnitt, Bilder für einen bestimmten Zweck oder einen späteren dramaturgischen Zusammenhang. Fast immer vertraue ich darauf, dass das Gedrehte mir schon später von sich aus erzählen wird, wozu und in welchem Zusammenhang es sich verwenden lässt, an welcher Stelle und in welcher Form es sich anbietet oder auch nicht.

Ich will nicht leugnen, dass dadurch auch Schwierigkeiten entstehen können, dass die Einzelbilder, die Einzelszenen sich häufig genug sperren gegen ihre »Einpassung« in einen dramaturgischen Kontext. Aber das kann auch ein Vorteil sein, der Film entgeht dadurch vielleicht einer gewissen Glattheit, die – gerade für dokumentarische Filme – eine Gefahr darstellt: dass sich eine formale Lackschicht über die »authentischen« Momente legt und dem Film »das Leben austreibt« – wenn man so will.

Die Anfänge der abstrakten Malerei waren vor allem eine Emanzipation der Farben und der Form von den Zwängen ihrer Verwendung im Rahmen einer realistischen Darstellung des Gegenstandes. Bis hin zu dem ganz auf den Moment vertrauenden »Actionpainting« eines Jackson Pollock ging diese Emanzipation so weit, dass heute niemand mehr ernsthaft die Frage nach der Analogie oder der Wiedererkennbarkeit stellt. Schon van Gogh schreibt in einem Brief an seinen Bruder über ein befreiendes Erlebnis im Malen: » ... die Farben folgen einander wie von selbst ... «. Etwas Ähnliches gibt es in der Musik, die ja schon immer – außer in der Programmmusik – von allen Künsten am weitgehendsten getrennt von jeder Analogie agieren konnte. Hier gab es andrerseits die formalen Kompositionsgesetze: Sonatenform, Fuge, Sinfonie etc., von der man sich in der Moderne immer wieder frei zu machen suchte. Warum nicht im Film, der ja auch mit Bildern, Farben, Tönen, Gesten, Musik, Rhythmus etc. arbeitet. Warum dieses sklavische Festhalten am herkömmlichen dramaturgischen Zusammenhang, an der Geschichte?

2004

I love Ruhrgebiet*
Christoph Hübner

I love Ruhrgebiet, weil ein so großes Potential in ihm und seinen Menschen steckt. Im Moment eher noch ein schlafender Riese, ein wenig erschöpft von der Bewältigung der Umbrüche der letzten 50 Jahre. Aber fähig – hoffentlich auch willens – sich bald vom Lager der provinziellen Trägheit zu erheben und zu einer großen Metropole zu wachsen. Ich würde deshalb auch lieber sagen: I love Ruhrstadt oder I love the Ruhr oder wenn's sein muß auch: I love Metropole Ruhr. Was mich hier hält, ist – neben der wirklich einzigartigen und in der Welt beispiellosen Kulturlandschaft mit ihren Jahrhunderthallen, Zollvereinszechen, Landschaftsparks, Ruhrtriennalen etc. – das Potential auf Zukunft. Das Ruhrgebiet ist – wie sonst in Deutschland nur noch Berlin – eine Stadtlandschaft »in Bewegung«. Andere Städte wie Hamburg, München, Köln, Stuttgart haben sich schon gefunden, sind angekommen, ihre Entwicklung liegt zum großen Teil hinter ihnen. Das Ruhrgebiet hat noch vieles vor sich – zur Not auch den Absturz. Hier gibt es – wie in Berlin – immer irgendwo Reibung, so viel Unpassendes nebeneinander – in der Architektur, in der Landschaft, in den Menschen, in der Kultur. Genau das aber ist seine Chance.

2004

* Auf eine Umfrage einer Zeitschrift, 2004.

ARBEITEN IN ZYKLEN (1998–2013)

Arbeitsnotizen zum Film DIE CHAMPIONS

Projektskizze
Christoph Hübner

Selbst wenn Leute es bei mir gar nicht vermuten – den Fußball trug ich lange als mögliches Thema mit mir herum. Unser Sohn spielte eine Zeit lang bei einem kleinen Vorort-Verein. Und einmal beim Abholen nach dem Training kam mir plötzlich die Frage, was eigentlich aus all den Fußballjugendlichen mit ihren großen Träumen einmal wird. Was ich dann interessanter fand, als eine Geschichte über fertige Profifußballer zu erzählen.

Seit Herbst 1997 habe ich für dieses Projekt recherchiert. Ich habe zunächst mit der sportlichen Leitung des Vereins gesprochen, mit dem damaligen Sportdirektor Ottmar Hitzfeld, dem Jugendkoordinator und heutigen Cheftrainer Michael Skibbe, Jugendleiter Wolfgang Springer und den Trainern der einzelnen Jugendmannschaften.

Ich bekam einen Einblick in die alltägliche Jugendarbeit des Vereins[1], schließlich auch ihre Zustimmung und Unterstützung für dieses Projekt. Meine anfängliche Skepsis, dass es damit Schwierigkeiten geben könnte, weil man Trainingsmethoden etc. nicht öffentlich preisgeben wollte, hat sich nicht bewahrheitet. Im Gegenteil: die Verantwortlichen des Vereins und die Trainer zeigten sich durchweg sehr offen und kooperativ.

Dann habe ich häufiger am Training der Jugendmannschaften – vorwiegend der A- und B-Jugend (das sind die 16- bis 18-jährigen) – teilgenommen, bin mit zu Spielern und Turnieren gefahren, um die Spieler näher kennen zu lernen und selbst ein Gefühl für das ganze Projekt zu bekommen. Ab und zu habe ich dabei auch schon probeweise mit einer kleinen digitalen Videokamera Aufnahmen gemacht – auch, um eine Vorstellung von den möglichen Bildern des späteren Films zu erhalten.

Im Laufe der Zeit und nach verschiedenen Einzelgesprächen sind etwa acht bis zehn Spieler in die engere Wahl gekommen. Mit ihnen will ich das Projekt erst einmal beginnen. Dabei gehe ich davon aus, dass sich die Zahl der Spieler im Verlauf der Arbeit noch verändern bzw. reduzieren kann. Das möchte ich mir aber erst einmal offen halten und abhängig machen von Eindrücken und Ereignissen im Verlauf des Projekts. Interessant sind sie in jedem Fall alle: es sind allesamt herausragende Talente, denen man den Durchbruch in den bezahlten Fußball zutraut. ...

Der ganze Film soll aus der Perspektive der ausgewählten jungen Spieler erzählt werden. Dabei geht es für die jugendlichen Spieler um durchaus existentielle Fragen: Werde ich es schaffen, wird sich mein Traum erfüllen? Woran muss ich arbeiten, wo stehe ich selbst im Vergleich zu anderen? Wie kann ich mich durchsetzen, auf mich aufmerksam machen?

1 Das Projekt wurde realisiert mit der B- und A-Jugend von Borussia Dortmund.

Bd. 86 Westfalenauswahl

Bd. 248 ..., laufen Ball

Bd. 52, Training der Jugend

Bd. 353 ... Bogri Kader / Bank

Bd. 355 ... Profispiel, Fankrthma

Bd. 401, ... Formel 1

Videoprints / Montage DIE CHAMPIONS (© CHF)

Aber auch: wie viel glücklicher Zufall und wie viel Wille und Disziplin spielen auf dem Weg zum Erfolg eine Rolle? Einer der Spieler meinte: »Wenn Du im Fußball was werden willst, dann sind das 20% Glück, 30% Talent, 30% Einstellung und 50% Wille. Das sind 130%. Mit 100% kommst Du nicht weit.«

Aber es geht nicht nur um Erfolg. Es geht auch um Rückschläge und Enttäuschungen. Wie geht man damit um? Wenn es schief geht, hat man nicht viel in der Hand. Das muss nicht unbedingt an fehlender Leistung oder Unvermögen liegen, manchmal verletzt sich auch ein junger Spieler oder es kommen andere Dinge in die Quere, die eine Fortsetzung der Karriere unmöglich machen. Vielleicht wird deshalb bei der Borussia auch so viel Wert gelegt auf einen ordentlichen Abschluss der Schule oder der Lehre.

Über drei Jahre werden intensive Porträts der einzelnen Spieler entstehen, Dokumente ihrer Entwicklung, die sowohl ›ganz oben‹, d.h. bei den Profis, als junger ›Star‹, enden kann wie auch ›ganz unten‹, beim Ausstieg, bei der Aufgabe des Fußballs als Beruf.

Neben dem Fußball, dem ›Spiel‹, geht es also um ein menschliches Grundthema: um den Kampf um Erfolg, um Aufstieg oder Zurückbleiben, sich Durchsetzen oder Aufgeben. Es geht um junge Leute, ihre Träume, es geht um Begabung, Leistung und Konkurrenzkampf. Das Ergebnis ist offen. …

Der spätere Film soll keine einfache dokumentarische Reportage sondern ein großformatiger Kino-Dokumentarfilm werden. Entsprechend erzählt er seine Geschichte nicht nur in Interviews, sondern, wo es möglich ist, in Bildern, Beobachtungen und Montagen. Beobachtungen aus dem Alltag der Spieler, aus ihrer Umgebung, der Ausbildung, der Schule, der Freizeit. Die verschiedenen Nationalitäten und Kulturen, aus denen die Spieler kommen, und das Jugendhaus des BVB, in dem sie alle aufeinandertreffen und zusammen leben, sind weitere filmische Motive. …

Dabei ist mir klar: drei Jahre sind eine lange Zeit und es wird im Verlauf des Projekts sehr viel Material entstehen. So ist es denkbar, dass wir im Verlauf der Arbeit in Abständen immer wieder kurze Stücke montieren – etwa in Form von kurzen Porträts oder anderen Einzelgeschichten. Es bliebe nicht beim reinen Sammeln und es wäre leichter, den Überblick über das angesammelte Material zu behalten.

Am Ende aber soll sich aus den einzelnen Geschichten der Spieler, ihrem Alltag, ihren unterschiedlichen Karrieren und Biografien ein Ganzes zusammensetzen, ein Panorama von Sieg und Niederlage, von Aufstieg und Scheitern, von all dem, was es bedeutet, ein Fußballprofi zu werden oder werden zu wollen.

1998

Aus dem Schnitt-Tagebuch zum Film DIE CHAMPIONS
Gabriele Voss

21.03.2000: Nicht zu früh ein zu enges Netz spannen. Das Maximum wählen. Aber wo ist es zu viel, so dass es schon beim Anschauen erschlägt? Auch nicht zu früh auf eine erzählbare Geschichte trimmen. Was ist das Erzählbare und was geht verloren, wenn man darauf reduziert?
Wenn wir unser Ausgangsmaterial in real time ansehen wollten, so wie es Robert Flaherty früher machte, sogar bis zu sechsmal, bevor er den ersten Schnitt ansetzte, brauchten wir Monate dazu. Angenommen, man könnte fünf Stunden am Tag ansehen ohne müde zu werden, dann würde das einmalige Sichten des bisher vorhandenen Materials 35 Tage dauern, sieben Wochen, fast zwei Monate. Es zu dokumentieren und für die Montage aufzubereiten, reichen zwei Monate bei weitem nicht aus. Welche Kriterien der ersten Auswahl habe ich? Wichtige Szenen in Bezug auf die Entwicklung einzelner Spieler erst einmal nehmen, diese Szenen jedoch nicht nur auf Inhalt und Ereignis reduzieren. Stimmungen und Atmosphären erhalten. Auch Dauer.

25.03.2000: Eine Liste von Suchwörtern angelegt, die im Material immer wiederkehren. Zum Beispiel: Abstieg, anstrengen, es schaffen, Füße, Ball, Freundin, Perspektive, Gas geben, Einsatz, Stammplatz, Prozent, Talent, Wille, Disziplin, Traum, Ratlosigkeit, Wut, Ausländer, Verletzung, Verzicht, Weggehen.
Nicht zu früh auswählen und doch auswählen müssen.
Gibt es einen Weg, das Material schneller zu erfassen, gibt es einen Weg der Abkürzung in diesem zeitaufwendigen Prozess? Die ausführlichen Einstellungslisten, wenn es hochkommt, in Realzeit geschrieben, sind auch eine erste, gründliche Aneignung des Materials. Es schreibt sich ein, nicht nur auf Festplatten und Papier, es schreibt sich ein im Kopf. Soll man diesen Prozess delegieren, wo man später doch alles im Kopf haben muss? Wichtig in dieser Phase: Nicht zu viel vorher wissen. Das verstellt den Blick auf das Material, das man hat. Wenn man zu viel weiß, sieht man das hinein, was sein soll und man kann nicht mehr erkennen, was fehlt.

20.12.2000: Ich werde verschiedene Filmstücke entwerfen, viele kleine Rohschnitte zu einzelnen Ereignissen. Im Material habe ich mit weiten Verzweigungen zu tun, mit Schnittmengen zwischen den Spielern, in den Spielen, im Training, wo immer viele zusammen kommen, und dann wieder im Privaten ein Stück Einzelweg.

26.03.2001: Immer wieder die Frage: Wie der Fülle Herr werden? Einzelstücke montieren und von dort aus eine engere Wahl treffen. Gestern

hatte ich plötzlich von allen Trainings und Spielen genug. Eine Gedulds-
arbeit. Disziplin, auf der Suche nach guten Stücken. Das Problem ist
nicht, dass es zu wenige sondern so viele davon gibt.

29.03.2001: Der Schneideraum ist der Ort der Geduld am Anfang, der
hundertfachen Entscheidungen am Ende und der Sehnsucht, dennoch
nichts zu fest zu legen, denn alles soll am Ende nach wie vor in Bewegung sein.

03.04.2001: Die Gefahren des Schnitts: glatt bügeln, klein schneiden,
das, was die Qualität ist am Anfang, zerstören. Statt von allem etwas,
weniger nehmen und das auf eine besondere Weise zeigen.

27.08.2001: Vervollständigung der Rohschnitte. Aus knapp vierhundert
Stunden Material sind zwanzig Stunden in die engere Wahl gekommen.
Es folgt eine Phase des erneuten Sichtens und dramaturgischer Überlegungen. Wofür steht jede einzelne Szene, welche dramaturgische Funktion hat sie? Wie könnte der Anfang des Films aussehen?
Das Finden der Erzählstruktur und eines möglichen Anfangs, darum geht
es in dieser Phase der Arbeit, auch durch Hin- und Herschieben ganzer
Episoden. Noch nicht: einzelne Szenen oder Episoden fein schneiden.
Spätestens hier kommt auch der Zuschauer ins Spiel. Über die Erzählweise des Films schon am Anfang mit dem Zuschauer eine Verständigung herstellen – das sogenannte Versprechen, die Erwartung, die Ein-
stimmung, die erzeugt wird und für den Film gelten soll. Am Anfang vorbereiten für das, was kommt. Das gilt auch für die Wahl des Titels.

25.09.2001: Montage täglich bis zu zehn Stunden. Der Rohschnitt schmilzt
zusammen von 20 Stunden auf erst einmal 12 Stunden. Inzwischen ist
klar, um welche Spieler es gehen wird. Indem dies entschieden ist, sortiert sich manches von selbst. Szenen, die von anderen Spielern handeln,
kommen raus. Gleichzeitig versuche ich, einzelne Szenen auf einzelne
Spieler zu fokussieren. Wenn die anderen Figuren vorkommen, dann
beiläufig. In jeder Szene liegt der Schwerpunkt dann auf einem anderen
Spieler. In dem Maße, wie die Spieler etabliert sind, entwickelt sich
auch die Dramaturgie. Je weiter die Geschichten erzählt sind, desto mehr
Eigendynamik entwickeln sie. Beim Anschauen wird sehr schnell spürbar, was ablenkt, wo der Fokus verlassen wird. Die Geschichte jedes
einzelnen Spielers drängt von sich aus, mit jeder weiteren Szene auch
weiter erzählt zu werden. Doppelungen und retardierende Momente fallen sofort auf. Wenn mich jemand fragen würde: »Wie weit bist du?«
könnte ich antworten: »Ich habe das Stadium erreicht, wo der Film sich
selbst schneidet und montiert. Ich muß nur noch folgen.« Ich folge den
Geschichten, die Geschichten folgen immer weniger mir. Ich musste die

Fundamente legen und jetzt tritt eine mögliche Gestalt immer stärker hervor ohne willkürliche Entscheidungen von mir.

04.10.2001: Inzwischen den jetzt zwölf Stunden langen Rohschnitt in der großen Projektion angesehen. Hauptproblem der Anfang. Wir brauchen im jetzigen Stadium noch mehr als eine Stunde, um in den Film reinzukommen. Wie auch insgesamt kürzer werden? Was ist die angemessene Zeit für dieses Material, was ist die angemessene Form? Ein Kino-Zweiteiler? Eine Fortsetzungsgeschichte, die es im Kinofilm früher auch gab?

21.10.2001: Manchmal verzweifeltes Suchen zwischen: werde kürzer / sei nicht so abgehackt! Sei einfach / sei nicht so ordentlich und brav! Werde dem Material gerecht / vermeide das Mittelmaß! Bei zwölf Stunden Rohschnitt können wir nicht bleiben, aber alles, was herausgenommen wird, ist eigentlich schön und sollte drin bleiben! Große Bögen entwerfen / aber die kleinen Abläufe nicht stören! Passt das alles zusammen? Im Moment weiß ich nicht weiter. Atmosphären schaffen einen langen Atem, dann aber wieder: Alles läuft zu ruhig, es fließt so brav dahin.

11.12.2001: Sich das Material von Zeit zu Zeit wieder verfremden. Eine Möglichkeit: in die große Projektion gehen bei Kinofilmen; die Rohschnitte ausspielen und auf dem Fernseher ansehen bei Fernsehproduktionen. Änderungen durcharbeiten und dann erst wieder das Ganze ansehen. Schneller Vor- und Rücklauf, wenn es digital nicht geht, geht es zumindest mit einer analogen Ausspielung. Eine wichtige Entdeckung über die Jahre der Arbeit: aus der Bewegung heraus schneiden. Viel herumlaufen. Die Lösungen finde ich eher im Gehen als im Sitzen, selbst wenn ich sie im Sitzen ausführe. Ich finde sie manchmal auf Spaziergängen, auch in halbwachen, tagträumenden Zuständen. Die innere Bewegung wird mitgenommen an den Montagetisch. Wenn alles zu vertraut geworden ist: ein paar Tage Pause machen und etwas ganz Anderes tun. Auch mit anderen schauen. Immer wieder versuchen wie ein Zuschauer zu sein.

27.12.2001: Gegenüber der Kontinuität der Bewegung hat jeder Schnitt etwas Gewaltsames. Vieles ist fließend gedreht. Wie damit umgehen? Wie den Fluss erhalten, den Atem, der vorgegeben ist? Wie konkret entscheiden, an welcher Stelle ein Schnitt anzusetzen ist? Aus dem Rhythmus des Ganzen und aus dem Kontext heraus den Schnittpunkt finden.

01.02.2002: Heute ein Redakteur zu Besuch. Prüfen, ob aus dem Material eine Serie für das Fernsehen entstehen kann. Der Redakteur sieht eher Probleme. In einer Serie müsse alles gesagt werden, man habe keine Zeit für langes Zeigen. Eine Folge hat höchstens 28 Minuten. Wenn eine Serie gemacht werde, sagt der Redakteur, dann unter der Bedingung, dass alles gesagt wird und zwar ohne Interviews und Fragen des Regisseurs. Und wenn die Protagonisten nicht von sich aus sprechen, muss man eben Situationen herstellen, wo sie es tun, aber ohne zu fragen. C. zitiert als Beispiel DIE FUSSBROICHS und sagt, ihm komme es immer so vor, als werde vor der Aufnahme verabredet: »Sprecht doch mal über ...!« und der Redakteur bestätigt, dass es genau so gemacht wird. Warum soll man den Dialog zwischen Filmemacher und Protagonisten im Film nicht sehen oder zumindest spüren? Unabhängig davon, dass Fragen manchmal wirklich stören. Bei den Fussbroichs wird alles beredet, ein ständiges Plappern über alles und jedes. Der Redakteur findet das gut.

Zum Unterschied zwischen Kino und Fernsehen sagte der Redakteur: »Beim Fernsehen kommt alles auf den Anfang an, beim Kino kommt es auf das Ende an. Beim Fernsehen muss alle Spannung nach drei Minuten da sein, sonst wird weggezappt und nie wieder hin. Im Kino geht selten einer nach drei Minuten und am Ende beurteilt man einen Film nach dem Gesamteindruck.« Der Zuschauer lasse sich auf Sprachloses nicht lange ein, meint er zu wissen.

Nach diesem Gespräch, nachdenken über den Unterschied von Kinofilm und Fernsehfilm. Wir machen einen Kinofilm. Wie mit unserem Material Räume schaffen, Schichten, Dimensionen? Zu den Dimensionen des Stoffes gehören auch viele Spieler, nicht nur die vier, die bisher im Zentrum stehen. In welcher Form auch von anderen Schicksalen erzählen, ohne dass es unüberschaubar wird? Hauptsachen und Nebensachen. Für die Seitenblicke ist im Kino mehr Platz.

14.06.2002: Abläufe können ein Korsett sein. Bisher chronologisch gearbeitet. Jetzt die Chronologie zugunsten der Dramaturgie lockern. Überlegungen zur Verteilung der Protagonisten im zeitlichen Ablauf. Nachdem alle vorgestellt sind, müssen sie nicht in sturer Regelmäßigkeit wiederkehren, jeder hat einen anderen Schwerpunkt im Film. Aber am Ende muss die Geschichte von allen gleichgewichtig und ausreichend erzählt sein. Fragen der Gewichtung und des Timing. Frage auch: Wann haben unsere Protagonisten im Film ihre starken Phasen?

Die Montage: eine langsame Annäherung, kein grobes Weghauen, immer aus dem Ganzheitlichen heraus.

16.06.2002: Eine Schwierigkeit im dokumentarischen Material auch: die dramatische Qualität der Geschichten ist in den einzelnen Szenen als dramatische Kurve oft eher flach ausgebildet. Als die Szenen gedreht wurden, war nicht klar, welche dramatische Rolle sie in der Gesamtentwicklung später spielen würden. Wir kannten die Zukunft der Spieler nicht. Ist eine Verletzung bezogen auf die Karriere eines Spielers schlimm oder nicht schlimm? Das stellt sich oft erst später heraus. Anderes Beispiel: Sieg oder Niederlage bei einem Spiel – die Spieler gehen damit relativ gelassen um. So haben wir es nicht erwartet. Kann und soll man das schon im Drehen dramatisieren oder später in der Montage durch Zeitlupen, Zeitraffer und ähnliche Mittel, wenn es im Material selbst so dramatisch nicht ist. Dramatisieren heißt oft ja auch: etwas unterstreichen, dicker auftragen, effektvoller. Hilfsmittel dafür ist auch die Musik. Demgegenüber Roberto Rossellini: »Um die Wahrheit zu sagen, darf man nicht unterstreichen.« So formuliert, ist es ein moralischer Anspruch. Vielleicht ist das Unterstreichen schlicht nicht nötig. Mein Eindruck: im dokumentarischen Material drücken sich Befindlichkeiten, Gefühle relativ zart aus, nicht überspitzt, selten erruptiv, jedenfalls so lange nicht, solange es nicht an das ganz Existentielle geht. Und auch das haben wir in anderen Projekten schon mehrfach erfahren: Menschen ziehen sich eher zurück, wenn es ihnen nicht gut geht. Sie lassen sich dabei nicht gern mit der Kamera beobachten. Anders ist das bei Erfolgen.

23.06.2002: Montage als Balanceakt. Einerseits: die eigentliche Geschichte nicht verdecken durch zu viele Nebensachen. Andererseits: die Geschichte nicht zu strikt, zu linear machen durch zu wenig Nebensachen. Nicht alles nur dienstbar machen, jeder Moment sollte auch für sich stehen und sich selbst genügen.

27.06.2002: Konkrete Arbeit jetzt: wie ich die Ellipsen in einzelnen Geschichten baue. Was kann ausgelassen werden? Die Entwicklung als Stufen betrachtet, reicht es manchmal, nur jede zweite zu nehmen. Nicht alle Stufen haben gleiche Höhe und Breite. Ich fertige Skizzen an von den Entwicklungslinien und -stufen der Spieler. Manche verlaufen sehr breit und flach, andere steil und kantig, nach oben oder nach unten. Ich lege diese Skizzen zur Entwicklung der einzelnen Spieler auf einer Zeitachse parallel. Es entsteht eine gute Übersicht, was die dramaturgische Verteilung der einzelnen Szenen auf die gesamte Filmzeit betrifft. Ich kann so auch sehen, wo Änderungen in den Spannungsbögen notwendig sind. Wo auf lange Strecke zu wenig Entwicklung passiert, wo und wie man sie an anderer Stelle zum Höhepunkt führen kann.

05.08.2002: Viereinhalb Stunden Rohschnitt angeschaut. Der Anfang, das ist gut die erste Stunde, ist noch immer problematisch. Die vier Spieler stehen zwar jetzt am Anfang, aber die Geschichte geht dann nicht richtig los. Die Beschreibungen von Spielern, deren Trainings und privater Situation sind noch immer zu unpräzise und weitschweifig. Sie sind zu ungerichtet. Gerade am Anfang sollte klar sein, wofür einzelne Szenen stehen. Sonst kann sich ein Zuschauer nicht orientieren. Die Rohschnitt-Sichtung lässt ein verzweifeltes Gefühl bei mir zurück. Welche Form entspricht dem Charakter des Materials, wie es gegeben ist.

29.08.2002: Wir treten noch mal einen Schritt zurück und ziehen wieder Material in Betracht, das schon ausgemustert wurde. Dabei wird mir bewusst, was für eine große Herausforderung der Umgang mit diesen Bergen von Material ist – vierhundert Stunden. Es geht immer darum, ein Maß zu finden und im Verhältnis zu diesem Maß tritt alles, was gut ist, sofort in Konkurrenz. Es mag noch so gut sein, nach einer gewissen Menge an nur Gutem tritt auch Müdigkeit ein. Das Maß des Verkraftbaren.

01.11.2002: Zum ersten Mal DIE CHAMPIONS in einer Fassung von 3h 50 min gesehen. Das sind für eine Kinolänge immer noch 110 Minuten zu viel – so viel wie ein ganzer abendfüllender Film. Wir haben von der Länge her noch immer zwei Filme in einem; und im Moment einen Zwitter zwischen epischer Breite und dichter, spannender Entwicklung. Manches ist fast schon zu sehr gekürzt und anekdotisch erzählt. Der ursprüngliche Charakter des Materials bleibt in allem: Vom Dramatischen wird auf epische Weise erzählt. Daran wird sich nichts ändern. Das zu sehr Gekürzte wirkt in diesem Kontext fast schon verstümmelt. Vier Stunden und mehr im Blick und im Gefühl zu haben und an jeder Stelle zu wissen, worum es genau an dieser Stelle geht, ist nicht einfach. Auch wenn es sehr zeitaufwendig ist, müssen wir deshalb immer wieder das Ganze sehen, um solche Unausgewogenheiten festzustellen. Durch das viele Anschauen entsteht dann die Schwierigkeit, dass alles zu vertraut wird, zu bekannt. Ich weiß immer schon, was kommt, wie lange es dauern wird und was danach kommt. Für den Zuschauer muss man eigentlich zu jedem Zeitpunkt völlig voraussetzungslos erzählen. Nicht nur am Anfang. Er weiß gar nichts, oder im Laufe des Films nur das bis dahin Gesehene. Er kennt keine prominenten Namen, die Schauplätze sind für ihn fremd, er weiß nicht, was sonst noch gedreht wurde, was ein Protagonist an anderer Stelle erzählt hat, die jetzt nicht im Film ist. Der Zuschauer muss sich in jeder Szene neu orientieren. In diesem Sinne muss jede Szene weitgehend aus sich und aus dem Kontext des Films heraus zu verstehen sein.

Hilfreich, um wieder Distanz für einen kritischen Blick auf das eigene Material zu gewinnen: mit anderen zu schauen. Das tun wir in dieser Phase verstärkt. Es sind nicht nur die anschließenden Bemerkungen, die helfen, das Ganze selbst noch einmal mit anderen Augen zu sehen. Mindestens genauso hilft die Wahrnehmung von Spannung oder auch Unruhe im Raum während der Vorführung. Vieles erscheint da noch zu behäbig, nicht hart genug, Längen und umgekehrt auch Tempo nicht an den richtigen Stellen und in sich nicht stimmig. Aber zum ersten Mal ergibt sich auch ein Gefühl davon, was der Film einmal sein wird. Die einzelnen Szenen finden mehr und mehr ihre Position. Der Sog der Geschichten wird stärker. Es könnte sein, dass sich am Schluss doch nur die Szenen behaupten können, die dem Fortgang der Geschichte dienen.

12.12.2002: Eine interessante Erfahrung während des nun schon lange dauernden Montageprozesses: die grundlegende Gültigkeit der Chronologie bis auf Brüche und Auslassungen. Es gibt einen unumkehrbaren Ablauf auf dem Pfeil der Zeit. Heißt zu schneiden dann am Ende doch eher wegzulassen als auseinanderzunehmen und neu zu kombinieren? Nur die übrig gebliebenen Stücke zusammensetzen, nicht jedoch: woandershin kleben. Das gilt zumindest für diesen Film, wo es um die Entwicklungsjahre von jungen Menschen geht.

Bei einem Ausgangsmaterial von vierhundert Stunden musste ich unverrückbare Pflöcke einhauen, an denen ich mich orientieren konnte. Pflöcke gegen die Willkür des Autors, die ins Uferlose führen kann. Einer dieser Pflöcke war der Pfeil der Zeit, auf dem alles angeordnet ist. Ich habe mir für die Arbeit vorgenommen, von diesem Pfeil der Zeit nicht herunter zu steigen. Wenn ich es doch einmal versucht habe, fehlte etwas. Es war nicht das einzelne Stück, sondern das Organische. Sobald ich auf den Pfeil der Zeit zurückkehrte, konnte die Geschichte wieder aus sich herauswachsen. Organisch. Also bin ich bei diesem Film Autor mehr durch Weglassen und Nicht-Tun als durch totale Verfügung über das Material in meinen Händen.

Dokumentarische Montage ist vielleicht der Arbeit des Skulpteurs vergleichbar – man kann nicht gleich im Inneren loshauen. Man muss sich langsam von außen nach innen vorarbeiten.

12.03.2003: Beschäftigung mit dem Klangbild des Films. Sound Design, was soll zusätzlich gemacht werden? Was bedeutet es, dass es keine Filmmusik gibt? Es gibt nur die Musiken, die die Jugendlichen in ihrem Zimmer hören oder die, die im Stadion ertönt. Es gab eine Phase in der Montage, in der wir auch über die Frage einer zusätzlichen Filmmusik gesprochen haben. Damals zählte für uns, dass so viel unterschiedliche Musik schon als Originalton im Film erklingt, dass eine zusätzliche Filmmusik etwas vereinheitlichen könnte, was keine Einheit ist. In dem, was die Jugendlichen hören, stehen lateinamerikanische, deutsche, slawische und afrikanische Musik nebeneinander, diese Unterschiede sind ein wesentlicher Teil dessen, was wir zeigen. Eine zusätzliche Filmmusik hätte das keinesfalls nivellieren dürfen. Wo hätte sie dann überhaupt Platz gehabt? Ich habe schon früher einmal von Robert Bresson notiert: »Musik. Sie isoliert deinen Film vom Leben deines Films (musikalischer Genuss). Sie ist ein mächtiger Veränderer und Zerstörer des Wirklichen, wie Alkohol oder Drogen.« Der Film ist vom Ton her schon so dicht, deshalb haben wir uns am Ende auch gegen eine Erzählerstimme aus dem Off und für Zwischentitel entschieden.

Ein Vertreter von Piffl-Medien sagt, dass der Film in einer Abendsichtung (VHS-Computer-Ausspielung) dem schnellen Vorlauf widerstanden hat. Er hat den Film ganz gesehen trotz möglicher anderer Angebote an diesem Sichtungsabend. »Ein Film«, sagt er, »der beim Fußball anfängt und beim Leben aufhört.« Insofern habe er im Kino durchaus eine Chance. Die Schwierigkeit werde darin bestehen, die Leute ins Kino zu bringen. Sportfilme gingen im Kino schlecht. Die Sportfans gingen nicht ins Kino und die Kinogänger wollten nicht unbedingt Sport im Kino sehen. Der Film HEIMSPIEL sei ein Flopp gewesen, maximal 5 000 Zuschauer. Die Leute werden nicht wegen des Fußballs kommen und wegen der Prominenz, sondern weil er von menschlichen Schicksalen erzählt.

21.04.2003: Allein zwölf Tage Mischungsvorbereitungen im Tonstudio. Die dokumentarischen Originaltöne werden verbessert und um kleine Details ergänzt, die im Bild zu sehen, im Ton aber nicht zu hören sind wegen der Umgebungsgeräusche. Tonnahaufnahmen.

22.04.2003: Ich bin bei den Mischungsvorbereitungen im Tonstudio dabei. Gearbeitet wird an der Verbesserung des Klangbildes vom Westfalenstadion vor einem Spiel. Dabei immer auch die Frage: Was ist noch dokumentarisch, wo wird es reine Fiktion. Man hört im Filmton später nicht nur das, was vom Mikrofon zu einem bestimmten Zeitpunkt aus einer bestimmten Richtung und Entfernung aufgenommen worden ist. Man hört aus verschiedenen Tonaufnahmen montiert, die zu verschiedenen Zeiten und an unterschiedlichen Orten im Stadion aufgenommen wurden, was im Stadion zu hören ist, wenn man 1. aufmerksam hinhört und 2. sich durch das Stadion bewegt. Im Ton wird ein fiktiver Raum gestaltet, der im realen Raum sehr wohl vorhanden ist, aber nur im zeitlichen Nacheinander so differenziert gehört werden kann. In der Realität können wir an verschiedenen Tonquellen nicht gleichzeitig so nah sein, wie wir es im fiktiven Tonraum des Kinos später sein werden. In diesem Raum sind die Grenzen unserer Körperlichkeit bis zu einem gewissen Grad aufgehoben, indem wir jetzt nebeneinander und gleichzeitig hören, was wir, angewiesen auf die tatsächliche Anwesenheit unseres Körpers im Stadion, nur nacheinander hören können.

02.05.2003: Die Mischung nach drei Nachtschichten heute morgen beendet. Diese Arbeit habe ich schon immer empfunden wie eine Meditation. Es gibt nur das Eine, zuletzt die Töne und ihr Mischungsverhältnis und die ganze übrige Welt tritt in dieser Zeit zurück in ein Schattenreich. Diese Zeiten der konzentrierten Arbeit sind glückliche, denn sie haben etwas von Selbst- und Weltvergessenheit. Jetzt geht das Kind aus dem Haus. Wie lange und wie intensiv haben wir mit diesem Film in den vergangenen Jahren gelebt. Am 3. Juli 2003 ist Kinostart.

Arbeitsnotizen zu den EMSCHERSKIZZEN I

Ein Jahrhundertprojekt
Gabriele Voss

29.04.07: Emscherumbau – dabei geht es um so etwas wie den ›Bau der Chinesischen Mauer‹ im Ruhrgebiet. Niemals kann man das Bauwerk als Ganzes vor sich sehen, immer nur Stücke und in Stücken. Darin enthalten ist das Ende einer Epoche. Montage ist unabdingbar, um den Zusammenhang herzustellen.

Es geht um die filmische Begleitung eines gigantischen Bauprojekts, das Umgraben einer Landschaft auf achtzig Kilometer Länge, die Renaturierung der Emscher mitsamt den Zuflüssen, die nach dem Umbau wieder zu Bächen werden sollen. In der Form sind wir frei, wir machen kürzere oder längere Stücke, oft spontan und improvisiert, begehen Landschaft und Orte, begegnen Menschen, die hier leben und arbeiten. Seit 30 Jahren wohne ich nun im Ruhrgebiet, verließ Hamburg, freiwillig, was manche in Staunen versetzte. Und bleibe, immer noch fasziniert von dieser Region. Vor unseren Augen geht ein Zeitalter zu Ende. Gigantische Industrieanlagen, wo einst Tausende von Menschen zur Arbeit gingen, stehen verlassen in einer zerzausten Landschaft und sind still geworden. Nicht alle – manche wurden zu neuen Kulturtempeln umgebaut.

14.08.2008: Fortsetzung der Dreharbeiten, teils mit dem Auto, teils mit dem Fahrrad. Zuerst die Baustelle ›Neuer Emscherdurchlass‹ am Rhein-Herne-Kanal in Castrop, dann noch mal Zeche Ewald, Emscherbruch, Ewaldsee, Halde Hoheward. Das Ruhrgebiet verändert sich. Es kommt mir vor, als bekämen die Menschen jetzt etwas zurück für ihre jahrzehntelange Maloche: aufgewertete, umgestaltete, spannende Landschaften. Der Emscherbruch, ein geheimnisvolles Waldgebiet mit Sümpfen und Sumpfseen und vielen Wasservögeln. Die Seen schimmern entfernt zwischen hohen Bäumen, man kommt nicht dorthin, zu viel Sumpf. Eigenartige Vogelstimmen, ein Märchenwald, wie wir uns einen solchen Wald als Kinder vorstellten. Radfahrer, Jogger, Menschen mit Hunden, Spaziergänger, Frauen mit Kindern bewegen sich auf den aufgeschütteten Deichen zwischen der Bruchlandschaft. In meiner Kindheit war all dies unzugängliches Gelände, mit Stacheldraht eingezäunt. Der Ewaldsee war nur für die Bergwerksdirektoren zugänglich.

14.10.2008: Dreharbeiten. Kanalbau. Bequem war es nicht. Arbeiten in tiefen, feuchten Baugruben, stundenlanges Stehen und Warten in einer Baugrube auf einen Wanddurchbruch. Wie kann man im Film von diesem Jahrhundertprojekt erzählen? Der Fluss als Protagonist, erzählt von sich und den Menschen, die seine Ufer bevölkern? Es ist nicht leicht, die Dimensionen dieses Umbaus visuell zu erfassen. Die Baustelle zeigt zum Beispiel nicht unmittelbar, wofür sie gut ist. Rohre werden verlegt am Bolmker Weg in Dortmund. Was hat das mit der Emscher in Essen, Oberhausen oder Dinslaken zu tun? Es hat damit zu tun, aber man sieht es an dieser Stelle nicht.

Und wo ist das Drama dieser gigantischen Umwälzung? Ein Drama wird beseitigt, ein stinkender Abwasserfluss.

14.02.2009: Geschichten sind oft wie eine Kanalisierung des großen Lebensstromes. Man lässt sie nicht ausufern. Eher wird das Leben in ein Kanalbett gelegt, manchmal mit betoniertem Flussbett und zahlreichen Spundwänden. Bessere Geschichten lassen Alt-Arme bestehen und Auen, in denen sich das über die Ufer tretende Leben ausbreiten kann. Könnte man Geschichten nicht auch denken als kleine oder größere Gewässer, die sich wie eine Art Netz über weite Ebenen und in viele Richtungen ausbreiten und noch bevor wir die Geschichte zu Ende erzählt haben, hier und da und dort wieder versiegen.

23.02.2009: Alltag, Arbeit im Schneideraum. Mit Bildern von den Überresten der Großindustrie im Ruhrgebiet beschäftigt. Filmische Rundgänge auf der Kokerei Hansa in Dortmund. Wie Fossilien stehen die verlassenen Gebäude und Rohrgeflechte da. Eine fast romantische Landschaft – aber romantisch war es nicht, als hier noch Arbeit war und Kohle zu Koks verarbeitet wurde.

26.02.2009: Besuch des Gerätehändlers, bringt Kameras zum Testen. Stöhnt über die Menge, das Tempo und die Unübersichtlichkeit der technischen Neuerungen. Glaubt, dass es durch die Krise auch in dieser Branche ein Umdenken geben wird. Entschleunigung zunächst. Keiner habe mehr Lust, in immer kürzeren Abständen in die Schnellkurse der technischen Gerätebedienung zu gehen als müsse er mit jedem neuen Autokauf jedes Mal das Autofahren neu erlernen. Ich erschrecke, wenn ich sehe, wie viele Computergenerationen und Schnittprogramme meine Hände in den vergangenen zehn Jahren durchlaufen haben, und wie viel neues Wissen ich mir jedes Mal aneignen musste, das nach kurzer Zeit schon veraltet war. Wie schnell das jeweils Neue zu Müll wurde, weil wieder etwas Neues kam und das nun alt Gewordene von den Herstellern nicht mehr unterstützt wurde.

27.02.2009: C. in Köln, technische Nacharbeiten zu unserem jüngsten Film HALBZEIT. Im Herbst soll er ins Kino kommen. Ich verbringe viele Stunden auf dem Sofa abwechselnd mit einigen Stunden im Schneideraum. Die Erkältung will nicht weichen.

Szenenfotos EMSCHERSKIZZEN (© CHF)

Freundin G. rief an. Berichte ihr, woran ich arbeite. Erzähle, dass wir bei dieser Art Arbeit, bei der bewusst einfach gehaltene Filme entstehen, manchmal nach unserer Autorenschaft gefragt werden. Die Filme sähen so aus, als hätten wir kaum etwas gemacht. G. hält dagegen: nichts mache sich von selbst. Wir träfen doch Hunderte von Entscheidungen, auch wenn wir anscheinend nur etwas dokumentieren.

28.02.2009: Heute drei schon montierte Emscherskizzen angeschaut. Umgang nur mit Bildern und Tönen, ohne Sprache. Das gibt eine besondere Freiheit, sowohl in der Montage wie im Schauen – nicht zu viel Gemeintes, stattdessen, auch für den Zuschauer, einen Ort erkunden, sich überraschen lassen, keine zu schnellen Erklärungen für das, was zu sehen und zu hören ist.

07.03.2009: Die ganze Woche Arbeit an den Emscherskizzen. Skizzen, in denen Menschen viel erzählen, Skizzen, die ohne Sprache auskommen. Da müssen die Bilder das Maß in sich selbst finden. In Atmosphären, Bewegungen, Farben, Tönen. Solche Skizzen sind nicht schnell gemacht. Die Freiheit des Materials von sprachlich gegebenen Inhalten.

29.08.2009: Heute in der SZ ein Interview mit Alexander Kluge. Er sagt zum Thema Fernsehen: »Die jungen Menschen lassen sich nicht mehr gefallen, das ihnen eine Programmierung vorgesetzt wird. Bei acht Minuten Werbung klickt im Internet jeder weg.« Auch am Anfang der Filmgeschichte habe es nur Minutenfilme in den Kinos gegeben. Die kurze Form gegenüber den langen dramaturgischen Bögen, dem alle Einzelmomente subsumiert werden. Immer wieder fragt man uns, ob wir nicht einen langen Film über den Umbau der Emscher machen wollen. Und immer wieder habe ich Zweifel. Selbst wenn man die Einzelstücke nur in eine lose Abfolge über hundert Minuten bringt, hat man wieder diese Programmierung, den Zwang, dem Ablauf zu folgen. Bisher präsentieren wir die EMSCHERSKIZZEN zum Beispiel auf einem Terminal in einem ehemaligen Klärwerk, das zu einem Bürgertreffpunkt und Restaurant umgebaut wurde. Der Zuschauer kann selber wählen, welche Skizzen er in welcher Reihenfolge sehen will. Schon der Gedanke an einen großen Film über den Umbau der Emscher lässt die Enge der dann notwendigen dramaturgischen Bögen wieder spürbar werden, die Unterordnung aller Elemente unter einen Fokus. Geben die Autoren diesen Fokus nicht vor, bieten sie statt dessen nur vielfältiges Material, mit dem man spielen und kombinieren kann, dann werden die Phantasiekräfte des Zuschauers auf eine ganz andere Weise angesprochen.

Arbeitsnotizen zum Film HALBZEIT / Fortsetzung des Fußballzyklus
Gabriele Voss

25.09.2007: Als wir den Alltag zum Thema wählten, war uns nicht klar, dass der All-Tag noch jedes Drama verschlingt. Es ist der Alltag, der bleibt, die ewigen Zyklen Geburt und Tod, Vermählung und Scheidung, erblühen und welken. Die Katastrophen sind darin kurze Episoden, die das Werk der Vernichtung und Erneuerung vorantreiben.

30.04.2008: Lese: »In einer gut konstruierten Geschichte sind die Ereignisse kausal miteinander verknüpft.« (J.N. Frey) Diese Art Kausalität für das Leben, von dem wir erzählen wollen, eine Zwangsjacke. Die Poesie folgt dieser Logik nicht. Könnte man sagen: Poetische Momente verlassen einen Augenblick lang den Zwang der Kausalität und machen eine Geschichte noch besser. Denn sie erzählen von einer Wahrheit des Lebens, die in der Kausalität nicht aufgehoben ist.

03.05.2008: Arbeitstitel des Films: Die Mühen der Ebenen. Könnte auch heißen: Das Feld der Träume – the field of dreams, the field of broken dreams, der gebrochenen Träume, zumeist.

05.05.2008: Den Film so erzählen, dass jede Szene für sich stehen kann, auch wenn man alle anderen Szenen drum herum wegnimmt. Wieder ein Kino der Momente.

Flyer zum Film HALBZEIT
(Grafik: Iris Sebens, © CHF)

Pfingsten, 11./12.05.2008: Die Vorauswahl des Materials vor Pfingsten abgeschlossen. Habe für alle Spieler kleine Skizzen geschrieben, die sie charakterisieren. Ob es uns gelingt, für die Zuschauer das Verhältnis Typ / Charakter und Lebensweg erfahrbar zu machen?

13.05.2008: Am Abend schlechte Nachrichten. Erdbeben in China, 12 000 Tote. Sturmkatastrophe in Birma, man rechnet mit 100 000 Toten. Die Regierung Birmas behindert die Hilfe. Sieben Sprengköpfe in Jaipur /Indien, sechzig Tote. In Barcelona Trinkwasserkatastrophe.
Ich brauche etwas anderes für den Kopf zwischendurch. Greife zu Walt Whitman: *Grashalme*. Eine so andere Welt, die daraus spricht.

Leuchten verendeten Tags
flutet und füllt mich,

Prophetische Stunde,
Vergangenheit schauende Stunde,

Meine Kehle weitend, singe ich
Dich, erhabener Alltag,

Dich, Erde und Leben, solange der
letzte Strahl noch glüht.

25.05.2008: Lese Flann O'Briens Roman *In-Schwimmen-zwei-Vögel*. Der Klappentext machte neugierig. Ein Dubliner Student schreibt einen Roman über einen Sonderling, der seinerseits dabei ist, eine Art irischen Western zu verfassen. Im Verlauf der Geschichte geraten die verschiedenen Ebenen allerdings zunehmend durcheinander, was die Romanfiguren schließlich zum Aufstand gegen ihren Schöpfer veranlasst. So weit bin ich in der Lektüre allerdings noch nicht gekommen, denn das Chaos vor diesem Aufstand hat solche Ausmaße, dass ich große Schwierigkeiten habe, bei der Sache zu bleiben bzw. auf den ersten sechzig Seiten – so weit bin ich – überhaupt auszumachen, was die Sache ist. Das ist schon eine lange Strecke. Habe ich zu wenig Geduld? Zumal die literarischen Genüsse bei diesem Roman nicht allzu groß sind. Sind wir alle zu schnelllebig und ungeduldig, um uns auf so lange Wege und Umwege einzulassen? All diese Fragen beschäftigen uns auch in unseren Filmen. Den Zuschauer in den ersten zehn Minuten mitnehmen, sonst hat man ihn nicht im Weiteren. Dieser Roman ist nach sechzig Seiten schon über die ersten zehn Minuten hinaus und nichts deutet daraufhin, dass das Chaos sich auf den nächsten sechzig Seiten lichten wird. Unsere Protagonisten in HALBZEIT sind allein, keine bewegenden Momente zwischen zwei Menschen.

Heiko – seine Freundin hat sich von ihm getrennt.

Claudio – hat eine Freundin, die soll aber nicht in den Film, er lebt getrennt von seiner Frau und seiner Tochter.

Francis – hat eine Freundin, lebt aber getrennt von ihr.

Mo – hat keine Freundin, lebt allein und im Rückbezug auf seine Familie in Ghana.

Florian – auch er hat im Moment keine Freundin und lebt allein.

Ist diese Art des Einzelgängertums auch ein Preis, der zu zahlen ist, um im Fußball Erfolg zu haben? Würden auf diesem Lebensweg feste Beziehungen nur stören? Sie haben auch keine Verbindung untereinander, allenfalls die Startlöcher an derselben Ausgangslinie bilden eine Gemeinsamkeit, dann laufen sie parallel, wie die Hundertmeterläufer, aber nicht einmal im Kampf um das gleiche Ziel. Also fünf Einzelgeschichten, deren Gemeinsamkeit nur darin besteht, vergleichbare Ziele gehabt zu haben, in ferner Vergangenheit auch einmal am gleichen Ort, auf dem gleichen Platz zusammen gekämpft zu haben. Ist das ein guter Stoff, eine gute Figurenkonstellation für die Erzählung in einem Film?

Es geht nicht um eine einzige Geschichte im Film – das wäre ein falsches Versprechen an die Zuschauer. Es geht um fünf einzelne Figuren, die zwar etwas in der Vergangenheit verbindet, die aber in der Gegenwart etwas Unterschiedliches wollen und Schwierigkeiten haben, es zu bekommen. Zugleich sind sie in der Situation, nicht zu wissen, ob das was sie wollen, auch das ist, was sie können oder was gut für sie ist. Was sie eint, ist vielleicht die Suche nach einer dauerhafteren Orientierung in ihrem Leben.

27.05.2008: Möglichst wenig zu schneiden bedeutet, dass es innerhalb jeder einzelnen Einstellung ein sehr genaues Timing geben muss. Andernfalls gibt es zu viel Spannungsverlust in den einzelnen Einstellungen.

14.06.2008: Wir haben im Material wieder so große Vielfalt, dass es nicht leicht sein wird, damit umzugehen. Wir haben neu gedrehtes Material, Videobriefe der Spieler, eine Menge Fotos, das Material des ersten Films DIE CHAMPIONS, viele verschiedene Schauplätze, Parallelwelten in Ecuador, USA/Washington, Deutschland/Dortmund, Emden, Kassel, Wattenscheid.

Von den Stationen der Spieler in großen Stücken und Zusammenhängen erzählen, die Parallelwelten nicht zu kleinteilig ineinander montieren. Aber wie die Vorgeschichte aus DIE CHAMPIONS einbinden, die den aktuell gezeigten Zustand ja noch auflädt? Können wir überhaupt ohne Erzählung von uns auskommen? Wie eine Dramaturgie für die Moment aufnahmen finden, für das Situative im Unterschied zur Erzählung einer Handlung, die viel Zeit braucht und die wir nur in Ansätzen haben. Dennoch gibt es so etwas wie innere Spannungsbögen für jeden einzelnen Spieler und die wären in der Montage herauszuarbeiten.

20.06.2008: Ein Student sagt zu mir, als wir über die rasenden Entwicklungs- und ebenso rasenden Verfallszeiten in der Computerwelt sprechen: »Wir sind die Generation, von der nichts übrig bleiben wird, denn all unsere Aufzeichnungen auf Chips, Sticks, Festplatten oder anderen Speichermedien werden den Menschen in fünfzig Jahren wohl kaum noch zugänglich sein. Oder wir opfern unsere Lebenszeit, um unsere Aufzeichnungen ständig auf die jeweils aktuellen Speicherträger zu kopieren.« Der Beruf des Kopisten starb mit Aufkommen der Matrizen und später der Kopiermaschinen aus. Ich erinnere mich, wie wir als Studenten mit Matrizen Vervielfältigungen herstellten, hundert

Stück waren schon eine ansehnliche Zahl. Wahrscheinlich muss mit dem rasanten Verfall der Speichermedien der Beruf des Kopisten neu entstehen. Aber wer kann privat für die Unmenge an Bildern, die mit digitalen Kameras entstehen, einen Kopisten anstellen? Wer will das? Und wer wird später die übervollen Privatarchive durchsehen? Wer hat so viel Lebenszeit übrig für das Leben der anderen, für die Hinterlassenschaft einer ganzen Generation, von der nichts bleibt, wenn sie selbst nicht mit dem Kopieren schon zu Lebzeiten beginnt?

02.07.2008: Bald zehn Stunden Rohschnitt zusammen.
Der Tag: nach dem Aufstehen Frühstück, dann in den Schneideraum, Probleme mit nicht zu öffnenden Dateien, das hält mich auf bis zur Mittagspause. Danach emails erledigen, dann ein Versicherungsagent, der uns zwei Stunden lang aufhält. Den ganzen Tag gesessen, deshalb ein Abendspaziergang im Regen. Dann endlich, gegen 20 Uhr wieder in den Schneideraum, die Rohschnittarbeiten fortsetzen. Davor schnell noch eine E-mail nach Marokko schicken. Was heißt ›Ausführungsdatei‹ auf Französisch? Es wird 22 Uhr. Hunger, Abendbrot. Danach digitalisiere ich noch weiteres Rohmaterial bis Mitternacht.

09.07.2008: Die Fußballspiele ganz anders schneiden, keine Spielabläufe, nur Spielzüge von Florian und je nach Atmosphäre des Spiels auch nur solche, die diese Atmosphäre deutlich machen und zwar die Atmosphäre für Florian, die nicht dieselbe sein muss wie die des Spiels.

26.07.2008: Heiko ist an diesem Wochenende in Shanghai, wo DIE CHAMPIONS als Eröffnungsfilm des internationalen Sportfilmfestivals gezeigt wird.

27.07.2008: Schwierig gestalten sich im Moment die Rückblicke in die Anfänge der Spielerkarrieren. Kämpfe mit dem Realismus des Materials, der nicht zur Erinnerung passt, die alles andere als realistisch ist. Heute Versuche, den realistischen Originalton wegzulassen. Die Erinnerung geht ganz selten auf konkrete Töne oder gar einzelne gesprochene Sätze. Dauer ist in der Erinnerung auch etwas ganz anderes als im realistischen Zeitverlauf. Wie lange dauert ein Erinnerungsbild? Wie lange muss es gezeigt werden, damit es sich einprägt und für den Zuschauer zum Erinnerungsbild wird?

28.07.2008: Die Zeitschrift *Schnitt* widmet ein Heft dem Thema Faulheit. »Die Faulheit schwimmt mit dem Strom. Das wird immer metaphorisch verstanden und widerspricht so vollkommen der Vorstellung, die auch dem überwiegenden Teil der (westlichen) Filmproduktion zugrunde liegt: Es muss gegen den Strom geschwommen werden, Hürden müssen überwunden, Hindernisse aus dem Weg geräumt, Herausforderungen angenommen und Gegner besiegt werden. … Dröhnender Unfug lacht da der Faulenzer. … Vermutlich schreiben sich Filme, die nicht in erster Linie eine Handlung abspulen, sondern einfach Protagonisten (und Zuschauer) eine gute Zeit haben lassen, besser den eigenen Erinnerungen ein. Zumindest den schönsten.« (Thomas Warnecke) Unsere Fußballer gehören zu den Hürdenläufern – noch.

19.08.2008: Gestern einen Dokumentarfilm über die Frauenfußball-WM gesehen, schlecht, unsägliche Musik zu allen Spielszenen, die Spiele zusammengeschnitten auf Tore und Rempeleien. Alle Bilder schienen mir schon bekannt, die Frauen im Bus, winken Fans zu, der Bus fährt los, dazu finsteres Buschtrommeln, wir wissen schon, es geht in den Kampf. Die Statements der Frauen viel zu kurz, um irgendetwas über die schon bekannten Phrasen hinzu zu sagen, nur einmal lässt Frau Prinz etwas von ihrer Person ahnen, als sie sagt, dass sie sich entschlossen hat, den Medienhype nicht mitzumachen.

20.08.2008: Nach einer weiteren Durchsicht des Rohschnitts jetzt in einer dritten Rohfassung auf sechseinhalb Stunden gekommen. Noch alles auf einzelne Spieler bezogen gearbeitet. Der nächste Schritt wird sein, einen Ablauf für das Ganze zu finden.

30.08.2008: Vielleicht wird das 21.Jahrhundert das Zeitalter der Netzwerke. Gestern eine Sendung über Neurowissenschaft und Psychoanalyse angesehen. Gesprächspartner u.a. Eric Kandel und Wolf Singer. Singer sprach über wesentliche Veränderungen in der Sicht auf geistige und psychische Prozesse bzw. Hirnprozesse durch die neueren Erkenntnisse: die Prozesse verlaufen weniger linear, erläuterte er, so wie man früher dachte, als hochkomplex vernetzt. Das Bild des Netzes sei für viele Prozessverläufe richtiger als das Bild der Schnur. Müssten nicht entsprechend unsere Filmmontagen auch mehr nach manchmal auch chaotisch verknäuelten Netzen aussehen als nach wenn auch parallel verlaufenden Schnüren? Das Bild nicht-linearer Verknüpfungen zeigt eben auch überraschende Wendungen in unerwartete Richtungen. Überraschende Wendungen müssten auch die Montagen haben, auch Verzweigungen und Irritationen, die man nicht sofort versteht. Nicht zu viel davon aber auch nicht zu wenig, so dass das Leben nicht doch zu linear erscheint.
Wenn man sieht, wie die Nervenzellen tasten und fühlen, bevor sie andocken und sich verlinken, mehr noch: ein zitterndes Tasten, ganz kleine Bewegungen, dann ist das vielleicht auch ein Bild dafür, wie das Leben geschieht. Die drängende Hierarchie des Vorwärts, des Immer-Weiter, gibt es so in den Netzen nicht.

08.10.2008: Was mich im Sprechen über Dramaturgien oft stört ist dies, dass als Maßstab für das Erzählen das »Funktionieren« hergenommen wird. Was ist das? Was funktioniert oder soll funktionieren? Ich habe immer die Sorge, dass Teile des Lebens ins Nicht-Erzählbare abgeschoben werden, weil sie nach diesen Maßstäben nicht funktionieren.

Zum Beispiel Ruth Toma (in epd Film, 10/08, S.29): »Figuren, die an ihre Grenze gehen, die vor allem auch an ihre innere Grenze gehen, sind für jede Geschichte unabdingbar.« Fußballer sind solche Menschen, sollte man denken, und wenn sie das nicht tun, scheitern sie. Heiko formuliert das sogar noch für sich, als er schon nicht mehr Fußballer ist sondern Mitarbeiter der Weltbank in Washington: » … austesten, wo meine limits sind!«

03.09.2009: Sportfilme wie AM LIMIT und HÖLLENTOUR haben uns Leitbilder vorgesetzt, bei denen es nur noch um das ›immer höher‹, ›immer weiter‹, ›immer schneller‹ geht. In DIE CHAMPIONS und HALBZEIT zeigen wir die sich mühsam Mühenden, die, die eher auf der Strecke bleiben, die, die am Ende keiner mehr kennt. ›No names‹, wie der Verleiher die Schwierigkeiten nennt, die Lebenswege solcher Menschen im Kino zu präsentieren.

»Perfektionsgetriebene Lebensprojekte, Schematisierung des Daseins in Stufensystemen … « (Bergsteiger, Radfahrer, Tagesetappen, Tagessieger, Wettkampfsieger, Tour der France, Formel 1 etc.), Stichworte zum Thema von Peter Sloterdijk. »Verhalte Dich jederzeit so, dass die Nacherzählung deines Werdegangs als Schema einer verallgemeinerbaren Vollendungsgeschichte dienen könnte.«[1] Diese Vollendungsgeschichten erzählen wir gerade nicht. Eher, wie mühsam es ist, das eigene Leben in die Stufen der Karriereleitern einzupassen. Kaum etwas kann man aus den Filmen entnehmen, das geeignet wäre, das eigene Vorankommen zu beschleunigen. Oder doch? Oder statt dessen?

1 Peter Sloterdijk: *Du musst dein Leben ändern*, Frankfurt/M. 2009.

Arbeitsnotizen zu den EMSCHERSKIZZEN II

Offene Formen
Gabriele Voss

Im Filmdienst vom 08.11. 2012 vergleicht Michael Girke die EMSCHERSKIZ-ZEN mit einem homerischen Epos: »Will man die Qualitäten der EM-SCHERSKIZZEN ermessen, hilft es, auch an Literatur zu denken. An Homer etwa, in dessen Ilias, was die Abenteuerfreunde stets erzürnt, seiten-weise beschrieben wird, wie die Schiffe und Waffen der zur Eroberung Trojas aufbrechenden Griechen beschaffen sind; auch das mitgeführte Viehzeug ist Gegenstand der Verskunst. Homer ist Epiker, ein Erzähler mit langem Atem, den es braucht, um in einer Geschichte die Lebens-wirklichkeit seiner Zeit zu erfassen. Als Herman Melville oder Leo Tolstoi solches in der Neuzeit versuchten, dehnten ihre Romane sich zum Ver-druss vieler Leser ins Unendliche. Die EMSCHERSKIZZEN eröffnen dem Epos neue Möglichkeiten. Die Erzählform ist nicht linear, Lücken und Lö-cher, das Unabgeschlossene, vielleicht Unabschließbare – all das liegt offen zutage. ... «

26.11.2012: Elf EMSCHERSKIZZEN auf dem Festival *Blicke aus dem Ruhr-gebiet* vorgeführt, ohne Unterbrechung. Es waren etwas mehr als neun-zig Minuten, allerdings mit Titeln und Abspännen dazwischen, so dass das Skizzenhafte kenntlich blieb. Der Saal war gut gefüllt, vielleicht hun-dert Zuschauer, niemand ging zwischendurch, es gab kein Rascheln und keine Unruhe. Anschließend wurde die Frage gestellt, ob wir schon daran gedacht hätten, einen einzigen großen Film daraus zu machen? Sofort kamen aus dem Publikum Stimmen: »Dies war doch schon ein Film!« Wir sollten die Skizzenform unbedingt erhalten, das sei eine gute Form der Abwechslung und erhöhe die Spannung.
Unsere Erfahrung bisher: dass die Skizzenform eine Vielfalt von Veran-staltungen und Aufführungen ermöglicht. Sie reichen vom Parcours in der Stadt Oberhausen, bei dem zehn Skizzen an unterschiedlichen Stand-orten in der Stadt zu sehen waren, über die ortsbezogene Vorführung von Einzelskizzen und die Präsentation einzelner Skizzen als »Vorfilme« auf der Duisburger Filmwoche, über Vorführungen mit live improvisier-ter Musikbegleitung bis zum Kinoeinsatz, wie wir ihn gestern erlebten und die Nutzung in Schul- und Bildungszusammenhängen, von denen wir im Einzelnen gar nicht wissen. Dazu kommt die private Nutzung von DVD am Bildschirm zu Hause.

01.12.2012: Warten – und sichtbar wird die Arbeit der Zeit. Das gilt für viele unserer Filme, zuletzt auch für die EMSCHERSKIZZEN. Das Warten ist allerdings ein aktives Tun. Warten an bestimmten Orten. Warten während einer bestimmten Zeit. Warten dauert. Warten heißt bereit sein für das, was passiert.

29.12.2012: Abnahme der diesjährigen EMSCHERSKIZZEN. Sprechen bei dieser Gelegenheit über mögliche Orte der dauerhaften Präsentation der Filme entlang der Emscher. Einen Terminal, in dem man fünfundzwanzig Skizzen anschauen kann, gibt es schon auf der ehemaligen Kläranlage im Berne-Park in Bottrop. Allerdings muss man vor dem Terminal stehen und es gibt auch nur zwei Kopfhörer – keine ideale Situation, um sich auf die Filme einzulassen. Die Idee von Sichtgeräten und Terminals an bestimmten Orten ist schon wieder veraltet, nicht nur wegen der schwierigen räumlichen Situation oder auch wegen des Vandalismus, dem sie in der Öffentlichkeit ausgesetzt sind. Für die Zukunft muss man sich eine Präsenz der Filme über ›Augmented-Reality-Apps‹ vorstellen. ›Augmented Reality‹, gesteigerte Realität, eine etwas absurde Vorstellung, wenn ich mir darunter Realitäten vorstelle, an denen man über die kleinen Bildschirme des eigenen Handys teilhaben wird. Es ist eine Technik, so lese ich nach, die abhängig von der jeweiligen Position in der Welt Zusatzinformationen zu dieser Position liefert. Voraussetzung für den Empfang dieser Informationen sind eine Videokamera, die in smartphones eingebaut ist, GPS und Bewegungssensoren.

Zugleich lese ich in einer Pressenotiz, dass US-Firmen die Emailflut, die täglich an ihre Mitarbeiter geht, eindämmen wollen, weil allein das In-den-Papierkorb-Werfen dieser Emails neunhundert Millionen US-Dollar jährlich kostet, wenn man den Lohn für die von den Mitarbeitern aufgewendete Zeit für deren Entsorgung berechnet. Überinformation schon jetzt und dennoch immer mehr Information.

Wie können unsere ruhigen Filme, auch wenn sie kurz sind, angesichts dieser Überfülle die Menschen überhaupt noch erreichen? Müssten sie noch kürzer und offener gestaltet sein für das Netz? Oder fallen sie gerade wegen ihrer Ruhe auf? Hat man noch die Zeit zu verweilen? Nimmt man sich diese Zeit? Mit Roland Günter sprachen wir über die wunderbare Idee der ›erzählten Landschaften‹, zu der auch die EMSCHERSKIZZEN gehören. Zum Erzählen braucht man aber Zeit. Das geht nicht als schnelle Information.

16.03.13: Ein Kurzausflug nach Lille in Frankreich. Präsentation der EMSCHERSKIZZEN im Rahmen einer vom dortigen Goethe-Institut organisierten Reihe mit dem Titel Cinéma et Architecture (Kino und Architektur). Parallel dazu gibt es eine Ausstellung unter dem Titel Territoires émergents – aufblühende Landschaften. Die Zuschauer meistens Architekten und Landschaftsplaner, ein paar jüngere Leute darunter. Im Anschluss an die Vorführung ein lebhaftes Gespräch. Es geht um Fragen und Probleme des Landschaftsumbaus. Wie viel Eingriff des Menschen

Szenenfotos EMSCHERSKIZZEN (© CHr)

ist nötig und gut? Was wird unter ›Natur‹ verstanden? Wie findet man eine Balance zwischen den Belangen des Menschen und denen der Natur? Im informellen Teil geht es später dann auch um die Form der Filme. Die lange, ruhige Beobachtung wird gewürdigt, man sehe, wie die Menschen sich die Landschaft auf's Neue aneignen und auch zu eigen machen. Jemand sagt, wenn man solche Filme früher zu sehen bekäme, würden manche Fehler gar nicht erst gemacht. Gemeint ist: zu schnelles Abreißen und neu Bauen. Ein anderer bemerkt: viel Wichtiges geschehe doch im Kleinen und gerade nicht im Spektakulären. Darauf machten die Filme aufmerksam. Die Arbeit mit den Tönen wird hervorgehoben, welche zusätzlichen Räume sie eröffnen und dass die Filme wie eine Mahnung sind, die Landschaft nicht durch zu viel Planung und Aktivität zu überformen. Im Unterschied zu Frankreich, stellt dann jemand fest,

251

hätten wir in Deutschland ein viel positiveres Verhältnis zu diesen Überresten der Vergangenheit. Südlich von Lille, in der Nähe von Lens und
Béthume, befinde sich das ehemalige französische Bergbaugebiet. Wir
sollten uns diese Gegend, wenn Zeit bleibt, unbedingt ansehen. Noch
bevor man den Wert der Dinge und den Sinn ihres Erhalts erkannt habe,
habe man dort schon ganz viel weggerissen.

Gestern waren wir in der erwähnten Gegend, in Oignies auf der Fosse 9/9
bis, später in Loos-en-Gohelle auf der Fosse 11/19. In Oignies trafen wir
eine junge Frau, die uns spontan die Fördermaschine und die ehemalige Kaue zeigte. Jeden Montag, erzählte sie, käme eine Gruppe von ehemaligen Bergleuten, die die Maschinen und Gebäude reinigen und alles
in Stand halten als sei es ihr Haus, obwohl sie hier doch nur schufteten.
Sie gehe dann mit ihnen und lasse sich alles erzählen, übernähme ihr
Erbe, denn allmählich würden diese Männer zu alt und das Erbe müsse
und solle doch bewahrt werden. Die junge Frau stammt aus der Gegend,
ihre Familie hatte aber nichts mit dem Bergbau zu tun. Bei der Führung
über das Gelände bin ich erstaunt, wie sehr sich die Architekturen der
Zechengebäude in dieser Gegend und im Ruhrgebiet ähneln, als seien
sie von denselben Architekten entworfen. Zum kulturellen Erbe dieser
Gegend gehören auch la Fosse und la Cité d'Arenberg in Wallers, in der
wir 1989 Aufnahmen für den Van-Gogh-Film machten. Damals war die
Zeche in Wallers noch in Betrieb. Heute gibt es hier nirgends Bergbau
mehr. Das Zechengelände in Oignies ist umgeben von kegelförmigen
Halden. Direkt dahinter befindet sich ein riesiges Logistik-Center. LKW-
Container werden dort von weißen Kränen verladen, die wie große Spin-
nen in der Landschaft stehen.

Auf dem Rückweg werfen wir einen kurzen Blick von außen auf den
Louvre-Lens, der mitten in die karge Landschaft gesetzt wurde. Die Ge-
gend wirkt ärmlich, jedenfalls nicht wie ein kulturelles Zentrum, wo es
Cafés, Hotels und Restaurants für die Museumsbesucher gibt. Sie kom-
men in Bussen und fahren nach dem Museumsbesuch gleich wieder weg.
Kein Fremder hält sich in dieser Gegend länger auf.

Über Arras geht es dann zurück nach Lille. Der Weg führt über die Schlacht-
felder des 1.Weltkrieges, er ist gesäumt von englischen, deutschen, französischen, kanadischen und australischen Soldatenfriedhöfen. 2014
jährt sich der Ausbruch des 1. Weltkrieges zum hundertsten Mal. Zahl-
lose Gedenkfeiern sind geplant. Wir begegnen auf diesem kurzen Weg
Spuren der Geschichte des 20. Jahrhunderts, die vor allem die Industrie
und der Krieg hinterlassen haben. 220000 Bergleute arbeiteten einmal
im Pas de Calais. Tausende von Soldaten verloren auf den nördlichen
Anhöhen von Arras ihr Leben. Nach ein paar Stunden ist das alles schon
wieder in weite Ferne gerückt. Auf der Autobahn, umgeben von modernen Gewerbegebieten, lassen wir die Spuren der Geschichte hinter uns
zurück.

LEBENS-GESCHICHTE II (2003–2011)

Arbeitsnotizen zum Film THOMAS HARLAN – WANDERSPLITTER

Zur Entstehung
Christoph Hübner

Seit längerem trage ich ein größeres Projekt mit dem Titel KINDER & ENKEL mit mir herum: ein Projekt, das sich den Nachfolge-Generationen der Nazizeit widmet, das also nicht zum hundertsten Mal Bilder und Erinnerungen aus der Vergangenheit versammelt, sondern sich der Gegenwart stellt. Das war der Hintergrund meines Interesses. Es ging also zunächst um etwas Allgemeineres und nicht etwa um ein Personen-Porträt.

Im März 2001 stieß ich auf einen Zeitungsartikel über Thomas Harlan, der anlässlich einer Retrospektive seiner Filme in der *Süddeutschen Zeitung* erschien. Nicht nur, *was* er sagte, sondern vor allem, *wie* er es sagte, faszinierte mich so sehr, dass ich am nächsten Tag nach München fuhr, um ihn zu treffen. Wir verabredeten uns zu einem gemeinsamen Frühstück und nahmen dabei auch irgendeine Form von gemeinsamem Projekt ins Auge – ohne dass uns beiden ganz klar war, was, wie und wann.

Wir trafen uns dann mit einigem Abstand noch einmal in Berchtesgaden und sprachen genauer über die Möglichkeit eines gemeinsamen Projekts. Er hatte dabei selbst sehr genaue Vorstellungen und wollte zum Beispiel auf keinen Fall eine der üblichen Biografien, viel mehr etwas, das er »eine Geschichte ohne Ich« nannte. Der Diskurs über Form und Gestalt dessen, was da entsteht, begleitete von da an das ganze Projekt und war auch für uns eine neue, herausfordernde Erfahrung. Immerhin war Thomas Harlan selbst Autor und Filmemacher und wusste, was die Form einer Sache für eine Bedeutung hat. Durch die Verständigung über die formalen Aspekte entstand aber nach und nach eine Vertrautheit und ein gemeinsames Verständnis dessen, um was es uns geht. Und aus der anfänglich noch unbestimmten Sympathie wurde eine Art Freundschaft und ein weit reichendes Vertrauen. Dabei waren wir immer noch per ›Sie‹.

Wir haben dann in größeren Abständen, je nach dem, wie es seine Gesundheit oder unsre anderen Projekte zuließen, über fast drei Jahre lang mit ihm gedreht, immer etwa drei, vier Tage am Stück und dann jeweils ein paar Stunden am Tag. Wir verfuhren wie bei einer Spirale, bei der man die Kreise immer konzentrischer zieht, immer enger die einzelnen Themen und Geschichten einkreist.

2005

Zum Drehen und zur Montage
Gabriele Voss

01.06.2003: Vorbereitungen für die zweite Drehphase mit Thomas Harlan. Lese einen Artikel von Friedhelm Rathjen über Harlans Buch *Rosa*. »Kein Faden, der stringent verfolgt wird, kein Motiv, das umfassend herausgearbeitet wird ... es gibt nur Einzelfacetten, die sich gegenseitig ins Gehege kommen und es gibt Fragen, die sich nie aufklären. Folglich gibt es in diesem Buch eigentlich keinen Erzähler, kein identifizierbares Ich samt Sinnen und Bewusstsein. ... und folglich wird streng genommen auch gar nicht erzählt, sondern immer bloß Splitter um Splitter etwas hergezeigt.« Passt das nicht gerade gut zur Lückenhaftigkeit von Geschichte und Erinnerung? Harlan will mit den Splittern vielleicht auch den Versuch unternehmen, »sich an begrifflich zerstörte Gebiete heran zu tasten« wie er selbst es in einem *SZ*-Interview formuliert, » ... gegen die schreckliche Abnutzung der Beschreibung von Katastrophen in der deutschen Sprache. ... es kommt darauf an, in eine Art Nullsituation zurückzukehren ... und zu versuchen, neu sprechen zu lernen.« Harlan sagt weiter: »Meine Arbeiten sind keine politischen Dokumente, eher Dokumente einer politischen Aufmerksamkeit, einer Hellhörigkeit für bestimmte Konstellationen. ... Meine Filme, jeder für sich, sind allesamt unbrauchbar im Sinne eines Standpunkts oder einer Theorie.«

03.06.2003: Einig mit Thomas Harlan: der Deutschunterricht in der Schule – eine Jahre lange Enteignung von der eigenen Sprache, so dass man am Ende im Sprechen sich selbst nicht mehr hat. Der Schüler lernt, Vorgefertigtes zu sprechen, er verliert den Ausdruck der eigenen Persönlichkeit. Man müsste ganze langsam sprechen als erlernte man die eigene Sprache im Moment des Sprechens.

04.06.2003: Wir sammeln mit Thomas Harlan Splitter für das Gespräch. Zum Thema spätere Montage merkt er an, dass ein Schnitt nicht die Zeit schneidet. Dass die Zeit innerhalb eines Bildes ablaufen müsse sonst sei sie keine.

Harlan / Splitter: Vater 1–3 / als Kind, im Krieg, nach dem Krieg / vom Vater bis zum Vatermord, Variationen 1–5 / wieder ein Waisenknabe werden / Frühstück bei Hitler / Kaufhaus Goebbels / evakuiert bei Familie Bonin / Polen, Kulmhof, Rosa / die eigene Sprache / Ich-Variationen / Stammheim, der Bau, der Tod.
Seit dreieinviertel Jahren ist Thomas Harlan in der Klinik. Die Angst, dass ihm die Luft wegbleiben könnte.

11.06.2003: Harlan zum Wahrheitsgehalt seiner Geschichten befragt ... das Entscheidende ist: es muss Sinn machen. Dichtung und Wahrheit, der Wahrheit durch Dichtung Sinn verleihen. Zentrale Stichworte, die Thomas Harlan selbst für unsere Gespräche nennt: Schuld und Verantwortung. Pausen, Momente der Stille. Ein Splitter könnte auch nur aus einer Pause bestehen.

Schuld und Verantwortung, an welchen Stellen seines Lebens ist Harlan selbst davon betroffen? Ins Zentrum der Macht geboren mit diesem Vater. Der Film TORRE BELA, die Macht der Kamera. Polen, das Nachkriegsdeutschland und Stammheim. Dichtung und Wahrheit. Die eigene Sprache sprechen.

14.06.2003: Sehr heiße Sommertage. Finden für das Drehen einen Rhythmus, der in den Krankenhausalltag passt. Drehen am Nachmittag bis in den Abend hinein. Am Vormittag, nach dem Frühstück, Drehvorbereitungen. Gesprächsstichpunkte. Heute nach Abschluss des Polenkapitels vielleicht sprechen über die Jahre in Italien, Lotta continua, Begegnung mit Gudrun Ensslin, Stammheim. Wo ist die Nahtstelle, an der Harlan gestanden hat? Was kann Harlan berichten, was andere nicht genauso gut sagen könnten?

Nach den Vorbereitungen am Vormittag ein Spaziergang in den nahe gelegenen Bergen, Schluchten, Tälern. Ein riesiges Geröllfeld. Dann am Nachmittag drehen und sprechen, so intensiv, dass im abschließenden Abendessen das Nachlassen der Intensität fast zur Leere wird.

16.06.2003: Dreharbeiten mit Thomas Harlan.
1. Tag: über die Methode, wie eine Geschichte gut zu erzählen ist.
2. Tag: über Aufenthalte in der Sowjetunion.
3. Tag: Aufenthalt in Polen bis zum Abbruch der Arbeit dort. Dann Chile.
4. Tag: Gespräch mit Chris, der Tochter der Krankenpflegerin.
5. Tag: über den Aufenthalt in Haiti und das Glück, zu nichts mehr »Nein« zu sagen.
Beim nächsten Mal zum Vorlesen ein Lesepult/Notenpult mitbringen.

20.06.2003: Intensive Tage mit Thomas Harlan erlebt. Jetzt das Gefühl, aus einer Welt des Schreckens wieder aufzutauchen. Mit gewachsenem Verständnis für die dumpfe Atmosphäre in der BRD der 50er Jahre, die geprägt war von einer Front des Schweigens über das Vergangene und von Mentalitäten, die im Geist des Dritten Reiches wurzelten. Merkwürdig, dass ich diese Epoche erst durch die Gespräche mit Thomas Harlan so genau ansehe.

Während ich dies schreibe findet auf der Ruhr das alljährliche Drachenbootrennen statt. Es wird begleitet von türkischer Musik. Erstaunlich und für die Zeiten, von denen ich gerade sprach, wohl kaum denkbar.

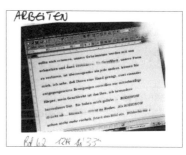

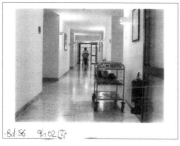

Videoprints / Montage WANDERSPLITTER (© CHF)

24.06.2003: Die Frage von Thomas Harlan, die mich im Nachhinein am meisten bewegt: »Wer sagt noch seinen Satz?« Sich durch die eigene Sprache unbrauchbar machen.

07.10.2003: Bandprotokolle von den Aufnahmen der Dreharbeiten im Juni. Ich notiere außerhalb der Protokolle von Harlan: »Es ist so schrecklich schwer, zum Stimmenden zu kommen, wenn man etwas erzählt.« Und auch dies: »Sie schulden einer Geschichte nicht die Wahrheit sondern den Sinn.« Sind Wahrheit und Sinn ein Gegensatzpaar? Das könnte man befremdlich finden. Die Wahrheit zugunsten eines Sinns zu recht biegen? Harlan weiter: »Das Unwesentliche könnte lebensentscheidend sein.« Und dann bemerkt er zu unserer bisherigen gemeinsamen Arbeit: »Wo liegt die Wirbelsäule unseres Vorschlags? Das ist noch unklar.«

16.10.2003: Vorläufige Notizen für die Montage:
– keine geschnittenen Stücke direkt aneinander
– keine Aussagen zurecht schneiden
– nach Ungeschnittenem immer ein Stück Schwarz
– Schwarz auch nur mit Ton, ohne Bild
– Bild geht auch ohne Ton
– es kann auch etwas direkt nach einer Frage abgeschnitten werden
– es kann auch durcheinander gehen in der Chronologie
– Antibiografie
– es muss nicht immer zu Ende erzählt werden
– loose ends
– keiner der Bögen sollte einen Schlussakkord haben

Wesentlich ist die Haltung, die der Montage zugrunde liegt: aus den Splittern keine Person rekonstruieren. Keine Montage, die eine Illusion erzeugt von dem, was ein Leben hätte sein können. Die Momente zählen. Das Leben als Ganzes bleibt im Dunkeln. Der Vorschlag von Thomas Harlan, das Ich aus der Erzählung heraus zu schwitzen, macht es möglich, eher die Geschichte zu sehen, von der erzählt wird, als die Person, die erzählt.

22.10.2003: Stichworte Harlan: das Züngeln der Kobra / der Briefträger / die Taube von der Seite / Beugeeffekte / die Katze wie eine Katze behandeln / der Träger der Sachen. Wenn wir überhaupt mit Kapitelüberschriften arbeiten, wie sollen sie dann sein?

30.08.2004: Im Schneideraum. Digitalisiere Band 58 des Gesprächs mit Thomas Harlan. Er erzählt über den Sieg der Roten Armee in Stalingrad. » ... der kein Sieg war, nur ein Übrigbleiben«, sagt Harlan. 100 000 wurden in der Roten Armee wegen Fluchtgefahr erschossen. Das erfuhr man erst sehr viel später. Denke beim Zuschauen: keine Frage, dass man sich Geschichte immer wieder konkret erzählen lassen muss, denn das Gedächtnis komprimiert Erfahrenes und Erzähltes sofort zu allgemeinen Aussagen – zum Beispiel zum nicht weiter hinterfragten Sieg der Roten Armee. Die Wahrheit ist konkret. 100 000 wurden in den eigenen Reihen erschossen. Nach dem Preis des Sieges wird selten gefragt.

05.03.2005: Den Gesprächscharakter und -verlauf weitgehend erhalten. Nicht zu viel bauen. An allen Drehtagen ist die Gesprächsatmosphäre anders. Man kann nicht davon absehen und nur nach Inhalten montieren. Das Material nicht linear anordnen. In den einzelnen Kapi-

teln nicht erschöpfend ausholen und abrunden. Die Splitterwelt betonen. Die Lücken durch Schwarz betonen. Nicht huschen. Eventuell auch
schon im Ton anfangen, das Bild kommt dazu. Wie folgen längere und
kürzere Stücke aufeinander? Wie schaffen wir am Anfang ein Interesse
zuzuhören? Was wir schulden, ist Abwechslung. Es darf auch kurzzeitig
ins Chaos gehen. Und dann zurück. Etwas findet sich wieder.

25.05.2005: Besuch bei Thomas Harlan in Schönau, zum vierten Mal.
Wir zeigen Ausschnitte aus dem ersten Rohschnitt. Wir zeigen nur drei
kürzere Splitter, mehr will er gar nicht sehen, das reicht schon für das
Vertrauen in die weitere Arbeit. Aus der sehr verkürzten Rohschnittvor-
führung wurden erneut Dreharbeiten. Manches davon ist vielleicht noch
brauchbar, obwohl Thomas Harlan deutlich mehr von der Krankheit gezeichnet ist und die Atmosphäre des Gesprächs gegenüber den früheren noch einmal ganz anders.

01.08.2005: Samstag/Sonntag die Rohfassung von acht Stunden gesehen mit Freunden und Mitarbeitern vom Eichborn-Verlag, die extra dafür aus Berlin anreisen. Wir sehen eine Fassung, in die ich noch ein paar
Splitter vom letzten Besuch in Schönau eingearbeitet habe. Am Ende
der acht Stunden steht ein Splitter, in dem Harlan aus seiner Übersetzung des Buches Hiob vorliest. Anschließend sitzt er auf dem Bett,
spricht von Mühe, die er sich in seinem Leben gegeben hat und vom
Durchtönen durch die Maske – personare, eine Person werden. Er hofft,
dass er mit seinem Tun durch die Maske durchgedrungen ist und dass
ein Ton von ihm übrig bleibt.
Die Strenge und Reduktion der Form, die Beschränkung der Aufnahmen
auf nur einen Raum überzeugt die anderen. Schwächen von Harlan kommen ebenfalls zur Sprache, vor allem, dass er manchmal in den Tonfall
des Experten gerät, der er nicht ist. Oder auch, dass er sich als Entdecker geriert von etwas, das andere zumindest parallel, wenn nicht vor
ihm gefunden haben. Diese Dinge rausnehmen so weit es geht, damit
sie sich nicht vor die Dinge stellen, die viel wichtiger sind und richtig
bleiben, auch wenn sie im Detail manchmal ungenau erzählt sind.

28.09.2005: Wenn ich mich quäle mit dem von Thomas Harlan bis ins
Detail erzählten mörderischen Tun im Dritten Reich, mir dies sagen: es
gilt noch immer, Zeugnis abzulegen, den zahlreichen Zeugnissen weitere
hinzuzufügen. Jedes Zeugnis enthält noch immer die Botschaft, dass Un-
recht nicht zu Recht werden kann, nicht durch Schweigen, nicht durch
Dulden, nicht durch das Schließen der Akte, nicht durch Verjährung oder
Sättigung. Ich sage mir auch, dass es eine bestimmte Länge braucht, eine
bestimmte Genauigkeit und Zeit um zuzuhören. Und dass man bestimmte Dinge vernichtet, wenn man ihnen ihre Zeit nicht lässt.

07.10.2005: Harald Welzer schreibt im Journal der *taz:* »Die NS-Zeit ist noch so aktuell, weil wir noch immer nicht wissen, wie wir mit ihr umgehen sollen.« Gerade deshalb sind die Erzählungen von Thomas Harlan interessant. Sie zeigen, wie er damit umgegangen ist. Welzer schreibt auch: »Wir haben es nicht in der Hand, wann das Interesse und die Verspanntheit bei diesem Thema aufhören. Es ist so interessant wegen der einzigartigen Erfahrung von extremer Gewalt.« Leider führt Harald Welzer das nicht weiter aus. Wenn ich mir zum Beispiel Harlans Berichte zu Kulmhof wieder und wieder anhöre um zu entscheiden, was davon in einem Splitter zu seinem Roman *Rosa* vorkommen soll, packt mich eine tiefe Niedergeschlagenheit, die über Stunden anhält.

»Nicht Schuld sondern Verantwortung – eine Aporie-Formel, die besagt, dass man weiß, dass man etwas sagen – oder tun – muss, und zwar etwas Bedeutsames ... aber nicht weiß, was. Und dass diese Ratlosigkeit keine bloß augenblickliche ist.« Das schreibt Jan Philipp Reemtsma ebenfalls im Journal der *taz.* Das Holocaust-Mahnmal in Berlin sei ebenfalls eine Aporie-Formel – eine Aporie-Formel der Erinnerung, die sagt: »Du sollst erinnern!« Sie sage aber nichts darüber aus, warum und mit welchem Ende und in welcher Form. Aporie-Formeln bilden sich, »weil sich ein bestimmtes Problem als nicht handhabbar erweist«, so Reemtsma. Thomas Harlan erzählt nicht, wie ›man‹ mit Schuld und Verantwortung umgehen soll. Er erzählt, wie er damit umgegangen ist, obwohl er jede Art von Verpflichtung von sich weist. Man könne die Geschichte nicht auf sich beruhen lassen, sagt Thomas Harlan, das sei unabhängig von jeder Pflicht.

08.05.2007: Nach über einem Jahr Pause, in dem wir den Film fertig stellten und Thomas Harlan zeitweise sehr krank war, haben wir ihn wieder besucht. Eine sehr freundschaftliche Begegnung. Erzählen. Wie ging es in der Zwischenzeit?

29.08.2007 : NRW-Premiere von WANDERSPLITTER im Kino des Museum Ludwig in Köln. Sondervorführungen am 4.9. in Berlin, am 5.9. in Frankfurt, am 6.9. in Bochum und am 12.9. in Hamburg werden folgen. Gute und viel Presse. Es gibt aber auch Fragen, zum Beispiel die, warum der Film nicht journalistischer angelegt ist, warum wir auf Nachfragen verzichtet haben? Es ging uns nicht um eine Debatte über historische Fakten. Es ging uns nicht um Thomas Harlan als einem weiteren Zeitzeugen. Wir wollten ihm begegnen wie ein Zuschauer, durchaus mit einer gewissen Naivität, und von dort aus Fragen stellen und uns annähern. Wir kamen nicht als Historiker oder Forscher zu ihm.
Manche stellen sich auch vor, man hätte nur Thomas Harlans ›Monologe‹ aufnehmen müssen und damit sei fast schon alles getan. Wir ha-

ben nach drei intensiven Drehphasen fünfundfünfzig Stunden Gesprächsmaterial gehabt, das war aber noch lange kein Film. Dass man da kürzen muss, leuchtet noch ein. Aber von fünfundfünfzig Stunden überwiegend sehr gutem, dichtem Material zu einer Form zu kommen, verlangt mehr als nur ein bisschen Kürzen hier und da. Wir begegnen diesen etwas naiven Vorstellungen auch, indem wir unsere Haltung im Gespräch mit Thomas Harlan immer weder deutlich machen, das Tun im Nicht-Tun, in der Zurückhaltung, vor allem beim Drehen. Resonanz statt Einwand. Was klingt an, was kommt ins Schwingen? Im Sprechen, im Zuhören, im Fragen und auch im Schweigen? Was aussieht wie Passivität, ist eine aktive Haltung. Und der Film ist Ergebnis eines Dialogs. Er wäre anders oder vielleicht auch gar nicht entstanden, wenn es diese Art des Dialogs nicht gegeben hätte.

Heute, beim Eröffnungskonzert der Ruhrtriennale kommt ein Mann auf mich zu und sagt: »Ich muss Ihnen übrigens noch danken. Ich war auf der Premiere in Köln, ich komme aus Tel Aviv, ein ganz wunderbarer Film. Eine kleine Anmerkung nur: der Zwischentitel ›Wahrheit und Versöhnung‹, so weit sind wir noch nicht, das ist nur eine Idee.«

04.09.2007: Die Resonanz auf WANDERSPLITTER hält an. Heute rief ein Filmemacher aus der ehemaligen DDR an, hatte die Sendung über den Film in »Kulturzeit« auf 3sat gesehen. Er wollte sich bedanken und seine Freude ausdrücken, dass so etwas noch gemacht wird, »ohne Firlefanz und Zutaten«. Aber dann unterhielten wir uns doch über pessimistische Aussichten für die Welt. Dazu gehörte auch: »Die Zeiten für solche Filme gehen vorbei.« Man wolle auch Filme in der Ästhetik des DEFA-Films im Osten nicht mehr sehen.

03.02.2008. Christoph Hein schreibt aus Berlin: »Was für ein schöner, ruhiger Film ist das geworden. ... Ich weiß nicht, ob ich je einen so ruhigen Dokumentarfilm gesehen habe. Das ist Euch ganz erstaunlich gelungen, ein wirkliches Meisterwerk. Und dann natürlich Harlan selbst. In diesen Zeiten, wo die Nazizeit vielfältig und häufig hysterisiert wieder ins Blickfeld kommt, ist dieser souveräne Mann, der ohne Ideologie, ohne Verschweigen und Bemänteln, aber auch ohne unsinnige Besserwisserei aus einer späteren Zeit über jene Jahre spricht, ein großer Gewinn. Ein kleines Ereignis. Ich gratuliere Euch. Ich hoffe, die Presse und die Journaille nehmen diesen Film ausreichend und gebührend zur Kenntnis. Es wäre für das Land und die Bewusstseinslage gut.«

Wer sagt noch seinen Satz?[*]

Zur Erinnerung an Thomas Harlan
Christoph Hübner

1. Versuch: Sprache hören, Sprache sehen
Kurz die Augen schließen und an Thomas Harlan denken. Das Bild ist das eines Sprechenden, eines Bewegten, ein Bild in Aktion. Das Sprechen ist nicht nur zu hören, sondern auch zu sehen. Zu sehen in seinem Gesicht, seinem Ausdruck, seinem fast femininen Mund. Alles spricht, alles ist Sprache, Ausdruck. Auch die Augen, die dich im Sprechen nicht loslassen. Immer zugewandt, immer Dich meinend. Auf das Zuhören reagierend. Immer ist Musik in seiner Sprache, eine Tonfolge, aufsteigend, abklingend, modulierend, Pausen setzend, die Worte von unten nach oben tragend und umgekehrt. Selten habe ich einen Menschen erlebt, der sein Gegenüber durch seine Sprache, durch das bloße Sprechen so gefangen nehmen konnte. So nachhaltig an sich selbst und seinen Gedanken beteiligen, in seine Welt, seine Bilder einspinnen. Ein Jongleur der Worte, alles immer in Bewegung haltend, selten ein Festhalten, und wenn, um es gleich wieder aufzulösen. Denken im Sprechen. Während der langen Zusammenarbeit an unserem Film THOMAS HARLAN – WANDERSPLITTER habe ich schon manches Mal gedacht, ob die *gesprochene* Sprache nicht vielleicht sein eigentliches Medium war. Ich weiß, das würde er gar nicht gerne hören. Und seine Verleger noch viel weniger. In jedem Fall hatte sein Sprechen, seine lebendige Sprache eine solche Suggestion, dass ich mir gut vorstellen kann, wie er die vielen Unmöglichkeiten seines Lebens, die Filme, die Finanzierungen dafür, die gewagten politischen und sonstigen Aktionen, aber auch die Bewunderung, die Freundschaften nicht zuletzt durch Sprechen, durch Reden, Überreden manchmal erreicht und möglich gemacht hat. Augen wieder auf: Jetzt schweigt er, Thomas ist nicht mehr, nicht mehr unter uns. Kein sonntägliches Telefonat mehr, kein »Gruß an die Dame« (Gabriele) am Ende. Aber seine Sprache bleibt, im Hören, im Klang ...

2. Versuch: Der vergessene Vertrag
Als Thomas und ich uns das erste Mal trafen und über ein mögliches gemeinsames Filmprojekt sprachen, war das in München, anlässlich seiner Retrospektive im Filmmuseum. Wir hatten uns zum Frühstück in seinem Hotel verabredet, er war sehr zugewandt, sehr offen, sehr interessiert. Er erzählte von seinem Leben, seinem Vater, seinen Filmen so, als

---

* Am 16. Oktober 2010 stirbt Thomas Harlan. Am 10. März 2011 erscheint in der Wochenzeitung *Der Freitag* eine Doppelseite, auf der Stimmen von zwanzig Personen versammelt sind, die sich an ihre Begegnung mit Thomas Harlan erinnern. Christoph Hübner und Gabriele Voss tragen jeweils einen eigenen Text bei.

Szenenfoto WANDERSPLITTER (© CHF)

würde er es nur mir erzählen, nur für mich. (Er hatte das sicher schon hundert Mal erzählt, vielleicht sogar in identischen Formulierungen). Aber am Ende der Begegnung hatte ich den Eindruck: wir beide wollten, dass irgendeine gemeinsame Arbeit entsteht. Irgendetwas mit ihm, seinem Leben, was, war noch nicht klar.

Beim zweiten Mal, es ging ihm da nicht sehr gut, trafen wir uns in seinem »Wohnsitz«, im Sanatorium in Schönau am Königssee. Das Gespräch wieder lebendig, aber auf einmal so viele Verbotsschilder, so vieles, was er nicht wollte: keine Biografie, kein »Ich«, nichts Persönliches, auch nichts über den Vater usw. Nach diesem Gespräch fuhr ich zurück und dachte, das geht gar nicht, wie soll da ein Film entstehen? Aber noch immer: wir beide wollen einen Film machen.

Beim dritten Mal sind wir bereits mit der Kamera da. Bevor wir beginnen, erzählt er uns von einem Vertrag, den er gerne mit uns über den Film schließen will. Der Vertrag soll allerlei Kontrollen enthalten, bevor der Film an die Öffentlichkeit geht, auch wenn er selbst nicht mehr leben sollte. Mehrere Entwürfe und Korrekturen gehen hin und her. Parallel zu dem ganzen Hin und Her drehen wir schon. Am Anfang nur sehr vorsichtig, nach und nach immer offener – auf beiden Seiten.

Der Vertrag tritt in den Hintergrund, noch ein paar Mal haben wir – eher pflichtschuldig – darüber gesprochen, aber auch er fand ihn anscheinend immer weniger wichtig. Im Verlauf der Dreharbeiten und der vielen

263

Gespräche hatte er Vertrauen zu uns und dem Film gefasst. Sogar so weit, dass er am Ende nicht einmal mehr den fünfstündigen Rohschnitt des Films sehen wollte (der alle möglicherweise im späteren Film vorkommenden Szenen enthielt), vielmehr meinte: »Ihr werdet das schon gut machen«. Erst den fertigen Film hat er dann gesehen. Er hat ihm gefallen.

Das ist Thomas: Klug, sehr klug, auch misstrauisch und auf der Hut (verständlich vor dem Hintergrund seiner Geschichte), sensibel für falsche Töne, abschätzend, sich absichernd. Dann aber wieder: offen, für jedes Abenteuer gut, und wenn man ihn gewonnen hatte: voller Wärme, vertrauensvoll, jedes Risiko eingehend. Ein Freund. Das war Thomas.

3. Versuch: Personare

Einer der letzten Drehtage zu unserem Film THOMAS HARLAN – WANDERSPLITTER. Zum ersten mal während der gesamten, fast zweijährigen Drehzeit sprechen wir vor der Kamera auch über private Dinge, über seine Krankheit, sein Leben im Sanatorium. Tatsächlich hat er, der sein Leben lang die ganze Welt als sein Zuhause gesehen hat, immer in großen Räumen gedacht und gelebt hat, die letzten Jahre vor seinem Tod in einem nicht einmal 17 qm großen Zimmer in einem Sanatorium zugebracht, ein Bett, ein Schreibtisch, ein Schrank, ein Fernseher, wenige Bücher.

> ... ich werde durch die Enge, die sehr, sehr große Beschränkung nicht nur des Brustkorbs, sondern auch des Zimmers und des Raums gezwungen, die wesentlichen Sachen auszuwählen unter den Dingen, die ich zu tun habe. Die kann ich hier tun, unter Beobachtung, Bewachung, Bemutterung, Versorgung. Und ich werde auf eine recht wunderbare Weise gezwungen, ganz genau mit der gegebenen Zeit umzugehen und mich zu konzentrieren ...

Da wir beide wissen, dass es einer der letzten Drehtage ist, sprechen wir auch über den Tod und das, was von ihm bleiben soll.

> Es gibt ja diesen wunderbaren Begriff der Person, der aus der Musik kommt und nichts anderes heißt als personare, d.h. durch die Maske durchklingen. Eine Person ist etwas, was nach dieser Definition ja schon hinter einer Maske versteckt wäre und die Gelegenheit hat, durchzudringen. Wenn ich an irgendeiner Stelle durch meine Maske durchgekommen bin, man also von mir einen Laut vernehmen kann, dann kann er nicht der Laut eines anderen sein. Dann war ich eine Person. Insofern wäre mir wichtig, es bliebe von den wenigen Sachen, die ich gemacht habe, der Ton übrig und er könnte von meinen Kindern und meinen Geliebten gehört werden und benutzt und weiter-

gegeben werden. Dann finde ich, hast du deine Hausaufgaben gemacht, mehr oder weniger schlecht und gut und recht ...

In unserem Drehprotokoll steht zu dieser Szene: »H schaut lange in die
Kamera« und dann: »Blicke aus Fenster in die Winterlandschaft ... «

Waisenkind in der eigenen Sprache
Gabriele Voss

Ich erinnere mich an eine der ersten Begegnungen mit Thomas Harlan
im Jahr 2002. Gemeinsam sammelten wir Splitter (Überschriften) für die
nachfolgenden Filmgespräche. Einer dieser Splitter war das Thema
›Sprache‹. Thomas Harlan meinte: »Waisenkind bist du in deiner eigenen Sprache. Es ist die Fremdsprache, in der du dich nicht an deine
eigene erinnern kannst.« Wie das, es ist doch die Muttersprache, von
der man annimmt, dass man sich in ihr am besten bewegt? Thomas:
»Das müsste man später beschreiben, dass es fast niemanden mehr
gibt, der richtig Deutsch sprechen kann. Und zwar nicht, weil er die
Worte nicht kennt, sondern weil das Geräusch zwischen den Satzteilen
immer nur versteckt, dass irgend etwas aneinander geklebt wird, was
vorfabriziert ist. Es sind vorfabrizierte Satzteile, es gibt keine eigenen
mehr. Jeder weiß nur, dass man so etwas jetzt sagen müsste und holt
sich aus der Beispielhaftigkeit anderer Sätze Teile zusammen. Die Sätze
sind nicht deine eigenen. Du hast also nichts gesagt. Hochinteressan-
tes Thema: Sprache und der Besitz von Sprache. Ich meine es deshalb,
weil es ein fantastisches Beispiel gibt, wie man Persönlichkeiten ihrer
Persönlichkeit enteignen kann. Und zwar hilflos macht. Sie kommen von
dort nicht mehr zurück zu sich. So etwas Einfaches meine ich: Wer sagt
noch seinen Satz?« Später hat er das weiter ausgeführt. Wir konnten es
nicht in den Film nehmen, aber diese Frage klingt bis heute in mir nach:
Wer sagt noch seinen Satz? Im Gespräch mit ihm ging es immer darum,
die eigenen Sätze zu finden und zu sagen. Auch deshalb war die Begegnung mit Thomas Harlan so bewegend für mich.

2011

Talking Heads – Die Kunst des Fragens, die Kunst des Zuhörens*
Christoph Hübner

Talking Heads nannte sich eine avantgardistische amerikanische Popgruppe um den Sänger David Byrne. Sie gehören bis heute zu meinen Favoriten, ihre Musik, ihre Texte haben sich nicht verbraucht. Bei dem Begriff »talking heads« für Filme allerdings sehe ich die meisten schon abwinken: talking heads, das ist doch kein Film. Das ist ja nur Sprache, das ist nur Interview, redende Köpfe eben.

Dabei gibt es *Sprache* und *Sprache*. Es gibt das Interview und das Gespräch. Es gibt die Sprache als Aussage und es gibt die Sprache als Handlung. Beides ist Sprache, beides – wenn man so will – talking heads, aber zugleich besteht zwischen diesen Formen für ihre Funktion und Wirkung im Film ein himmelweiter Unterschied.

Das *Interview* hat eine klare Hierarchie, da der Interviewer, hier der Antwortgeber. Der Antwortgeber antwortet auf die Fragen des Interviewers. Meist ist in der Art der Frage des Interviewers die Art der Antwort des Antwortgebers schon vorgegeben. Auf jede Antwort folgt gleich die nächste Frage. Pausen, Nachdenken, Innehalten, Dialoge sind im Interview in der Regel nicht vorgesehen.

Im *Gespräch* hingegen gibt es diese Hierarchie nicht, beide Seiten begegnen sich auf Augenhöhe, sind sich eher Gegenüber. Beide Seiten können sich gegenseitig anregen, ein Gedanke kann sich entwickeln, das Gespräch kann einen unverhofften Verlauf nehmen, Pausen, Umwege, verschiedene Ebenen, Persönliches, Zufälle sind ausdrücklich zugelassen. *Sprache als Aussage* heißt: es interessiert eher der Inhalt des Gesprochenen als die Sprache selbst. Sprache ist vor allem Medium für die Aussage. Die Person, die spricht, ist eher Zeuge und »Aussagender« als individuell Sprechender. Sprache selbst mit all ihren Konnotationen, Klang, Rhythmus, Formgebung etc. interessiert weniger.

Sprache als Handlung heißt, dass Sprache und Person eins sind. Sprache ist in diesem Fall Lebensäußerung und nicht nur Aussage, Zeugenschaft. Sprache als Handlung heißt, dass gesprochene Sprache in all ihren Dimensionen vorkommt: Als Sprechen, als Nachdenken, als Erfinden oder Finden (eines Wortes, eines Satzes), als Pause, als Rhythmus, als Klang. Der Zuschauer wird zum Zeugen eines Vorgangs (des Sprechens), nicht nur zum Zuhörer einer Aussage. Die Sprache kann zur Handlung werden.

Kein Missverständnis: es geht hier nicht so sehr um *eine Wertung*: das eine (Gespräch, Sprache als Handlung) ist gut, das andere (Sprache im Interview, Sprache als Aussage) ist schlecht oder minderwertiger. Es geht vielmehr um den Versuch einer Differenzierung – und darum, ein

* Vortrag im Rahmen des Symposiums »Sprache und Sprechen im Dokumentarfilm«, veranstaltet von der DFI in Köln, 18.–20. Sept. 2008.

wenig zu klären, warum talking heads und talking heads nicht das selbe sind und warum Sprache, ein Sprechender im einen Film einen ganzen Kinoabend füllen kann und in einem anderen Fall eben nur beliebiges Mittel in einer Fernsehdokumentation ist – und als solches ebenso schnell ermüden kann. All das ist – wie bei so vielem – eine Frage der Form, der Haltung des Autoren, seiner Arbeitsweise.

Dokumentarische Gespräche

Ich selbst habe ein Reihe von Filmen gemacht (u.a. die achtteilige LE-BENS-GESCHICHTE DES BERGARBEITERS ALPHONS S., die inzwischen 16-teilige Reihe DOKUMENTARISCH ARBEITEN oder zuletzt den Film THOMAS HARLAN – WANDERSPLITTER), die in der Hauptsache aus Gesprächen mit Menschen besteht, deren Leben oder Arbeit (oder auch deren Art, zu sprechen und zu erzählen) mich interessierte. In der Form meist sehr streng, beschränkt auf die Gesichter der Sprechenden, wenige andere Bilder, kein Kommentar, kein zusätzliches Archivmaterial – klassische »talking heads«, wenn man so will. Die meisten dieser Filme sind dennoch auf Festivals gezeigt worden, haben Preise gewonnen oder sind im Kino gelaufen – eher unüblich für diese Art Film. Ich glaube, dass es dafür Gründe gibt, dass dies eine Frage der Haltung und der Arbeitsweise der Autoren ist. Ich habe dafür keine Rezepte anzubieten, will aber – auch für mich selbst – versuchen, dem Ganzen etwas mehr auf die Spur zu kommen.

Frage und Antwort

Eine erste Spur ist sicher die Art des Fragens. Wenn ich aus der Sicht der Antwort darauf blicke, stelle ich mir die Frage: Ist die Antwort (oder das Sprechen, das der Frage folgt), etwas, das zum Hinhören auffordert, das einen eigenen Weg geht, das vielleicht überrascht, persönlich ist – oder ist es die konventionelle, die erwartete Antwort, die Antwort, die die Frage im Grunde schon kennt oder die die Frage suggeriert. Das hängt häufig entscheidend von der Art des Fragens ab.

Mich interessieren jedenfalls Antworten, die ich nicht schon kenne, vielleicht interessieren mich sogar nicht einmal so sehr die Antworten als Antworten – jedenfalls im Film nicht. Was mich interessiert, ist das In-Gang-Setzen eines Nachdenkens, eines Kommunizierens vor der Kamera, man könnte auch sagen: das In-Gang-Setzen eines Dialogs. Selbst, wenn der eine vor und der andere hinter der Kamera ist. Eines Dialogs, der alle Beteiligten – und damit meine ich auch den Zuschauer / Zuhörer – am Prozess des Sprechens, des Denkens, des Findens von Antworten beteiligt. Das ist ein gravierender Unterschied zu dem einfachen Frage / Antwort-Spiel, das man aus den üblichen Interviews kennt.

Ritardando

Die nächste Frage ist: Wie schaffe ich einen Raum – auch im übertragenen Sinne –, in dem dieses gemeinsame Nachdenken sich entfalten kann? Wie gelingt es mir, eine offene Situation zu erzeugen, in der eine Atmosphäre der Konzentration, der Selbst-Sicherheit, des Inoffiziellen entsteht, ein vertrauter Raum auch für Zögern, für Pausen, für das Suchen und Finden von Sachen, die zu sagen sich lohnen?

Wie kann ich eine solch offene Situation erzeugen? Zunächst einmal: sich selbst nicht zu wichtig machen, nicht zu breit, dem Set etwas eher Beiläufiges geben. Wenn das Team schon die halbe Wohnung umräumt, damit die Kamera eine angemessene Position hat und das Licht stimmt, dann ist schon etwas falsch gelaufen. Das Gegenüber muss sich wohl fühlen und nicht der Kameramann.

Wenn ich dann ein Gespräch vor der Kamera beginne, warte ich oft eine ganze Weile mit der ersten Frage, oft sogar, bis das Gegenüber ungeduldig wird, vielleicht selbst zu fragen beginnt, worum es geht etc. Vielleicht entsteht dabei sogar manchmal der Eindruck, als wüsste ich nicht recht, was ich fragen soll. Auch das lasse ich zu – man muss mir dann zur Hilfe kommen. In jedem Fall: Erst einmal zur Ruhe kommen.

Oft hilft mir auch der Prozess des Kamera-Einrichtens selbst, die Tonproben etc., um dieses erste Ritardando zu erzeugen, das Herunterkommen von dem Druck und dem Stress, dem Offiziellen einer Interview-Situation.

Das Beiläufige

Häufig beginne ich das Gespräch dann mit irgendetwas Beiläufigen, einer Beobachtung, einer Sache auf dem Tisch, die mir auffällt, einer Zeitungsnotiz, etwas Indirektem und Überraschendem – jedenfalls in keinem Fall mit der erwarteten »ersten Haupt-Frage«. Wenn es gut geht, bekommt das Gespräch damit von Anfang an etwas Inoffizielles, Persönliches, Gesprächsweises. Alles ist möglich, alles erlaubt, nur nicht die Konvention. Und vor allem nicht nur die Hauptsachen. Scheinbare Nebensachen und Umwege sind erwünscht. Diese Umwege oder indirekten Einstiege sind mir auf die Dauer immer wichtiger geworden, führen sie doch oft zu einem anderen Ton, einem anderen Gestus im Gespräch – man kommt damit häufig sogar schneller und tiefer ins Eigentliche als mit einem konventionellen Anfang. »Man kommt von allen Seiten in den Wald«, sagt ein baltisches Sprichwort.

Der Anfang und die Improvisation

Tatsächlich ist für mich der Anfang oft entscheidend. Wenn er gut ist, nimmt er einen an die Hand und führt einen weiter. Wie in der Improvisation im Jazz, werden mit den ersten Takten oft der Klang, der Gestus, der Rhythmus des ganzen Stückes festgelegt. Genauso ist es im Gespräch – aus allem Anfang ergibt sich etwas für das Weitere. Das gilt natürlich nur dann, wenn man bereit ist, sich auf Improvisation einzulassen. Also wenn man darauf vertraut und offen dafür ist, dass sich etwas ergibt und entwickelt. Dafür muss man ein Gespür haben und den Mut, denn es ist natürlich immer ein wenig ein Arbeiten ohne Netz. (Oft genug habe ich auch Bauchschmerzen vor einem solchen Gespräch, fühle mich völlig leer und unfähig.) Dennoch habe ich zum Beispiel nie eine Liste von Fragen oder Themen beim Gespräch, die ich dann nur abhake. Das Wichtigste versuche ich mir vorher anzueignen und dann wieder in den Hinterkopf zu tun. Im Gespräch verlasse ich mich auf den Moment und auf die Fähigkeit, zu reagieren. Denn erst das ergibt ein Gespräch, wenn ich mich wirklich auf das einlasse, was vom Gegenüber kommt, wenn ich nachfrage, die Fragen nicht einfach eine nach der anderen abhake, sondern sie aus den Antworten aufnehme.

Ein Treiben-Lassen ist das in gewisser Weise, dabei aber doch das Zentrum immer im Blick. D.h. auch: es muss (mir) um etwas gehen im Gespräch, sonst wird es schnell bloße Konversation. Auch die kann schön und geistvoll sein, aber darum geht es hier nicht. Ich muss wie gesagt nicht eine Liste von Fragen haben – aber in jedem Fall ein Erkenntnisinteresse. Ich muss etwas wollen, das mich trägt und bei der Sache bleiben lässt, sonst kann ich mich in der Improvisation auch verlieren. Ein Grundthema, einen Grundton. Dann kann ich auch Umwege in Kauf nehmen, aber ich weiß, dass es Umwege sind.

Das Gespräch als Handlung

Wenn irgend möglich, versuche ich aus einem Gespräch immer zugleich eine Situation, eine Handlung zu machen, d.h. Zeit, Ort, Umstände mit zu erzählen. Das ist ein wichtiger Unterschied etwa zu einem Interview, in dem es nur auf den sprechenden Kopf und das Gesagte ankommt. Die Menschen werden dabei zur Abstraktion, zum halbnahen Zeugen, zum bloßen O-Ton-Lieferanten.

Mich interessiert hingegen immer auch die Situation des Gesprächs, Anfänge, Pausen etc. Auch Störungen sind zugelassen. Ein Anruf etwa, eine Ablenkung, ein Besuch – all das erzählt etwas mit, was dem Gespräch eine andere Dimension, eine andere Anmutung verleiht. Das Gespräch rückt näher an eine filmische Handlung und weiter weg von einem journalistischen Interview, es wird – wenn es gelingt – zur Situation.

In unserem jüngsten Film etwa (THOMAS HARLAN – WANDERSPLITTER) sind selbst die Dialoge mit Thomas Harlan über den richtigen Kamerastandpunkt und die Gestalt des späteren Films mit im Film und der Zuschauer ist nicht nur Zuschauer, sondern wird selbst Teilnehmer an der Entstehung eines Films.

Außerdem wird der Ort des Geschehens, ein knapp 18 qm großes Krankenhauszimmer, selbst mit seinen Einblicken und Ausblicken zum Teil der Handlung. Der Film, der sonst überwiegend aus Monologen von Thomas Harlan besteht, wird dadurch zu etwas anderem als einem Interview-Film, das Reden wird zur Handlung, der Mensch und die Sprache bekommen einen Körper und der Film wird trotz seiner äußerst knappen und streng eingesetzten Mittel zum Film statt zum Interview. Man könnte auch sagen: zum Spielfilm, der sich im Kopf des Zuschauers abspielt.

Die Qualität der Pause

Ebenso wie Störungen zugelassen und willkommen sind, schätze ich Pausen im Gespräch. Und setze sie bewusst ein. Wenn ich zum Beispiel nach dem Ende einer Ausführung nicht gleich die nächste Frage stelle, sondern erst einmal eine Pause lasse, gibt dies nicht nur einen Moment des Nach-Klingens des eben Gesagten in die Stille, es passiert auch häufig, dass das Gegenüber – da die Frage ausbleibt – für sich zu denken beginnt: was habe ich von mir aus noch zu sagen, habe ich alles gesagt, habe ich es gut gesagt usw. Es beginnt dann vielleicht von sich aus etwas zu sagen, nach dem ich gar nicht hätte fragen können – und das sind dann die Momente, die ich am Dokumentarfilm besonders schätze, denn dann erfahre ich oft etwas Neues, mir bisher nicht Vorstellbares, nicht Abfragbares.

In einer solchen Situation, erinnere ich mich zum Beispiel, begann ein Protagonist plötzlich ein Lied zu singen. Mir wäre das in dem Moment selbst nie in den Sinn gekommen. Aber was für eine schöne Geste: Das Gegenüber übernimmt auf einmal selbst die Regie und nimmt die Erzählung in die Hand. Etwas Besseres kann einem im Dokumentarfilm gar nicht passieren.

Das Wahr-Nehmen

Wie oft hat man das Gefühl in Gesprächen, dass die Teilnehmer sich gegenseitig gar nicht mehr *wahr*-nehmen. Jeder ist mit sich beschäftigt, wartet jeweils darauf, bis der Andere fertig gesprochen hat, damit er selbst etwas sagen kann usw. Demgegenüber ist die Kunst des Fragens zum großen Teil auch die Fähigkeit, den Anderen im Gespräch wirklich wahrzunehmen. Im Sinne des Wortes Wahr-Nehmen, in seiner jeweiligen, ganz eigenen Wahrheit. Diese Wahrheit ist nicht nur in der Dimension der Worte, sie ist eine Frage des Anschauens, des Raum-Gebens für die Andersartigkeit des Anderen, für dessen Grundstimmung, dessen Rhythmus etc. Wenn jemand das Gefühl hat, wahrgenommen zu werden, dann entsteht Vertrauen und Vertrauen ist die Voraussetzung dafür, vom Anderen etwas Wesentliches zu erfahren, zugelassen zu werden in dessen Welt.

Der Rhythmus des anderen

Jeder Mensch hat seinen Rhythmus, im Sprechen, im Atmen, im Denken. Es gehört zur Kunst des Fragens, diesen Rhythmus des Anderen zu erspüren und mit seinem eigenen Rhythmus in Übereinstimmung oder in einen Dialog zu bringen. Dies ist nicht etwas, was sich mit Worten fassen lässt, es ist eine Frage der Empathie, des Respekts, der Fähigkeit zur Resonanz, zum Mit-Klingen.

Dieser Rhythmus spielt übrigens nicht nur in der Gesprächssituation eine Rolle, sondern – ebenso wichtig – in der späteren Montage. Diese muss ein Gespür dafür entwickeln, was der Rhythmus der Sprache, der Diktion des Protagonisten ist und sie im Schnitt entsprechend behandeln: mit Pausen, Längen und Einschnitten. Auch hier wieder: die Sprache ist nicht nur Inhalt, sie ist zugleich Form und Körper und muss als solche respektiert werden. Andernfalls wird der Zuschauer nicht zuhören wollen, sich nicht einlassen und wichtiger: er wird sich nicht überlassen. Diesen Rhythmus gibt es im Schreiben auch, jeder Autor hat seinen eigenen und über Verständnis und Genuss beim Lesen entscheidet auch, ob ich diesen Rhythmus finde und mich auf ihn einlasse.

Die Kunst des Ungefähren

Manchmal kann es sogar eine Qualität der Fragen sein, dass sie nicht zu präzise sind, dass sie eher etwas umschreiben oder sogar stocken, stecken bleiben. Einer meiner Kollegen, Volker Koepp, ist ein Meister in angefangenen, nicht zu Ende geführten Fragen. Im Dokumentarfilm geht es oft darum, Fragen so zu stellen, dass sie etwas anstoßen und nicht in einem Frage / Antwort-Spiel münden. Etwas anstoßen, das sich dann von selber weiterentwickelt, eine Erzählung, eine eigenes Sprechen, ein Vor-Sich-Hin-Sinnen. Eine genau ausformulierte Frage provoziert dagegen im Regelfall eine genau ausformulierte Antwort – und das Warten auf die nächste Frage. Dasselbe gilt für Fragen, die sich mit Ja oder Nein beantworten lassen, es entsteht daraus meist kein Gespräch oder ein sehr kurzatmiges.

Etwas Ähnliches gilt für die Formulierungskunst beim Fragen, man darf nicht zu eitel sein und auf besonders gut ausformulierte Fragen setzen. Meist kommt dabei eher die Eitelkeit des Fragestellers zum Vorschein als dass es der Antwort oder dem Gespräch dient. Im Gegenteil: zuweilen muss man bereit sein, selbst beinahe als unwissend oder naiv zu erscheinen, meinetwegen auch als sprachlich unvermögend, damit das Gegenüber Dir helfen und die Dinge auf seine Weise sagen und erklären kann. In keinem Fall sollte der Frager klüger als der Gefragte erscheinen.

Die Kunst des Zuhörens

War bisher von der Art des Fragens die Rede, so soll zum Schluss die Rede von etwas sein, ohne das all die Fragekunst nichts nützt und nicht zum Ziele kommt: die Kunst des Zuhörens, die Fähigkeit zur Resonanz. Vielleicht ist hier Kunst das falsche Wort, denn dabei geht es nicht um etwas Erlernbares, nicht um eine Kunstfertigkeit, sondern um eine Haltung, eine Fähigkeit, die sehr eng mit der Person des Autors, seinem Charakter, seiner Eigenart, vielleicht seiner Biografie verbunden ist. Das Zuhören-Können ist Ausdruck und Folge eines wirklichen Interesses für den Anderen wie für dessen Andersartigkeit. Das Zuhören-Können ist eine Fähigkeit, die Ernsthaftigkeit, Offenheit und Zugewandtheit voraussetzt.

Die Fähigkeit zur Resonanz ist eine Form der Empathie, einer – fast musikalischen – Art des Mitschwingens, die Fähigkeit zur Verständigung, zum Dialog mit dem Anderen auf den unterschiedlichsten Ebenen – oft unsichtbar oder unhörbar. Eine Fähigkeit auch zur Herstellung von Intensität, zum Sich-Selbst-Zurücknehmen und zur Zurückhaltung. Alles Dinge und Eigenschaften, die in unserer Gesellschaft und in unseren Schulen nicht gerade oben an stehen.

Beim Zuhören, bei der Fähigkeit zur Resonanz geht es dabei mitnichten nur um ein Stillsein und den Anderen reden lassen. Es geht vielmehr um eine aktive, interessierte Teilnahme an dem, was der Andere zu sagen hat, um was es ihm geht. Das Zuhören ist also tatsächlich eine Tätigkeit, eine aktive Zugewandtheit, die der Andere spürt und die erst jene gegenseitige Intensität erzeugt und ermöglicht, von der schon die Rede war. Das wird auch nicht ersetzt durch jenen professionellen Zuhör-Gestus, den man aus dem Fernsehen kennt, der immer aufmunternd nickt, aber eigentlich nur darauf wartet, bis jemand zu Ende gesprochen hat und alles ›im Kasten‹ ist.

Die Kunst des Zuhörens kann man nicht formalisieren oder mit einem Regelwerk umgeben. Man kann sie auch nicht messen an irgendwelchen aufgerissenen Mündern oder Augen – vielleicht noch bei Kindern. Und vielleicht wird deshalb diese wichtigste aller Voraussetzungen für jedes Gespräch, jeden Dialog, für all das oben Gesagte, so oft unterschlagen. Tatsächlich aber fängt damit alles an und es endet auch damit.

2007

DAS DOKUMENTARISCHE ALS HALTUNG II (2007–2013)

Shoot this, shoot that, and then ...
Gabriele Voss

Erste Begegnung
Als Schülerin bin ich dem Dokumentarfilm der 50er, 60er Jahre begegnet, dem sogenannten Kulturfilm. Vage Erinnerungen: Wie leben andere Völker, der eigene Blick auf das Fremde noch ziemlich ungebrochen, die fremden Wilden, Menschen in Asien und Afrika, Tiere, Natur – Bergsteigen? Meistens erklärte eine Stimme etwas aus dem Off. An Namen, gar so exponierte wie Robert Flaherty, Dziga Vertov, Donn Alan Pennebaker oder Richard Leacock erinnere ich mich nicht.

Als ich mich dem Dokumentarfilm zuwendete, waren *direct cinema* und *cinéma vérité* schon geboren. Die ersten Dokumentarfilme dieser Art begegneten mir aber nicht als Vertreter dieser Kategorien, sondern als Schmuddelkinder, die etwas Abstoßendes hatten, weil sie fleckig und dreckig waren, manchmal eher grau als schwarz-weiß. Gleichzeitig hatten sie aber auch etwas Anziehendes: sie brauchten nicht im Sonntagskleid aufzutreten, kamen, wie es schien, aus dem Gebüsch, dorther, wo man als Kind auch lieber gespielt hatte.

Wieder ins Gebüsch
Beim Filmemachen ins Gebüsch gehen, ins Ungeordnete, Geheimnisvolle, Undurchdringliche, sich dort mit einfachen Mitteln durchschlagen, mit beweglicher 16mm-Kamera, quarzgesteuertem Ton und lichtempfindlichem Material, unbekannte Welten entdecken, die nichts Poliertes an sich haben, rauh daher kommen und am Ende mehr wie das Leben selbst aussehen als die doch irgendwie zurechtgemachten Kulturfilme, das war die Faszination. Keine belehrenden Kommentare, sondern hinzuschauen und hinzuhören, ohne gleich eine Meinung zu haben.

Arbeitsweisen: »Shoot this, shoot that!«
Richard Leacock, dem ich später, 1999, auf der »Digitale« in Köln begegnete, faßte in seinem Vortrag knapp zusammen, was die Arbeitsweisen des *direct cinema* kennzeichnet. »Art depends on control!« sagte er, das sei ein üblicher Gedanke. Beim Dokumentarfilm müsse man aber sagen: »Art depends on chance.« Diese Methode bedeute: »Spent a lot of time to shoot, shoot this, shoot that.« Die Regeln in diesem Prozeß: »No lights, no tripods, no questions. Make a film about nothing in particular, just film scenes, sequences. Be out of focus!«[1]

Wenn ich das Wort *cinéma vérité* genau nehme, heißt es: Kino-Wahrheit. Kino-Prawda, die Assoziation lässt mich an Wochenschau und Re-

1 Zit. in Gabriele Voss: *Schnitte in Raum und Zeit*, Berlin 2006.

portage denken, gleichzeitig bin ich unsicher, ob das Wort direkt auf die in der Sowjetunion in den zwanziger Jahren von Dziga Vertov formulierte Wochenschau-Programmatik Bezug nimmt. Wie dem auch sei, darauf einzugehen würde hier zu weit führen, ich möchte das Wort vérité eher im Sinne einer Suche nach dem Wirklichen denn als Suche nach ›der Wahrheit‹ verstehen. Vor der Entwicklung der tragbaren 16mm-Synchron-Aufnahmetechnik gab es keinen Weg, Wirklichkeit direkt zu beobachten, stellte Richard Leacock 1999 in seinem Vortrag fest. Der einzige Weg bis dahin war: »To create reality.« Wurde das mit der leichter handhabbaren Technik wirklich anders?

Die eigene Arbeit: Wirklichkeit beobachten

Als wir anfingen, in den 70er Jahren Filme zu machen, war gerade dies für uns faszinierend: auf eine unmittelbare, beobachtende Weise der Wirklichkeit auf die Spur zu kommen. Dass ungestörte Beobachtung und Nähe zu den Menschen vor der Kamera nur mit kleinem Team möglich war, war dabei klar. Ob das *direct cinema* war oder etwas anderes, hat uns nicht gekümmert. Definitionen spielten weniger eine Rolle als die Offenheit, die wir uns bewahren wollten im Zugang zu alltäglichen Lebenswelten, zu den Menschen, bis in die Erzählweisen.

Das Beobachten und Aufspüren von Wirklichkeit im Film ist aber nicht so einfach, wie wir dachten, das haben wir sehr bald in einem unserer ersten größeren Dokumentarfilmprojekte erfahren: PROSPER/EBEL – CHRONIK EINER ZECHE UND IHRER SIEDLUNG. Wir wollten den Alltag der Bergleute und ihrer Familien beschreiben und wir wollten von der Gegenwart aus eine filmische Chronik herstellen. Wir haben nicht nur entdeckt, dass ›fremde Wilde‹, die ich in den Kulturfilmen in der Schulzeit gesehen hatte, direkt vor unserer Tür leben, in diesem Fall die Bergleute. Wir haben auch lernen müssen, dass aus ihrer Sicht wir die ›fremden Wilden‹ sind. Der eigene Blick auf das Fremde und der fremde Blick auf das Eigene – das Wirkliche sieht immer anders aus, je nachdem, von wo man schaut. Wir haben versucht, diese Erfahrung zu reflektieren, im Buch *Der zweite Blick* und im letzten Film des Projekts. INMITTEN VON DEUTSCHLAND beschreibt gleichzeitige Nähe und Distanz, gleichzeitige Fremdheit und Vertrautheit, versucht in der Schwebe zu halten, was zu einem festen Eindruck werden will, stellt das Dokument in Frage, das zugleich durch den Film entsteht.

Im Kontext dieser Arbeit beschäftigte ich mich auch mit den Filmen von Jean Rouch, der in seinem Aufsatz »Die Kamera und der Mensch« 1978 schrieb: »Film ist das einzige Mittel, dem anderen zu zeigen, wie ich ihn sehe. Mit anderen Worten, mein wichtigstes Publikum ist ... der Andere, den ich filme.«[2]

2 Zit. in Gabriele Voss: *Der zweite Blick*, Berlin 1983.

Film als Beobachtung und Film als Dialog mit dem Gegenüber, beides hat unsere Filme geprägt.

Unterschiede: *direct cinema* oder *cinéma vérité*

Die ›reine‹ Beobachtung gibt es nicht, darauf hinzuweisen ist inzwischen schon banal. Akteure sind wir in jedem Fall, auch wenn wir nicht fragen oder uns direkt einmischen. Wir agieren mit Kamera und Ton in der Szene, die wir abbilden, wir agieren in der Rolle des Beobachters oder des Fragenden und Provozierenden, was jeweils auf seine Weise die Szene und den Charakter des Materials bestimmt, das wir am Ende an den Schneidetisch bringen. Das Interview ist oft nur der schnellere Weg, etwas zu formulieren. Mittels Fragen und Interviews sind die Ereignisse vor der Kamera außerdem auf eine andere Weise zu steuern und zu kontrollieren. Darin liegt ein Unterschied zur ›reinen‹ Beobachtung.

In der Praxis hat man sich weniger um begriffliche Unterscheidungen gekümmert. Es wurden Filme gemacht, und dabei sind, ausgelöst durch den Aufbruch in *direct cinema* und *cinéma vérité* eine Fülle von dokumentarischen Formen entstanden, die sich bewegen zwischen ›reiner‹ Beobachtung, einer Mischung aus Beobachtung und Interview bis hin zu Filmen, die ausschließlich auf Gesprächen beruhen. Handkamera und Stativkamera wurden je nach Bedarf und Umständen in Filmen parallel eingesetzt, ebenso wie es reine Originaltonfilme gibt, Filme, die Beobachtung und Interviews parallel führen oder aber Filme mit einer Off-Erzählung der Protagonisten oder der Autoren.

Menschen für sich selbst sprechen zu lassen, sie nicht durch besser wissenden Kommentar und Interpretation zu bevormunden, statt dessen intensives Hinschauen und Hinhören, den Alltag ernst nehmen, uns selbst als Autoren zurückhalten, das sind die Anstöße, die vom *direct cinema* auf die Arbeit vieler Dokumentarfilmer ausgingen.

»Be out of focus!«

»No lights, no tripods, no questions!«, das sind nicht die einzigen Kriterien, die die Herangehensweisen des *direct cinema* charakterisieren. »Be out of focus!«, hat Richard Leacock in seinem Vortrag ergänzt, und das scheint mir fast noch entscheidender. Nicht als Aufforderung, unscharfe Bilder zu machen, sondern in übertragenem Sinn, als Autor und Filmemacher nicht zu sehr auf die eigenen Absichten fokussiert zu sein.

Klaus Wildenhahn beschreibt dies so: »Diese dokumentarische Verfahrensweise des *direct cinema* hat insofern starke anarchische Momente, als sie nicht zu kontrollieren ist. Das, was ich so gern mit vielen Worten beschreibe, dass man improvisiert, dass man sich von Strukturen erst mal weitgehend fernhält, dass man sich dem Geschehen anheim gibt,

dass man in den Fluss der Ereignisse einsteigt und mitschwimmt, ohne feste Bezugspunkte einzubeziehen.«[3]
Vielleicht könnte man das Drehen ins Offene als das bezeichnen, was allen Filmen gemeinsam ist, die sich auf die eine oder andere Weise auf die Ausgangspunkte des *direct cinema* beziehen. Wobei das Ausmaß der Offenheit von Film zu Film sehr unterschiedlich ist.

»Be out of focus!« heißt in der Konsequenz: »Shoot this, shoot that«, und das heißt: Sammle Material, so viel du kannst, drehe Haupt- und Nebensachen, werte nicht zu früh. Wenn man »out of focus« ist, heißt das nicht, dass man nicht mit hoher Intensität und Anspannung beim Drehen ist. Jeder Moment zählt. Das Alltägliche bekommt eine andere Aufmerksamkeit. Die Hierarchien zwischen wichtig und unwichtig lösen sich auf, man dreht dies und das, mit dem Ergebnis, dass man oft mit Bergen an Material in den Schneideraum kommt. Dort sitzt man dann vor der unstrukturierten Fülle des Materials und nun heißt es: »Spent a lot of time to look at it, and then spent a lot of time on the editing.« Das wäre die komplette Überschrift.

Interessanterweise habe ich im Kontext von *direct cinema* und *cinéma vérité* sehr viel weniger Empfehlungen für die Montage als für das Drehen gehört. Richard Leacock beließ es in Köln bei kleinen Hinweisen: »You only give the audience a bit of this, a bit of that. ... Don't give the punchline[4] in the beginning!« Was für mich so viel heißt wie: nicht von vornherein erklären, was zu sehen ist, sondern entdecken lassen. Eine Haltung, die der offenen Haltung im Drehen entspricht. Der Art, wie das Material im *direct cinema* zustande kommt, widerspricht sowieso eine nachträgliche Bearbeitung, die alles wieder glättet, schön macht und nach den bekannten Hierarchien sortiert. Gegen den Schnitt spricht auch die Faszination des ungekürzten Moments und des roh belassenen Materials.
Der holländische Dokumentarfilmer Johan van der Keuken beschreibt seine Faszination so: »An den Filmen von Leacock machte ich die große Entdeckung, dass man, filmt man einen Gegenstand in seiner vollen Zeitdauer, nicht allein das Gefühl hat, eine Serie zufälliger Momente zu sehen, sondern auch einen Teil einer unendlichen Folge. Die einzige Begrenzung ergibt sich aus dem Ende der Filmrolle nach zehn Minuten, aber man fühlt sehr genau, dass es allemal Punkte einer unendlichen Wirklichkeit sind. Darum bedeutet das Nicht-Schneiden in seiner äußersten Konsequenz etwas Kosmisches.«[5]

3 Zit. in Gabriele Voss (Hrsg.): *Dokumentarisch arbeiten,* Berlin 1996.
4 Punchline: Pointe.
5 Zit. in Gabriele Voss: *Schnitte in Raum und Zeit,* Berlin 2006.

Ein Kino der Momente – Döblins Scherentest

Einen Film, der in der Haltung des *direct cinema* begonnen und gedreht wurde, so zu Ende zu bringen, dass diese Haltung auch im Ergebnis sichtbar bleibt, das ist die größte Herausforderung für die Montage. Kann man auch in der Montage »out of focus« sein, wo doch jede Entscheidung spätestens jetzt nach einer Wertung verlangt? Warum dieses Stück und jenes nicht? Warum eine bestimmte Abfolge und keine andere? Wie schafft man es, den Charakter des Improvisierten und des spontan Entstandenen in der Filmerzählung zu erhalten? Das scheint mir entscheidend. Gelingt dies, so geraten die Filme in der Erzählung eher episch als dramatisch, das kann ich jedenfalls für die eigenen Filme sagen. Und ich meine es im Sinne von Bertolt Brecht, der die Unterschiede zwischen dem Epischen und Dramatischen in seinem Text »Über eine nichtaristotelische Dramatik« so umrissen hat: »Der bürgerliche Roman entwickelte im vorigen Jahrhundert ziemlich viel ›Dramatisches‹, und man verstand darunter die starke Zentralisation einer Fabel, ... eine gewisse Leidenschaftlichkeit des Vortrags, ein Herausarbeiten des Aufeinanderprallens der Kräfte ... Der Epiker Döblin ... sagte, Epik könne man im Gegensatz zur Dramatik sozusagen mit der Schere in einzelne Stücke schneiden, welche durchaus lebensfähig bleiben.«[6]

Als ein ›Kino der Momente‹, das die einzelnen Teile nicht zu eng miteinander verzahnt, möchte ich das beschreiben, was aus der Haltung des *direct cinema* in der Montage eigentlich folgen muss. Den Momenten ein Eigenleben lassen, auch hier »nicht zu früh ein Netz spannen«, wie Klaus Wildenhahn sagt. Was zur Folge hat, dass die Stücke länger werden, und dass man als Zuschauer eigentlich dieselbe Haltung einnehmen muss wie der, der filmt: mit Neugier, Offenheit, Zeit und Geduld hinschauen und hinhören, sich den Momenten überlassen und selbst entdecken, lange nicht wissen, worauf es hinausläuft, bis sich ein Zusammenhang nach und nach erschließt.

Epen, Essays, Gedichte

Große Filmepen sind aus dieser Haltung entstanden, ebenso längere oder kürzere Essays bis hin zu kleinen Gedichtformen. Nicht alles ist dabei *direct cinema* oder *cinéma vérité* pur. Für das große Epos gäbe es viele Filme zu nennen, ich nenne einige: Klaus Wildenhahn: DIE LIEBE ZUM LAND, EMDEN GEHT NACH USA, Michael Pilz: HIMMEL UND ERDE, Christoph Hübner, Gabriele Voss: PROPSER-EBEL und die Fußballtrilogie DIE CHAMPIONS, HALBZEIT mit einem dritten Film, der in Vorbereitung ist, Volker Koepp: die WITTSTOCK-Filme oder die MÄRKISCHE TRILOGIE. Aber es gibt auch so etwas wie Filmgedichte, bei Klaus Wildenhahn zum Beispiel: ZWISCHEN DREI UND SIEBEN UHR MORGENS oder REEPERBAHN NEBENAN. Auch bei anderen Dokumentarfilmern wie z.B. Johan van der Keuken gibt

6 Zit. in: Gabriele Voss: *Schnitte in Raum und Zeit.*

es neben großen Epen wie dem NORD-SÜD-TRIPTYCHON solche Filmgedichte: EIN MOMENT STILLE, DIE KATZE, SPIELZEUG, BEPPIE. Christoph
Hübner und ich, wir haben uns immer gewünscht, man könne wie in der
Malerei auch im Film Skizzen anfertigen, was wir seit 2006 in dem Projekt EMSCHERSKIZZEN tun. Bisher sind dreißig kürzere Filme in skizzen-
hafter Form entstanden, die unverbunden nebeneinander stehen und in
unterschiedlichen Abfolgen gezeigt werden.

Das Risiko

Natürlich sind nicht alle Filme nur deshalb gut, weil sie aus der offenen
Haltung des *direct cinema* heraus gemacht werden. »Be out of focus!«
das ist leichter gesagt als getan und birgt ein großes Risiko.
Klaus Wildenhahn hat die Gefahr beschrieben: »Man macht eine Art von
Ausgrabung wie bei einer alten Vase. Man findet hier eine Scherbe und
da eine Scherbe. Und wenn man Glück hat, kann man das nachher zu-
sammensetzen. Und dann ist es vielleicht wie eine Vase, eine Urne ...
Aber unter Umständen hat man gar nichts. Man hat ein paar Splitter in
der Hand, ... sonst nichts. Mit diesem Risiko umzugehen in der Drehsituation, das habe ich versucht. Nicht einfach.«[7]
Dasselbe gilt für die Montage. Die Gefahr ist groß, dass man nur Splitter hat, die sich zu keinem Ganzen fügen wollen. Wie erzählt man mit
Splittern? Ebenso groß ist die Gefahr, dass man im Drehen und in der
Montage nachhilft und etwas Ganzes behauptet, wo es ein Ganzes nicht
gibt.

Tendenzwende

Bis in die 90er Jahre, so scheint mir, gab es eine enorme Entfaltung in
Zugangsweisen und Erzählformen im Dokumentarischen, deren Ursprung
man in der offenen Arbeitsweise und Haltung des *direct cinema* aus-
machen könnte. Seit den 90er Jahren nehme ich eine Gegenbewegung
wahr, die vordergründig mit dieser Offenheit und den daraus folgenden
Risiken und Freiheiten für die Filmerzählung zu tun haben mag. Wichtiger scheinen mir die Veränderungen, die mit der Einführung und wach-
senden Zahl der privaten Sender einhergingen. Mit ihnen wuchs der
kommerzielle Druck und der Kampf um die Zuschauer. Die Einschalt-
quoten traten ihre Herrschaft an. Redaktionen versuchen seitdem verstärkt, Zuschauer durch Wiedererkennbarkeit und Formatierung an sich
zu binden. Drehbuch-Workshops mit Erzählstrategien wurden angeboten und eingefordert. Inzwischen greifen sie weit über in das Dokumentarische mit dem Argument, das klassisch dramatische Muster sei eher
das, was der Zuschauer versteht und erst im bekannten Muster habe
auch die Entdeckung von Unbekanntem eine Chance. Geduldiges Hinschauen und Hinhören, offen angelegte Erzählweisen gerieten mehr und

7 Zit. in: Gabriele Voss (Hrsg.): Dokumentarisch arbeiten, S. 162.

mehr unter Druck und mussten sich mit immer späteren Sendeplätzen zufrieden geben. Zugleich fand der lange Autoren-Dokumentarfilm verstärkt den Weg ins Kino. Um aber kinotauglich zu sein, wurden auch hier die Maßstäbe anders gesetzt. Ein hoher technischer Aufwand, Licht, Stativ, manchmal sogar Schienenfahrten und entsprechend große Teams gehören inzwischen fast ebenso zum Standard wie das Casting der Protagonisten und dramatische Erzählweisen.

Der Verweis auf den Zuschauer

Wie ernst ist der Verweis auf die Zuschauer zu nehmen? Kann man im Voraus wissen, was der Zuschauer versteht und was nicht? Da ich im Laufe der Arbeit immer wieder Thesen und Behauptungen über das Vermögen der Zuschauer gehört habe, wollte ich dem einmal nachgehen. Im Projekt SCHNITTE IN RAUM UND ZEIT[8] habe ich den Hirnforscher Wolf Singer dazu befragt. Er stellte fest: »Unser Wahrnehmungsapparat trachtet immer danach, stimmige, in sich geschlossene und in allen Aspekten kohärente Interpretationen zu liefern und für alles, was ist, Ursachen und nachvollziehbare Begründungen zu suchen.«[9] Geschlossene und in allen Aspekten kohärente Interpretationen liefern die filmischen Erzählungen des *direct cinema* gerade nicht. Sie ziehen uns eher in die Betrachtung einer brüchigen, vielfältigen Welt, in der wir uns selbst orientieren müssen. Keine vertraute Dramaturgie nimmt uns an die Hand. Ist das Gebüsch, in das zu gehen wir uns anfangs so sehr freuten, für manche vielleicht zu unübersichtlich? Haben sich Dokumentarfilme im Stil von *direct cinema* und *cinéma vérité* zu oft und zu sehr im Strukturlosen verloren? Muss man deshalb jetzt zu stringenteren Erzählstrategien zurückkehren?

Etwas Kosmisches oder monotone Abfolgen?

Robert Flaherty, einer der sogenannten Väter des Dokumentarfilms, schrieb schon früh, als es die Begriffe *direct cinema* und *cinéma vérité* noch gar nicht gab: »Gegenstand des Dokumentarfilms, wie ich ihn verstehe, ist das Leben in der Form, wie es gelebt wird.« Dieses Motiv treibt Dokumentarfilmer bis heute an. Das heißt jedoch nicht, so Flaherty, » ... dass es Aufgabe des Dokumentarfilmregisseurs wäre, ohne jede Auswahl eine graue monotone Bildserie aufzunehmen. ... Niemand kann ohne Schaden anzurichten, aufnehmen und wiedergeben, was er will, und wollte er es doch, so ergäbe sich eine Summe von Fragmenten ohne Zusammenhang und Bedeutung, und das könnte man nicht einen Film, sondern eine Gesamtheit von Aufnahmen nennen.«
Johan van der Keuken entdeckte etwas »Kosmisches«, als er in Richard Leacocks Filmen eine »Serie von zufälligen Momenten« betrachtete.

8 Zit. in Gabriele Voss: *Schnitte in Raum und Zeit*, Buch, Film und DVD, Berlin, München 2006.
9 Zit. in Gabriele Voss: *Schnitte in Raum und Zeit*.

Andere mögen bei der unausweichlichen Suche nach sinnhaftem Zusammenhang ratlos vor derselben Serie stehen. Das ist die Ambivalenz, die offenes Material enthält und hier kommen die unterschiedlichen Fähigkeiten der Zuschauer durchaus ins Spiel. Der eine kann sich auf ein offenes Angebot und Ambivalenz eher einlassen als ein anderer. Doch darf das nicht zum Maß aller Dinge werden. Auf der Suche nach dem Wirklichen geht es darum, ein Gefühl dafür zu vermitteln, dass dieses Wirkliche selbst nach vielen Seiten offen ist.

Für Robert Flaherty ist von Anfang an klar, dass man beim Sammeln nicht stehen bleiben kann: »Eine geschickte Auswahl, eine exakte Zusammenstellung von Licht und Schatten, von dramatischen und komischen Situationen, mit einem angemessenen Fortschreiten der Handlung von einem Höhepunkt zum anderen, das sind die Hauptmerkmale des Dokumentarfilms«[10], fährt er fort.

Dass Robert Flaherty, um diesen Ansprüchen zu genügen, durchaus zur Inszenierung griff und nicht bei der reinen Beobachtung blieb, habe ich in den 80er Jahren auf einer USA-Reise entdeckt. Ich traf dort einen Filmemacher, der auf den Spuren Robert Flahertys auf die Insel Aran gefahren war und dort mit Fischern einen Film gemacht hatte, die mit Flahertys Film MAN OF ARAN (1934) gar nicht einverstanden waren, weil er ihre Arbeit viel zu dramatisch dargestellt hatte. Bei dem im Film sichtbaren Seegang würden sie niemals zum Fischen auf das Meer hinausfahren, sagten sie, denn mit solch waghalsigem Verhalten würden sie am Ende die Existenz ihrer Familien auf das Spiel setzen. Sie taten es für Robert Flaherty und der Dramatik wegen. Der Wirklichkeit ihres Lebens entsprach es nicht.

Der kleine große Unterschied

Das Motiv der Jagd ist verführerisch – wie alle Motive, die ein klar definiertes Ziel haben – die Beute, der Gipfel, die Paarung, der Wettkampf, die Vernichtung, der Sieg. Es gibt kaum stringentere Erzähllinien, und ich meine zu beobachten, dass in den letzten Jahren Stoffe für Dokumentarfilme häufiger nach diesen Gesichtspunkten gewählt werden. Das alltägliche Leben spielt meist anders. Ihm mangelt es oft an dieser Stringenz. Den Mangel an Stringenz in der filmischen Erzählung zuzulassen, ihn durch die Montage gerade nicht weg zu bügeln, ist eine der großen Qualitäten von *direct cinema* und *cinéma vérité*. Da, wo die Filme am besten gelungen sind, zeichnen sie ein Bild vom Leben, das Stringenz und Dramatik von Abläufen und Handlung ebenso kennt wie Brüchigkeit, Abwege und Umwege, den Verlust des Ziels und des Fadens, das Streunen und das Flanieren, das nicht Wissen, wohin man geht. Wenn

10 Zit. in: Gabriele Voss: *Der zweite Blick*.

Wolfgang Widerhofer, der Schnittmeister von Nikolaus Geyrhalter, solche Momente des Abweichens in der Filmerzählung bewusst behält, nennt er das: »das Narrative ausbeulen«, es weiten nach links und nach rechts, denn die Stärke des Dokumentarischen bestehe gerade darin, dass man etwas aufbreche und keine fertigen Antworten gebe. Es gehe um diese Momente, in denen es im Fortschreiten der Handlung einen Aufschub gibt und man aus der Erzählung heraus treten kann.

Immer wieder auf das ausgebeulte, wuchernde, fragende, oft nicht stringente Leben aufmerksam zu machen, immer wieder ins Gebüsch zu gehen und uns dahin mitzunehmen, das ist für mich der Verdienst von *direct cinema* und *cinéma vérité*. Es dem kommerziellen und dem Quotendruck zu opfern wäre fatal. Denn ohne seine Zugangsweisen, kleine Technik, kleines Team, mehr aber noch: ohne seine große Unvoreingenommenheit und Offenheit, bekäme man kaum das Material, das man für wirklichkeitsnahe Erzählungen vom Leben braucht. Das Zulassen des Nicht-Perfekten, des Brüchigen, das Wichtig-Nehmen des scheinbar Unwichtigen vor allem auch in der Montage hält die Erinnerung wach, dass es neben dem formatierten Leben, das uns in den Medien zunehmend gegenüber tritt, noch ein anderes Leben gibt. Dass davon auch in Zukunft in einer Vielfalt der Formen erzählt werden kann, die der Vielfalt des Lebens im Alltag entspricht, das sollten wir fordern und verteidigen. »Be out of focus!«[11]

11 Vortrag zur Tagung: »Transformationen des Dokumentarischen«, Haus des Dokumentarfilms, Stuttgart, 18./19.3.2010.

Arbeitsnotizen zum Film MANDALA
Gabriele Voss

7.10.2011. In den zwei Wochen zwischen der Rückkehr von Recherchen aus Griechenland und Dreharbeiten mit Thomas Heise für DOKUMENTA-RISCH ARBEITEN noch ein Versprechen einlösen: die Entstehung und Zerstörung eines großen Sandmandalas zum Abschluss der diesjährigen Ruhrtriennale dokumentieren. Ursprünglich war an maximal zwei Drehtage für das Emscher-Projekt gedacht, der Sand des zerstörten Mandalas wird am Ende in der Emscher versenkt. Jetzt fasziniert der Prozess so sehr, dass wir überlegen, einen längeren Film zu machen.
Aber: keine Esoterik!

03.11.2012: Eine schnelle Notiz am Vormittag. C. vom Dokumentarfilmfestival Leipzig zurück. Neben positiver Resonanz habe er auch ein paar kritische Bemerkungen zum Film gehört, zum Beispiel die, dass man nur das Streuen des Mandalas hätte beobachten sollen ohne jede Erklärung. Vielleicht hätte man auch nichts von der Umgebung zeigen sollen, in der das Ganze stattfindet, denn schließlich habe der Vorgang selbst doch etwas allgemein Gültiges.
Hätten wir den Prozess der Entstehung dieses Bildes nicht auf den puren ästhetischen Genuss reduziert, wenn wir so verfahren wären? Der Film beruht ja zu großen Teilen auf Beobachtung. Über lange Passagen wird mit Bildern erzählt, wie das Mandala entsteht. Nur an wenigen Stellen des Films sagt ein Mönch etwas zu dem, was man sieht. Dazu wurde er allerdings nicht aufgefordert und auch nicht befragt. Im Film gibt es keine der üblichen Interviews. Während des Drehens stellte ein Mönch sich neben die Kamera und fing von sich aus zu sprechen an. Nachdem man länger zugeschaut hat, sagt er: »Ein Mandala zu streuen ist nicht mehr als eine äußere Beschäftigung, wenn man die philosophischen Hintergründe nicht mit bedenkt, die ihm zugrunde liegen.« Wer kennt in unseren Kulturkreisen jedoch die philosophischen Hintergründe? Vielleicht war es dem Mönch ein Bedürfnis, dazu etwas zu sagen, weil er Zweifel hatte, dass man diese Hintergründe allein aus der Beobachtung entnehmen kann. Insofern sind seine Bemerkungen sogar Teil der Beobachtung.
Es wird auch gesagt, dass das Bild, das im Mandala entsteht, auf über 1000 Jahre alten Texten basiert, auf Vorgaben, vergleichbar vielleicht der komponierten Musik, die auf einer Partitur beruht. Ich hörte mit Staunen, dass es so etwas wie Partituren auch für Bilder geben kann. Dass man Bilder sogar aufführen kann, mit derselben Konzentration wie ein Stück Musik. Für die Mönche ist diese ›Aufführung‹ ein Akt der Meditation. Die Worte des Mönches ermöglichen, mehr zu sehen als man allein durch die eigene Herkunft und innere Verfasstheit zu sehen in der Lage wäre.

Man sieht die innere Bewegung des Ganzen, man sieht, wie die Bewegung der Kreise wie eine Doppelhelix ineinander läuft. Durch die wenigen Worte wird ein vertieftes Sehen ermöglicht, ohne dass im Film alles erklärt wird, bevor man überhaupt etwas gesehen hat. »Das Sehen kommt vor dem Sagen«, könnte man in Abwandlung von Godard sagen.[1] Und trotzdem kann etwas gesagt werden, ohne das Gesehene zu zerstören. Wir haben die Dinge im Film bewusst gesetzt, auch die Blicke in die Umgebung. Die allgemeine Gültigkeit des Gezeigten wird nicht dadurch eingeschränkt, dass wir zeigen, an welchem Ort es stattfindet. Für mich wäre es eher eine falsche Allgemeinheit, wenn man den Vorgang seiner Lokalisierung berauben würde und ihn in ein Überall und Nirgends enthöbe. Die Blicke auf den Ort sind bewusst gesetzt um nicht vergessen zu machen: Hier findet es statt, in einer Industriehalle im Ruhrgebiet! Eine Fremdheit scheint auf in der Begegnung zwischen Ost und West. Wir wollen bewusst nicht die Illusion schüren, wir im Westen könnten uns ganz in diesen Prozess einer östlichen Praxis hineinversenken, ohne zu bedenken, aus welcher Kultur wir kommen. Wir wollen den Abstand der Kulturen nicht wegwischen.

Lange schaut man im Film dem Prozess der Entstehung dieses Bildes zu. Es ist von solcher Schönheit und so viel Mühe wird auf seine Herstellung verwendet, dass man es am Ende aufheben und hüten möchte wie einen Schatz. Doch sobald das Mandala fertig ist, wird es zerstört und zu einem Haufen farblosen Staubes zusammengekehrt. Man ist zutiefst erschrocken, denn dieser Akt der Vernichtung scheint so endgültig wie der Tod. Der Mönch spricht im Film aber nicht vom Ende und vom Tod, und auch dies ist wichtig zu hören. Noch bevor das Mandala fertiggestellt ist, sagt er: »Am Ende zerstören wir es und werfen den Sand in den Fluss. Auf diese Weise kann der Betrachter gewahr werden, dass nichts ewig dauert.« Im Akt der Zerstörung sehen wir einen Wandlungsprozess – was eben noch war, geht über in eine andere Form. Es wird nicht nichts. Wenn der zusammengekehrte Sand in den Fluss geworfen wird, wird er auch dort nicht zu nichts. Er wird unsichtbar, er verschwindet, aber wir wissen, dass er aufgehoben ist im Fluss, den man nun auch noch als etwas anderes sehen kann als diesen konkreten Fluss – die Emscher. Es entsteht das Bild vom Fluss der Zeit, vom permanenten Wandel, vom immer weiter Gehen, von der Unaufhörlichkeit. Auch der Fluss ist schon weit vor dem Akt der Zerstörung im Film zu sehen. Der Blick auf den Fluss ist ein Blick auf das, was immer schon da ist. Und doch: »Man steigt nicht zweimal in denselben Fluss.« Buddhismus und griechische Philosophie berühren sich hier. Man sieht den Fluss, wenn man ihn das erste Mal im Film sieht, nicht unbedingt als Metapher in diesem philosophischen Sinn. Man sieht das graue Band

1 Jean Luc Godard: *Das Gesagte kommt vom Gesehenen,* Bern 2002.

Szenenfotos MANDALA (© CHF)

des Wassers, wie es sich unter den Brücken in die Tiefe des Bildes zieht. Der Blick auf den Fluss und das, was er in einem weitergehenden Sinne ist, kann sich im Laufe des Films aber nur wandeln, wenn er nicht erst am Ende auftaucht, einmal in der Dunkelheit und dann überlagert von der Aktion, die stattfindet.

Im Mandala wird sichtbar, was schon von Heraklit beschrieben wird: die »gegenstrebige Vereinigung« oder die »gegenwendige Fügung«. Wenn man die Kreise, die das Mandala umgeben, genau betrachtet, so stellt man gegenläufige Bewegungen in den Kreisen fest. Die ›gegenwendige Fügung‹ – der Ausdruck gefällt mir.

Die Ambivalenz des Dokumentarischen
Christoph Hübner

Ich habe dem Dokumentarfilm viel zu verdanken. Seit über drei Jahrzehnten mache ich dokumentarische Filme. Ich begegne dabei immer wieder neuen Wirklichkeiten und Themen, lerne außergewöhnliche Menschen kennen, komme mit meinen Filmen durch die Welt, erfahre Resonanz, Bestätigung, auch Kritik und Ablehnung, das gehört dazu und ist Ansporn.

Ich liebe das dokumentarische Arbeiten, vor allem das dokumentarische Drehen. Es hat mit so vielem Verschiedenen zu tun: mit Menschen, Bildern, Orten, Zeiten, Tönen, Sprache, Musik, Rhythmus – und mit Improvisation, die ich besonders schätze. Es ist ein Privileg, mit all dem arbeiten zu können und zugleich von dieser Arbeit leben zu können.

Tatsächlich aber gibt es ein paar ›dunkle‹ Seiten am Dokumentarischen, über die wenig gesprochen wird, und die mich, je älter ich werde und je mehr Filme ich gemacht habe, stärker beschäftigen. Nein, nicht nur die sich rapide verschlechternden äußeren Bedingungen, die zu wenigen Sendeplätze, der Quotendruck etc. Was mich hier beschäftigt, das sind eher grundlegendere Fragen zum Dokumentarischen. Fragen, die aus der Arbeit selbst stammen.

Wenn ich diese dunklen Seiten angehe, erscheint eigenartigerweise fast immer zugleich ein Gegenargument, das die Gegenseite des Zweifels, das Positive am Dokumentarischen betont. Vielleicht spreche ich also im Folgenden von »der Ambivalenz«, der Doppelgesichtigkeit des Dokumentarischen, dem Einerseits – Andrerseits.

1. Der Unterschied zwischen Aufwand und Ertrag

Einerseits: Seit ich Dokumentarfilme mache, ärgere ich mich über das Missverhältnis zwischen dem, was immer wieder neu an Arbeit, Phantasie, an Lebenszeit in die dokumentarische Arbeit, das Drehen, das Schneiden, an die Arbeit an der Form fließt und der begrenzten Aufmerksamkeit andrerseits, welche die Filme in ihrer Eigenart dann in der Öffentlichkeit und in den Feuilletons bekommen – jedenfalls im Verhältnis zu Spielfilmen oder gar Theater und Oper.

Obwohl sich die Lage und die Wertschätzung des Dokumentarfilms in den letzten Jahren deutlich verbessert hat und das Dokumentarische inzwischen auch im Kino seinen Platz gefunden hat, wird der Dokumentarfilm noch immer fast ausschließlich über sein Thema wahrgenommen, kaum einmal über seine Form, seine ›Inszenierung‹, über die zum Beispiel bei Theateraufführungen seitenlang reflektiert wird. In den Besprechungen eines Dokumentarfilms ist von der Form, von der Art der Erzählung, des Schnitts, der Kamera, der Dramaturgie, der ›Eigenart‹ der Filme kaum einmal die Rede. Also all dem, was die Gestalt der

Filme ausmacht und womit man sich in der Arbeit oft am längsten herumschlägt, an dem man oft genug auch verzweifelt.

Andrerseits: Wie angenehm ist dem sonstigen Medienbetrieb gegenüber das Unauffällige, Uneitle, die weitgehende Abwesenheit von öffentlicher Aufmerksamkeit in der dokumentarischen Arbeit selbst – vor allem während des Drehens. Manchmal wird man nur für einen unauffälligen Zeugen, fast einen Amateurfilmer gehalten und die Leute sind erstaunt, wenn dann am Schluss ein ›wirklicher Film‹ dabei herauskommt. Außerdem: der Reiz, das ständige Abenteuer, sich seine Form, die angemessene Art der Erzählung immer wieder neu erfinden zu müssen. Es gibt keine Regeln, keine einfache Routine, die einem zur Verfügung steht, man fängt immer wieder bei Null an, auch immer wieder mit der gleichen Angst vor dem ersten Drehtag, den ersten, oft wegweisenden Entscheidungen im Schnitt. Dann erinnert man sich, dass man ähnliche Gefühle schon häufiger gehabt hat, das tröstet ein wenig. Am Ende dann immer wieder das Erfolgserlebnis, dass da schließlich doch ein Film entstanden ist. Je älter ich werde, desto mehr ist es dieses Machen selbst, das im Zentrum steht. Die Intensität der Arbeit, die Kämpfe, die Zweifel während des Drehens und der Montage und die kleinen und großen Glücksmomente. Wie Richard Dindo, ein Schweizer Dokumentarfilmkollege, einmal sagte: » ... ein Projekt zu haben, das ist doch das eigentlich Schöne.«

2. Die Sehnsucht nach der Perfektion und die Poesie des Ungeplanten

Einerseits: wenn man ›ins Offene‹ dreht, was der Dokumentarfilm ja verlangt und ermöglicht, gibt es im Ergebnis natürlich auch viele Lücken, viel Ungelenkes, viele Kompromisse. Wir haben es ja mit realen Menschen, realen Situationen mit all ihren Eigengesetzen, Unwägbarkeiten, Zufälligkeiten zu tun. Außerdem läuft manchmal die Kamera gerade in dem Moment aus, der vielleicht der wichtigste im ganzen Film hätte werden können oder der Ton war nicht aufnahmebereit, oder man war einfach unaufmerksam, hatte die Kamera nicht dabei oder hätte an einem anderen Ort sein sollen. Vielleicht hat man die falsche Frage gestellt oder überhaupt sich zu voreilig eingemischt, während man einfach nur hätte zuschauen sollen. Und spätestens bei der Montage merkt man dann, dass diese Szene, jene Sequenz eben nicht so stimmig, so schlüssig, so anschaulich erzählt werden kann, wie man es gerne gehabt hatte. Man sehnt sich dann nach mehr Planung, besserer Vorbereitung, in schwachen Momenten nach der Verlässlichkeit eines ausgearbeiteten Drehbuchs.

Andrerseits ist es gerade eine der besonderen und reizvollen Eigenschaften des Dokumentarischen, dass es eben nicht (immer) so funktioniert wie geplant, dass es nicht das hermetisch Durchkonstruierte mancher Drehbuchfilme hat, dass es lebt von Überraschungen, Unvorhersehbarem, Improvisationen, kleinen Gesten, Umwegen, von Indirektem, von Auslassungen und Geheimnissen. Dass es auf diese Weise durchaus den von uns immer wieder gesuchten Zaubermomenten der Realität nahe kommt, die eben auch zufällig, sprunghaft, unerwartet daherkommen.

3. Die Schwierigkeit mit den Gefühlen und die Zartheit des Nichtgezeigten

Einerseits: Als eine schmerzhafte Begrenzung des Dokumentarischen empfinde ich den Umgang mit Gefühlen. Gefühle gelten als etwas eher Privates. Es ist für mich eher problematisch, jemandem (mit der Kamera) ungeniert beim Ausdruck seiner Gefühle, beim Schmerz, bei der Trauer, gar bei der Liebe zuzuschauen. Dabei schafft auch die Drehsituation selbst schon häufig genug eine Distanz, die Anwesenheit der Kamera, die quasi-öffentliche Situation erschwert das Zeigen von Gefühlen. Und wenn die Menschen dann doch einmal ihre Gefühle zeigen, kommt man sich als Filmemacher schnell wie ein Voyeur vor. Oder – schlimmer noch – ein Ausbeuter dieser Gefühle.

Gefühle aber sind von jeher ein ganz starker Bestandteil des Kinos und seiner Anziehungskraft – und natürlich ebenso der menschlichen Realität, von der wir ja im Dokumentarfilm erzählen. Aber im Dokumentarfilm gibt es nicht den Unterschied zwischen Schauspieler und Rolle, zwischen echtem und dargestelltem Gefühl. Was sich zeigt, ist real, sind die realen Gefühle einer realen Person, die durch den Film der Öffentlichkeit ausgesetzt wird und anschließend – nach dem Film – weiter damit leben muss.

Andrerseits gilt auch hier wieder, dass das Dokumentarische, wenn man es nur lässt, Gefühle und Momente zeigen kann, die gerade in ihrer Indirektheit und zarten Poesie eine besondere Kraft entwickeln können. Für diese Art indirekter, nicht gleich offensichtlicher Gefühle und Gesten muss der Filmemacher, aber auch der Zuschauer empfänglich sein, er muss eine eigene Sensibilität dafür entwickeln und sich darauf einlassen können. Das ist nicht selbstverständlich und auch nicht unbedingt populär. Damit sind wir wieder bei den Chancen des Dokumentarfilms, sein Publikum zu erreichen und ihm überhaupt die Möglichkeit zu dieser Art von Empfindungen zu geben.

4. Das Tabu der künstlichen Dramatisierung oder der Reichtum der Originaltöne

Einerseits: Den Schwierigkeiten im Umgang mit Gefühlen im Dokumentarfilm entsprechen auch die Skrupel gegenüber allen hinzugesetzten dramatisierenden Elementen – vor allem der hinzugesetzten Musik. Dies ist zwar kein unbedingtes Tabu in dokumentarischen Filmen, aber das Zögern im Einsatz von Musik hat seinen Grund. Der Dokumentarfilm lebt von der genauen Beobachtung der Realität, vom Umgang mit realen Situationen und Widersprüchen und sucht daraus seine Geschichten und auch seine Emotionen zu gewinnen. Das ergibt oft eher brüchige, mehrschichtige und eben nicht nur vordergründige, plakative Emotionen. Interpretierende, dramatisierende Musik (oder entsprechende Effekte) sind dem gegenüber oft wie eine Art falsches Unterstreichen oder eine Art schlechter Ersatz für nicht sichtbare Emotionen. Außerdem kommt dadurch ein anderer Gestus in den Film, etwas wie eine Art Formalisierung. Der Verzicht auf Dramatisierung und auf Musik wird andrerseits von vielen Zuschauern als ein Defizit empfunden, das es ihnen schwer macht, sich auf die noch so genau gearbeiteten, zurückhaltend instrumentierten, dokumentarischen Geschichten einzulassen. Dies um so mehr, als die Zuschauer meist anderes gewohnt sind und umgeben vom inflationären Einsatz all dieser Mittel in Kino, Werbung, TV etc.

Andrerseits und wie Musik: eines der schönsten, reichsten, zugleich oft genug vernachlässigten Potentiale des Dokumentarfilms ist der Originalton, sind die O-Töne. Zu entdecken, was in einem mit Bewusstsein und hörender Sorgfalt aufgenommenen und bearbeiteten Originalton an Differenzierungen, an Vielfalt, an Dramatik und – wenn man so will – an konkreter ›Musik‹ enthalten ist, gehört für mich zu den kostbaren Momenten in der dokumentarischen Arbeit. Entsprechend freue ich mich in der Endbearbeitung immer besonders auf die Phase der (Ton-)Mischung. In ihr geht es um die Ausarbeitung und Komposition der Tonebenen des Films. Durchaus nicht nur im Sinne von laut und leise, sondern alle Ebenen des Films betreffend: von der Erzählung über die Dynamik bis zum kleinen Detail, den Geräuschen, der »Ton-Großaufnahme« etc. Der Film beginnt zu klingen. Wenn man es schafft, den Reichtum, die konkrete Musik der dokumentarischen Originaltöne in die Film-Erfahrung einzubringen, dann drängt sich auch etwas wie eine zusätzliche Musik oft gar nicht mehr auf. Das allerdings gilt vor allem für das Kino – im Fernsehen verschwindet leider vieles davon wieder mit seinen oft kleinen und schlechten Lautsprechern, in den Umgebungsgeräuschen der Wohnzimmer, aber auch in der nivellierenden Aussteuerung der Sendezentralen. Dort gibt es kein wirkliches Laut, kein wirkliches Leise – ebenso wie kein wirkliches Hell oder Dunkel eine Chance hat vor dem strengen Blick der technischen Abnahme beim Fernsehen, alles ist auf mittlere Werte abgestimmt. Vielleicht wird auch deshalb im Fernsehen mehr auf den informativen Teil der Filme geachtet und weniger auf die Sinnlichkeit der Film-Erfahrung.

5. Das Aussetzen der Anderen
oder dem Vergessen etwas entgegensetzen

Eine der schwierigsten und tief reichenden Fragen in der dokumentarischen Arbeit ist die Verantwortung, die man als Filmemacher notgedrungen auf sich lädt, indem man andere Menschen der öffentlichen Wahrnehmung und Beurteilung aussetzt. Und es ist tatsächlich ein Aussetzen – mit Haut und Haaren werden die Akteure und ihre Handlungen der öffentlichen Beurteilung preisgegeben. Wir (als Filmemacher) übernehmen damit eine Verantwortung, die wir selbst oft gar nicht in ihren Konsequenzen überblicken – wie viel weniger dann oft die Protagonisten selbst. Wir werden für die Filme und ihre große Authentizität gelobt, sie aber – als »authentische« Protagonisten – müssen sich gegenüber einer unberechenbaren, manchmal auch neidischen oder böswilligen Öffentlichkeit und Nachbarschaft rechtfertigen und verteidigen. Für mich ist dies eine der großen ungelösten, vielleicht auch unlösbaren Fragen im dokumentarischen Film.

Nicht weit entfernt von diesen Fragen nagt noch etwas anderes: Das Gefühl, man selbst lebe ja nur von anderen Menschen, man mache seine Filme, indem man andere, ihre Geschichte, ihr Leben für sich benutze. Dieses Gefühl hat einen ganz banalen Kern: der Dokumentarfilm lebt von Anderem, vor allem von seinen Protagonisten. Er saugt von ihren Geschichten – je näher, je vertrauter, desto besser für den Film. Die normale menschliche Attitüde der Distanz und der Zurückhaltung ist durch die Kamera außer Kraft gesetzt. Spätestens im Schnitt werden die Protagonisten dann endgültig zum Objekt. Wenn ich sie als Schnittmaterial, als Szenen, als Figuren vor mir am Schneidetisch habe, werden sie zur Verfügungsmasse, zum Bestandteil eines sich immer wieder ändernden Filmkonzeptes und zum Objekt dramaturgischer Überlegungen. Sie werden zur Form. Da hilft auch alles Bestehen auf den Gründen der ursprünglichen Zuwendung nicht.

Natürlich kann man mit all dem in den Filmen bewusst umgehen und unsere Filme unterscheiden sich dadurch auch. Vor allem aber steht diesen Fragen und Zweifeln gegenüber, dass wir mit der dokumentarischen Arbeit Menschen und Themen in die Öffentlichkeit bringen, die sonst keine oder wenig öffentliche Aufmerksamkeit genießen. Und mehr noch: wir bewahren in gewissem Sinne ihr Gedächtnis. Vielleicht ist das eine der vornehmsten Aufgaben und Fähigkeiten des Dokumentarfilms: Leben, Menschen, Vergehendes zu bewahren, es für die Nachwelt aufzunehmen und an andere Menschen, andere Generationen weiterzugeben. Der ungarische Schriftsteller und Fotograf Péter Nádas schreibt einmal in einem Essay über die ungarische Fotografie: »Bilder, die auch nur einen einzigen Menschen zu einem anderen führen können, sind heilig und stellen ein Mysterium dar. Bilder, die mit einer anderen Absicht gezeigt werden, sind dagegen unheilig und gehören zum Götzendienst. Andere Kulturen, in denen Menschendarstellungen untersagt sind, haben gerade das als Problem wahrgenommen, worauf wir, zwischen Götzendienst und Mysterium hin- und hergerissen, mittlerweile pfeifen.«

6. Die Ambivalenz, die Praxis und das Maß

Man könnte die Liste dieser Ambivalenzen um das »Dokumentarische«, um den Dokumentarfilm weiter fortsetzen, im Schreiben merke ich, es bleibt das gleiche Muster: jede Frage, jede Kritik trägt immer schon ihre Entgegnung in sich, jedes negative Einerseits sein positives Andrerseits. Vielleicht ist dies die Eigenart jeder künstlerischen Arbeit. Sie hat helle und dunkle Seiten. Vielleicht geht es nur darum, sich diesen zu stellen und sie sich immer wieder bewusst zu machen; sie in der Praxis nicht zu verschweigen, sondern auch in den Filmen durchsichtig zu halten oder in bestimmten Fällen sogar selbst zu thematisieren. Entscheidend sind wie immer die Haltung und das Maß, die wir für uns finden. In dieser ›Ambivalenz des Dokumentarischen‹.

2013

Arbeitsnotizen zum Film TRANSMITTING
Gabriele Voss

03.10.2007: Zu Besuch bei Joachim Kühn in Ibiza. Er fragt, ob wir ihn bei einem lange geplanten Projekt mit der Kamera nach Marokko begleiten wollen und später eventuell auch nach Mali zu den Ursprüngen afrikanischer Rhythmen. Vier Wochen will er sich Zeit nehmen gemeinsam mit seinen Trio-Partnern Majid Bekkas (Marokko) und Ramon Lopez (Spanien). Sie wollen ein kleines Studio in Rabat mieten, um Musiker dorthin einzuladen und Aufnahmen zu machen für eine neue CD. Bis in die Wüste wollen sie fahren, um auch dort Musiker zu treffen. Majid Bekkas wird alles organisieren, eher spontan und erst wenn alle dort sind. Es soll eine Reise ins Offene werden, im März 2008, ohne allzu große Pläne vorweg. Ich zögere erst, frage auf der Rückfahrt, was dies bedeuten würde für all die anderen Dinge, die wir uns gerade vorgenommen haben. Was müsste liegen bleiben? Und wie viel Zeit müssten wir uns nehmen, um einen Film in Kinolänge herzustellen. C's. spontane Reaktion: den Film einfach machen, ohne großartige Anträge, Begründungen und Rechtfertigungen vorab. Einfach mitfahren. Es wäre ein improvisierter Film wie die improvisierte Musik, die auf dieser Reise entstehen soll.

17.04.2008: Zurück aus Marokko. Material sichten, mache erste Bandprotokolle, grobe Stichworte zu den Aufnahmen. Rückblickend wunderbar: das Flanieren durch die Tage. Sich gehen lassen in wörtlichem Sinn. Hier sind die Tage verplant von morgens bis abends – heißt im Moment: einen schnellen Überblick erstellen über das, was wir gedreht haben. Man sieht: Arbeit an der Musik, wie aufwendig es ist, eine CD zu produzieren, wie schwer der Dialog zwischen den Kulturen ist. Der Film könnte auch etwas über Zeit und Dauer erzählen. Die Musik hat keine Zeit außer ihrer Eigenzeit. Und man wird sie kaum in eine andere Zeit schneiden können, ohne etwas Wesentliches abzuschneiden. Nur wenn wir den Dingen ihre Zeit lassen, können wir sie im Film erfahrbar machen. Das gilt vor allem für die Musik, aber auch für die anderen Ereignisse, für die Begegnungen und die Blicke. Ich glaube, dass es eine große Sehnsucht gibt nach Dauer und Sich-Überlassen.

01.05. 2008: Schreiben im Nachhinein ein Exposé zum Film, um für die Fertigstellung etwas Geld zu bekommen. Das Problem dabei, dass alles auf der Wortebene zusammenschnurrt. Die unterschiedlichen Zeiten, lang, kurz, Atem, Hektik, alles, was Rhythmus ist und damit auch Atmosphäre und Emotion, verschwindet in den aneinander gereihten Worten des Exposés. Das Gesagte scheint dicht und viel, weil die Ausdehnung der Zeit zwischen dem Gesagten kaum darstellbar ist. Die Töne, die Atmosphären, die Musik werden jedoch viel Zeit einnehmen, daneben lange Blicke auf Momente des Alltags, in denen nur zu schauen ist, Trägheit, das langsame Fließen des Lebens, die Ruhe in den Verrichtungen des Alltags. Entscheidend ist das Tun ohne Worte, Musik machen, den Dingen des Alltags nachgehen, dabei allenfalls szenische Dialoge, die etwas ganz anderes sind als die direkt an die Kamera gewendete Rede. Selten mit Fotos, Kompositionsnotizen von Joachim, ein Lied von Majid ganzseitig, um die Räume zwischen dem Gesprochenen im Exposé kenntlich zu machen.

10.09.2008: Materialsichtung mit ZDF / Arte Redakteur von »Musica«. Dem Redakteur gefällt das Material. Er will das Projekt vorschlagen, ob es durchkommt, kann er nicht sagen. Es gibt Vorbehalte gegen Jazz. »Musica« zielt auf Hochglanzproduktionen. Das kleine, kaum beleuchtete Studio von Paul Michel in Rabat wirkt erst einmal schmutzig. Wenn man den kleinen Laden in der *Source bleu* erst ausleuchten wollte, müsste man einen Stromgenerator dabei haben. Und die Musiker würden sich mit ihrem Spiel derweil wahrscheinlich in eine andere Ecke zurückziehen. Wäre die Ausleuchtung endlich fertig, wäre wahrscheinlich auch die Musik schon gespielt. Projekte wie dieses sind unter solchen Vorzeichen kaum noch durchsetzbar. Dennoch will der Redakteur es versuchen. Der Vorschlag muss in zwei Gremien Zustimmung finden, an deren Entscheidungsprozess der Redakteur nicht beteiligt ist. So viel zu den Bedingungen.
Dann ein langes Gespräch über den Anfang: wie in den Film hineinkommen? Fernsehfragen: Wer ist Joachim Kühn? Warum soll man diesem Mann zuschauen? Eine Szene, in der er die Koffer packt und gleich mal erklärt, was er in Marokko will, wäre hilfreich, gibt es aber nicht. Erst müsste man mit ihm warm werden, um anschließend mit ihm auf die Reise zu gehen. Etwas merkwürdige Vorstellungen. Muss man erst wissen, mit wem und auf was man sich einlässt im Film, bevor man bereit ist, ihn anzusehen? Keiner der Beteiligten wusste das, als er sich einließ auf dieses Projekt. Dieses Nicht-Wissen ist gerade eine Qualität. Wollen wir, damit der Film im Fernsehen laufen kann, diese Qualität gleich zu Anfang des Films zunichte machen? Für »Musica» darf der Film außerdem nur 52 Minuten lang sein. Kommen wir mit einer solchen Länge überhaupt hin, wenn wir Dauer und Zeit erzählen wollen?

23.09.2008: Dies ist kein finanziell gut ausgestattetes Projekt, wo neben den Musikaufnahmen noch ein Extraaufwand für die Filmaufnahmen betrieben wurde. Wir begleiteten die Musiker bei ihrem Unternehmen, ausgestattet mit kleiner Ausrüstung, mit der wir im Fluss des Geschehens immer wieder etwas festhielten. Notizen. Aus dem Moment Entstandenes. Nirgendwo gingen wir extra für die Aufnahmen hin. Es gibt keine gesuchten Bilder oder Töne. Durch die Montage müssen wir jetzt auch nichts erfüllen. Wir müssen nicht denken, wie etwas sein muss, damit es etwas ist. Frage jedoch, wie wir die Zuschauer so in die Gegenwart des Films versetzen, dass sie sich dem Geschehen überlassen und nur sehen und hören, was ihnen im Moment des Films gegeben wird.

20.03.2009: Immer noch Verhandlungen mit Arte, ob eine Koproduktion zustande kommt. Die deutsche Seite des ZDF hat inzwischen zugestimmt, die Entscheidung von Arte / Straßburg steht noch aus.
Jetzt planen wir erst einmal ein Filmkonzert mit Ausschnitten aus dem Marokko-Material und einem Live-Auftritt von Joachim Kühn im Museum Bochum.

23.10.2009: Fremdheit – eine Beobachtung. Die Bilder als Projektionsfläche für die Vorurteile der Zuschauer, wenn wir ihnen nicht mehr an die Hand geben als eben nur die Bilder. Die Rolle der Sprache. Wie explizit müssen wir werden, damit die Bilder so gesehen werden, wie wir wollen, dass sie gesehen werden? Zum Beispiel Majids Frau. Was wäre von ihr zu erfahren, wenn sie nicht spricht und wir auch nicht von ihr erzählen? Man sähe eine Frau, die im Haus ein Kopftuch trägt in einer unaufgeräumten Küche. Welche Wahrheit wäre das, wenn wir nicht gleichzeitig erzählen, dass diese Frau uns, die Europäer, vier Wochen lang beherbergt und wunderbare Mahlzeiten geboten hat. Auch wenn sie dazu sagte, sie tue es, weil ihr Mann Majid es so verlange. Was wäre erzählt, wenn wir sie mit ihrem Kopftuch in der Küche hantieren sehen, wenn auch nur in einem Blick durch die Küchentür, denn sie will nicht gefilmt oder fotografiert werden. Wenn wir sie aber trotzdem aufnehmen, weil es dem Film dienen könnte und dann später zeigen, ohne wenigstens etwas von den Gesprächen zu berichten, die sie suchte, wenn die Männer nicht dabei waren. Was ist von der ganzen Reise erzählt, wenn wir sie unsichtbar lassen, wie sie es wünscht, und auch nicht erzählen, dass es sie gibt? Dann wäre sie im Film einfach nicht anwesend. Wie soll ich erzählen von einem Gespräch, das sie mit mir in dem Vertrauen führt, dass es privat bleibt und nicht veröffentlicht wird? »Caché« (»Versteckt«) könnte der Film auch heißen, aber so heißt ja schon ein Film von Michael Haneke.»Cachets« – Verstecke, die Dächer, die Mauern, die Kaftane und Djeballahs, die Kopftücher und die Schleier. Wir sind die Fremden, die Ausländer, nicht das Land ist fremd, und nicht die Menschen. Ich bin mir und ihnen fremd – so ist es.
Man hat Erwartungen an eine solche Reise und Vorstellungen, was darüber zu berichten wäre, noch bevor man überhaupt losgefahren ist. Wir genauso wie die Zuschauer. Und dann kommt alles doch ganz anders, auf der Reise und im späteren Film. Ein Beispiel: wir sind so schnell in der Wüste gewesen wie wir auch wieder fort waren, und trotzdem war der Aufwand dorthin zu kommen riesig. Und dann verbrachten wir die

C. Hübner mit J. Kühn, 2008 (© CHF)

Unterwegs in die Wüste, 2008 (© CHF)

→ 7.3. einschließl.
Samstag 8.3. Studio, Konzert
Sonntag 9.3. Majid, Medina
10.3. Studio, Trio
11.3. einpacken, fahren
12.3. Mehnes, Konzert
13.3. Mehnes, Falot
14.3.
15.3. Falot   Konzert
Son

Arbeitsnotizen zu TRANSMITTING (© CHF)

Nächte dort in einem gediegenen Hotel, mit einer Eingangshalle aus Marmor und himmelblauem Swimmingpool. Als Gäste des Gouverneurs wurden wir einquartiert, ungefragt. Putzfrauen in Kopftüchern huschten vorbei und der Hoteldiener brachte das Gepäck auf das Zimmer. Ich dachte an Filmszenen, die von Reisen der Kolonialherren nach Afrika erzählen. Die Weißen kommen und die Einheimischen sind ihnen zu Diensten. Joachim Kühn wollte nur Musik machen, die Hotelhalle war dafür gerade recht, es musste nicht romantisch sein, in einem Nomadenzelt etwa, und auch nach stundenlangen Kamelritten sehnte Joachim sich nicht. Er blieb so sehr bei sich selbst, suchte eigentlich nur die Begegnung mit den Musikern. Und doch bereicherte ihn alles, was er sah und hörte. Auf unseren kleinen, höchstens halbtägigen Ausflügen in die Umgebung begleitete er uns nicht. Lieber blieb er im Hotel und komponierte. »Ich schreibe Tagebuch«, sagte er, »Noten natürlich.«

Wenn wir von diesem Film erzählen, spüren wir die Erwartung, dass wir tief ins Landesinnere vordringen, dass wir den Menschen nahe kommen. Wir spüren auch, dass eigentlich jeder schon eine Vorstellung von der Wüste hat, auch wenn er noch nie dort war. Und wir spüren gleichzeitig unsere Fremdheit und dadurch auch die Grenzen, in dieses Innere vorzudringen oder überhaupt nur zu erahnen, was die Wüste ist. Was können wir dann zeigen? Nur das, was unter den Bedingungen des kurzen Aufenthalts im März 2008 möglich war. Die Bedingungen waren vorgegeben durch das Vorhaben der Musiker. Wir waren ihre Begleiter. Wir reisten nicht eigens um einen Film in Marokko zu machen. Und doch blieb eine Erfahrung, von dieser Reise, von der mit dem gedrehten Material zu erzählen ist. Ohne Nähe vorzutäuschen. Ohne unsere Fremdheit zu leugnen.

27.10.2009

Am Ende hieß es von Arte / Straßburg: in diesem Jahr werden keine neuen Projekte mehr bewilligt, frühestens in einem Jahr wieder, aber dann werden Projekte, die schon ein Jahr alt sind, nicht mehr so gern genommen. Es soll also doch und vorerst auf diesen Wegen der Finanzierung nichts werden. Wir werden den Film dennoch voranbringen. Es ist die Chance einer größeren Freiheit.

Die Arbeit am Film bleibt immer wieder liegen. Andere Dinge sind zu tun. Im Jahr 2012 finden wir endlich Zeit, uns auf die Fertigstellung zu konzentrieren. Die Postproduktion des Films ist inzwischen von der Filmstiftung NRW gefördert worden.

21.02.2013: Bei den Previews die Frage: muss der Hauptprotagonist eines Films immer sympathisch sein? Das Leben ist oft nicht so, wie wir uns das wünschen. Sperrige Menschen und sperrige Bedingungen. Dem-

gegenüber in Filmen oft zu rechtgezimmerte Realitäten, die diese Sperrigkeiten verloren haben. Worum geht es im Dokumentarfilm? Das beschönigte Leben? Davon gibt es ohnehin genug.
Wir haben den Film in den vergangenen zwei Wochen noch einmal entscheidend verändert, vor allem den Anfang. Auf kleinteilige Herleitungen haben wir verzichtet. Sie gefielen uns schon lange nicht. Stattdessen schlug C. vor, gleich in das erste intensive Stück zu gehen, auch wenn man noch nicht weiß, wo man ist. Auch die Arbeit an der Musik haben wir noch ausführlicher erzählt. Was nicht ganz einfach ist, denn in der Improvisation besteht die Arbeit nicht in der ständigen Wiederholung desselben Stücks bis eine bestimmte Stelle besser gelingt. Bei jedem weiteren Mal klingt ein Stück nicht auf Anhieb besser, sondern zunächst einmal anders. Im Anderen das Bessere zu hören, ist für ungeübte Ohren nicht leicht. Zumal das Andere nicht immer auch das Bessere ist. Eigentlich geht es um den intensiven Moment in der Musik.

23.03.2013: Manchmal schafft die Fülle der Töne, die im Kino von allen Seiten kommen, einen überwältigenden Raum, in den man eintauchen und sich verlieren kann. Manchmal stellt die Fülle der Töne aber auch die leeren Räume zu. Je mehr wir uns im Film der Wüste nähern, desto mehr Stille tritt ein. Keine menschliche Behausung mehr in der Ferne, von der noch Stimmen kämen, kein fernes Spiel der Kinder, kein Gebell von streunenden Hunden, keine Grillen, die unentwegt zu hören wir von Mittelmeer-Reisen so sehr gewöhnt sind. Stattdessen eine Stille, in der nur die Luft zu vernehmen wäre, wenn man sie denn hören könnte, auch wenn gar kein Luftzug geht. Eine leere Stille. Nur ab und zu ein Ton, der in sie hinein fällt, sich in ihr aufhält bis er verklingt. Diese Stille haben wir kaum aufgenommen, denn in der größten Stille bleibt noch das Sirren der Kamera und das Atmen dessen, der sie hält. Nun versuchen wir, diese Stille in der Mischung zu erzeugen, dort wo sich Bild und Ton fast ganz entleeren. Am Rand der Wüste. Boden und Himmel, ein Wolkenschleier, unerwartet der Ruf eines Vogels, dann nichts. Stillstand und Stille. Dann, abrupt die Rückkehr in den Lärm der Stadt.

25.03.13: Reisen. Sich im Fremden erfahren. Kann man sich mit diesem Film im Anderen, in der fremden Kultur erfahren? Es gibt eine spezifische Form der Selbsterfahrung, die ohne den Anderen, den Fremden nicht möglich ist. Die aber auch der Fremde macht in der Begegnung mit uns. Alles bleibt verwirrend und die Fremdheit nicht aufgelöst.
Es gibt eine Fortsetzung der kolonialistischen Haltung, wenn man zu den Fremden geht und erwartet, dass sie bleiben, was sie seit eh und je sind. Ein guter Hinweis, mit dem ich mich schon während der Arbeit am PROSPER / EBEL-Zyklus beschäftigte, als ich die Texte des französischen Ethnologen und Schriftstellers Michel Leiris entdeckte. Man bereichert

sich durch die Betrachtung des Fremden, aber der Fremde, bitte, er möge in seinem Schaukasten bleiben und nicht ein anderer werden. Eine Begegnung auf Augenhöhe fordert Michel Leiris nach seinen Erfahrungen als Ethnologe in Afrika. Die Entwicklung, die man für sich selber wünscht, möge man auch dem Anderen zugestehen. »Sobald nun aber jede Kultur als beständig im Werden begriffen erscheint ... hat auch der Wille, kulturelle Besonderheiten einer kolonialisierten Gesellschaft zu bewahren keinerlei Bedeutung mehr.«[1] Majid Bekkas möchte die Gnaoua-Musik weiter entwickeln und nicht bei den traditionellen Mustern stehen bleiben. So wie Joachim Kühn für sich sagt: »Weiterentwicklung ist das Einzige, was zählt.«

Egal wo wir hingehen in unserer Arbeit, wir gehen immer in die Fremde. Die Fremde kann auch vor der Haustür sein.

---

1 Michel Leiris: *Die eigene und die fremde Kultur,* Frankfurt/M. 1977.

Schattenmund
Gabriele Voss

Vor kurzem habe ich ein kleines gelbes Reclambändchen geschenkt bekommen: *Texte zur Theorie der Autorschaft*.[1] Das traf auf ein Interesse. Schon länger will ich etwas über Autorschaft im Dokumentarfilm schreiben, speziell zu der Frage, auf welche Art und Weise wir Autoren in unseren Dokumentarfilmen sind, denn das werden wir häufiger gefragt.

Der unsichtbare Autor, der nicht vorhandene Autor, der verzichtbare Autor, das Ende des Autorenfilms. »Der Autor ist tot!« Das wisse doch jeder seit Foucault. In dem Reclamband finde ich den ursprünglichen Text von Michel Foucault aus dem Jahr 1969 unter dem Titel: »Was ist ein Autor?« Ich lese nach. Was ein Autor ist, wird von Foucault nicht durch den gestalterischen Akt und die Fülle der dabei getroffenen Entscheidungen beschrieben. Foucault rekonstruiert den Autor aus seinen veröffentlichten Werken. So genannte ›Authentizitätskriterien‹ werden zu Rate gezogen, mit deren Hilfe man verschiedene Texte als Teile eines von einem einzigen Autor verfassten Werkes erkennen könne. Konstantes Wertniveau, stilistische Einheit, ein Grundentwurf, ein bestimmter Ausdruck, die sich durch ein gesamtes Werk ziehen, gehören dazu bis hin zu den Notizen und unvollendeten Projekten.

Ich finde in dem Band auch einen Text von Umberto Eco, für den die Debatte um Leben und Tod des Autors ein »brillantes Spiel mit philosophischen Paradoxien« ist. Paradoxien liefern keine Eindeutigkeit, auch dann nicht, wenn man sie Stück für Stück durchwandert hat. So paradox es ist, der Autor ist tot und zugleich ist er es auch nicht. In solch paradoxem Denken kann ich mich besser bewegen. Am Ende des Prozesses steht das Werk, das ohne seinen Autor auskommt. In diesem Sinne ist der Autor am Ende vielleicht tot. Das Werk lebt auch ohne ihn. Und doch bleibt es die Schöpfung eines bestimmten Autors. Er ist der Urheber und als solcher verschwindet er nicht.

Interessant in dem Reclamband auch Martha Woodmansees Ausführungen über die Entstehung unseres heutigen Verständnisses vom Autor. Im Mittelalter habe man den Schriftsteller noch als Handwerker gesehen, dessen Fähigkeiten gleichwertig neben denen des Setzers, des Druckers usf. standen. Erst danach sei ein Verständnis aufgekommen, wonach das Schreiben (und auch die anderen Künste) nicht nur Handwerk sei, sondern etwas darüber hinaus, ein Werk der Kunst, sofern darin etwas Geniales, Originales zum Ausdruck gebracht werde, ein Werk, das kein anderer als der individuelle Autor habe schaffen können. Der Au-

1 *Texte zur Theorie der Autorschaft*, hrsg. von Fotis Jannidis u.a., Stuttgart 2000.

tor / Schöpfer unterscheide sich vom Chronisten, der nach einem gewissen festgelegten Regelkanon arbeite. Aber auch für den individuellen Autor, für das Genie, für das Original gelte das Kriterium der »Angemessenheit«, in der Wahl des Sujets und der Mittel bis in die Ausführung.

Und wir Dokumentaristen – sind wir Chronisten, die nach einem festgelegten Regelkanon arbeiten oder sind wir Autoren? Wenn der Autorendokumentarfilm nicht mehr benötigt wird, wie die Rede geht, zu was werden dann die Dokumentaristen? Zu Handwerkern, mehr noch zu Handlangern, die am Ende ein formatiertes Produkt abliefern, über dessen Aussehen sie nicht haben entscheiden können?

Wie verhält sich das industrielle Modell des Drehbuchschreibens in Hollywood zur Autorschaft? Sieht man auch hier eher den Handwerker am Werk, der ebenfalls ein formatiertes Produkt abliefert, indem er Szenen und Dialoge nach bestimmten, vorgegebenen Regeln verfasst, die von anderen jederzeit überschrieben werden können bis das gewünschte Produkt entstanden ist? Wenn Studios und Produzenten sich vorbehalten, Szenen und Dialoge zu ändern, zu streichen oder hinzuzufügen und am Ende das letzte Wort zu haben, scheint der Spielraum für den ›originalen Ausdruck‹ eines einzelnen Autors eher gering. In Hollywood war man sich aber schon früh bewusst, wie sehr der Erfolg eines Filmes von einem guten Drehbuch und damit eben auch von individueller Handschrift abhängig ist. Und die Drehbuchautoren haben für eine entsprechende Anerkennung ihrer Autorschaft über Jahrzehnte gekämpft.

Auch im dokumentarischen Arbeiten geht es nicht darum, die immer gleichen gestalterischen Anforderungen einer Chronik, eines Protokolls oder eines Formats zu erfüllen. Umgekehrt geht es auch nicht um Willkür, um beliebige Freiheit in Fragen der Gestaltung und der Form. Unser ständiges Bemühen zielt darauf, dem Sujet, dem Stoff, den wir vor uns haben, in der Form gerecht zu werden. Dabei haben wir Spielräume und zugleich werden diese Spielräume durch die Vorgaben im Material begrenzt.

Ein Beispiel: Thomas Harlans anti-biographische Erzählungen in unserem Film THOMAS HARLAN – WANDERSPLITTER. Ausgangspunkt des Films ist ein Leben. Aber was ist eine Biographie? Thomas Harlan: »Das legen Sie sich im Nachhinein zurecht.« Im Moment des Erlebens gibt es Konsistenz und Folgerichtigkeit der Biographie aus dem Vorausgegangenen und noch Kommenden nicht. Und was ist Erinnerung an ein Leben? Die Hirnforschung weiß inzwischen: sie ist ein Konstrukt, etwas Künstliches, das man sich zusammenbaut aus tatsächlich Erlebtem und fiktiven Hinzufügungen. Erinnerung enthält nur Bruchstücke des eigenen Lebens, daneben Hinzugedichtetes, das die Lücken füllt und Sinn stiftet. Außerdem läuft Erinnerung nicht chronologisch ab, sie ist nie fertig und abgeschlossen. Sie wird ein Leben lang umgewandelt und in immer neue Zusammenhänge eingebaut. Welche Form der Darstellung wird dem gerecht? Wir wählten für den Film die Form einer losen Folge von Splittern, die nicht zu einem Ganzen werden, aneinandergefügt, aber ohne Chronologie, und zwischen den Splittern Lücken, Brüche, auch Hinzugedichtetes, das durchaus bemerkt werden soll. Dichtung und Wahrheit, facts and fiction, auch im Dokumentarischen.

Im Film THOMAS HARLAN – WANDERSPLITTER wird nicht nur erzählt, dass man es mit Bruchstücken, Lücken und Unzusammenhängendem zu tun hat. Es wird auch erzählt, dass die Stücke unpassend sind und in Bewegung. Sie wandern, sie sind schmerzhaft und im schlimmsten Fall können sie mitten ins Herz treffen und den Tod bringen. Die Stücke werden durch die Montage nicht geglättet, gehobelt, gefeilt, um weniger weh zu tun und besser zueinander zu passen. Es geht um Wandersplitter. Der Titel des Films sagt, dass die Stücke schmerzhaft bleiben und sich ihr Wandern im Körper nicht aufhalten lässt. Man kann die Splitter jedoch beobachten, man kann sie lokalisieren und ihre Gefährlichkeit bestimmen. Eine Form und Erzählung für all das zu finden ist die Leistung des Autors, mit der er sich selbst in das Werk einschreibt und zugleich auch zum Verschwinden bringt, wenn es gelingt.

Zu derartigen Überlegungen gehört auch Thomas Harlans Paradoxon vom »Erzählen ohne Ich«. Der Autor als Person, als besonderes Individuum mit besonderen Fähigkeiten und Neigungen, und seien sie noch so originell, ist nicht Grund genug für eine Erzählung. »Jede Geschichte braucht ein Subjekt – der Erzähler ist halt der Erzähler«, sagte Thomas Harlan in einem unserer ersten Gespräche. »Mit welchem Recht er aber erzählt – das kann er sich nur erwerben. Nicht weil er heißt oder irgendwer ist, sondern weil er das richtig erzählt.« Als Beispiel erzählt er im Film die Geschichte einer zufälligen Begegnung in Moskau 1953. Er selbst sieht sich in dieser Geschichte nur als jemand, der weiß, dass das, was er erzählen wird, vorgekommen ist. »Insofern«, sagt er, »ist die Person des Ichs da ganz weg.« Das Paradox auch hier: dass das Ich des Erzählers keine Rolle spielt und der Erzähler dennoch ›ich‹ sagen muss um die Geschichte zu erzählen: »Ich stieg in einen Autobus ein und habe mir gesagt: Jetzt fahre ich mal durch Moskau. Ich will die Stadt sehen.« Und dann erzählt er die Geschichte einer Tagesfahrt durch Moskau, in der ein alter Mann ihn zum Zeugen macht für seine Existenz, indem er ihn mit zu sich nach Hause nimmt und ganz unerwartet einen ganzen Jahrgang des *Berliner Tageblatt* von 1929 vor ihm ausbreitet.

Harlans Schlussfolgerung aus dieser Geschichte: »Er wollte von ›es‹, dass es einen Zeugen dafür gibt, dass er mal da war auf der Welt. … dass einer sah, dass er einmal im Leben jemand war, der in Berlin war, der draußen war, der überhaupt etwas war. Überhaupt war, dass es ihn gab, denn es könnte sein, dass das niemand weiß, dass es ihn je gegeben hat. Und plötzlich hat er gedacht, es sei gut, wenn einer der Vögel, die da vorbeikommen, eine Geschichte erzählen kann, so wie ich sie Ihnen jetzt erzähle, ohne dadurch eine Person zu werden.« Und dafür riskierte dieser Mann seine Sicherheit in Stalinzeiten, in denen es an sich schon kühn war, einen Fremden auf der Straße anzusprechen.

Der Erzähler ohne Ich. Wir fragten Thomas Harlan, warum er das umfangreiche dokumentarische Material, das er zur Verfolgung von NS-Verbrechen gesammelt hat, nicht einfach als Sammlung von Dokumenten veröffentlicht hat? Stattdessen erzählt er davon in Romanen wie etwa *Heldenfriedhof* und *Rosa*. Thomas Harlan bezweifelte, dass die Veröffentlichung einer bloßen Ansammlung von Dokumenten ihre Adressaten wirklich erreicht, wenn sie ihnen nicht von irgendjemand erzählt werden. Für die Wahrheitsfindung bedeuteten diese Dokumente zwar viel. Aber für die Lust, mit der Wahrheit umzugehen, sei es zu wenig. Gerade darum aber gehe es und dafür brauche es die Perspektive des Erzählers. Ohne Ich.

Aristoteles schreibt in seiner *Poetik*: »Der Dichter selber soll nur so wenig als möglich sagen.« Er lasse sogleich »einen Mann oder eine Frau auftreten«, und lege alles, was er sagen will, in die Charaktere. Ähnliche Gedanken finde ich bei Jean-Claude Carrière[2], dem Drehbuchautor von Luis Buñuel, Jean-Luc Godard, Louis Malle u.a. Carrière nennt einen Autor / Erzähler, der sich auf diese Weise zurücknimmt: »Schattenmund«. Schattenmund erzählt und spricht nicht von sich selbst. Die goldene Regel für seine Erzählung heißt: »Sich nie für würdig zu erachten, erwähnt zu werden. Stattdessen jedes persönliche Gefühl in die Reaktionen und Worte der Figuren legen und bescheiden und hartnäckig hinter ihnen verschwinden.« Das ist Autorentätigkeit und darin erkenne ich etwas von unserer Arbeit wieder – in der Wahl unserer Sujets, in dem, wie wir unsere Figuren behandeln, in den Entscheidungen, die wir in der Montage fällen, in der Perspektive, die wir für die filmische Erzählung wählen. Das ist etwas anderes als das Verfassen einer Chronik oder das Herstellen eines Formats. Jean-Claude Carrière fährt fort: »Die Schönheit einer Erzählung entstammt meist dem Dunkel. Die großen Autoren sind anonym.«

Für Jean-Claude Carrière ist dies eine paradoxe Feststellung in einer Zeit, »in der der Autor, das Individuum, ununterbrochen sein Recht betont. … Die Errungenschaften des Individuums begünstigen seit zwei

2 Jean-Claude Carrière: *Über das Geschichtenerzählen*, Berlin 2002.

oder drei Jahrhunderten die Äußerung des Ich,« stellt er fest und beschreibt damit eine Auffassung, die im Werk vor allem den Ausdruck der besonderen Person des Autors, seiner Anliegen und Neigungen sieht. Vielleicht geht es Foucault um den Tod dieses Autors. So verschieden und vielleicht auch unvereinbar die Auffassungen von Autorschaft aber auch sind, sie berühren sich doch, denn jedes Werk hat einen Urheber, allem Erzählen liegen die Entscheidungen eines Autors zugrunde, die sich am Ende in der Form manifestieren, auch wenn der Schöpfer des Werkes im Ergebnis unsichtbar geworden ist. Selbst in der Unsichtbarkeit zeigt er noch etwas von sich. Er ist in seinem Werk anwesend und abwesend zugleich. Das ist das Paradox.

Schattenmund ist eine Rolle, die zu spielen wir uns bewusst entscheiden. Diese Rolle zu spielen heißt: erzählen und in der Erzählung das eigene Tun zum Verschwinden zu bringen. Diese Rolle zu spielen sieht im Ergebnis aus als täte man fast nichts. Tatsächlich tun wir aber vieles. Wir wählen einen Stoff. Wir wählen einen Kader, einen Blickwinkel, eine Perspektive. Wir wählen die Dauer einer Einstellung. Wir wählen Raumblöcke und Zeiteinheiten. Wir wählen Figuren. Wir wählen aus und lassen weg. Wir setzen Schnitte. Wir wählen Stücke und die Lücken zwischen den Stücken. Wir verdichten die erzählte Zeit in die Erzählzeit. Wir schaffen einen Rhythmus. Wir wählen eine Narration und eine Anordnung der Elemente auf dem Pfeil der Zeit. Wir wählen Töne und Klänge. In dem, was wie beinahe Nichtstun aussieht, wird doch so viel getan. Warum sieht es am Ende dennoch wie Nichtstun aus?

Thomas Harlan hat am Ende der Dreharbeiten zu unserem Film WANDERSPLITTER über uns gesagt: »Es ist ein Genuss zu spüren, dass Sie einen Stein beobachten wollen und ohne zu fragen warten, bis Moos drauf wächst. Ich kann mir sehr gut vorstellen, dass sich Ihre Filme dadurch auszeichnen, dass Sie die Dinge gewähren lassen. Das ist kostbar.« Gewähren lassen, einfach da sein, warten, aufnehmen, später in der Montage das Material sprechen lassen, ihm Raum geben, wenig hinzufügen, das sieht wie beinahe Nichtstun aus.

Die Dinge haben ihr eigenes Gesetz, ihr eigenes Maß. Vielleicht besteht dieses beinahe Nichtstun darin, dass man ihnen nichts antut, was nicht schon zu ihnen gehört. Dass man sie zum Vorschein kommen lässt statt sie zu nehmen, um sich selbst zum Vorschein zu bringen. Das ist nicht selbstverständlich und es ist auch nicht leicht. Es braucht Zeit, es ist langwierig und man ist sich selbst dabei oft im Weg. Kenntnis, Wachheit, Aufmerksamkeit, Beherrschung der Mittel und des Handwerkszeugs sind verlangt. Die Entscheidung des Autors, ein Schattenmund zu sein, ist eine bewusst gewählte Haltung und sie kann nur als Annäherung gelingen. Schattenmund versucht, für die Dinge durchlässig zu sein. Etwas spricht aus ihm, nicht: er spricht. Und doch spricht er. Schattenmund formt, was aus ihm spricht. Das, was aus ihm spricht, ist ihm nicht Mittel, um damit etwas anderes zu sagen. Das, was aus ihm spricht, spricht sich selbst. Thomas Harlan sagte, als wir mit ihm über das Schreiben sprachen: »Sprache ist etwas sehr Selbständiges. Das ist nicht etwa eine Sache, mit der Sie etwas sagen wollen. Wer die Sprache benutzt um etwas sagen zu wollen, das ist ja schon ein solcher Missbrauch, dass es die Sprache nicht mehr gibt. Die will. Da müssen Sie folgen und klug folgen und noch mal säubern nachher. Sie stürzen auch zwischendurch ab. Sie wissen, in welche Winde man kommen kann oder was von der Seite weht, wo Ruhe noch reinkommen muss plötzlich, weil die Bewegung so schnell war. Das ergibt sich eigentlich aus dem Fall des Tons und nicht aus den Absichten.« Schattenmund kennt sich aus in den Mitteln, er weiß, was er tun muss, damit die Dinge in Erscheinung treten, er beherrscht sein Instrument und wird doch zugleich auch von ihm beherrscht. Schattenmund ist nicht passiv, er gibt Gestalt und dennoch ist er durchlässig und folgt dem, was aus ihm spricht. Ein weiteres Paradox.

Das Bild: Schattenmund sitzt unter einem großen Baum, so sehr in dessen dunkle Schatten eingehüllt, dass er nicht erkennbar wird. Die Zuhörer, um ihn geschart, sind ihm zugewandt oder auch nicht. Sie müssen Schattenmund nicht sehen, um sich seine Geschichte vorzustellen. Das Kino, wie der tiefe dunkle Schatten des großen Baumes, in dem die Zuschauer sich einfinden, um die Geschichten – nicht die Person des Erzählers – im Dunkeln zu hören und zu sehen.

Schattenmund. Ein Mund spricht aus dem Schatten. Nur der Mund, keine Gestalt wird sichtbar, noch viel weniger eine Person, der Erzähler. Der Erzähler bleibt im Schatten, er schreibt sich ein in seine Erzählung und verbirgt sich dort zugleich. Der Mund ist das Instrument und die Worte sind das Material, die die Erzählung zum Klingen bringen.

Schattenmund entwirft ein Bild der Dinge und einen Lauf der Geschichte. Er erzählt gerade so viel wie nötig, damit seine Zuhörer die Dinge vor ihrem eigenen inneren Auge sehen. Nicht er wird sichtbar sondern die Dinge. Seine Kunst besteht darin, sichtbar, hörbar, erfahrbar werden zu lassen, wovon er erzählt. Seine Geschichten sind offen und unabgeschlossen. Sie vollenden sich erst in der Vorstellungswelt seiner Zuhörer.

Schattenmund ist Diener seiner Geschichten. Er lässt die Dinge zur Geltung kommen und gewähren. Er fällt ihnen nicht ins Wort, montiert sie nicht willkürlich in einen Zusammenhang, der nicht der ihre ist, er unterstreicht nicht, er hebt nicht hervor, was nicht von sich aus hervor gehoben ist. Schattenmund erzählt vom Leben, wie es gelebt wird, in allen Facetten. Er dramatisiert nicht, was nicht von sich aus dramatisch ist. Er operiert nicht mit seiner Befindlichkeit.

John Cage operierte mit dem Zufall, um sich von Befindlichkeiten und den eigenen kulturellen Konditionierungen zu befreien. Gibt es im Dokumentarischen etwas Vergleichbares? Zum Beispiel im *direct cinema*, das die Dinge deshalb sichtbar werden lässt, weil es ohne allzu viel Eingriff und ohne vorgegebenes narratives Ziel operiert? Ohne Eingriff gehe es nicht, wurde immer wieder eingewandt, denn um die Wahl eines Ausschnitts, einer Perspektive, einer Dauer etc. komme man nicht herum. All dies sei immer schon eine subjektive Setzung. Auch der Zufall entscheide nur bedingt, denn ihm gehe immer etwas voraus – die technischen Gegebenheiten, die eigene Geschichte, die kulturellen Codes, die man erlernt und verinnerlicht hat. Mit denen man misst. Wenn nicht der Autor, so doch das Publikum. Kann man sich von diesen Gegebenheiten, wie Cage es mit seinen Zufallsoperationen versuchte, wirklich befreien? Wenn nicht, so kann man mit diesen Bedingtheiten jedoch bewusst umgehen und sie auch sichtbar werden lassen. Auch dieses Paradox: wir sehen die Dinge mit unserem vorgeprägten Blick und dennoch machen wir den Versuch, sie unabhängig davon zu sehen.

Genauso wenig wie Nicht-Eingreifen gebe es Freiheit von kultureller Prägung, denn jedem schöpferischen Akt seien schon so viele Akte vorausgegangen, dass grundsätzlich Neues kaum noch erfunden werden könne. Ein Film, ein Text sei immer »ein Gewebe von Zitaten aus unzähligen Stätten der Kultur,« sagt Roland Barthes.[3] Es sei unmöglich, nicht darauf zurück zu greifen. Folglich könne ein Autor sich auch nicht mehr dadurch auszeichnen, dass er etwas voraussetzungslos Neues schaffe – das Original. Ein Autor kann aber aus der unendlichen Fülle an schon vorhandenen Stücken immer wieder neu und anders montieren. Ein wesentliches Mittel der filmischen Gestaltung ist die Montage. Coupage, découpage, montage / ausschneiden, auflösen, montieren (Luis Bunuel). Montage vor dem Drehen, Montage beim Drehen, Montage nach dem Drehen. (Dziga Vertov). Immer wieder, immer anders aus etwas schon Gegebenem. Gerade im Dokumentarfilm.

Nach all dem, eine Frage auch an uns: ist Autorschaft zu zweit, im Team, im Paar, überhaupt möglich? Vielleicht kann man sogar besser verstehen, dass dies möglich ist, wenn man den Autor / Künstler in der Rolle

3 Roland Barthes: Der Tod des Autors, in: *Texte zur Theorie der Autorschaft,* hrsg. von Fotis Jannidis u.a., Stuttgart 2000.

des Schattenmund sieht und seine Werke nicht nur als Ausdruck einer einzigen, genialen Künstlerpersönlichkeit. Wenn Musiker zusammen auftreten, kann da nur einer der Künstler sein und die anderen sind dann nur ausführende Organe dessen, was der / die eine vorgibt? Die Improvisatoren im Jazz schaffen im Auftritt erst das Stück, das sie gleichzeitig spielen. Und das Entstehen unserer Dokumentarfilme hat viel mit Improvisation zu tun. Frei improvisieren, allein und mit anderen, kann man aber erst, wenn jeder sein Instrument beherrscht. Und wenn man einander zuhört und aufeinander eingeht und jeder eigenständig ist.

Unser Film MANDALA. Zu sehen sind buddhistische Mönche aus Buthan, die ein Sandmandala streuen. Sind sie Handwerker, sind sie Künstler / Autoren? Sind sie Schattenmünder, die von etwas erzählen, das viel größer ist als sie selbst? Ein Mandala wird gesehen als Abbild des Universums. Dieses Abbild haben die Mönche tief verinnerlicht. Sie kennen es auswendig wie ein Gedicht. Die Farben, die Formen des Mandalas, alle Details sind in Jahrhunderte alten Schriften, den Tantras, festgelegt. Wenn die Mönche ein Mandala streuen, sind sie bemüht, es gänzlich ohne Abweichung vom Urbild nachzuschaffen. Im Nachschaffen meditieren sie zugleich dieses Bild. Das Bild und das Streuen des Bildes werden im Tun eins. Die Mönche sind im Moment des Streuens das, was sie tun. Sie zeigen höchste Könnerschaft und sind zugleich als Personen vollkommen unwichtig. Sie sind wie Werkzeuge und als solche austauschbar. Ein Mandala wird gestreut und unmittelbar nach seiner Vollendung wieder zerstört. Es kann jederzeit in gleicher Weise und gleicher Form wieder geschaffen werden. Die Mönche kommen mit ihrem Tun wie aus einer anderen Zeit, in der Künstler, Musiker, Schriftsteller Medium waren, durch die das so genannte »Göttliche / Universelle« sich manifestiert. Keinen eigenen Ausdruck fügten sie dieser Manifestation hinzu. Auch die Mönche tun dies nicht. Sie haben keine Wahl. Sie vollziehen das Vorgegebene.

Das Abwesen, das Nicht-Dasein desjenigen, der ein Haiku, eine Tuschezeichnung, einen Tempel geschaffen hat. Im fernöstlichen Denken wird gelehrt, dass man sich den natürlichen Gegebenheiten der Dinge anzuschmiegen und sich aufgeben habe zugunsten der Gesetzmäßigkeiten der Welt. Erst dann könne die ›Anmut der Welt‹ hervor treten, könne sich ihre natürliche Ordnung zeigen.[4] Wir sind konditioniert, immer etwas zu wollen, Ziele zu verwirklichen, die Dinge zu formen nach unserem Bild. Was aber versetzt einen in die Lage, sich zu vergessen und sich stattdessen den Dingen anzuschmiegen? Wieder werden wie ein staunendes Kind, unwissend und scheu wie ein Tor. Das erinnert an die Geschichte des Parzival, der die Welt gerade deshalb schauen kann,

4 vergl. Byung-Chul Han: *Abwesen*, Berlin 2007.

weil er ungebildet ist und nicht zu viel weiß. Die Strategie seiner Mutter: Parzival dumm halten und ihn dadurch vor den Gefahren der Welt bewahren. Aus Dummheit stellt Parzival am Artushof die Mitleidsfrage nicht, als er den kranken Amfortas vor sich sieht. Stattdessen lässt er sich blenden vom Reichtum und Glanz der Ritter und ihrer Rüstungen. Weil er das Leiden des Amfortas übersieht und die Mitleidsfrage nicht stellt, wird er hinausgestoßen in die Welt und kommt in ihr nicht um. Aus Dummheit kann er die Gefahren nicht sehen und hat auch keine Angst. Dennoch sehnt er sich nach dem Artushof und sucht den Weg zurück. Auf seiner Suche wird ihm empfohlen, nicht zu sehr zu suchen, denn was er suche, könne er nur finden, wenn er nicht danach sucht. Vergleichbar *»Prinz Absichtslos«* in der chinesischen Erzählung des Tschuang Tse.[5] Prinz Absichtslos findet die verlorene Perle, gerade weil er nicht danach sucht. Unser Film ANNA ZEIT LAND hat einen ähnlichen Ausgangspunkt. Die Geschichte einer Umherirrenden, die nichts sucht, keine Ziele verfolgt und dennoch immer auf etwas stößt. Anna lässt sich treiben in den Umbrüchen Deutschlands in den Jahren 1989 bis 1993 – wie ein staunendes Kind.

Im fernöstlichen Denken schätzt man es sehr, wenn die Dinge mühelos gelingen. Mühelosigkeit werde erreicht, wenn man sich den Dingen nicht entgegenstellt. Nicht wollen und streben sondern geschehen lassen. Nicht zu viel wollen und doch gerade das wollen. Das Ich zurückweichen lassen zugunsten der Welt. Diese Haltung ist im Westen nicht unbekannt, wenn auch nicht sehr verbreitet. Zum Beispiel der Dichter Stéphane Mallarmé, er spricht von unverzichtbarer Unpersönlichkeit, wenn Schreiben gelingen soll. Ähnlich der Jazzpianist Joachim Kühn in unserem Film TRANSMITTING: den Kopf zu Hause lassen, jedoch nicht kopflos sein, dann entsteht gute Musik. »Man vergisst erst seine Füße, wenn man die richtigen Schuhe hat.« Das wiederum sagt der chinesische Dichter Tschuang Tse vor mehr als 2.000 Jahren. Schattenmund erzählt nicht voraussetzungslos. Er muss vorbereitet sein und zugleich durchlässig. Er muss sein Handwerkszeug beherrschen wie der Musiker sein Instrument. Er muss selbstvergessen sein, zugleich hell wach und aufmerksam. Schattenmund. Durch ihn erzählt sich die Welt.

2013

---

5 Tschuang Tse: *Reden und Gleichnisse,* in diesem Band S.168.

Filmografie

HUCKINGER MÄRZ

Buch: Christoph Hübner, Gabriele Voss, Andreas Köbner. Regie: Christoph Hübner. Kamera: Axel Block. Ton: Charlie Rösch, Andreas Köbner. Montage: Christel Suckow. Produktionsleitung: Thomas Giefer, Peter Wohlgemuth. Darsteller: Arbeiter der Mannesmann-Hüttenwerke in Duisburg und ihre Familien. Produktion: Hochschule für Film und Fernsehen, München und SJD Die Falken.

16mm, s/w, Lichtton, 70 Min., BRD 1974

Im März 1973 streiken spontan etwa 350 Arbeiter des Profilwalzwerkes bei Mannesmann in Duisburg-Huckingen. Sie verlangen höhere Lohneinstufung und bessere Arbeitsbedingungen. Während des Streiks besetzen die Profilwalzwerker die Verwaltung und die Produktionsanlagen, werden daraufhin durch Gerichtsbeschluss ausgesperrt, organisieren eine eigene Pressekonferenz und erfahren wachsende Unterstützung in der Öffentlichkeit. Nach zehntägigem Streik haben sie ihre Forderungen durchgesetzt.

In zwanzig nachgespielten Episoden schildert der Film den Verlauf des Streiks bis zu seinem Erfolg. Der Film entstand in Zusammenarbeit mit den am Streik beteiligten Kollegen von Mannesmann, ihren Frauen, Betriebsräten und Vertrauensleuten. Sie übernahmen sämtliche Rollen mit Ausnahme der Rolle eines Direktors.

VOM ALLTAG EINER KRISE

Regie: Christoph Hübner. Kamera: Axel Block. Ton: Rolf Basedow. Montage: Gabriele Voss. Produktion: Hochschule für Film und Fernsehen, München.

16mm, s/w, Lichtton, 62 Min., BRD 1976

Fünf alltägliche Geschichten, keine spektakulären Ereignisse – eben der Alltag einer Krise und der von ihr Betroffenen. Im Film stellen Arbeitslose sich und das, was ihnen wichtig ist, selber dar. Auf jeden vermittelnden oder verallgemeinernden Kommentar wurde verzichtet. Die fünf Geschichten sind zwischen dreizehn und sechzehn Minuten lang.

1. **»Wehren tut sich da doch keiner!«**
   Eine Akkordarbeiterin berichtet von den drohenden Massenentlassungen in ihrem Betrieb; wie zu dem Druck des täglichen Akkords noch der einer ungewissen Zukunft kommt.
2. **»Da fragst'e dich doch, wozu du eigentlich da bist.«**
   Ein sechzehnjähriges Mädchen ist zum dritten Mal arbeitslos. Sie steht hilflos vor ihrer Situation, beschränkt auf Hausarbeit und Ablenkung.
3. **» ... bist du dritte Klasse Mensch!«**
   Ein türkischer Kollege schildert seinen Alltag als arbeitsloser ›Gastarbeiter‹; seine Behandlung als ›Mensch dritter Klasse‹ und die Schwierigkeiten, wenn er jetzt zurück soll in die Türkei.
4. **»Wenigstens von den Kollegen sollte man nicht entlassen werden!«**
   Ein fünfzigjähriger Schichtmeister ist durch den Konkurs des Kleinbetriebes, in dem er lange gearbeitet hat, arbeitslos geworden; jetzt macht er sich Gedanken, wie vor allem die Gewerkschaft sich der Arbeitslosen annehmen müsste.
5. **»Erfahrungen aus einem Arbeiterleben.«**
   Ein alter Arbeiter, ehemals Bergmann, erzählt von seinen Erfahrungen mit der Wirtschaftskrise und Massenarbeitslosigkeit Ende der zwanziger Jahre. Er berichtet von den damaligen sozialen und politischen Folgen und fragt, ob manches heute nicht wieder ähnlich verläuft.

LEBENS-GESCHICHTE DES BERGARBEITERS ALPHONS S.

Ein Bio-Interview in acht Teilen von Alphons Stiller, Gabriele Voss, Christoph Hübner. Produktion: Christoph Hübner Filmproduktion mit dem Institut für Filmgestaltung Ulm.

16mm, s/w, Magnetton, 8 Teile von je 25–35 Minuten, gesamt 256 Min., BRD 1977/78

Im Film erzählt der Bergarbeiter Alphons S. seine Lebensgeschichte, die zugleich Zeitgeschichte ist. Sie beginnt mit den ersten Erinnerungen an die Kindheit im Saarland, später im Ruhrgebiet. Alphons S. wird Lehrling im Bergbau, arbeitet dann als Kohlehauer untertage. In den Jahren der Weltwirtschaftskrise wird er arbeitslos, zieht als ›Tippelbruder‹ durch Deutschland. Schließlich findet er wieder Arbeit als Schnitter auf den mecklenburgischen Gütern, bis er als Bausoldat zum Kriegsdienst einberufen wird.

Film 1 Frühe Kindheit im Saargebiet (1906–1910)
   Die häuslichen Verhältnisse / Vom frühen Tod der Mutter / Die Stiefmutter / Umsiedlung ins Ruhrgebiet

Im Ruhrgebiet (ab 1910)
Vom Leben in den Kolonien / Die ›Pollacken‹ / Die mitgebrachten, ländlichen Gewohnheiten
Schulzeit und Erster Weltkrieg (1912–1918)
Wie die Kinder den Krieg in der Schule erlebten / Von der Kriegsbegeisterung und den gefallenen Söhnen / Von Kriegsanleihen und schwarz-weiß-roten Nägeln / Von der Not, die erfinderisch macht

Film 2 Der Krieg ist aus (1918–1920)
Wie die Soldaten nach Hause kommen / Von den Lehrern, die heimkehren / Von ihren gegensätzlichen Schlussfolgerungen aus dem Krieg
Kapp-Putsch (1920)
Ausschnitthafte Erinnerungen eines 14-jährigen / Von den Versäumnissen der Sozialdemokratie
Arbeit im Bergbau (1920–1923)
Als 14-jähriger im Übertagebetrieb / Als 16-jähriger auf Nachtschicht untertage / Die verlorenen Errungenschaften von 1918 / Tarifverträge damals / Vom ersten Verdienst / Inflationszeit / Von den ›Alldeutschen‹ und der Verunglimpfung der Juden schon 1923

Film 3 Die Ruhrbesetzung durch die Franzosen (1923)
Der passive Widerstand gegen die französische Besatzung / Die Erfolglosigkeit der Aktionen / Von den Auseinandersetzungen mit der Stiefmutter und vom Verlassen des Elternhauses
Auf einer Mühle im Saargebiet (1923–1925)
Arbeit auf einer Mühle / Beziehungen zu Mädchen / Vom Sohn des Müllers und vom Lesen in seinen Büchern
Auf der Zeche Frankenholz (1925)
Eine Zeche auf dem Lande / Von der christlichen Gewerkschaft und den ›Radfahrern‹ / fristlose Entlassung / Vom Entschluss, auf die Tippelei zu gehen

Film 4 Auf der Tippelei (1925/26)
Das Leben auf der Landstraße / Vom Strandgut der Gesellschaft und den Menschen, die damals unterwegs waren / Vom englischen Bergarbeiterstreik, dem Verhalten der deutschen Gewerkschaften und der Chance, wieder einen festen Arbeitsplatz zu bekommen
Wieder im Ruhrgebiet (1926–1928)
Das Unglück des Vaters / Vom besseren Verdienst und dem Sich-Sehen-Lassen-Können / Die ›goldenen‹ zwanziger Jahre / Von innergewerkschaftlichen Auseinandersetzungen und ersten Kontakten zur Arbeiterbewegung / ›Linksradikalismus‹ und die Entstehung politischen Bewusstseins

Film 5 Sechs Wochen im Aachener Kohlerevier (1928)
Nasse Gruben und wenig Lohn / Eine gewisse Straße in Aachen
In Berlin (1928/29)
Warum man in Berlin ganz einfach nicht auf den Hund kommen konnte / Vom Schlesischen Bahnhof, den Vorschnittern und der ersten Frau
Auf den Gütern (ab 1929)
Die erste Stelle bei Neuruppin / Vom Bohnendreschen, dem Oberleutnant und einer gescheiterten Arbeitsniederlegung / Die zweite Stelle im havelländischen Luch: eine große Milchproduktion / Wechsel auf das dritte Gut

Film 6 Zunahme der Nazis auf dem Lande (1930–1933)
Die Geburt des ersten Sohnes und das Sesshaft-Werden / Von der Verschlechterung der wirtschaftlichen Lage / Die Entwicklung bei den Wahlen / Der Einstieg in das politische Leben / Von der Konfrontation unter Arbeitern
Nach der Machtübernahme (ab 1933)
Die letzte Saalschlacht und die Machtübernahme / Von der Schutzhaft, die vor den Nazis nicht schützt / Das Gründen von Sportvereinen und ein folgenreiches Interview / Von den Massenorganisationen der Nazis auf dem Lande

Film 7 Exkurs: Wie konnte der Faschismus so stark werden?
Die propagandistischen Reden, die sich so gut und vernünftig anhörten / Von den Arbeitern und der nationalsozialistischen deutschen Arbeiterpartei / Die ganz legale Machtübernahme / Die Gelder der Großindustrie / Vom praktischen Nutzen der Judenverfolgung / Der Kampf gegen den inneren Feind und die allgemeine Gleichschaltung / Versäumnisse von SPD und KPD

Film 8 Der alltägliche Faschismus (1933–1939)
Die Geburt der Tochter und der Boxkampf zwischen Schmeling und Joe Louis / Vom Volks-
empfänger und den Führerreden / ›Schachern‹ mit einem Juden und die Folgen / Der
1.Mai 1938 und den Führer um Verzeihung bitten / Vom Spitzelsystem und den ›Feinden
des Volkes‹ / Das große Misstrauen / Von den Schwierigkeiten des Widerstands

TOR 2

Gemeinschaftsproduktion von Filmemachern zur Unterstützung des Stahlstreiks 1978/79. Regie,
Ton: Klaus Wildenhahn. Idee: Klaus Wildenhahn, Jutta Uhl. Kamera: Rainer Komers, Christoph
Hübner. Fotos: Jutta Uhl, Gabriele Voss. Schnitt: Jutta Uhl. Produktion: Klaus Wildenhahn.
Super 8 auf 16mm aufgeblasen, Farbe, 32 Min., BRD 1978/79
Am 28.11.1978 treten von 220.000 Stahlarbeitern 37.000 in den Streik. Ihre Forderungen zusammen mit der Industriegewerkschaft Metall: 5% mehr Lohn und die schrittweise Einführung
der 35-Stunden-Woche.
Die Filmemacher zu ihrem Solidaritätsfilm: »Weihnachten 1978. Wir sind mit uns unzufrieden,
dass außer einer Geldsammlung keine praktische Solidarität von uns mit den streikenden Stahlarbeitern erfolgt ist. Warum bieten wir ihnen nicht unser Handwerk an? Wir telefonieren mit
einem befreundeten Betriebsrat von Mannesmann. Frage: »Können die Arbeiter dort, wo Streikposten stehen, einen Film in Super 8 drehen? Wir würden sie mit einigen unserer Kollegen dabei unterstützen.« Antwort: »Die Streikposten haben zu viel zu tun.« So nehmen wir die Arbeit
selbst in die Hand, kaufen dreißig Rollen Super-8-Material, Tonbänder, Fotofilme. In der Nacht
vom 31.12.1978 auf den 1.1.1979 sind wir zu fünft am Tor 2 der Mannesmann-Hütte in Duisburg,
von abends 8 Uhr bis zum nächsten Morgen um 7 Uhr: Klaus Wildenhahn, Rainer Komers,
Christoph Hübner, Gabriele Voss, Jutta Uhl.
Es ist ein emotionaler Film. Gefühle und Gedanken in der eiskalten Sylvesternacht, beim Streik,
vorm Tor. Dokumentarisch und: unabhängig produziert, bezahlt aus eigener Tasche. Unser Film
soll Amateuren Mut machen. Im Text heißt es einmal: »Diesen Film haben wir gemacht, macht
ihr dann den nächsten.« Und: »Kein journalistisches Überall und Nirgendwo, sondern da, wo ihr
steht.«

PROSPER / EBEL – CHRONIK EINER ZECHE UND IHRER SIEDLUNG
Dokumentarischer Filmzyklus von Christoph Hübner, Gabriele Voss, Werner Ružička, Theo Janßen,
Christa Donner und den Bewohnern von Bottrop-Ebel. Produktion: RuhrFilmZentrum.
16mm s/w und Farbe, gesamt 341 Min., BRD 1979–1982
Bottrop-Ebel, eine kleine Bergarbeitersiedlung im nördlichen Ruhrgebiet. Anfang des 20. Jahrhunderts auf der grünen Wiese errichtet, um die Arbeiter an die benachbarten Prosper-Zechen zu
binden. Tausende kamen, zuerst aus Schlesien, später aus der Türkei. Heute ist Ebel eine Insel,
eingeschlossen von Industrie, Halden und Verkehr. »Ebel – du Insel der Träume« heißt es in
einem selbstgemachten Lied.
Die filmische Chronik einer Zeche und ihrer Siedlung. Gleichbleibend die Arbeit. Unter Tage und
über Tage. Alljährlich wiederkehrend das Pfarrfest der katholischen Kirche und die Einführung
des neuen Lehrjahres auf der Zeche. Die örtliche Gewerkschaft ehrt ihre Jubilare, Bürgerversamm-
lungen werden abgehalten und Tauben geschickt, am Volkstrauertag wird der unrühmlichen
deutschen Vergangenheit gedacht. Auf den ersten Blick ein Idyll, wird allmählich auch Bedrohung
spürbar: immer enger eingekreist von der Industrie, die Luft belastet wie sonst kaum im Ruhrgebiet, immer mehr Geschäfte schließen, im Stadtentwicklungsplan wird Ebel als Ortsteil »ohne
Entwicklung« eingestuft.
Drei Jahre waren wir vor Ort, mieteten ein halbes Zechenhaus, stellten unsere Filmgeräte und den
Schneidetisch dorthin, richten uns zwei Zimmer zum Schlafen ein. Ein Zyklus von mehreren
Filmen entstand unter Beteiligung der Bergarbeiter und ihrer Familien. Eine Alltagschronik aus
dem Ruhrgebiet: Leben, Arbeiten, Geschichte.
Die einzelnen Filme:
DIE VIERTE GENERATION
Vom Nachwuchs
Buch und Regie: Christoph Hübner, Theo Janßen. Kamera: Christoph Hübner, Ton: Gabriele
Voss. Montage: Hanne Huxoll. Produktion: RuhrFilmZentrum im Auftrag des WDR / Reihe
Schauplatz, Redaktion: Georg Ossenbach.
16mm, s/w, 60 Min., BRD 1980

DIE EINWANDERER
Vom Entstehen einer Heimat
Buch und Regie: Christoph Hübner, Gabriele Voss. Kamera: Christoph Hübner. Ton und Montage: Gabriele Voss. Produktion: RuhrFilmZentrum im Auftrag des ZDF / Kleines Fernsehspiel, Redaktion: Eckhard Stein, Christoph Holch.
16mm, s/w, 82 Min., BRD 1980/81
MATTE WETTER
Von der verborgenen Arbeit (1)
Buch und Regie: Theo Janßen, Werner Ružička. Kamera: Christoph Hübner. Ton: Gabriele Voss. Montage: Hanne Huxoll. Produktion: RuhrFilmZentrum im Auftrag der Landeszentrale für politische Bildung NRW.
16mm, s/w, 62 Min., BRD 1980/81
Fernsehfassung: WDR / Reihe Schauplatz. Redaktion: Georg Ossenbach.
16mm, s/w, 45 Min., BRD 1981
FRAUENLEBEN
Von der verborgenen Arbeit (2)
Buch und Regie: Christa Donner, Gabriele Voss. Kamera: Christa Donner. Ton und Montage: Gabriele Voss. Produktion: RuhrFilmZentrum im Auftrag des WDR / Reihe Schauplatz. Redaktion: Georg Ossenbach.
16mm, s/w, 45 Min., BRD 1980
INMITTEN VON DEUTSCHLAND
Von einer Reise ins Innere
Buch und Regie: Christoph Hübner, Gabriele Voss. Kamera: Christoph Hübner. Ton und Montage: Gabriele Voss. Musik: Willem Breuker. Produktion: RuhrFilmZentrum mit Unterstützung des Kuratoriums junger deutscher Film.
16mm, s/w und Farbe, 82 Min. & 110 Min., BRD 1982
Im Rahmen des Projekts entstand zusätzlich der Kurzfilm:
GRÜSSE VOM NACHBARN KARL
Buch und Regie: Christoph Hübner. Kamera: Christoph Hübner. Montage: Gabriele Voss. Produktion: RuhrFilmZentrum.
16mm, s/w, 10 Min.

STADTMUSIK UNNA – FRAGMENTE EINER MUSIKALISCHEN INSZENIERUNG
Ein Film von Christoph Hübner. Kamera: Christoph Hübner, Theo Janssen. Ton: Ebba Jahn. Montage: Christoph Hübner. Musik: Willem Breuker Kollektif Amsterdam. Produktion: Christoph Hübner Filmproduktion im Auftrag des WDR. Redaktion: Ludwig Metzger.
U-Matic, Farbe, 30 Min., BRD 1983
Verschiedene Laienorchester der Stadt proben mit dem Jazzmusiker Willem Breuker / Willem Breuker über seine Komposition / Aufmarsch und Umzug der Spielmannszüge, Folklore-Gruppen, Improvisationsgruppen, Big Band der Jugendmusikschule auf dem Marktplatz / Gespräch mit einem Amateurmusiker / Proben mit Willem Breuker und Gespräch über ›Stadtmusik Unna‹ / Einzelportraits der Mitspieler des Breuker-Kollektifs / Impressionen auf dem Marktplatz, Clowns, Zuhörer / Gespräche mit Mitspielern des Blasorchesters / Finale aller Gruppen auf dem Markplatz / Breuker dirigiert von einem Hubwagen aus / Applaus

RUHRCHRONIK
Die Idee, in unregelmäßiger Folge, nicht unbedingt auf Aktualität bedacht, eine filmische Chronik der laufenden Ereignisse im Revier zu erstellen. Kurze Filme, offen in der Form, dokumentarisch, kein Anspruch auf Vollständigkeit. Ein unvollendet gebliebenes Projekt.
RUHRCHRONIK I: RÄUMUNG UND ABRISS DES HAUSES AUGUSTSTRASSE NR. 5
Ein Film von Christoph Hübner und Gabriele Voss. Produktion: RuhrFilmZentrum.
16mm, s/w, 20 Min., BRD 1983
Die letzten Stunden des Hauses Auguststraße Nr.5. Die Bewohner hielten es fast zwölf Monate besetzt. Sie wollten seinen drohenden Abriss verhindern und gegen die Zerstörung ihrer Lebenszusammenhänge und ihrer in Generationen gewachsenen Nachbarschaft protestieren. Der Film schildert die Ereignisse eines einzigen Tages: vom Beginn der unangekündigten Abbrucharbeiten der einen Haushälfte, während in der anderen sich noch die Besetzer und eine wachsende Zahl von solidarischen Bürgern befinden – bis zur polizeilichen Räumung des Hauses, der die Besetzer, Hausfrauen, Arbeiter, Rentner und mehrere Pastöre passiven Widerstand entgegen setzen. Gedreht wurde auf Wunsch der Bewohner. In kurzen Montagen wird noch ein-

mal an das Stück Geschichte und Lebenskultur erinnert, das an diesem Tag den Baggern zum Opfer fällt.

RUHRCHRONIK II: BACK THE MINERS
Ein Film von Christoph Hübner und Gabriele Voss. Produktion: RuhrFilmZentrum.
16mm, Farbe, 10 Min., BRD 1984
Seit fast einem Jahr befindet sich die Gewerkschaft der britischen Bergarbeiter, die *National Union of Mineworkers*, in einem nationalen Streik, an dem sich fast 70% der Gewerkschaftsmitglieder und ihrer Familien beteiligen. Anders als sonst bei Streiks üblich, wird diesmal nicht um die Durchsetzung von Lohnforderungen gekämpft. Tatsächlich geht es um das Überleben einer ganzen Industrie und damit einer Gewerkschaft, die der gegenwärtigen regierenden konservativen Partei unter Margret Thatcher ein Dorn im Auge ist. Nach einem Plan der staatlichen Kohlebehörde sollen über sechzig Zechen geschlossen und damit ganze Landstriche ihrer Arbeits- und Existenzgrundlage beraubt werden. Doch die geplanten Schließungen werden nicht ohne Widerstand hingenommen. Fast täglich kommt es zu Auseinandersetzungen zwischen den Streikenden und der aus dem ganzen Land zusammengezogenen Polizei. Da die Gewerkschaft keine Streikgelder zahlt – die Regierung drohte mit der Beschlagnahmung der Streikfonds – sind die streikenden Bergleute und ihre Familien auf finanzielle Unterstützung von außen angewiesen. Volksküchen wurden eingerichtet, Kinder in Erholungsurlaub geschickt. Popgruppen organisieren Benefizkonzerte. Solidarität und finanzielle Hilfe wird bis über das Ende des Streiks notwendig sein.
In diesem Kurzfilm berichten drei Bergarbeiterfrauen aus Yorkshire, die im November 1984 Gäste von Solidaritätsveranstaltungen im Ruhrgebiet waren, vom Streik und seinen Folgen.

MENSCHEN IM RUHRGEBIET
» ... eine Landschaft beschreiben durch die Menschen, die in ihr leben. Oder umgekehrt: Menschen beschreiben auf dem Hintergrund der Landschaft, die sie prägt ... « (Christoph Hübner)
HANS KARL STEFFEN – DORTMUND – MALER
Ein Film von Christoph Hübner. Kamera: Christoph Hübner. Ton/Montage: Gabriele Voss. Musik: Marcin Langer. Produktion: Christoph Hübner Filmproduktion im Auftrag des WDR. Redaktion: Ludwig Metzger.
16mm, Farbe, 30 Min., BRD 1986
Hans Karl Steffen, geboren 1930 in einer Bergarbeiterfamilie im Dortmunder Norden. Hat in der Kohlewäsche gearbeitet, hat Schiffe leer geschaufelt, im Straßenbau gearbeitet, bevor er sich Mitte 30 ganz dem Malen zuwandte. Steffen hat nie Unterricht gehabt im Malen, hat sich alles selbst erarbeitet, hat experimentiert, bis er die nötigen Techniken raushatte. Er hat Farben geschaffen, die es vorher nicht gab – das ›Dortmunder Weiß‹ zum Beispiel. Seine Motive: Szenen aus seiner Umgebung, dem Ruhrgebiet. Stillleben, Menschen, Straßen. H.K. Steffen: »Wenn ich schreiben könnte, würde ich nicht malen. Ich glaube, dass meine Bilder gemalte Erzählungen sind. Aber wenn ich schreiben könnte, würde ich vielleicht sagen: Wenn ich könnte, würde ich das alles malen.« Der Film nennt sich im Untertitel: ›Elf Skizzen zu einem Portrait‹. Er beobachtet den Maler in seinem Atelier in Dortmund-Hörde, er zeigt Bilder aus verschiedenen Entwicklungsphasen seiner Malerei, er skizziert die hinter diesen Bildern verborgene, außergewöhnliche Biografie. Und er versucht, die Bilderwelt des Malers in Beziehung zu setzen zu der Landschaft, aus der sie kommt: dem Dortmunder Norden.
THEO JÖRGENSMANN – BOTTROP – KLARINETTE
Ein Film von Christoph Hübner. Kamera: Werner Kubny, Ton: Wolfgang Wirtz. Montage: Gabriele Voss. Musik: Theo Jörgensmann. Produktion: Christoph Hübner Filmproduktion im Auftrag des WDR. Redaktion: Ludwig Metzger.
16mm, Farbe, 30 Min., BRD 1986
Theo Jörgensmann, Sohn einer Familie von Bergarbeitern und Wirtsleuten, hat zunächst als Chemielaborant und später mit behinderten Kindern gearbeitet, bevor er sich ganz der improvisierten Musik, dem Jazz und seinem Instrument, der Klarinette, gewidmet hat. Erst über Umwege und ohne jede akademische Vorbildung kommt er zu seiner Bestimmung, seiner Kunst – eine für das Ruhrgebiet durchaus typische Biografie. Auch seine Musik erzählt von dieser Landschaft und hat etwas von der Schwere, der Anarchie, der Stillosigkeit, aber auch dem Reichtum und der wechselvollen Geschichte der Industrieregion mitbekommen.

ECKARD SCHULZ – DORTMUND – STEELDRUMS
Ein Film von Christoph Hübner. Kamera: Christoph Hübner. Ton / Montage: Gabriele Voss. Produktion: Christoph Hübner Filmproduktion im Auftrag des WDR. Redaktion: Gerald Baars.
16mm, Farbe, 30 Min., BRD 1987
Dortmund-Dorstfeld, einst ein bedeutender Industrievorort mit Zechen, Ziegeleien, Stahlwerken, Handwerks- und Zulieferbetrieben. Heute ist nicht mehr viel davon übrig. Wo einst eine Zeche stand, ist heute ein leerer Platz, ein paar Kinder drauf und ein großes einzelstehendes Haus. Im Parterre hat sich die Szenekneipe »Checoolala« eingerichtet, unter der Kneipe, im Keller, die Werkstatt von Eckard Schulz. »Ekkes« Schulz, gelernter Büromaschinenmechaniker, hat zwei Jahre bei Hoesch gearbeitet, war Spezialist für Offsetdruckmaschinen, bis er eines Tages eine alte, rostige Steeldrum in die Hand bekam. Beim Versuch, sie wieder aufzumöbeln, packte ihn das Interesse und er besorgte sich ein altes Ölfass, schnitt es von oben ab und versuchte, selbst mit dem Hammer Töne hineinzutreiben. Der erste Versuch misslang, aber Ekkes ließ nicht locker. Inzwischen hat er das Steeldrum-Bauen zu seinem Beruf gemacht und er baut Steeldrums in einer Qualität, die man so kaum in ihrem Ursprungsland, der Karibik, findet. Das hat ihn in Fachkreisen über die Grenzen der Region hinaus und auch international, zu einem Begriff gemacht.

ILSE KIBGIS – GELSENKIRCHEN – GEDICHTE
Ein Film von Gabriele Voss und Christoph Hübner. Kamera: Christoph Hübner. Ton / Montage: Gabriele Voss. Produktion: Christoph Hübner Filmproduktion im Auftrag des WDR. Redaktion: Ludwig Metzger.
16mm, Farbe, 30 Min., BRD 1989
Ilse Kibgis, geboren 1928, der Vater Bergmann, Sozialdemokrat. Sie arbeitete nacheinander als Verkäuferin, Fließbandarbeiterin, Büglerin, Serviererin. Heute ist sie Hausfrau und putzt noch gelegentlich für die Nachbarn. Ihr Mann war Ofenmaurer in einem Gelsenkirchener Stahlwerk. Dass sie Literatur macht in Form von Gedichten, führt sie auf ihr Elternhaus zurück. Der Vater hatte das Bedürfnis, sich weiterzubilden mit Literatur, vor allem aber mit Musik. Die Mutter hat Märchen und Geschichten erzählt, hat immer etwas erfunden.
Ilse Kibgis hat gerne Menschen beobachtet. Und dann hat sie angefangen zu schreiben. Erst mit 47 Jahren ist sie an die Öffentlichkeit gegangen. Heute gibt es von ihr zwei Bücher, Gedichte in vielen Anthologien und Vertonungen ihrer Texte. Dass sie solche Resonanz findet, das freut sie. Aber es ist nicht entscheidend dafür, dass sie schreibt.

DIE STADTPROBE ODER: SIEBEN ARTEN VON UNNA ZU SPRECHEN
Ein Film von Christoph Hübner. Kamera: Christoph Hübner, Ton: Marcin Langer. Montage: Gabriele Voss. Musik: Paul und Limpe Fuchs. Mit: Peter Möbius, Franziska Grosser, Sascha Eisfeld, Herbert Scholz, Paul und Limpe Fuchs, Christian Brachmann sowie Angestellte und Aussiedler der Landesstelle Unna-Massen. Produktion: Christoph Hübner Filmproduktion im Auftrag des WDR. Redaktion: Ludwig Metzger.
16mm, Farbe, 45 Min., BRD 1988
47500 Unna, eine Stadt am Rande des Ruhrgebiets, knapp 50 000 Einwohner, hervorgetreten vor allem durch ungewöhnliche kulturelle Initiativen. Der Film: ein ungewöhnliches Stadtportrait. Keine Bilder von historischen Bauten, keine Postkarten, keine allgemeinen Informationen oder Statistiken. Stattdessen: die Stadt aus der Sicht von Menschen, die in ihr leben, in ihr eine neue Heimat fanden, die ihre Hoffnungen in sie setzen oder ihre Enttäuschungen beschreiben. Zugezogene, Künstler, Bürger auf Zeit, wie der Filmemacher selbst. Sieben Kapitel, sieben Blicke, sieben Menschen, Orte, Situationen – sieben Arten, von Unna zu sprechen. In der Form eher eine poetisch-dokumentarische Montage als ein journalistisches Stück. Szenen, Bilder und Töne aus einer deutschen Kleinstadt am Ende der achtziger Jahre. Der Film entstand im Zusammenhang mit Christoph Hübners einjährigem Gastspiel als »Stadtfilmer« von Unna.

VINCENT VAN GOGH – DER WEG NACH COURRIÈRES
Ein Film von Christoph Hübner und Gabriele Voss. Kamera: Werner Kubny, Christoph Hübner. Ton: Wolfgang Wirtz. Montage: Gabriele Voss, Sprecher: Peter Nestler, Gabriele Voss. Musik: Olivier Messiaen. Produktion: Christoph Hübner Filmproduktion mit Mitteln der kulturellen und wirtschaftlichen Filmförderung des Landes NW und des WDR. Redaktion: Werner Hamerski, Christhart Burgmann.
16 und 35mm, Farbe, 93 Min., BRD 1989
Ein Film über die unbekannten Anfänge des Malers Vincent van Gogh. Beginnend mit Aufnahmen von der Jahrhundertversteigerung seiner Sonnenblumen im Auktionshaus Christie's in London,

schildert der Film den Weg van Goghs vom Arbeiterpriester zum Maler. Keine der üblichen Film-biografien über die ›Sensationen eines Lebens‹ mit abgeschnittenem Ohr und Selbstmord in Auvers. Der Film erzählt von drei Episoden aus der unbekannten frühen Zeit van Goghs, basierend ausschließlich auf Originalbriefen und Berichten von Zeitgenossen. Zugleich führt der Film auf eine dokumentarische Reise durch die Gegenwart der Landschaften und Orte, an denen sich van Gogh damals aufgehalten hatte. Kein Nachstellen von Motiven, vielleicht ein ähnliches Inter-esse, das den Blick lenkt. Das Ergebnis: ein Dialog zwischen Vergangenheit und Gegenwart, ein Spielfilm ohne Schauspieler.

ANNA ZEIT LAND
Ein Film von Christoph Hübner und Gabriele Voss. Regie: Christoph Hübner. Buch: Christoph Hübner, Gabriele Voss. Kamera: Christoph Hübner, P.C. Neumann. Ton: Rainer Komers. Mon-tage: Gabriele Voss. Fotografie: Tina Bara, Ina Eder. Musik: Erwin Stache. Darsteller: Anna I: Angela Schanelec, Anna II: Stephanie Adams, Landfotograf: Werner Hinz, Mann im Café: Olaf Stallknecht, Souvenirladen: Familie Göswein, Rundfunkarchivar: Walter Roller, Reiseleiterin: Christine Uhlmann, Musiker: Erwin Stache, Fotografin: Tina Bara, Mann im Theater: Wolfgang Krause, Junger Pole: Robert Sledzinski. Produktion: Christoph Hübner Filmproduktion mit Mit-teln der kulturellen und wirtschaftlichen Filmförderung des Landes NW.
16 mm, Farbe, 100 Min, BRD 1993
Ein Land, eine Zeit, eine Reise, zwei Frauen. Beide sind Anna. Die eine sammelt Bilder, die ande-re Töne. Eine Reise ins Offene. Gelegenheitsarbeiten, Begegnungen mit Menschen der Zeit: ein Landfotograf, die Bildredaktion einer Tageszeitung, ein Empfang zur deutschen Einheit, ein Tonarchiv, die Parzivalgeschichte, die Welt der Medien. Keine lineare Geschichte, eher ein Ge-mälde, eine Zeitfläche. Deutschland 1989–1993. Annas Reise, das ist: hinschauen und hinhören, ohne zu urteilen. Bilder und Töne sammeln, ohne sie zu verwerten. Fremd sein und fremd blei-ben. Ein Film ohne Drehbuch, eine Improvisation zwischen den Genres, zwischen Fotografie, Film und Video. Geschichten tauchen auf und verlieren sich, Dokumentarisches steht neben Insze-niertem, Historisches neben Gegenwärtigem. Nichts ist fest, alles gilt gleich. Ein Kino der Mo-mente.

DIALOG BEI KANAL 4/RTL
Eine Reihe von einstündigen Gesprächen zwischen Filmemachern, produziert für das Fenster-programm »KANAL 4« bei RTL.
DIALOG BEI KANAL 4
Christoph Hübner im Gespräch mit Jürgen Böttcher. Regie/Kamera: Christoph Hübner. Ton: Gabriele Voss. Montage: Claudia Weisser. Produktion: Lichtblick Film Köln.
Beta SP, Farbe, 60 Min., BRD 1990
DIALOG BEI KANAL 4
Christoph Hübner im Gespräch mit Hellmuth Costard. Regie: Christoph Hübner. Mitarbeit: Gabriele Voss. Kamera: P.C.Neumann. Ton: Jinks Weltsch. Montage: Beate Fromme.
Produktion: Lichtblick Film Köln.
Beta SP, Farbe, 60 Min., BRD 1990
DIALOG BEI KANAL 4
Gabriele Voss im Gespräch mit Barbara Lipinska-Leidinger. Regie: Gabriele Voss. Kamera: Christoph Hübner. Ton: Jürgen Kallwey. Montage: Beate Fromme. Produktion: Lichtblick Film Köln.
Beta SP, Farbe, 60 Min., BRD 1990

DOKUMENTARISCH ARBEITEN
Eine Filmreihe von Christoph Hübner und Gabriele Voss. Kamera: Christoph Hübner, Ton/Mon-tage: Gabriele Voss. Produktion: Christoph Hübner Filmproduktion in Koproduktion mit WDR, 3sat, ORF, DRS. Insgesamt 16 Filme, BRD 1995–2012
»Die von Christoph Hübner und Gabriele Voss seit 1995 für 3sat realisierte Sendereihe DOKU-MENTARISCH ARBEITEN ist in ihrer Gesamtheit die umfassendste Auseinandersetzung mit den ver-schiedenen Erzählweisen und Stilen des Dokumentarfilms und sie präsentiert in umfassenden Werkgesprächen die wichtigsten Vertreter des Genres.« (Produktionsmitteilung, WDR/3sat, 2012)
Erste Staffel, Produktionszeit: 1993/94, Ausstrahlung: Januar bis Juni 1995

1. AM ANFANG WAR DAS CHAOS
Christoph Hübner im Gespräch mit Herz Frank.
Ein Film von Christoph Hübner und Gabriele Voss. Kamera: Christoph Hübner, Montage: Gabriele Voss. Produktion: Christoph Hübner Filmproduktion im Auftrag von WDR/1Plus. Redaktion: Reinhard Wulf.
Beta SP. Farbe, 60 Min., BRD 1995

2. ALLES IST ERINNERUNG
Christoph Hübner im Gespräch mit Richard Dindo.
Ein Film von Christoph Hübner und Gabriele Voss. Kamera: Christoph Hübner, Montage: Gabriele Voss. Produktion: Christoph Hübner Filmproduktion im Auftrag von WDR/1Plus, DRS. Redaktion: Reinhard Wulf, Luis Bolliger.
Beta SP, Farbe, 60 Min., BRD 1995

3. WIRKLICHKEIT FÜR EINEN AUGENBLICK
Christoph Hübner im Gespräch mit Johan van der Keuken.
Ein Film von Christoph Hübner und Gabriele Voss. Kamera: Christoph Hübner, Montage: Gabriele Voss. Produktion: Christoph Hübner Filmproduktion im Auftrag von WDR/1Plus. Redaktion: Reinhard Wulf.
Beta SP, Farbe, 60 Min., BRD 1995

4. EIN GEFÜHL VON WAHRHEIT
Christoph Hübner im Gespräch mit Peter Nestler.
Ein Film von Christoph Hübner und Gabriele Voss. Kamera: Christoph Hübner, Montage: Gabriele Voss. Produktion: Christoph Hübner Filmproduktion im Auftrag von WDR/1Plus,. Redaktion: Reinhard Wulf.
Beta SP.Farbe, 60 Min., BRD 1995

5. ZUFALL UND METHODE
Christoph Hübner im Gespräch mit Klaus Wildenhahn.
Ein Film von Christoph Hübner und Gabriele Voss. Kamera: Christoph Hübner, Montage: Gabriele Voss. Produktion: Christoph Hübner Filmproduktion im Auftrag von WDR/1Plus. Redaktion: Reinhard Wulf.
Beta SP, Farbe, 60 Min., BRD 1995

6. DIE DINGE DES LEBENS
Christoph Hübner im Gespräch mit Volker Koepp.
Ein Film von Christoph Hübner und Gabriele Voss. Kamera: Christoph Hübner, Montage: Gabriele Voss. Produktion: Christoph Hübner Filmproduktion im Auftrag von WDR/1Plus. Redaktion: Reinhard Wulf.
Beta SP, Farbe, 60 Min., BRD 1995

Zweite Staffel, Produktionszeit: 1997/98, Ausstrahlung: 1998

7. LIEBER WENIGER ALS MEHR
Christoph Hübner im Gespräch mit Hans-Dieter Grabe,
Ein Film von Christoph Hübner und Gabriele Voss. Kamera: Christoph Hübner, Montage: Gabriele Voss. Produktion: Christoph Hübner Filmproduktion im Auftrag von WDR/3sat, ZDF/3sat. Redaktion: Reinhard Wulf, Margrit Schreiber.
Beta SP, Farbe, 64 Min., BRD 1998

8. ZWISCHEN LIEBE UND GEOMETRIE
Christoph Hübner im Gespräch mit Reni Mertens und Walter Marti.
Ein Film von Christoph Hübner und Gabriele Voss. Kamera: Christoph Hübner, Montage: Gabriele Voss. Produktion: Christoph Hübner Filmproduktion im Auftrag von WDR/3sat, ZDF/3sat, DRS. Redaktion: Reinhard Wulf, Margrit Schreiber, Luis Bolliger.
Beta SP, Farbe, 61 Min., BRD 1998

9. VOM RANDE HER
Christoph Hübner im Gespräch mit Egon Humer.
Ein Film von Christoph Hübner und Gabriele Voss. Kamera: Christoph Hübner, Montage: Gabriele Voss. Produktion: Christoph Hübner Filmproduktion im Auftrag von WDR/3sat, ZDF/3sat, ORF. Redaktion: Reinhard Wulf, Margrit Schreiber, Peter Zurek.
Beta SP, Farbe, 61 Min., BRD 1998

3. Staffel, Produktionszeit: 1999/2000, Ausstrahlung: 2000

10. TRÄUMEN, SPIELEN, JAGEN
Christoph Hübner im Gespräch mit Elfi Mikesch.
Ein Film von Christoph Hübner und Gabriele Voss. Kamera: Christoph Hübner, Montage: Gabriele

Voss. Produktion: Christoph Hübner Filmproduktion im Auftrag von WDR / 3sat, ZDF / 3sat.
Redaktion: Reinhard Wulf, Margrit Schreiber.
Beta SP, Farbe, 60 Min., BRD 2000

11. IM SPIEGEL DES FREMDEN
Christoph Hübner im Gespräch mit Michael Pilz.
Ein Film von Christoph Hübner und Gabriele Voss. Kamera: Christoph Hübner, Montage: Gabriele
Voss. Produktion: Christoph Hübner Filmproduktion im Auftrag von WDR / 3sat, ZDF / 3sat, ORF.
Redaktion: Reinhard Wulf, Margrit Schreiber, Peter Zurek.
Beta SP, Farbe, 61 Min., BRD 2000

12. DIE KAMERA ALS SONDE
Christoph Hübner im Gespräch mit Thomas Imbach.
Ein Film von Christoph Hübner und Gabriele Voss. Kamera: Christoph Hübner, Montage: Gabriele
Voss. Produktion: Christoph Hübner Filmproduktion im Auftrag von WDR / 3sat, ZDF / 3sat,
DRS. Redaktion: Reinhard Wulf, Margrit Schreiber, Luis Bolliger.
Beta SP, Farbe, 60 Min., BRD 2000
Vierte Staffel, Produktionszeit: 2004 /2005, Ausstrahlung: 2005

13. EIN MEHRWERT FÜR DAS KINO
Christoph Hübner im Gespräch mit Nikolaus Geyrhalter.
Ein Film von Christoph Hübner und Gabriele Voss. Kamera: Christoph Hübner, Montage: Gabriele
Voss. Produktion: Christoph Hübner Filmproduktion im Auftrag von WDR / 3sat, ZDF / 3sat, ORF.
Redaktion: Reinhard Wulf, Inge Classen, Peter Zurek.
Beta SP, Farbe, 60 Min., BRD 2005

14. SCHAUEN STATT ZEIGEN
Christoph Hübner im Gespräch mit Erich Langjahr.
Ein Film von Christoph Hübner und Gabriele Voss. Kamera: Christoph Hübner, Montage: Gabriele
Voss. Produktion: Christoph Hübner Filmproduktion im Auftrag von WDR / 3sat, ZDF / 3sat, DRS.
Redaktion: Reinhard Wulf, Inge Classen, Luis Bolliger.
Beta SP, Farbe, 60 Min., BRD 2005

15. MODELL / REALITÄT
Christoph Hübner im Gespräch mit Harun Farocki.
Ein Film von Christoph Hübner und Gabriele Voss. Kamera: Christoph Hübner, Montage: Gabriele
Voss. Produktion: Christoph Hübner Filmproduktion im Auftrag von WDR / 3sat, ZDF / 3sat.
Redaktion: Reinhard Wulf, Inge Classen.
Beta SP, Farbe, 60 Min., BRD 2005
Letzte Folge, Produktionsjahr: 2011, Ausstrahlung: 2012

16. BRUCHSTÜCKE
Christoph Hübner im Gespräch mit Thomas Heise.
Ein Film von Christoph Hübner und Gabriele Voss. Kamera: Christoph Hübner, Montage: Gabriele
Voss. Produktion: Christoph Hübner Filmproduktion im Auftrag von WDR / 3sat. Redaktion:
Reinhard Wulf.
Beta SP, Farbe, 60 Min., BRD 2012

DAS ALTE UND DAS NEUE
Fortsetzung des Zyklus:
PROSPER / EBEL – CHRONIK EINER ZECHE UND IHRER SIEDLUNG
Ein Film von Christoph Hübner und Gabriele Voss. Kamera: Christoph Hübner, Ton / Montage:
Gabriele Voss. Produktion: Christoph Hübner Filmproduktion mit Mitteln der kulturellen Film-
förderung des Landes NRW.
Fernsehfassung: Digibeta, Farbe, 87 Min., BRD 1998
Langfassung (Titel: DAS LEBEN GEHT WEITER): Digibeta, Farbe, 105 Min., BRD 1997
Prosper / Ebel, zwanzig Jahre danach. Die Zeche baut Arbeitskräfte ab, die Zukunft der Kohle ist
unsicher geworden. Im Frühjahr 1996 machen die Bergleute in Aktionen ihrem Unmut Luft, sie
besetzen für eine Woche die Zeche. In unmittelbarer Nachbarschaft der Zeche Prosper V wird
Warner Bros. Movie World eröffnet, Claudia Schiffer, Michael Douglas, Sophia Loren u.a. geben
sich die Ehre. Auf der benachbarten Halde wird am *›Haldenereignis Emscherblick‹* gebaut, das
weithin sichtbar den Wandel der Industrieregion verkünden soll. Kleine Ereignisse scheinbar
und doch zugleich: ein Bild der Zeit in der ehemals größten europäischen Industrieregion am
Ende des zwanzigsten Jahrhunderts.

WAGNER // BILDER
Eine Filminstallation von Christoph Hübner und Gabriele Voss zur Musik von Richard Wagner/
Lorin Maazel: »Ring ohne Worte«. Live-Aufführung als »Konzert spezial« am 11. Mai 2002.
Bochumer Symphoniker, Leitung: Steven Sloane. Regie/Kamera: Christoph Hübner, Montage:
Gabriele Voss. Studiotechnik: Robert Groos/ACT-Video. Mitwirkende: Fred Acheampong-Asiedu,
Elke Bluoss, George Bosompin, Tarek Bouhraoua, Lucas Böttcher, Carmen Maria Brucic, George
Dankwa, Caroline Elias, Ulrike Franken, E.Dieter Fraenzel, Sabine Hentzsch, David Hübner,
Sebastian Hübner, Christoph Janetzko, Theo Jörgensmann, Christian Keil, Volker Koepp, Boris
Lehmann, Dore O., David Odonkor, Hans Günther Pflaum, Gisela Rueb, Christoph Schlingensief,
Dorothea Ulrich, Anke Teuber. Produktion: Christoph Hübner Filmproduktion im Auftrag der
Bochumer Symphoniker.
2 x Beta SP, Farbe, 72 Min., BRD 2002
Eine filmische Doppelprojektion zu Lorin Maazels Orchesterbearbeitung von Richard Wagners
»Ring des Nibelungen«. Keine Bebilderung, keine Form von Interpretation. Der Film taucht auch
nicht in die alte Germanenwelt ein, sondern unternimmt den Versuch, aus heutiger Sicht einen
filmischen Dialog mit der Musik von Richard Wagner zu führen. Das vor allem aus der Perspektive des Ruhrgebiets und des Zuschauens beim Zuhören.

DIE CHAMPIONS – DER TRAUM VOM FUSSBALL
Ein Film von Christoph Hübner und Gabriele Voss. Regie/Kamera: Christoph Hübner. 2. Kamera:
Leif Karpe, Christoph Böll. Buch/Montage: Gabriele Voss. Mit: Mohammed Abdulai, Francis
Bugri, Claudio Chavarria, Heiko Hesse (Spieler). Edwin Boekamp, Ingo Preuss, Georg Kreß, Theo
Schneider, Peter Wongrowitz, Michael Skibbe, Bernd Krauss, Matthias Sammer (Trainer). Sven
Kirchhoff (Leiter des Jugendhauses BVB) u.v.a. Produktion: Christoph Hübner Filmproduktion
mit Mitteln des Kuratoriums junger deutscher Film, des BKM und der Filmstiftung NRW.
35mm, Farbe, 128 Min., BRD 1998–2003
Die Nachwuchsfußballer von Borussia Dortmund. Mehrere Male Deutscher Meister, mit der A-
Jugend sogar fünf mal hintereinander. Die Spieler kommen von überall her, aus Ghana, Chile,
Spanien, aus der Ukraine, aus allen Ecken Deutschlands, aber auch aus Dortmund und Umge-
bung. Sie wurden von Talentspähern gesichtet und als den Besten ihres Jahrgangs ausgewählt.
Sie leben zu Hause oder in einer eigenen Jugendvilla des Vereins. Sie träumen von einer Karriere
als Profi. Bei Borussia Dortmund oder anderswo. Einige von ihnen wurden über drei Jahre be-
gleitet bei ihrem Versuch, den Traum von einer Profikarriere zu verwirklichen. Wer schafft den
Sprung? Wer wird sich durchsetzen, wer zurück bleiben? Und für die anderen? Aus der Traum?
Und was kommt danach? Ein Dokumentarfilm, der vom Fußball handelt und vom Leben erzählt.

THOMAS HARLAN – WANDERSPLITTER
Ein Film von Christoph Hübner und Gabriele Voss. Regie / Kamera: Christoph Hübner. Buch /
Montage: Gabriele Voss. Produktion: Christoph Hübner Filmproduktion mit Mitteln der Film-
stiftung NRW und WDR/3sat. Redaktion: Reinhard Wulf.
Beta SP Farbe, 96 Min., BRD 2006
In seinem Zimmer in einem Lungensanatorium erzählt der 1929 geborene Sohn von Goebbels'
Lieblingsregisseur, Veit Harlan, Geschichten – persönliche, politische und »ohne Ich«. Seit 2001
ist Thomas Harlan in diesem einen Raum zu Hause, mit Blick auf den Obersalzberg. »Hitler
hätte mich hier sehen können«, deutet er auf das Panorama und schlägt so den Bogen zur eigenen Geschichte: Als Kind zu Gast bei Hitler, bei Kriegsende konfrontiert mit dem zerstörten
Deutschland, als Naziverfolger in polnischen Archiven aktiv, lebenslang der zwiespältigen Anziehungskraft des Namens Harlan ausgesetzt. Auch wenn ihn mit dem Vater eine große Liebe
verbindet – gegen den Propagandisten, der JUD SÜSS in Szene setzte, führte Sohn Thomas einen jahrzehntelangen Kampf. Nur ein Meter Raum liegt zwischen Kamera und Protagonist. In
radikaler Reduktion filmischer Mittel bietet der konzentrierte Blick einem Erzähler Raum, der
weniger als Zeitzeuge fungiert, als vielmehr selbst dichtet und verdichtet und mit Präzision
und Kreativität die von ihm als »Kathedrale« definierte Sprache nutzt. Thomas Harlan macht er-
lebbar, wie Erinnerung funktioniert – diskontinuierlich, in Stimmung und Ton schwankend,
voller Anfänge, Unterbrechungen, Auslassungen und Hinzufügungen.
Zusätzlich zum Film WANDERSPLITTER erschien in Kooperation mit dem Goethe-Institut und der
Edition Filmmuseum« eine Doppel-DVD mit acht sogenannten EXTRASPLITTERN. (ges. 162 Min.)

THOMAS HARLAN – EXTRASPLITTER

1. Über »Wandersplitter« (5'48)
Kleiner Exkurs über Herkunft und Bedeutung des Wortes »Wandersplitter«. Was das für den Blick auf ein Leben und die Form des Films bedeutet.

2. Der Film SOUVENANCE (23'52)
Über Thomas Harlans letzten realisierten Film. Gedreht auf Haiti in den Jahren 1988–90. Eine Art Märchen um den ersten Kaiser von Haiti, Jakob I., der in einem Dorf auf Haiti wieder aufersteht. Zugleich geht es um eine Geschichte zwischen Vater und Sohn und um das, was Erinnerung bedeutet. Thomas Harlan erzählt über die Entstehung und die Geschichte des Films am Beispiel von Filmausschnitten.

3. Der Film TORRE BELA (36'21)
Noch mal zur Methode: ein kurzer Dialog über die »Auslassung des Ich«. Dann geht es um Thomas Harlans Aufenthalt in Portugal während der »Nelkenrevolution« und die Geschichte des Films TORRE BELA. Der Film schildert die Übernahme eines feudalen Landguts durch eine Kooperative von Landarbeitern während der Revolution 1975 und die Probleme, die diese Übernahme für die Akteure mit sich bringt. Montiert mit Film-Ausschnitten aus TORRE BELA reflektiert Thomas Harlan u.a. über den Film als ein »Modell der Manipulation«.

4. Reise nach Kulmhof / Rosa (26'49)
Zu Beginn ein kurzer Exkurs über die Beziehung von Thomas Harlans Filmarbeit zu der seines Vaters Veit Harlan. Im Anschluss berichtet Thomas Harlan über die Recherchen zu einem Filmprojekt und eine Reise nach Kulmhof (Chelmno), den Schauplatz des ersten organisierten Massenmords der Nazis auf polnischem Boden. Harlan erzählt über diesen Ort und die Geschichte des Soldatenliebchens Rosa. Der Film selbst wurde nie gedreht, aber Jahre später entsteht aus dem Stoff Harlans erster Roman »Rosa«.

5. Der Film WUNDKANAL (33'19)
Der Film WUNDKANAL sorgte bei seiner Uraufführung auf den Festivals von Venedig und Berlin für heftige Skandale. Die Geschichte des Films: ein ehemaliger Nazi wird von RAF-Terroristen der zweiten Generation entführt, in einer Art Spiegelkabinett verhört und mit seiner eigenen Geschichte konfrontiert. Die Hauptfigur des Films und zugleich ihr Darsteller ist Dr. Alfred Filbert, Chef des Einsatz-Kommandos 9 in Weißrussland und Litauen, einer der großen Mörder des 3. Reiches. Montiert mit Filmausschnitten aus WUNDKANAL erzählt Thomas Harlan über die Entstehung des Films, über die seltsame Rolle seines »Hauptdarstellers« und das gewöhnliche Gesicht eines Mörders.

6. Anmerkungen zum Roman *Heldenfriedhof* (18'39)
Thomas Harlan liest einen Abschnitt aus seinem letzten Roman *Heldenfriedhof*. Es geht um die Geschichte zweier entscheidender Figuren der Judenvernichtung und zugleich um die Figur eines Arztes, der den Spuren seiner in der Nazizeit umgekommenen Mutter nachgeht und daran irre wird. Thomas Harlan reflektiert am Beispiel des Romans über den Unterschied zwischen Dokument und Fiktion.

7. Die Organigramme (3'20)
In seinem Computer zeigt Thomas Harlan die Organigramme – gesammelte biografische Notizen zu Hunderten von Nazi-Verbrechern bis in die Nachkriegszeit. Gesammelt über mehr als vier Jahrzehnte in minutiösen Recherchen sind diese Organigramme das Ergebnis des nicht zu Ende geführten Buchprojekts *Das vierte Reich*.

8. Am Ararat (14'10)
Das letzte Kapitel, der letzte »Splitter«. Thomas Harlan liest zunächst einen Abschnitt aus dem *Buch Hiob*, das er vor Jahren ins Deutsche übersetzt hat. Er reflektiert abschließend über seine heutige Situation in der Klinik, seine Krankheit und über die Projekte, die er noch gerne realisiert hätte. Auch ein Nachdenken über den Tod und das, was bleiben sollte.

SCHNITTE IN RAUM UND ZEIT
Ein Film von Gabriele Voss und Christoph Hübner: Regie/Montage: Gabriele Voss. Kamera: Christoph Hübner. Mit: Bettina Böhler, Mathilde Bonnefoy, Elfi Kreiter, Beate Mainka-Jellinghaus, Alexander Kluge, Peter Przygodda, Wolf Singer, Wolfgang Widerhofer. Produktion: Christoph Hübner Filmproduktion in Koproduktion mit ZDF/3sat. Redaktion: Inge Classen.
Beta SP, Farbe, 74 Min., BRD 2006
»Was ist Montage?« Über ein Jahr hat die Autorin, Filmemacherin und Editorin Gabriele Voss mit Wolf Singer, dem renommierten Hirnforscher des Max-Planck-Instituts, dem Essayisten, Film- und Fernsehmacher Alexander Kluge und den Filmemachern und Editoren Peter Przygodda,

Mathilde Bonnefoy, Beate Mainka-Jellinghaus, Bettina Böhler, Elfi Kreiter und Wolfgang Widerhofer Gespräche über die Arbeit im Schneideraum geführt. In den einzelnen Kapiteln geht es um Aspekte wie »Chaos und Ordnung«, »Das Finden der Erzählung und die Dramaturgien«, »Rhythmus und Musikalität« sowie um den Unterschied zwischen Dokumentarfilm- und Spielfilmmontage. Ergänzt werden die Gespräche durch beispielhafte Filmausschnitte. Aus dem gesammelten Material entstand zunächst ein Buch, das 2006 im Verlag Vorwerk 8 erschien, und jetzt der Film: 871 Bild- und Tonschnitte, ausgewählt aus Millionen von möglichen Kombinationen.

HALBZEIT
Ein Kino-Dokumentarfilm von Christoph Hübner und Gabriele Voss. Regie/Kamera: Christoph Hübner. Buch/Montage: Gabriele Voss. Mit: Mohammed Abdulai, Francis Bugri, Claudio Chavarria, Heiko Hesse, Florian Kringe. Produktion: Christoph Hübner Filmproduktion mit Mitteln der Filmstiftung NRW und des WDR, Redaktion: Reinhard Wulf, Jutta Krug.
100 Min., 35 mm, Farbe & s/w, BRD 2009
Nach dem ersten Film DIE CHAMPIONS, der 2003 in die Kinos kam und den Übergang von der Jugend in den Profifußball schildert, erzählt der neue Film HALBZEIT von den gleichen Spielern etwa in der Mitte ihrer Karriere. Sie sind jetzt 26, 27 Jahre alt und in alle Welt verstreut. Einer von ihnen, Florian Kringe, hat es tatsächlich geschafft, hat seinen Traum vom Profi-Fußballer in der ersten Bundesliga verwirklicht. Zwei andere, Francis Bugri und Mohammed Abdulai quälen sich in den unteren Ligen herum, werden von Verein zu Verein gereicht. Claudio Chavarria tingelt mit Fußball durch Südamerika, verdient immerhin genügend Geld, um sich ein paar Lastwagen zu kaufen für das Leben danach. Heiko Hesse schließlich hat den Fußball ganz aufgegeben, studierte erfolgreich in Oxford und schaffte es danach bis in die Weltbank nach Washington. Es ist HALBZEIT für die noch immer jungen Karrieren. Erwachsenwerden heißt dabei oft: Abschied nehmen von den Jugendträumen. Im Profinachwuchs-Geschäft ist das eine harte Schule. Nur wenigen bleibt nach ersten Erfolgen die Aussicht, es noch weiter nach oben zu schaffen. Anderen bleibt nach Enttäuschungen nur die Hoffnung auf ein Irgendwann. Und manchen sogar nur der Abschied von der über Jahre gelebten Fußballerexistenz.

EMSCHERSKIZZEN
Zyklus von dokumentarischen Kurzfilmen von Christoph Hübner und Gabriele Voss. Kamera: Christoph Hübner, Montage: Gabriele Voss. Produktion: Christoph Hübner Filmproduktion mit Unterstützung der Emschergenossenschaft. ca. 70 Filme.
HD, Farbe, Längen zwischen 2 und 20 Min., BRD 2006–2013
Fluss mit Landschaft. Menschen und Orte. Die Emscher führt die ganze Geschichte einer zu Arbeits- und Ausbeutungszwecken verplanten Region mit sich, aber nun kommt eine neue Zeit: Der Fluss wird ›renaturiert‹, das heißt, er wird aus Betonbett und vom Abwasser befreit. Parallel dazu verändern sich die angrenzenden Stadtteile und Landschaften. Seit 2006 begleiten Christoph Hübner und Gabriele Voss den Umbau und die Renaturierung der Emscher im Norden des Ruhrgebiets in kurzen dokumentarischen Filmen, den EMSCHERSKIZZEN.
Die Filme:
1. **BORBECKER MÜHLENBACH (5'01)**
Jugendliche aus Kasachstan treffen sich regelmäßig auf einem Spielplatz in der Nähe der Emscher. Selbst Zugezogene sprechen sie über die »Ausländer«. die sie nicht mögen. Einer hat Geburtstag, ein anderer ist Rapper und bietet eine Kostprobe auf Russisch ... (2006)
2. **BESUCH BEI WERNER KÖNTOPP / ZECHE »UNSER FRITZ« (20'58)**
»Unser Fritz«, eine ehemalige Zeche mit Ateliers für Künstler aus der Region. Einer von ihnen ist Werner Köntopp, Fotograf und Zeitzeuge der großen Veränderungen des Ruhrgebiets und der Emscher-Region in den letzten Jahrzehnten ... (2006)
3. **VOM EMSCHER-DÜKER ZUM SCHELLENBRUCHGRABEN (6'37)**
Alltagsaufnahmen entlang der mittleren Emscher, Radfahrer auf dem Emscher-Radweg, Landschaften, eine Mähmaschine am Emscher-Saum, eine Frau stürzt mit ihrem Fahrrad. (2006)
4. **SCHLEUSE HERNE-WANNE (6'09)**
Abends packen am Ufer des Kanals die Angler ihre Klappstühle aus, stellen ihre Angeln auf und warten auf den großen Fisch. »Letzte Woche, da hatte einer einen Zander an der Angel, 93 cm, ... die erste halbe Stunde ist entscheidend, wenn da keiner beißt, kannst'e einpacken.« (2006)

5. SKATEPLATZ RECKLINGHAUSEN (4'01)
Am Fuße der großen Hertener Halde ein Biker- und Skateplatz, der junge Leute aus der ganzen Region bis nach Düsseldorf anzieht ... (2006)

6. HERTEN-SÜD (4'24)
Ein Bahnübergang an der Emscher, die Schranke wird noch per Hand geöffnet und geschlossen, ein endloser Kohlezug der RAG fährt vorbei, ein Motorradfahrer probt mit seinem Minimotorrad auf dem Deich, Alltag an der Emscher ... (2006)

7. SCHWEINEBUCHT (10')
Im Westen von Gelsenkirchen, zwischen Emscher und Kanal liegt ein kleines Landschaftsdreieck, »Schweinebucht« genannt. Bei gutem Wetter ein beliebtes Ausflugsziel. Eine Frau mit Hund erzählt von ihrer Sicht der Welt und der letzten Dinge, eine Gruppe von Männern mit Deutschlandfahne beschallt die Umgebung mit Musik. Manche von ihnen kommen hier schon seit ihrer Jugend hier her ... (2006)

8. ARCHÄOLOGISCHE GRABUNGEN DORTMUND-MENGEDE (13'05)
Dort wo ab 2010 ein gigantisches Rückhaltebecken für die Emscher gebaut werden soll, fand man Spuren alter Steinzeitsiedlungen. Die Arbeiten wurden aufgeschoben und ein Team von Archäologen arbeitet jetzt an den Ausgrabungen und der Erschließung der Funde. Von Tag zu Tag wird mit großer Sorgfalt der Lehmboden abgetragen und aus den Funden wächst ein konkretes Bild des Lebens an der Emscher in grauer Vorzeit. (2007)

9. KOKEREI HANSA (7'11)
Ein Herbsttag auf der stillgelegten Kokerei Hansa in Huckarde. Besuchergruppen und Kinder stören nur kurz die Stille. Der Rost und die Herbstfarben wechseln sich ab mit Geräuschen, von denen man nicht weiß, woher sie kommen. (2007)

10. BESUCH BEI PETER STREGE / PUMPWERK HUCKARDE (20'21)
In einem ehemaligen Emscher-Pumpwerk nahe der Kokerei Hansa in Huckarde lebt der Künstler und Autor Peter Strege mit seinem Hund. Er hat die Geschichte des Stadtteils und das Ende der Kokerei aus der Nähe miterlebt und zum Teil in seiner Malerei und seinen Büchern verarbeitet. Von Zeit zu Zeit führt er Besuchergruppen über das Gelände der Kokerei. (2007)

11. DER ZECHENBARON / BESUCH BEI WOLFGANG WERNER (13'37)
Ein Bayer im Ruhrgebiet. Wolfgang Werner ist als Unternehmer und Bauleiter ins Ruhrgebiet gegangen, weil er hier spannende Perspektiven und ein großes Potential sah. Neben dem Aufbau eines Glas- und Spiegelunternehmens hat er inzwischen die zweite stillgelegte Zechenanlage gekauft und baut diese zu Büros, Wohnungen und Gastronomien um. In einem alten Zechengebäude plant er ein Hotel unterzubringen. Ideen hat er genug. (2008)

12. AM EWALDSEE (5'52)
Nahe der Zeche Ewald in Herten befindet sich der Ewald-See. Früher war er nur für Bergwerksdirektoren und ihresgleichen zum Angeln & Jagen zugänglich. Heute ist er ein beliebtes Naherholungsziel. Ein Zuständiger zeigt, welche Fischarten man heute im See findet. (2008)

13. IM EMSCHERBRUCH (6'01)
Zu Zeiten der ungeregelten Emscher noch ein riesiges Sumpf- und Überschwemmungsgebiet, ist der Emscher-Bruch heute ein ausgedehntes Naherholungsgebiet. Radfahrer, Wanderer und Jogger durchqueren den Wald. Ein ehemaliger Bergmann aus Gelsenkirchen geht hier jeden Tag seine Strecke ab. Er erzählt über die Veränderung des Ruhrgebietes und seine Sicht der Zukunft. (2008)

14. HALDE HOHEWARD (8'51)
Die Halde Hoheward in Recklinghausen mit dem neu eröffneten Horizont-Observatorium. Ein sonniger Tag, Modellflieger lassen ihre Modellflugzeuge fliegen, Wanderer genießen den Rundumblick aufs nördliche Ruhrgebiet, Jogger überqueren keuchend das Plateau, eine Gruppe junger Türkinnen hat Spaß an einem privaten Fotoshooting. Sommer im Revier. (2008)

15. DEININGHAUSER BACH (10'06)
Am Deininghauser Bach, vor Jahren noch ein Abwasserzufluss der Emscher, kann man verfolgen, wie sich die Natur nach der Renaturierung langsam den Bach zurückerobert. Ein Biologe der Emschergenossenschaft zeigt an Wasserproben, was sich alles an Klein- und Kleinst-Lebewesen wieder im Bach angefunden hat und was die Merkmale und Kriterien für einen ökologisch gesunden Bachlauf sind. (2008)

16. DAS EMSCHERKAMEL (3'17)
Ein seltsames Schild: »Kamele queren« – und das an der Emscher! Aber das Kamel ist ein Dromedar und ein müder Reiher wartet vergeblich auf einen Fisch in der Emscher. (2008)

17. LANDSCHAFTSBAUHÜTTE VONDERN (I) (5'25)
Hinter der Emscher-Brücke von Ripshorst nach Burg Vondern in Oberhausen entstehen seltsame Dinge am Weg. Die hier beschäftigten Arbeiter wissen auch nichts Genaues. »Irgendwas mit Kunst. Die Bedeutung erfahren wir später.« Ein blaues Band auf dem Asphalt soll für Orientierung sorgen ... (2008)

18. DER BRACHENTHRON (6'53)
Zwei Junge Männer mit Glatze und furchteinflößenden Hunden. Einmal am Tag kommen sie zum Brachenthron, einer kleinen Erhebung mitten in der Landschaft an der Emscher. Der eine von ihnen hat abenteuerliche Piercings. »Wir sind hier geboren und wir wollen auch hier bleiben«, meint er, »wat Schöneres als hier gibt es doch gar nicht.« Die Väter waren Bergleute und fast alle Kinder hießen hier Sascha. (2008)

19. BAU DES ABWASSERKANALS DORTMUND-SCHÖNAU (11'26)
Rohrvortrieb in einem Schachtbauwerk in Dortmund-Schönau. Die Rohre werden von einem Kran am Rande der Grube in den Schacht gehievt, unten eingesetzt und Zentimeter um Zentimeter mit großem Druck in das Erdreich gepresst. Einige hundert Meter weiter, am anderen Ende der Strecke ein weiterer Schacht. Dort wartet man auf den Durchbruch der Fräsmaschine. (2008)

20. BEGEGNUNG AM RANDE, DORTMUND-SCHÖNAU (3'45)
Am Schachtbauwerk des neuen Abwasserkanals Dortmund-Schönau treffen wir einen Mann, der ab und zu hier vorbeikommt und den Fortschritt der Arbeiten verfolgt. Er erzählt von seinen Großeltern, die noch eine Mühle an der Emscher betrieben und den jährlichen Hochwassern, vor denen man alles in Sicherheit bringen musste. (2008)

21. EMSCHER-DÜKER, CASTROP-RAUXEL (7'00)
Eine Szenerie, die bald verschwunden sein wird. Der alte Emscher-Düker in Castrop-Rauxel. Eine Frau führt ihren Hund spazieren. Zu den Plänen der Emscher-Renaturierung meint sie: »Mal sehen, was da kommt.« (2008)

22. SCHREBERGARTEN PALMWEIDE (5'34)
Ein Schrebergärtner und sein Garten. In unmittelbarer Nähe wurde ein Schacht für die neue Emscher-Kanalisation gebaut. Viel Lärm, viel Staub, viel Ärger, aber es gab ja auch Entschädigung. Und die Sache an sich, der Emscher-Umbau, ist ja zu begrüßen ... (2008)

23. WINTER IN RIPSHORST (3'06)
Impressionen von der Winterlandschaft an der Emscher. Die Kunstwerke frieren, Eis und Möwen treiben auf dem Rhein-Herne-Kanal. (2009)

24. LANDSCHAFTSBAUHÜTTE VONDERN (II) (8'11)
An den Wänden der Unterführung zwischen Ripshorst und Burg Vondern entsteht ein raumfüllendes Wandbild. Zwei junge Künstler entwerfen Visionen vom Wandel der Zeiten im Ruhrgebiet und an der Emscher. Ein vorbeifahrender Radfahrer meint: » ... keine Arbeit mehr, aber viel Kunst.« (2009)

25. LANDSCHAFTSBAUHÜTTE VONDERN (III) (3'06)
Pause für die Künstler des Wandbildes. Hans-Otto Schulte, ehemaliger Baudezernent der Stadt Oberhausen, bringt Kaffee und erklärt das Projekt »Landschaftsbauhütte«. (2009)

26. SOMMER AM KANAL (2.36)
Badeszenen zwischen Emscher und Rhein-Herne-Kanal. (2009)

27. BAUSTELLE NEUER EMSCHER-DURCHLASS, CASTROP-RAUXEL(I) (7'15)
Ein paar hundert Meter entfernt vom bisherigen Emscher-Düker wird ein neuer Emscher-Durchlass unter dem Rhein-Herne-Kanal gebaut. Eine riesige Baustelle, deren Fortschritt von einer Aussichtsplattform aus verfolgt werden kann. Vor allem Rentner treffen sich hier. Einer erzählt, wie es früher hier aussah und wie sehr sich das Ruhrgebiet verändert. (2009)

28. GEILMANNS FELD (13'04)
Entlang der Emscher gibt es etliche Bauernhöfe. Unweit des ehemaligen Emscher-Dükers in Castrop-Rauxel treffen wir den Bauern Geilmann, der über den Alltag und die schwieriger werdenden Lebensbedingungen der Bauern in der Emscher-Region erzählt. (2009)

29. STRECKENKONTROLLE AN BOYE UND EMSCHER (13'22)
Täglich befahren und begehen die Streckenarbeiter der Emschergenossenschaft die Ufer der Emscher und ihrer Zuflüsse: Sind die Zäune in Ordnung, halten die Deiche, verstopfen die Wehre? (2009)

30. KANALBEGEHUNG/SCHWARZBACH (15')
Alle zwei Jahre werden die unterirdischen Kanäle der Emscher-Zuflüsse kontrolliert. In schwerer, wasserdichter Ausrüstung sieht man Männer in die Unterwelt hinabsteigen. Während unten die einen durch das Abwasser waten, müssen oben an den Kanaleinlässen Sicherungsposten darauf achten, dass im Notfall schnell gehandelt werden kann. (2009)

31. EIN NIEDERBAYER AN DER EMSCHER (7'06)
Arbeiten auf der Baustelle. Ein riesiges Loch muss ausgehoben werden für die Betonwanne, die im Frühjahr 2010 unter dem Rhein-Herne-Kanal hindurch geschoben werden soll. Die Bauarbeiterkolonne kommt überwiegend aus Oberbayern. Einer der bayrischen Vorarbeiter erzählt von seinem Alltag in der Fremde, von dem, was er »Kulturaustausch« nennt und von seiner Überraschung über das heutige Ruhrgebiet. (2009)

32. Fluss mit Landschaft / Brandheide, Castrop-Rauxel (unveröffentlicht)

33. Planung Umbau Emschermündung Dinslaken (unveröffentlicht)

34. EMSCHERMÜNDUNG DINSLAKEN (3'36)
Am Ende stürzt die von allen Zuflüssen angefüllte Emscher in den Rhein. In ein paar Jahren wird die Emschermündung umgelegt und alles wird hier anderes sein. Ein Rentner erzählt von der Emscher früher und freut sich, dass heute wieder Enten in der Emscher schwimmen. (2009)

35. EMSCHER-INSEL-TOUR (12'15)
Aus Anlass der Eröffnung des Projekts »Emscherkunst« im Kulturhauptstadtjahr fahren wir mit dem Schiff auf dem Rhein-Herne-Kanal. Die Reiseführerin ist eine Russin und erzählt mit sehr speziellem Akzent, was Emscherkunst ist und was Industriekultur, und was der Emscher-Umbau und überhaupt das Ruhrgebiet. Sie lacht viel und zum Schluss erzählt sie noch mal auf Russisch. (2010)

36. Baustelle neuer Emscher-Düker Castrop-Rauxel (unveröffentlicht)

37. Planung neuer Emscher-Düker Castrop-Rauxel (unveröffentlicht)

38. Bodenproben Rüpingsbach, Dortmund (unveröffentlicht)

39. FLUSS MIT LANDSCHAFT / PHOENIX-WEST (9'09)
Spuren der Veränderung. An manchen Stellen scheint alles beim Alten, die Emscher fließt in ihrem Betonbett, und ein paar hundert Meter daneben schaufelt der Bagger ihr ein neues Bett. Die ersten Touristen und Spaziergänger nehmen ein Gelände in Augenschein, das bis vor kurzem noch verbotene Zone und Industriebrache war. Peter Reese von der Emschergenossenschaft erklärt den Wandel. (2010)

40. VOM BERNE-KLÄRWERK BIS ESSEN STADTHAFEN (9'20)
Aus dem ehemaligen Berne-Klärwerk in Bottrop-Ebel wird im Jahr der Kulturhauptstadt 2010 ein Landschaftskunstwerk. Ein holländischer Landartkünstler macht aus dem Klärbecken ein gestaltetes Biotop. Gleich daneben seltsame, einzeln stehende Betonröhren, die zukünftig als Hotelzimmer für Radfahrer genutzt werden sollen. Ein paar Kilometer weiter laufen Emscher und Autobahn A 42 parallel nebeneinander. Noch ein paar Kilometer weiter flussaufwärts verbindet ein ökologisches Modell-Kunstwerk die beiden Flüsse Emscher und Rhein-Herne-Kanal. Zwei junge Türken machen dort Pause und erzählen von der Heimat Ruhrgebiet, die sie nicht eintauschen möchten. (2010)

41. Planung Hansabrückenzug, Dortmund (unveröffentlicht)

42.1. WARTEN AUF DEN FLUSS / DIE SICHT DER WACHLEUTE (11'26)
›Warten auf den Fluss‹, eines der herausragenden Projekte der »Emscherkunst« 2010, eine Art Hotel in Brückenform, aus Holz gebaut in eine unauffällige Brache. Nach ihrer Renaturierung wird die Emscher hier wieder fließen. Man kann dort tatsächlich übernachten, es gibt Schlafzimmer, eine voll eingerichtete Küche und eine ökologische Toilette. Zwei Wachmänner, die dort nach dem Rechten sehen, führen durch die Räume und berichten, was sie wissen. (2010)

42.2. WARTEN AUF DEN FLUSS / ANDRÉ DEKKER (11'24)
Noch einmal das Projekt »Warten auf den Fluss«, diesmal aus der Sicht eines seiner Urheber, Andre Dekker, Mitglied der Gruppe »Observatorium« aus Rotterdam. Er berichtet von den Ideen und Überlegungen zu dem Projekt. Und davon, was ihn am Ruhrgebiet fasziniert. (2010)

42.3. WARTEN AUF DEN FLUSS / MIRA (6'40)
Eine andere Sicht auf das Projekt: Mira, ein kleines Mädchen, das mit seiner Familie dort übernachtet, erkundet das Bauwerk und seine Umgebung. Ein kleiner Mensch und große Röhren. (2010)

43. Düker-Reinigung Paulsmühlenbach, Essen (unveröffentlicht)

44. Sommer in den Bäumen, Oberhausen (unveröffentlicht)

45. DER MUNDHARMONIKACLUB VON EBEL (10'35)
Es gibt viele Clubs und Vereine im Ruhrgebiet. Einer davon ist der Mundharmonikaclub von Bottrop-Ebel. Es gibt ihn schon ewig und man trifft sich einmal im Monat in einer Laube. Man spielt die Lieder aus den alten Zeiten, als der Bergbau noch das Ruhrgebiet prägte. Auch die Emscher wird besungen. (2010)

46. RESSER WÄLDCHEN / RUNDGANG MIT DEM FÖRSTER KLAR (8'35)
Das Revier von Förster Klar ist der Emscherbruch in Gelsenkirchen. Manchmal sieht es hier aus
wie in den Sümpfen von Florida. Durch die Bergsenkungen und das Abstellen der Pumpen nach
der Schließung der Zeche Ewald sind hier größere Feuchtgebiete entstanden, die inzwischen von
allerlei Wasservögeln und anderen Tieren bevölkert werden. (2010)

47. EBEL 27 (16'22)
Bottrop-Ebel, im Haus Ebelstrasse 27 versuchen türkische Frauen mit städtischer Unterstützung
einen Koch- und Cateringservice mit türkischen Speisen aufzuziehen. (2010)

48. BEGEHUNG HANSABRÜCKENZUG (12'18)
Ein Mitarbeiter der Emschergenossenschaft führt durch einen Abschnitt der Emscher in Dortmund,
der idyllisch unter drei kreuzenden Brücken liegt. Sie erzählen von der Industriegeschichte in
Dortmund. Unter den Brücken plätschert das Wasser der Emscher und sieht hier fast schon sauber aus. (2010)

49. Entfernung der Solschalen, Dortmund (unveröffentlicht)

50. BAUSTELLE NEUER EMSCHER-DURCHLASS, CASTROP-RAUXEL (II) (11'32)
Der erste Höhepunkt der Bauarbeiten am neuen Emscher-Düker. Die Betonschale für die Emscher-
Unterquerung des Rhein-Herne-Kanals ist fertig und wird eingeschwommen. Einen Tag und eine
Nacht dauert die Aktion, bei der großes Gerät und Taucher eingesetzt werden. (2010)

51. EMSCHERSTEG PHOENIX-WEST (3'18)
Über die Emscher wird eine Brücke für Radfahrer und Fußgänger gebaut. Bauleute aus dem Mün-
sterland erzählen von den Schwierigkeiten und ihrem Erstaunen, was sich alles tut im
Ruhrgebiet. (2010)

52. EMSCHER-UMBAU BOLMKER WEG, DORTMUND 2010/2011 (10'18)
Der Umbau der Emscher im Dortmunder Süden macht Fortschritte. Man sieht, wie sich die Landschaft innerhalb eines Jahres verändert. Und man ahnt schon, wie die Emscher nach der Renaturierung einmal aussehen wird. (2011)

53. PHOENIX-SEE / HÖRDER BACH (6'33)
Baustelle Phoenix-See / Hörder Bach, März 2011. Wir treffen einen Anlieger, der uns über die Veränderungen rund um das ehemalige Hoesch-Gelände und die angrenzende Emscher erzählt
und darüber, was er von der Zukunft erwartet. (2011)

54. BAUSTELLE NEUER EMSCHER-DURCHLASS, CASTROP-RAUXEL(III) (7'04)
Immer deutlicher ist zu erkennen, wie die Emscher in naher Zukunft den Rhein-Herne-Kanal unter-
queren wird und ihr neues Flussbett bekommt. Ein Rentner, der die Baustelle seit langem beobachtet, erzählt, wie sich die Landschaft allein in seinem Leben hier schon verändert hat. (2011)

55. MANDALA (20'20)
In der Jahrhunderthalle in Bochum streuen sechs Mönche aus Bhutan über 10 Tage lang ein
Sand-Mandala, das nach seiner Fertigstellung gleich wieder zerstört wird. Der Sand wird aufge-
kehrt und anschließend der Emscher übergeben. Sinnbild für den Kreislauf der Dinge. (2011)

56. EMSCHER-RADWEG / BRANDHEIDE (6'54)
Ein Aussichtsturm am Emscher-Radweg kurz hinter dem neuen Emscher-Durchlass. Menschen
betrachten die Landschaft. Ein paar Meter weiter ein Imbiss. Für Günni, den Betreiber und für
die Einheimischen heißt der Ort »Ballermann«, denn »hier is' et schöner als in Mallorca«. Und
vor allem billiger ... (2011)

57. VON PHOENIX-WEST ZUM PHOENIX-SEE (7'36)
Das Gelände und die Bauten des ehemaligen Hoesch-Werks »Phoenix-West« werden aufwendig
zu einem Freizeitpark umgebaut. »Industrie-Kultur« nennt man das. Gleich nebenan eine Döner-
bude. Ein junger Türke bedient. Er stellt sich als angehender Lehramts-Student heraus. »Man
kann sich doch nicht nur auf den Staat verlassen, man muss doch auch was tun für die Gesellschaft«, meint er. Der Phoenix-See ein paar hundert Meter weiter wird langsam von der Bevölkerung angenommen. (2011)

58. EMSCHER-RENATURIERUNG 2007–2013 / VOM BOLMKER WEG BIS PHOENIX-WEST (5:45)
Die Emscher im südlichen Dortmund. 2007 noch ein schnurgerader betonierter Wasserlauf, 2013
ein mäandernder kleiner Fluss zwischen Wald und Wiesen. Die Natur hat sich den Fluss und
seine Ufer zurückgeholt. (2007–2013)

59. DIE GROPPE (10'32)
Die Boye in Bottrop, zwei Fischer im Bach mit Elektro-Keschern, ein Mann am Rand mit einem
Eimer, der die betäubten Fische entgegennimmt. Es sind Emscher-Groppen, urzeitliche Fische,
die hier überlebt haben und nun in den renaturierten Ostbach nach Herne umgesiedelt werden.
Einer der Fischer hat Glücksgefühle. (2012)

60. BAUSTELLE NEUER EMSCHER-DURCHLASS, CASTROP-RAUXEL (IV) 26.5.2012, (5'48)
An der Großbaustelle Emscher-Düker / Rhein-Herne-Kanal steht die Umleitung der Emscher in ihr neues Bett kurz bevor. Eine letzte Begehung, bevor alles anders wird. (2012)

61. BAUSTELLE NEUER EMSCHER-DURCHLASS, CASTROP-RAUXEL (V) 14.6.2012 (5'50)
Der Tag des Emscher-Umschlusses, nach mehr als drei Jahren Bauzeit. Wo die Emscher seit hundert Jahren den Kanal unterquerte wird in Zukunft ein Biotop erblühen. 300 Meter davon entfernt werden die Schleusen geöffnet und die Emscher ergießt sich in ihr neues Bett. (2012)

62. BAU DES HOCHWASSER-RÜCKHALTEBECKENS DORTMUND-MENGEDE (11'10)
1,4 Millionen Kubikmeter Erde müssen bewegt werden. Hundert LKW sind dafür auf der Baustelle unterwegs. Vier große Wasserbecken entstehen, so groß wie 46 Fußballfelder. Im Extremfall können sie sogar ein »zehntausendjähriges Hochwasser« der Emscher aufnehmen. (2012)

62.1. PLANUNG DES HOCHWASSER-RÜCKHALTEBECKENS DORTMUND-MENGEDE (10'28)
Zwei Karten der entstehenden Rückhaltebecken. Der Projektleiter zeigt die Anlage der Becken mit Sperrbauwerk, Betriebsgebäude, geplanten Radwegen und Aussichtspunkten für Ausflügler. Eine Broschüre dokumentiert, was Archäologen bei den Grabungsarbeiten gefunden haben. (2012)

63. KLÄRANLAGE ALTE EMSCHER (9'53)
Blicke. Die Klärbecken, Betriebsgelände und Hochöfen von Thyssen, ein Zeppelin, Krähen und Möwen, dicke Rohre, die im Deich des Rheins verschwinden. Bericht von einer gescheiterten Vogel-Vergrämung. (2012)

64. DER TRAUM VON DER EMSCHER-INSEL (12'02)
Zu Besuch bei Roland Günter. Er hat ein Buch gemacht und sich darin vorgestellt, was es auf der Emscher-Insel in Zukunft geben könnte. Wilde Geschichten, das Ufer als Strand, Szenerien und Plätze, Stätten der Gäste und Werkstätten, poetische Orte und vieles mehr. (2012)

64.1. DER BEFREITE FLUSS (11'04)
Roland Günter berichtet über die Poetik des Ruhrgebiets und seine erste Begegnung mit dieser Landschaft als Kind. (2012)

64.2. ÜBER BRÜCKEN GEHEN (12'02)
Der schmalste Ort der Emscher-Insel, wo Brücken kreuzen und sich berühren. Ein Ort von eigenwilliger Poesie. (2012)

65. KLÄRWERK EMSCHERMÜNDUNG / DIE ABWASSERREINIGUNG (21'06)
Noch führt die Emscher Millionen Liter Abwasser mit sich. Und alles ist drin, vom Q-Tip bis zum Dixie-Klo. Nach etwa einem Tag verlassen die eingangs trüben Tropfen das Klärwerk wieder als klares, biologisch lebensfähiges Wasser. (2012)

65.1. KLÄRWERK EMSCHERMÜNDUNG / DIE WARTE (8'37)
Von der Warte aus kann man das Klärwerk übersehen. Auf Monitoren werden alle entscheidenden Stationen angezeigt und Fehler gemeldet. Der Wartenmann erzählt von seinen Aufgaben. (2012)

65.2. KLÄRWERK EMSCHERMÜNDUNG / SCHLAMM- UND GASVERWERTUNG (19'45)
Was bleibt zurück, nach dem die Emscher gereinigt ist? Viele Tonnen Schlamm, aus dem in den Faulbehältern Gas erzeugt wird. Das Gas wird genutzt zur Erzeugung von Strom und Wärme. Der ausgefaulte Schlamm wird verbrannt und dabei erneut zur Energiegewinnung genutzt. Was dann noch übrig bleibt, geht in die Zementindustrie u.ä. (2012)

66. FRAU MIT HUND (13'45)
Im Dortmunder Süden ist die Emscher schon renaturiert. Ein Hund springt ins Wasser und holt einen Stock heraus. Während der Hund mit anderen Hunden spielt und immer wieder Stöcke holt, erzählt Frau C., wie durch den Hund ihr Leben ins Gleichgewicht kam. (2012)

67. KLÄRWERK EMSCHERMÜNDUNG / DER WEG DES WASSERS (10'09)
Dass die Emscher einstmals der größte offene Abwasserkanal Europas war, wird bald der Vergangenheit angehören. Noch liegen im Klärwerk Emschermündung der Zufluss der schmutzigen Emscher und der Abfluss des gereinigten Wassers direkt nebeneinander. Ein Tropfen Emscher-Wasser bleibt 24 Stunden im Klärwerk, bevor er dieses, viele Male umgewälzt und umgerührt, mechanisch und biologisch bearbeitet, sichtbar geklärt, wieder verlässt. Eine sonst unsichtbare Welt in einer filmischen Montage ohne Worte. (2012)

68. FLUSS MIT LANDSCHAFT / PHOENIX-SEE (5'26)
Auf dem ehemaligen Werksgelände der Hermannshütte in Dortmund-Hoerde entstand ein künstlicher See und ein Naherholungsgebiet. Wo ehemals die Emscher unter dem Hüttengelände unbemerkt nach Westen floss, herrscht rege Bautätigkeit. Rund um den Phoenix-See entstehen Büro- und Wohnhäuser und eine Seepromenade. Die Emscher wurde aus ihrem unterirdischen Korsett befreit und umrandet das nördliche Ufer des Sees. (2012)

69. DIE EMSCHER-KIDS AUF EXKURSION (14'49)
Die Schüler der 8. Klasse der Duisburger Theodor-König-Gesamtschule sind »Emscher-Kids«. Sie sind auf Exkursion zum Läppkes Mühlenbach. Eine gewässerökologische Untersuchung steht an. Qualität des Wassers, der Lauf des Baches und die in ihm lebenden Tiere werden erforscht. (2013)

70. DIE EMSCHER-KIDS VON DER THEODOR-KÖNIG-GESAMTSCHULE (13'31)
Wie sieht der Wasserkreislauf aus? Was darf in die Toilette? Wie viel Wasser verbraucht man am Tag? Wo verläuft die Emscher? Wie funktioniert ein Klärwerk? Und woraus besteht das Wasser? Diese und andere Fragen versuchen die Emscher-Kids der Theodor-König-Gesamtschule jüngeren Schülern von der Fährmann-Grundschule mit Experimenten und Modellen nahe zu bringen. (2013)

71. HOCHWASSER-RÜCKHALTEBECKEN DORTMUND-MENGEDE / SOMMER 2013 (10'40)
Riesige Überflutungsbecken dehnen sich bis zum Horizont. Feuchte und trockene Flächen, zum Teil schon mit Grün bedeckt. Weiden, Erlen und verschiedene Arten von Schilf haben sich angesiedelt. Nichts wurde gepflanzt, das meiste kam von selbst. Kanadagänse am Boden der Becken, Scharen von Möwen und Krähen. Bald werden noch mehr Wasservögel kommen. Bei extremem Hochwasser hält ein Sperrbauwerk die Wasserfluten der Emscher hier zurück. (2013)

72. VERLASSENER ORT / EHEMALIGE KLÄRANLAGE DUISBURG-KLEINE EMSCHER (5'50)
Gekappte Rohrleitungen, leere Klärbecken, versperrte Stege, gelbe Margueriten, seltsame Klänge. Vom Rost zerfressene Rohre, Ventile und Thermometer, Plastikflaschen mit Wasser, ein verlassenes Labor. Eine verschlossene Stahltür, daneben ein frühes Foto. Das alte Klärwerk – eine Station der »Emscherkunst« 2013. (2013)

73. FLUSS MIT LANDSCHAFT / DIE WILDE INSEL (5'33)
Mit dem Fahrrad durch Gebüsch. Stop. Ein Bauzaun. Der Blick zeigt überdimensionale Rohrleitungen, Öltanks, die Emscher. Weiterfahrt am Rohr entlang. Stop. Ein Gartentor, ein Schwenk nach links, die Emscher, Absperrungen, ein Bauernhof. Weiter an den Rohren entlang. Wieder Stop. Rohre und Tanks. In der Ferne hinter Rohren und Stromleitungen der »Herkules von Gelsenkirchen«. (2013)

74. ABEND AN DER EMSCHERMÜNDUNG (6'33)
Der Rhein, der Emscher-Absturz, das Kraftwerk Voerde. Spaziergänger, die den Schiffen zusehen, Kohle wird rheinaufwärts gefahren, ein Fotograf, Angler, Schleppkähne und Hotelschiffe, ferne Musik, der Schrei der Gänse. Schon bald wird dieses Panorama nicht mehr zu sehen sein. 2014 wird die Emschermündung nach Norden verlegt. (2013)

MANDALA
Ein Film von Christoph Hübner und Gabriele Voss. Regie / Kamera: Christoph Hübner, Ton / Montage: Gabriele Voss. Mit: Lopen Ugyen Dorgji, Lopen Namgay Wangchuk, Lopen Sonam Tobgay, Lopen Phurba, Lopen Jamyang, Lopen Gembo Dorgji. Produktion: Christoph Hübner Filmproduktion. HD, 70 Min., Farbe, BRD 2012
Sechs Mönche aus Bhutan. Die meisten von ihnen sind zum ersten Mal im Ausland. Sie sind gekommen, um in der Bochumer Jahrhunderthalle etwas Einmaliges zu schaffen: ein traditionelles Sandmandala, fünf mal fünf Meter groß. Es gilt als das bisher größte der Welt. Zehn Tage lang streuen sie von morgens bis abends in der Jahrhunderthalle in Bochum in größter Konzentration ein Chakrasamvara-Mandala. Es entstehen Bilder, die in ihrer Ausdifferenzierung, Vielfalt und Farbigkeit erstaunen. Unmittelbar nach der Fertigstellung des Mandalas wird es in einer rituellen Zeremonie wieder zerstört. Der zusammengekehrte Sand wird anschließend in einen nahen Fluss geschüttet, um in die Kreisläufe der Natur zurückzukehren.

TRANSMITTING
Ein Film von Christoph Hübner und Gabriele Voss. Regie / Kamera: Christoph Hübner. Buch / Montage: Gabriele Voss. Studioaufnahmen: Paul Michel Amsallem. Mit: Joachim Kühn, Majid Bekkas, Ramon Lopez und Musikern aus Marokko und dem Benin. Produktion: Christoph Hübner Filmproduktion mit Mitteln der Filmstiftung NRW. HD, Farbe, 87 Min., BRD 2013
Drei internationale Jazzmusiker, der Deutsche Joachim Kühn, der Marokkaner Majid Bekkas und der Spanier Ramon Lopez erfüllen sich einen lange gehegten Traum. Einen Monat gemeinsame Zeit in Marokko. Zeit für Musik, für Begegnungen und für eine neue CD. Sie mieten ein kleines Studio in Rabat und laden Gastmusiker dorthin ein. Sie fahren in die Wüste, um eine Trommlergruppe zu treffen und mit ihnen Aufnahmen zu machen. Dazwischen Abstecher in den Alltag, Abstürze und kleine Krisen. Jeder der Musiker hat ein Solo. Ein Film über die Begegnung unterschiedlicher Kulturen, über improvisierte Musik und die Arbeit an ihr.

Publikationen von Christoph Hübner und Gabriele Voss

Hübner, Christoph: »Annähernde Verwirklichung einer kleinen Utopie«, in: *Jahrbuch Film*, München/Wien 1979

Hübner, Christoph: »Filmarbeit vor Ort«, in: *Bergarbeiter im Spielfilm*, Oberhausen 1982

Hübner, Christoph: »Always for pleasure – Besuch beim amerikanischen Dokumentaristen Les Blank«, in: *epd Film* 9/1983

Hübner, Christoph: »Filmen, Fotografieren, Schreiben – Johan van der Keuken und Wim Wenders als Fotografen«, in: *epd Film* 8/1989

Hübner, Christoph: »Das Dokumentarische als Haltung«, in: *Augenzeugen. 100 Texte neuer deutscher Filmemacher*, hrsg. von H.H. Prinzler & Eric Rentschler, Frankfurt/M. 1988

Hübner, Christoph: »Kino im Kopf, das Fernsehen vor Augen«, in: *Bilderwelten Weltbilder. Dokumentarfilm im Fernsehen*, hrsg. von Heinz-B.Heller und Peter Zimmermann, Marburg 1990

Hübner, Christoph: »Neun Bemerkungen zur aktuellen Lage des deutschen Dokumentarfilms«, in: *Dokumentarfilm im Umbruch*, hrsg. von Peter Zimmermann, Kay Hoffmann, Konstanz 2006

Hübner, Christoph: »Die Kunst des Fragens«, in: *Medialisierungsformen des (Auto-)Biografischen*, hrsg. von Carsten Heinze, Alfred Hornung, Konstanz 2013

Hübner/Voss: *Textbuch zum Film* LEBENSGESCHICHTE DES BERGARBEITERS ALPHONS S., hrsg. von Jaimi Stüber, Bremen 1980

Voss, Gabriele: *Die Kunst, die Welt zu zeigen*, Frankfurt/M., 1980

Voss, Gabriele: »Die Öffentlichkeit zu Gast«, in: *Bilder aus der Wirklichkeit. Aufsätze zum dokumentarischen Film*, Dokumentation 4. Duisburger Filmwoche 1980

Voss, Gabriele: »Filmen im Ruhrgebiet«, in: *Das Ruhrgebiet im Film*, Bd. 2, Oberhausen 1978

Voss, Gabriele: *Der zweite Blick*, Berlin 1983

Voss, Gabriele: »Zwischen Avantgarde und Kommerz – Aspekte eines nicht beendeten Dialogs«, in: *Würde oder das Geheimnis eines Lächelns*. Frauen Film Kultur in der Sowjetunion, bearb. von Karin Bruns, Silke J. Räbiger & Brigitte Schmidt, Dortmund 1990

Voss, Gabriele (Hg.): *Dokumentarisch arbeiten*, Berlin 1996

Voss, Gabriele: »Wo bleibt die Arbeit – oder: Das Lächeln von Sophia Loren«, in: *Poiesis* Nr.10/ 1998

Voss, Gabriele: »Der Monteur als Platzanweiser«, in: *Schnitt* 10/1998

Voss, Gabriele (Hrsg.): *Ins Offene – Dokumentarisch arbeiten II*, Berlin 2000

Voss, Gabriele: *Schnitte in Raum und Zeit*, Berlin 2006

Interviews und Texte zu Hübner/Voss (Auswahl)

Wilhelm Roth über Christoph Hübner, Gabriele Voss und das Ruhrfilmzentrum, in: *Der Dokumentarfilm seit 1960*, München, Luzern 1982

»Christoph Hübner – Chronist des Ruhrgebietes« in: *Dokumentarisches Fernsehen*, hrsg. von Cornelia Bolesch, München 1990

Heike Klippel: »Liebe und Arbeit – die Dokumentarfilm-Autorin Gabriele Voss«, in: *Kulturtrip NRW*, 8/2000

Michael Girke: »Menschen, Orte, Alltag« – Gespräch mit Christoph Hübner und Gabriele Voss über ihre Ruhrgebietsfilme, www.dokumentarfilminitiative.de

Michael Girke: »Das Rohe & das Gekochte – ein Gespräch mit Christoph Hübner und Gabriele Voss«, in: *Filmdienst* 7/2011

Monika Weiß: »Bloß nicht werden wie überall«, Interview mit Christoph Hübner, in: *Die Planerin*, Berlin 1/10

Bert Rebhandl, Simon Rothöhler: »Talentspäher – Christoph Hübner im Gespräch«, Cargo-Interviews 7/2010

Rory McLean: »Christoph Hübner im Gespräch« in: *meet the germans*, www.goethe.de 8/12

Michael Girke: »Homer im Ruhrgebiet«, *Filmdienst* 23/12

TV-Sendungen zu Hübner/Voss

Alexander Kluge: Das Interesse an Rohzuständen/Stichwort: »authentisch«, Porträt des Dokumentarfilmers Christoph Hübner, Sendereihe »ten to eleven«, RTL 1988, 30 Min.

Peter Kremski im Gespräch mit Christoph Hübner«, »Dialog bei Kanal 4«, RTL, 1990, 60 Min.

Peter Kremski: »Arbeit mit Bildern und Tönen – Portrait von Christoph Hübner und Gabriele Voss«, 45 Min. Erstsendung: 3sat, 12.01.1994, WDR: Kinomagazin, 28.08.1995

Festivals, Tourneen und Workshops

Die Filme von Christoph Hübner und Gabriele Voss wurden auf zahlreichen nationalen und internationalen Festivals gezeigt u.a. in: Berlin, Mannheim, Leipzig, Duisburg, München, Hamburg, Hof, Amsterdam, Wien, Linz, Paris, Lussas, Venedig, London, Riga, Chicago, Haifa, San Franzisko, Montreal, Melbourne, Hyderabad, Bombay, Shanghai.

Das Goethe-Institut präsentierte ihre Filme weltweit im Rahmen von Tourneen und Workshops u.a. in London, New York, San Franzisko, Los Angeles, Boston, Chicago, Houston, Dallas, Rio de Janeiro, Sao Paulo, Salvador de Bahia, Dacca, New Dehli, Calcutta, Kathmandu, Djakarta, Manila, Madras, Bangkok, Hongkong, Singapur, Accra, Toulouse, Tunis, Tblissi, Lille

Filme im Verleih

Real Fiction Filmverleih:
VINCENT VAN GOGH – DER WEG NACH COURRIÈRES / ANNA ZEIT LAND / DIE CHAMPIONS / HALBZEIT / THOMAS HARLAN – WANDERSPLITTER / MANDALA / TRANSMITTING

Kinemathek im Ruhrgebiet:
VOM ALLTAG EINER KRISE / TOR 2 / LEBENS-GESCHICHTE DES BERGARBEITERS ALPHONS S. / DIE VIERTE GENERATION / MATTE WETTER / FRAUENLEBEN / DIE EINWANDERER / INMITTEN VON DEUTSCHLAND

Filme auf DVD

DIE CHAMPIONS, Alive, D 2003 / SCHNITTE IN RAUM UND ZEIT, edition filmmuseum, D 2006 / THOMAS HARLAN – WANDERSPLITTER, Edition Filmmuseum, D 2007 / DOKUMENTARISCH ARBEITEN 1 – WILDENHAHN / BÖTTCHER / NESTLER / KOEPP, Edition Filmmuseum, D 2008 / EMSCHERSKIZZEN, Klartext, D 2012 / MANDALA, good!movies, D 2013 / DOKUMENTARISCH ARBEITEN 2 – GRABE / MIKESCH / FAROCKI / HEISE, Edition Filmmuseum, D 2013

Film und Medien Stiftung NRW

Ausgezeichnete Dokumentarfilme

Searching for Sugar Man von Malik Bendjelloul
Mein Weg nach Olympia von Nico von Glasow
Die mit dem Bauch tanzen von Carolin Genreith
Schnee von gestern von Yael Reuveny
Wer ist Thomas Müller von Christian Heynen
Deutschboden von Andreas Schäfer
Atemwege von Eli Roland Sachs
Pina von Wim Wenders
Vergiss mein nicht von David Sievekind
Camp 14 - Total Control Zone von Marc Wiese
Gerhard Richter Painting von Corinna Belz
Klitschko von Sebastian Dehnhardt
The Look - Charlotte Rampling von Angelina Maccarone
Generation Kunduz von Martin Gerner
Work Hard, Play Hard von Carmen Losmann
Sofias letzte Ambulanz von Ilian Metev
Revision von Philip Scheffner
Louisa von Katharina Pethke
Detlef von Stefan Westerwelle, Jan Rothstein
The Green Wave von Ali Samadi Ahadi

Film- und Medienstiftung NRW GmbH
Kaistraße 14, 40221 Düsseldorf
info@filmstiftung.de
www.filmstiftung.de